B. W. Kernighan   P. L. Plauger

Programmierwerkzeuge

Übersetzt aus dem Englischen von
I. Kächele und M. Klopprogge

Springer-Verlag
Berlin Heidelberg New York 1980

Brian W. Kernighan
Bell Laboratories
Murray Hill
New Jersey/USA

P. L. Plauger
Yourdon Inc.
New York, N.Y./USA

This volume is a German translation of Software Tools, by
B. W. Kernighan and P. J. Plauger, published and sold throughout
the world in German by permission of Addison-Wesley Publishing
Company, Inc., Reading, Mass., U.S.A., the owner of all rights to
publish and sell the same.

ISBN-13:978-3-540-10419-3   e-ISBN-13:978-3-642-81551-5
DOI: 10.1007/978-3-642-81551-5

CIP-Kurztitelaufnahme der Deutschen Bibliothek
Kernighan, Brian W.:
Programmierwerkzeuge/B. W. Kernighan; P. L. Plauger. Übers. aus d. Engl. von
I. Kächele u. M. Klopprogge. – Berlin, Heidelberg, New York: Springer, 1980.
Einheitssacht.: Software tools < dt. >
ISBN-13:978-3-540-10419-3

NE: Plauger, P. L.:

Vorwort

Dieses Buch soll demonstrieren, wie man Programme schreibt, die sich gut als Werkzeuge eignen. Dazu stellen wir eine umfassende Sammlung von Programmen vor, jedes davon ein Lehrbeispiel für Entwurf und Implementierung. Die Programme sind nicht künstlich konstruiert, sie haben sich vielmehr selbst als Werkzeuge bei der Konstruktion von Programmen bewährt. Wir selbst benutzen die meisten dieser Werkzeuge täglich, ja sie machen sogar den größten Anteil unserer Rechneranwendungen aus. Die Programme bestehen nicht nur aus Algorithmen und Konzepten: sie sind vollständig und wurden alle in der in diesem Buch abgedruckten Form getestet.

Lesbarkeit wurde durch die Verwendung einer strukturierten Sprache, nämlich Ratfor (Abkürzung für "Rational Fortran") erzielt. Diese Sprache ist leicht verständlich für jeden, der mit Fortran, PL/I, Cobol, Algol, Pascal oder einer ähnlichen Sprache vertraut ist. (Ratfor läßt sich ohne Schwierigkeiten in Fortran oder PL/I umwandeln - eines der vorgestellten Werkzeuge ist ein Vorübersetzer, der Ratfor automatisch in Fortran übersetzt). Wichtigstes Merkmal ist jedoch, daß die Programme benutzerfreundlich und aufeinander abgestimmt sind; auf diese Weise werden sie eher als Werkzeuge angenommen.

Der Charakter dieses Buches ist pragmatisch in dem Sinn, daß wir dem Leser den ´top-down´-Entwurf vermitteln, indem wir systematisch alle Stufen eines Entwurfes durchlaufen. Strukturiertes Programmieren demonstrieren wir anhand strukturierter Programme. Effizienz und Zuverlässigkeit werden auf der Grundlage tatsächlich durchgeführter Tests besprochen. Um Portabilität zu erreichen, schreiben wir in einer allgemein verfügbaren Sprache und isolieren unvermeidliche Systemabhängigkeiten in einigen wenigen, sorgfältig spezifizierten Routinen, die ohne besonderen Aufwand für ein gegebenes Rechnersystem konstruiert werden können. Alle hier vorgestellten Programme liefen ohne Änderungen auf mindestens zwei verschiedenen Rechnern; die größeren fanden Anwendung auf einer IBM 370, einer Honeywell 6070 und einer PDP-11. Der Code ist als Ergänzung zu diesem Buch in maschinenlesbarer Form erhältlich.

Wir wollen Ihnen die Grundsätze guten Programmierens nicht durch abstrakte Abhandlungen nahebringen, sondern anhand konkreter Übungen im Zusammenhang mit funktionierenden Programmen. Es gibt z.B. kein Kapitel über "Effizienz"; stattdessen stellen wir im gesamten Verlauf des Buches Effizienzbetrachtungen an, jeweils im Zusammenhang mit dem gerade entwickelten Programm. Ebenso existieren keine separaten Kapitel über "top-down-Entwurf" oder "strukuriertes Programmieren" und "Testen und Fehlersuche". Alle diese Techniken werden in angemessener Weise in jedem beschriebenen Programm eingesetzt.

Für einen "Software-Engineering"-Lehrgang oder einen Fortgeschrittenenkurs für Programmierer erscheint uns dieses Buch geeigneter als das traditionelle Quantum von "Assembler, Compiler und Lader", da die hier vorgestellten Programme in Art und Umfang eher dem Aufgabenbereich der meisten Programmierer entsprechen. Es kann auch als Ergänzung eines jeden Programmierlehrganges von großem Nutzen sein. Als einzige Voraussetzung erwarten wir Erfahrung mit einer höheren Programmiersprache. Professionelle Programmierer werden das vorliegende Buch als Anleitung zu guten Programmiertechniken und als eine Quelle erprobter, nützlicher Programme gebrauchen können. Die zahlreichen Übungsaufgaben sollen es dem Leser ermöglichen, sein Verständnis zu überprüfen und die gegebenen Konzepte und Programme zu erweitern.

Auf der Arbeit anderer aufzubauen, betrachten wir als einzige Möglichkeit, auf irgendeinem Gebiet wesentliche Fortschritte zu erzielen. Und trotzdem wird beim Computerprogrammieren immer noch viel zu viel handgestrickt, da nämlich viele Programmierer nicht davon abzubringen sind, für jede neue Anwendung ein neues Programm zu schreiben anstatt von bereits existierenden Gebrauch zu machen.

Wir hoffen, dem Leser das Gefühl für die Art des Entwurfs und der Erstellung guter, vielseitig verwendbarer Programme vermitteln zu können; weiterhin, wie man am besten schon vorhandene Werkzeuge nutzt und wie man eine gegebene Programmumgebung mit minimalem Aufwand und maximaler Wirkung verbessert.

Jedes Buch über Programmieren ist jenen Pionieren zu Dank verpflichtet, die sich mit der Verbesserung des Programmiervorganges befaßt haben. Den Einfluß von E.W.Dijkstra, C.A.R.Hoare, D.E.Knuth, D.L.Parnas und N.Wirth erkennen wir dankbar an.

Wir danken ferner unseren Freunden und Kollegen für das sorgfältige Lesen, die sachverständige Kritik und die ständige, anregende Unterstützung, die unsere Erwartungen bei weitem übertraf. Insbesondere danken wir Dennis Ritchie für die sorgfältige Prüfung mehrerer Entwürfe; seine Vorschläge haben zur Verbesserung unseres Codes und der gesamten Darstellung erheblich beigetragen. Die von ihm für UNIX entworfene Sprache C bildete das Modell für Ratfor, unser Texteditor wurde seinem Editor entsprechend entwickelt. Auch entwarf und implementierte er einen Prototyp des Makroprozessors in Kap. 8. Schließlich zeigte er bei der Überprüfung unserer Programme ein bemerkenswertes Talent, potentielle Fehler zu entdecken, und merzte einige peinliche Schwachstellen aus. Für seinen Beitrag zu unserer Arbeit sind wir ihm zu tiefstem Dank verpflichtet.

Dank wollen wir auch den Herren Stu Feldman und Dug McIlroy aussprechen, die mehrfache Entwürfe mit großer Sorgfalt gelesen haben; für die Kommentare zu unserem Manuskript in verschiedenen Entwurfsstadien danken wir Al Aho, Brenda Baker, Rick Becker, Phyllis Fox, Dan Franklin, Tom Gibson, Paul Jensen, Steve Johnson, Lee McMahon, Ken Thompson, Tony Wasserman und Ed Yourdon, ferner Mike Lesk und Joe Ossanna für ihre Unterstützung bei der Textformatierung.

Schließlich haben wir dem UNIX-Betriebssystem sehr viel zu verdanken, das bei Bell Labs von Ken Thompson und Dennis Ritchie entwickelt wurde. Wir schrieben diesen Text, testeten die Programme und formatierten das Manuskript mit Programmen des UNIX-Systems. Viele der in diesem Buch beschriebenen Werkzeuge bauen auf UNIX-Modellen auf. Am meisten hervorzuheben ist, daß unsere Ideen und unsere Philosophie aus der Erfahrung als

UNIX-Benutzer hervorgegangen sind. UNIX hat sich als einziges
von vielen benutzten Betriebssystemen als hilfreiches System bei
der Lösung von Problemen erwiesen, und nicht, wie andere, als
ein zu überwindendes Hindernis. Die weit verbreitete und ständig
wachsende Anerkennung von UNIX zeigt, daß diese Meinung von
vielen geteilt wird.

Brian W. Kernighan

P.J. Plauger

Inhaltsverzeichnis

Alle in diesem Buch beschriebenen Programme sind in maschinenlesbarer Form beim Verlag Addison-Wesley erhältlich.

Einleitung

In diesem Buch sollen zwei Gebiete behandelt werden: wie man
Programme schreibt, die sich gut als Werkzeuge eignen, und wie
man diese gut programmiert.

Zunächst wollen wir versuchen, den Begriff des "Werkzeugs"
anhand eines Beispiels zu erklären: Ein Fortran-Programm von
5000 Zeilen Länge soll von einem Rechner auf einen anderen
übertragen werden. Dazu ist es notwendig, alle **format**-Anweisungen
zu suchen, um sicherzustellen, daß diese übertragbar sind.

Hier bieten sich mehrere Möglichkeiten an. Eine Art wäre, die
Computerlisten mit dem Rotstift entsprechend zu markieren.
Jedoch kann man sich leicht vorstellen, daß dies eine
stumpfsinnige und langwierige Arbeit ist und man viele Fehler
machen wird. Zudem läßt sich mit dem Ergebnis dieser Arbeitsweise
wenig anfangen, da die Rotstiftmarkierungen nicht maschinenlesbar
sind.

Eine weitere Vorgehensweise besteht in der Erstellung eines
einfachen Programms zur Erkennung von **format**-Anweisungen. Dies
stellt immerhin eine Verbesserung dar, weil ein solches Programm
mit geringem Zeitaufwand genauere Ergebnisse liefert als
manuelles Suchen. Doch besteht der Nachteil eines derartigen
Programmes darin, daß es wegen seines speziellen Charakters
vermutlich nur vom Autor selbst einmal verwendet werden wird.
Der Aufwand der Programmerstellung kommt somit anderen nicht
zugute, und für jede neue Anwendung müßten wieder ähnliche
Programme entworfen werden.

Das Suchen von **format**-Anweisungen in Fortran-Programmen ist Teil
eines allgemeineren Problems, nämlich des Erkennens von Mustern

im Text. Warum sollte man die Lösung des Problems darauf
beschränken, nur **format**-Anweisungen zu suchen, statt nicht auch
read- oder **write**-Anweisungen oder irgendwelche Muster aus einem
beliebigen Text. Am sinnvollsten ist es daher, ein allgemeines
Programm zur Mustererkennung zur Verfügung zu stellen, das ein
spezifisches Muster sucht und alle betreffenden Zeilen
ausdruckt. Dann genügt der Aufruf

    find   *Muster*

um das Problem zu lösen. Ein solches **find** ist ein Werkzeug: es
benutzt die Maschine, löst ein allgemeines Problem und nicht nur
den Spezialfall, und ist außerdem so leicht zu handhaben, daß
viele Benutzer davon Gebrauch machen werden anstatt ihre eigenen
Programme zu schreiben.

Zu viele Programmierer gehen nach der Rotstift-Methode vor;
einige so konsequent, daß sie selbst Vorgänge, die dem Rechner
überlassen werden könnten, manuell ausführen. Andere sind im
Umgang mit der Maschine so schwerfällig, daß sie ebensogut von
Hand arbeiten könnten.

Ein Ziel dieses Buches ist es also, dem Leser die Erstellung von
<u>Werkzeugen</u> zu demonstrieren, d.h. Programme zu entwickeln, die
es ermöglichen, Routinearbeiten dem Rechner zu übertragen, und
die diese Routinearbeiten gut bewältigen. Um dies zu erreichen,
verzichten wir darauf, allgemeine praxisfremde Probleme zu
behandeln, sondern schreiben vielmehr funktionierende Programme,
von denen wir aus Erfahrung wissen, daß sie uns als Werkzeuge
nützlich sind. Jedes einzelne Programm in diesem Buch wurde in
der hier vorliegenden Form gründlich ausgetestet. Alle Programme
liefen ohne Änderungen auf mindestens zwei verschiedenen
Rechnern; die größeren Programme wurden sogar auf drei Maschinen
getestet: auf einer PDP-11, einer Honeywell 6070 und einer IBM
370.

Das zweite Anliegen dieses Buches ist das Schreiben <u>guter</u>
Programme. In seinem Verlauf hoffen wir, dem Leser folgende
Prinzipien grundlegend vermitteln zu können: einen guten
Entwurf, der dem Leser die Erstellung von Programmen ermöglichen
soll, die leicht zu pflegen und zu ändern sind; Benutzerfreund-
lichkeit, um einen gewissen Anwendungskomfort zu gewährleisten;

Zuverlässigkeit in Bezug auf die Richtigkeit der Ergebnisse, und außerdem Effizienz, so daß man sich einen Programmlauf leisten kann.

Heutzutage kursieren eine Menge von Schlagwörtern; alle haben zum Ziel, den Programmiervorgang zu verbessern: strukturiertes Programmieren, ´top-down´-Entwurf, strukturierter Entwurf, ´selbstloses´ Programmieren und viele andere mehr. Das strukturierte Programmieren zum Beispiel beinhaltet in engerem Sinn das Programmieren mit einer beschränkten Anzahl von Kontrollflußanweisungen und vermeidet goto´s. In einem weiteren Sinn steuert es den allgemeinen Programmiervorgang derart daß die Codestruktur sorgfältig kontrolliert wird - Kontrollfluß, Datenorganisation und die Schnittstelle zur Außenwelt. ´Top-down´-Entwurf und stufenweise Verfeinerung beschreiben zunächst ein Programmierproblem in sehr allgemeinen Begriffen, um dieses in von Stufe zu Stufe detaillierter werdende Tätigkeiten auszuweiten, bis schließlich das Programm vollständig ist. Der strukturierte Entwurf soll den Gesamtentwurf eines Systems oder Programms kontrollieren, so daß die einzelnen Teile fugenlos zusammenpassen, aber dennoch soweit eigenständig bleiben, um unabhängig voneinander modifiziert werden zu können. ´Selbstloses´ Programmieren heißt, anderen die eigenen Programme zu geben und sich nicht verletzt zu fühlen, wenn sie Verbesserungen vorschlagen. Jede dieser Disziplinen kann die Produktivität des Programmierers und die Qualität der Programme erheblich verbessern.

Es ist jedoch gefährlich, darauf zu vertrauen, daß die blinde Anwendung irgendeiner speziellen Technik automatisch zu guten Programmen führt. Wir glauben nicht, daß gutes Programmieren durch das Lesen von abstrakten Programmierprinzipien erlernt werden kann. Auch genügt es nicht, sich mit kleinen und künstlichen Beispielen zu befassen. Anstatt Konzepte wie das strukturierte Programmieren und den ´top-down´-Entwurf als abstrakte Prinzipien vorzustellen, versuchten wir, ihre wichtigsten Bestandteile herauszufiltern und sie dann in allen Programmen praktisch einzusetzen. Dadurch werden ihre Bedeutung bei der Lösung von tatsächlichen Problemen und ihr wahrscheinlicher Nutzen besser erkennbar. Dieses Buch befaßt sich nicht mit strukturiertem Programmieren oder ähnlichen Techniken, vielmehr wollen wir deren praktischen Einsatz demonstrieren.

Deshalb vermeiden wir **goto**´s, und zwar weder aus Respekt noch in der Hoffnung, dadurch automatisch gute Programme zu produzieren, sondern weil die Erfahrung zeigt, daß **goto**´s oftmals schlecht sind. Wir neigen eher zu ´top-down´-Entwurf, denn dies führt zu Programmen mit geringerer Fehleranfälligkeit sowohl bei deren Erstellung als auch bei Änderungen. Was das selbstlose Programmieren betrifft, so gibt es in diesem Buch 5000 Zeilen Programm, die der Leser gerne verbessern möge.

Auch versuchen wir zu vermitteln, <u>wie</u> wir beim Programmieren vorgegangen sind, anstatt nur das Endprodukt vorzustellen, oder sogar vorzutäuschen, wir hätten das Endergebnis mit Hilfe eines mechanischen Prozesses erreicht. Darüberhinaus erläutern wir den Zweck eines jeden Programmes, wie es entworfen werden sollte, um benutzerfreundlich zu sein, welche Überlegungen seine Struktur und Implementierung beeinflussen und einige der dazu existierenden Alternativen. Wir erheben keineswegs den Anspruch, unsere Art zu programmieren sei die bestmögliche. Aber selbst wenn Sie anders vorgehen würden, sollte Ihnen die Auseinandersetzung mit der Entwicklung einiger gut geschriebener nützlicher Programme dazu verhelfen, manche unserer Anregungen anzuerkennen und letztlich etwas daraus zu lernen.

Wir haben Ihnen eine ganze Reihe von Werkzeugen anzubieten. Dies sind überwiegend Programme, die vom Umfang her von einer Person in einer beschränkten Zeit – etwa einer Stunde, einem Tag oder einer Woche – leicht zu schreiben sind. Selbstverständlich können wir nicht so umfangreiche Programme wie Betriebssysteme oder größere Compiler vorstellen: die wenigsten von uns hätten überhaupt die Zeit, die Übung oder den Bedarf, sich damit ausführlich zu befassen. Deshalb haben wir uns vielmehr auf Programme konzentriert, mit denen der Leser wahrscheinlich am häufigsten konfrontiert wird und die es ihm erlauben, den größtmöglichen Nutzen aus den zur Verfügung stehenden Betriebssystemen und Sprachen zu ziehen. Darin liegt eine wichtige Erkenntnis: gut gewählte und gut entworfene Programme von angemessenem Umfang können benutzt werden, um eine komfortable, wirkungsvolle Schnittstelle zu größeren, weniger gut entworfenen zu bilden.

Soweit möglich werden wir kompliziertere Programme aus einfacheren herleiten oder sogar überhaupt vermeiden, neue zu entwerfen, und stattdessen neue Anwendungen für einzelne oder Kombinationen mehrerer, bereits vorhandener Werkzeuge entwickeln. Unsere Programme sind kombinierbar; diese Zusammenarbeit erweist sich als nützlicher als etwa eine ähnliche Ansammlung von Programmen, die nicht aufeinander abgestimmt sind.

Im Verlauf dieses Buches werden wir Sie mit vielen Software-Werkzeugen zur Lösung von Problemen bekannt machen, denen Sie als Programmierer gegenüberstehen. Einige Werkzeuge werden nur als Gerüst, als nützliche Basis dienen; die begleitenden Übungen werden Ihnen jedoch zeigen, wie man diese Gerüste sinnvoll erweitern kann.

Nun zur Art unserer Werkzeuge: Das Rechnen mit Computern ist ein solch umfassendes Gebiet, daß wir uns nicht mit jedem Anwendungsbereich befassen können. Deshalb haben wir uns der im Programmiervorgang zentralen Tätigkeit zugewandt - der Entwicklung von Programmen als Werkzeuge zur Erstellung anderer Programme. Wir wenden diese Programme regelmäßig, meist sogar täglich, an und im wesentlichen benutzten wir sie alle während der Entstehung dieses Buches. Die Wahl der Programme liegt darin begründet, daß sie sich als vorteilhaft für die Anwendung in dem uns zur Verfügung stehenden System erwiesen. Auch wenn wir nicht davon ausgehen können, daß unsere Wahl Ihren Bedürfnissen voll entgegenkommen wird, nehmen wir doch an, daß einige Programme unabhängig von Ihren Interessen von direktem Nutzen sein werden. Indem sich der Leser auch mit den Programmen befaßt, die nicht von persönlichem Nutzen sind, können sie ihm doch Anregungen und das Verständnis vermitteln, um ausgezeichnete Werkzeuge für seine spezifischen Probleme zu entwerfen und zu konstruieren. Beispielsweise könnten Sie durch den Vergleich unserer Entwürfe mit ähnlichen Programmen in Ihrem System Verbesserungen erzielen. Geht man von Werkzeugen als zentralem Aspekt aus, wird man auch den Mut haben, Programme zu schreiben, die nur den spezifischen Teil eines Problems zu lösen haben, und die restliche Arbeit über Schnittstellen den vorhandenen Programmen überlassen.

Unabhängig vom Anwendungsbereich ist das wichtigste Werkzeug eine gute Programmiersprache, um nicht das Schreiben und das Verständnis der Programme unnötig zu erschweren. Mit etwas Glück

stellt Ihr Rechnersystem eine gute Sprache von vornherein zur
Verfügung, andernfalls müßten Sie eine eigene Sprache
implementieren. Das bedeutet jedoch nicht, daß Sie einen
Compiler bauen sollen - das überlassen wir Experten. Sie sollten
vielmehr versuchen, irgendeine vorhandene Sprache durch einen
oder mehrere Vorübersetzer zu erweitern.

Beim Schreiben dieses Buches tauchte auch die Frage auf, welche
Sprache für die Programme zu wählen sei. Bei keiner Sprache kann
man voraussetzen, daß sie allen Lesern bekannt, auf allen
Maschinen übersetzbar und leicht lesbar ist. Deshalb haben wir
einen Kompromiß geschlossen: aufgrund seiner weiten Verbreitung
und guten Unterstützung wird uns Fortran als Grundlage dienen.
Wir gehen davon aus, daß die meisten Programmierer Fortran-Programme zumindest lesen können, außerdem läuft Fortran auf fast
allen Maschinen. Die Sprache ist ausreichend standardisiert, so
daß die Programme ohne Änderungen auf vielen verschiedenen
Rechnersystemen lauffähig sind. Tatsächlich kann man Fortran als
Verkehrssprache verstehen, die wohl einer Universalsprache am
nächsten kommt.

Trotzdem ist einfaches Fortran zu unergiebig zum Programmieren
oder Beschreiben von Programmen. Wir haben uns deshalb für eine
einfache Fortran-Erweiterung entschieden, genannt "Ratfor"
(Abkürzung für "Rational Fortran"). Ratfor stellt moderne
Kontrollflußanweisungen bereit, wie sie in PL/I, Cobol, Algol
oder Pascal zur Verfügung stehen; dadurch wird sauberes,
strukturiertes Programmieren ermöglicht. Ratfor ist gut lesbar,
leicht zu schreiben und verständlich; es kann ohne Schwierigkeiten in Fortran, PL/I oder ähnliche höhere Sprachen übersetzt
werden. Bis auf einige neue Anweisungen wie **if-else**, **while** und
repeat-until ist Ratfor identisch mit Fortran. Selbst mit
geringen Fortran-Kenntnissen werden Sie sich leicht an Ratfor
gewöhnen können.

Sollten Ihnen andere Sprachen geläufiger sein, wird es Ihnen
dennoch keine Schwierigkeiten bereiten, unsere Strategie zu
verfolgen; gut strukturierte Programme scheinen in allen
Sprachen ähnlich auszusehen. Wir umgehen die größeren Schwächen
von Fortran und verbergen die unvermeidlichen in wohldefinierten
Moduln.

Kap. 1 erklärt den größten Teil der Sprache Ratfor anhand von Beispielen und einer kurzen Übersicht. In Kap. 9 konstruieren wir einen Ratfor-Fortran-Übersetzer. Wir stellen auch Werkzeuge vor, die diesen Übersetzer verbessern können, in Kap. 8 beispielsweise einen Makroprozessor und in Kap. 3 ein Programm zur Einbindung von Dateien.

Die Vorübersetzung in Fortran ist eine vernünftige Lösung. Fortran ist eine universale, portable und effiziente Sprache – wir werden ihre Vorzüge ausnutzen, aber ihre Nachteile umgehen. Man könnte sagen, daß wir Fortran als Assembler-Sprache behandeln, die auf jeder Maschine lauffähig ist. Wenn Ihr Arbeitsbereich vorwiegend von Fortran bestimmt ist, wird Ihnen dieser Ansatz willkommen sein. Steht Ihnen jedoch eine bessere Sprache als Ratfor zur Verfügung, können Sie die Programme unbedenklich anpassen, da der Code geprüft wurde und seine Aufgabe erfüllt.

Überraschend viele Programme haben eine Eingabe, eine Ausgabe und führen bei ihrer Ausführung eine nützliche Datentransformation durch. Solche Programme nennen wir <u>Filter</u>. Einige kann man wegen ihrer Einfachheit kaum als Werkzeuge bezeichnen, doch stellen sie - sorgfältig ausgewählt und kombiniert - einen Satz von Werkzeugen für komplizierte Vorgänge dar. Einige kleine Filter sind in Kap. 2 zusammengefaßt, einschließlich eines wirksamen Programms zur Zeichenumwandlung.

Nicht alle Programme sind Filter. In Kap. 3 besprechen wir Programme mit komplizierteren Schnittstellen zur Umgebung, wie z.B. das oben erwähnte Dateieinbindeprogramm, ein Dateivergleichsprogramm, ein Mehrdateiendrucker und eine Archivverwaltung für Dateien. Bei der Übertragung von Programmen aus einer Umgebung in eine andere besteht das Hauptproblem in der Kommunikation zwischen Programm und lokalem Betriebssystem. Wir lösen dieses Problem, indem wir einige Grundfunktionen zum Zugriff auf die Umgebung spezifizieren. Alle unsere Programme sind auf diese Grundfunktionen zugeschnitten; dadurch werden die Abhängigkeiten vom Betriebssystem auf eine Handvoll Unterprogramme beschränkt. Programme mit solchen Unterprogrammen sind auf jedes System, das die Implementierung dieser Grundfunktionen erlaubt, übertragbar.

Einige Filter sind so umfangreich, daß sie leicht mehrere Kapitel füllen könnten. In diese Kategorie fallen das Sortierprogramm aus Kap. 4 und das Programm zum Erkennen und Ersetzen von Mustern aus Kap. 5. Letzteres benutzt den größten Teil des Codes des Umwandlungsprogramms aus Kap. 2. Die Zeichenketten, die für das Umwandlungsprogramm spezifiziert werden können, stellen nämlich eine ganz spezielle Klasse von Mustern dar, die das Programm aus Kap. 5 verarbeiten kann.

Obwohl diese Filter auf die Programmentwicklung ausgerichtet sind, ist das Filterkonzept in jedem Anwendungsbereich wertvoll. Es unterstützt die Ansicht, daß ein Programm nur eine Stufe in einem größeren Vorgang ist, und daß diese Stufen einfach zu verbinden sein sollten. Das gilt auch für alle Dateien und Ein/Ausgabe-Geräte, die untereinander austauschbar sein sollten, so daß jedes beliebige Programm mit jeder Datei und jedem Gerät arbeiten kann.

Kap. 6 enthält einen viel leistungsfähigeren Texteditor als normalerweise in time-sharing-Systemen vorhanden ist. Der Editor enthält den größten Teil des Mustererkennungscodes aus Kap. 5, er erkennt die gleiche Klasse von Mustern. Wird der Editor in Verbindung mit einigen der anderen hier vorgestellten Programme angewandt, kann er Arbeiten ausführen, die ansonsten ein spezielles Programm erfordern würden. Selbst wenn Ihr System keine Dialogverarbeitung vorsieht, wird sich der Editor als nützlich erweisen.

Kap. 7 behandelt einen Textformatierer, und zwar eine viel kleinere Version als etwa zum Setzen von Büchern erforderlich ist. In Kap. 8 besprechen wir, wie bereits erwähnt, einen kleinen aber nützlichen Makroprozessor, mit dessen Hilfe man jede Programmiersprache erweitern kann. Abschließend stellen wir in Kap. 9 den Ratfor-Vorübersetzer vor.

Nach diesem Überblick mag Ihnen zwar die Textmanipulation überbewertet erscheinen, doch besteht das Arbeiten mit Computern nicht nur im Umgang mit Zahlen, auch nicht nur im Umgang mit "Compilern, Assemblern und Ladern", wie sie häufig in Programmierkursen oberflächlich durchgesprochen werden. Ein großer Bestandteil der alltäglichen Programmierarbeit ist nämlich Textverarbeitung: Editieren des Quellprogrammes,

Vorbereitung der Eingabedaten, Prüfen der Ausgabe und das
Schreiben der Dokumentation. Diese Tätigkeiten bilden den Kern
des Programmierens und sollten so weit wie möglich mechanisiert
werden. Am wirkungsvollsten erweisen sich Werkzeuge bei der
Programmentwicklung. Da Textverarbeitungssysteme beliebig groß
sein können, bieten sie ein ebenso breites Spektrum an
Programmiertechniken wie etwa Sprachprozessoren oder numerische
Programme.

Wie Sie sehen, ist dieses Buch eher nach Anwendungsgesichtspunk-
ten organisiert als nach verschiedenen Aspekten des Programmiervorgangs. Es ist keinesfalls als Nachschlagewerk für Algorithmen,
Datenstrukturen oder gar eine spezielle Programmiersprache
gedacht. Auch ist der Inhalt nicht aufgeteilt nach Entwurf,
Codieren, Testen, Fehlersuche, Effizienz, Benutzerfreundlichkeit,
Dokumentation oder anderen gängigen Themen. Wir befassen uns
ausschließlich mit der Konstruktion von Werkzeugen, und alle
oben erwähnten Programmiergesichtspunkte sind in jedem einzelnen
Programm in unterschiedlichem Ausmaß enthalten. Um sie im Auge
behalten zu können, werden wir direkt beim Schreiben der
Programme darauf eingehen. Unser Ziel ist es dabei, Ihnen unsere
Vorgehensweise bei der Konstruktion von Werkzeugen so
verständlich zu machen, daß Sie in der Lage sind, eigene
Werkzeuge zu entwerfen, zu erstellen und zu benutzen.

Literaturhinweise

Einer der einflußreichsten Verfechter guten Programmierens, der
häufig im Zusammenhang mit strukturiertem Programmieren genannt
wird, ist E.W. Dijkstra. Das Buch "Structured Programming" von
O.-J. Dahl, E.W. Dijkstra und C.A.R. Hoare (Academic Press,
1972) ist deshalb sehr zu empfehlen. Weiterhin befaßt sich
Dijkstra mit dem Gebrauch von Grundfunktionen bei der Erstellung
eines hierarchischen Betriebssystems in "The Structure of the
THE multiprogramming system", Communications of the ACM (CACM),
Mai 1968.

Erheblichen Einfluß auf die Arbeit am Rechner hatte die Programmiersprache Pascal; sie eignet sich insbesondere für strukturiertes Programmieren und die Steuerung der Datenstruktur. Zu empfehlen ist "Systematic Programming: An Introduction" (Prentice Hall, 1973) von N. Wirth, dem Urheber der Sprache Pascal. In der Sonderausgabe der ´Computing Surveys´ über Programmieren (Dezember 1974) sind auch einige lesenswerte Artikel, u.a. einer von N. Wirth, enthalten.

Eine hervorragende Auswahl von Aufsätzen zum Programmiervorgang und den Problemen der Entwicklung großer Programmsysteme bietet "The Mythical Man-Month" von F.P. Brooks (Addison-Wesley, 1974). Der Begriff des "selbstlosen Programmierens" wurde von G.M. Weinberg in seinem ergötzlichen Buch "Die Psychologie des Programmierens" (Van Nostrand Reinhold, 1971) geprägt.

Der Wegbereiter zum "strukturierten Entwurf" war L.L. Constantine. Eine Zusammenfassung der Grundsätze des strukturierten Entwurfs findet man in "Structured design" von W.P. Stevens, G.J. Myers und L.L. Constantine, in: IBM Systems Journal, April 1974. Das Buch "Reliable Software Through Composite Design" von Myers (Petrocelli/Charter, 1974) behandelt dieses Thema detaillierter. Als spätere Referenz verweisen wir auf "Structured Design" von E. Yourdon und L.L. Constantine, Yourdon 1975.

"The Elements of Programming Style" von B.W. Kernighan und P.J. Plauger (McGraw-Hill, 1974) behandelt ausgiebig, wie man Rechnerprogramme verbessern kann, veranschaulicht durch zahlreiche Beispiele, die veröffentlichten Fortran- und PL/I-Programmen entnommen wurden.

1. Einführung in Ratfor

Dieses Kapitel beschreibt die Grundzüge der Programmiersprache Ratfor sowie einige Ideen und Konventionen, die im weiteren Verlauf des Buches Anwendung finden. Zugleich stellen wir hier einige kleine, aber nützliche Programme vor, um eine Diskussion anhand konkreter Beispiele zu ermöglichen. Wir bitten den Leser um Verständnis dafür, daß wir, um vollständige Programme vorstellen zu können, gerade am Anfang gelegentlich Konzepte gebrauchen müssen, die zuvor noch nicht erklärt wurden. Einige Dinge müssen deshalb vorläufig als Tatsachen akzeptiert werden, andernfalls würden wir bei der Erklärung von Erklärungen steckenbleiben.

1.1 Kopieren von Dateien

Zunächst stellt sich das Problem der Kommunikation zwischen Programm und Umgebung. Da viele unserer Programme Texte verarbeiten sollen, bildet das Lesen von Zeichen aus beliebiger Eingabequelle eine Grundoperation. Diese bezeichnen wir als Funktion **getc**, die das jeweils nächste Eingabezeichen liest und es als Funktionswert zurückgibt, d.h. jeder Aufruf liefert ein neues Zeichen. Wir werden vorläufig die Art des Eingabegeräts außer acht lassen, es kann sich etwa um einen Kartenleser, eine Datenstation oder einen Hintergrundspeicher wie eine Platte handeln.

Auch der betreffende Zeichenvorrat interessiert uns im Moment
nicht. Effizienzprobleme bleiben unberücksichtigt, wobei wir uns
allerdings im Klaren darüber sind, daß das sequentielle Lesen
einzelner Zeichen aufwendig erscheinen muß. Jedoch wollen wir
uns vorläufig möglichst wenig mit Einzelheiten befassen.

Als nächstes definieren wir **putc** als Gegenstück zu **getc**. **putc**
übergibt ein einzelnes Zeichen an ein Ausgabegerät, z.B. einen
Drucker, ein Terminal oder eine Platte. Wiederum sind weder die
Details noch der Aufwand der Operation Gegenstand der
Betrachtung. Wesentlich ist die Zusammenarbeit von **getc** und
putc: die durch **getc** beschafften Zeichen können durch **putc**
ausgegeben werden.

Schon mit Hilfe dieser zwei Grundoperationen kann man
erstaunlich viele nützliche Arbeiten ausführen, ohne überhaupt
Genaueres über ihre Implementierung zu wissen. Als einfachstes
Beispiel sei die Anwendung von **getc/putc** innerhalb einer
Schleife demonstriert:

```
while (get(c) noch nicht am Eingabeende)
      call put(c)
stop
```

Damit verfügen wir über ein Programm, das die Eingabe auf die
Ausgabe kopiert und dann die Schleife beendet. Hier wurde eine
einfache Aufgabe von einem ebenso einfachen Programm ausgeführt.
Sicherlich muß jemand sich letzten Endes mit der Wahl des
Zeichenvorrates befassen, muß das Ende der Eingabe feststellen
und die Effizienz u.ä. berücksichtigen; jedoch brauchen sich die
meisten Benutzer darum <u>nicht</u> zu kümmern, da **getc** und **putc** solche
Einzelheiten verbergen. (Am Ende dieses Kapitels wird eine
einfache Realisierung der beiden Funktionen beschrieben.)

Funktionen wie **getc** und **putc** bezeichnen wir als "Grundfunktionen", sie bilden die Schnittstelle zur "Außenwelt". Diese
benutzen ihrerseits die maschinenspezifischen Ein/Ausgaberoutinen
des zugrundeliegenden Betriebssystems. Für ein Benutzerprogramm
definieren **getc** und **putc** eine interne Standardrepräsentation für
Zeichen und stellen einen allgemeinen Ein- und Ausgabemechanismus
bereit, der aufgrund seiner Einheitlichkeit auf vielen
verschiedenen Rechnern angewandt werden kann. Wenn wir

Grundfunktionen benutzen, können wir Programme entwerfen und schreiben, die weniger abhängig von spezifischen Eigenarten eines Betriebssystems sind. Die Grundfunktionen isolieren ein Programm von seinem Betriebssystem und stellen sicher, daß die auszuführende Aufgabe mit Hilfe einiger weniger wohldefinierter Grundoperationen ausgedrückt werden kann.

Das obige Programm ist in einem Pseudo-Code - ähnlich einer Programmiersprache - geschrieben, vermeidet jedoch überflüssige Details, indem es hin und wieder in natürliche Sprache übergeht. Das ermöglicht die Spezifikation eines Programmteils ohne die Ausarbeitung aller Einzelfragen. Bei größeren Programmen ist es sinnvoll, mit einem Pseudo-Code zu beginnen und es stufenweise zu verfeinern, bis es in einer vollständig ausführbaren Form vorliegt. So hat man die Möglichkeit, den Entwurf auf einer höheren Ebene zu revidieren und zu verbessern, ohne einen ausführbaren Code schreiben und dennoch seine Nähe nicht verlassen zu müssen.

Als nächsten Schritt schreiben wir **copy** in exaktem Ratfor, so daß es übersetzbar und lauffähig ist.

```
#copy - Eingabezeichen auf Ausgabe kopieren
        integer getc
        integer c

        while (getc(c) ¬= EOF)
                call putc(c)
        stop
        end
```

Dazu einige Erläuterungen: Die erste Zeile besteht aus einem Kommentar zur Bezeichnung des Programms und seiner Tätigkeit; derartige Kommentare treten in jedem lauffähigen Programm in diesem Buch auf. In Ratfor zeigt das Zeichen # an jeder <u>beliebigen</u> Position einer Zeile den Beginn eines Kommentars an, der dann den Rest der Zeile einnimmt. Diese Kommentarschreibweise erweist sich flexibler als das "C in Spalte 1" bei Fortran. Kommentar und Code können in ein- und derselben Zeile vorkommen, außerdem ist die Schreibweise kürzer als z.B. /*...*/ in PL/I, wenn auch nicht ganz so allgemein. (Gegen Ende dieses Kapitels sind alle Ratfor-Anweisungen und Vereinbarungen in einer Übersicht zusammengefaßt.)

Die beiden Zeilen

```
integer getc
integer c
```

sind normale Fortran-Anweisungen, die c und **getc** als integer-
Größen vereinbaren. Wir werden alle Variablen und Funktionen in
unseren Programmen vereinbaren, da wir dies für eine gute Praxis
halten. Es erfordert Disziplin dadurch, daß die beliebige
Vereinbarung neuer Variablen erschwert wird, und erlaubt die
automatische Prüfung von Vereinbarungen. (Wir werden eine klare
Trennung zwischen Funktionsvereinbarungen und Vereinbarungen
gewöhnlicher Variablen vornehmen, um sie leicht auseinanderhalten
zu können.) Wie schon erwähnt, ist **getc** eine Funktion, die
Zeichen zurückgibt; zwar enthält c auch ein Zeichen, da jedoch
wenige Fortran-Implementierungen einen expliziten Datentyp
character bereitstellen, werden wir uns vorläufig mit **integer**
behelfen. PL/I unterstützt zwar Zeichen, aber aus Gründen, die
wir später erläutern werden, sind auch diese nicht ganz adäquat.

In den Zeilen

```
while (getc(c) ¬= EOF)
    call putc(c)
```

erfolgt der eigentliche Kopiervorgang. **while** ist eine
Ratfor-Anweisung und beschreibt eine Schleife. Der Schleifenkör-
per (hier die Fortran-Anweisung **call putc(c)**) wird solange
wiederholt wie die Bedingung innerhalb der Klammern wahr ist.
Ist die Bedingung schließlich falsch, endet die Schleife und das
Programm verzweigt zu der auf die **while**-Anweisung folgenden
Anweisung, in diesem Falle dem **stop**. Die in der **while**-Schleife
getestete Bedingung lautet

```
getc(c) ¬= EOF
```

Die Ratfor-Notation ¬= bedeutet "ungleich" (wie in PL/I).
Fortran-Anwendern wird .ne. geläufiger sein. Die Schleife
wiederholt sich also solange bis das von **getc** zurückgegebene
Zeichen nicht gleich **EOF** ist.

getc liefert das jeweils nächste Zeichen sowohl als Funktionswert
als auch in seinem Parameter **c**, so daß mit Hilfe einer einzigen

Anweisung der Wert getestet und gleichzeitig aufbewahrt werden
kann. Diese Anwendung ist für Fortran ungewöhnlich, aber
durchaus zulässig. Da sie leicht zu handhaben ist, verwenden wir
sie häufig.

EOF ist eine symbolische Konstante. Diese steht für einen
integer-Wert, der von **getc** und den Anwendern von **getc** als
Zeichen für das Ende der Eingabe festgelegt wurde. Der genaue
Wert interessiert in diesem Zusammenhang nicht, er kann auf
jeder Maschine verschieden sein. Die einzige Einschränkung ist,
daß sich **EOF** von allen von **getc** gelieferten Zeichen unterscheiden
muß. Zur Benennung symbolischer Zeichen werden wir konsequent
Großbuchstaben verwenden, um sie so gegenüber den kleingeschrie-
benen Variablen und Funktionen hervorzuheben.

Unsere Programme beinhalten ziemlich viele symbolische
Konstanten, denn diese erhöhen ihre Lesbarkeit. Die Bedeutung von

```
getc(c) ¬= EOF
```

ist auf den ersten Blick zu erkennen, da **EOF** eher ins Auge fällt
als irgendeine "magische Zahl", z.B. -1.
In Kap.8 beschreiben wir ein Programm, das Ihnen die Definition
und Übersetzung von symbolischen Konstanten ermöglicht, so daß
sie in Progammen verwendet werden können. Damit werden auch, vor
der Übersetzung, die definierenden Zeichenketten in den
Fortran-Quellcode geschrieben. Ein solches Programm verwenden
wir zur Verarbeitung aller Programme in diesem Buch.

Bevor man ein Ratfor-Programm laufen lassen kann, erfolgt ein
Durchlauf des Quellprogramms durch einen sogenannten "Vorübersetzer". Dieses Programm übersetzt die Kontrollanweisungen wie
while in entsprechende **if**- und **goto**-Anweisungen, ersetzt
symbolische Konstanten durch ihre Definitionen und überträgt
Kurzbezeichnungen wie ¬= in .ne.. Alles andere wird als
gewöhnliches Fortran betrachtet und wird - abgesehen von der
korrekten Positionierung in der Ausgabezeile - unverändert
kopiert. Die daraus resultierenden Fortran-Anweisungen werden
dann in der üblichen Weise übersetzt. Somit ergeben sich
folgende Verarbeitungsstufen:

```
Ratfor Quellcode
      -> Ratfor Vorübersetzer
            ->  Fortran Compiler
                 -> Lauffähiges Programm
```

Dieser Folge können aber noch andere Vorübersetzer hinzugefügt
werden. In Kap. 9 werden wir die Konstruktion eines Ratfor-Vorübersetzers demonstrieren.

Der Vorteil von Ratfor besteht darin, daß es weit über Fortran
hinausgehende Programmstrukturen zuläßt und dennoch ohne
Schwierigkeiten in Fortran, und mit nur wenig mehr Aufwand auch
in andere ähnliche Sprachen, übersetzt werden kann. Die Methode,
für ein Programm zunächst eine leicht lesbare höhere Programmiersprache zu verwenden, danach in eine beliebige verfügbare
Sprache übersetzen zu lassen - sei es Fortran, PL/I oder eine
Assemblersprache - ist grundsätzlich empfehlenswert. Die
Programme in diesem Buch verwenden nur einige wenige Kontrollstrukturen wie etwa **while** und einige wenige Datentypen wie
integer. Man kann sie deshalb leicht mechanisch in die
gewünschte Zielsprache übersetzen.

Als Beispiel eine Fortran-Version von **copy**:

```
      c copy - Eingabezeichen auf Ausgabe kopieren
            integer getc
            integer c
      10    if (getc(c) .eq. EOF) goto 20
                  call putc(c)
                  goto 10
      20    continue
            stop
            end
```

Die **while**-Anweisung in Ratfor bezeichnet die Schleife mit einer
Abfrage am Anfang; diese Anweisung kann durch eine **if**-Anweisung
für den Schleifentest und einer **goto**-Anweisung am Ende des
Schleifenkörpers ausgedrückt werden. Diejenigen Anweisungen
unter der Kontrolle von **while**, also der Schleifenkörper, sind
zur besseren Lesbarkeit eingerückt. EOF bleibt eine symbolische
Konstante. Die Entscheidung, welchen Zahlenwert wir ihr
zuordnen, werden wir möglichst lange hinausschieben. Denn eine
symbolische Konstante ist stets plastischer als ihr numerisches
Äquivalent.

copy sieht ähnlich einfach in PL/I aus:

```
/*copy - Eingabezeichen auf Ausgabe kopieren*/
    copy: procedure options(main);
    declare getc entry (fixed binary) returns (fixed binary);
    declare putc entry (fixed binary);
    declare c fixed binary;

    do while (getc(c)  ¬= EOF);
         call putc(c);
         end;
    end copy;
```

Die **do while**-Anweisung in PL/I kommt der **while**-Anweisung in Ratfor fast gleich, was die Übersetzung einfacher macht.

Es erhebt sich nun die Frage nach dem Nutzen von **copy**. Bei den meisten Betriebssystemen kann der Benutzer bestimmen, welche Dateien, Datensätze oder physikalische Ein-/Ausgabe-Geräte den im Programm verwendeten logischen Geräte-Nummern oder internen Dateinamen zugeordnet werden sollen. Die Zuordnung wird erst getroffen, nachdem der Code übersetzt, d.h. wirklich lauffähig ist. Das bedeutet, daß man über lauffähige Programme verfügen und erst im letzten Moment entscheiden kann, welche Dateien oder Geräte man benutzen will. Es bedeutet aber auch, daß man ein Programm als "black box" ansehen kann, dessen innere Struktur nicht interessiert, nur dessen nach außen wirkendes Verhalten. Wenn die Grundfunktion **getc** von einer "Standardeingabe" - wie etwa der logischen Einheit 5 in Fortran oder der Datei <u>sysin</u> in PL/I - einliest und die Grundfunktion **putc** auf eine "Standardausgabe" - logische Einheit 6, bzw. <u>sysprint</u> - ausschreibt, lassen sich Programme während ihrer Laufzeit also leicht mit den passenden Dateien oder Geräten verbinden.

Nebenbei wollen wir bemerken, daß der Begriff "Datei" je nach Rechnersystem verschiedene Bedeutungen haben kann. Vorläufig verstehen wir darunter ganz einfach einen Ort, von dem die Informationen kommen (z.B. über **getc**), oder einen Ort, an den Informationen geleitet werden (vielleicht mittels **putc**). Ein solcher Ort könnte eine Platte, organisiert als permanentes "Dateiensystem", oder jedes beliebige Ein-/Ausgabe-Gerät sein.

Unser Programm kopiert einen Zeichenstrom von jeder beliebigen Quelle an jeden beliebigen Zielort. Unter den oben beschriebenen

Bedingungen kann es Karten auf eine Plattendatei kopieren, eine
Datei auf einen Drucker listen oder eine Datei duplizieren -
kurz, es kann eine Fülle nützlicher Funktionen ausführen.

Obwohl es andere Möglichkeiten zur Ausführung solcher
Tätigkeiten gibt, besticht diese Methode durch ihren allgemeinen
Charakter und ihre Ausbaufähigkeit. Je nach Bedarf kann man es -
beliebig raffiniert - verbessern, eleganter oder schneller
machen. **copy** ist ein grundlegendes Werkzeug. Es ist sowohl für
sich allein nützlich als auch als Grundlage zur Konstruktion
anderer, komplizierterer Programme. Wenn Sie sich immer an unser
Entwurfsprinzip halten, Details solange wie möglich außer acht
zu lassen, Grundfunktionen zu verwenden, deren Quellen und
Zielorte beliebig sind, werden Ihre neuen Werkzeuge mit den
bereits entwickelten kompatibel sein und mit diesen ein
kooperierendes Ganzes bilden.

Aufgabe 1-1: **getc** und **c** wurden explizit als integer-Werte
vereinbart, da sie sonst durch die Fortran-Standardregeln zu
real-Variablen erklärt würden. Warum sind integer-Werte
real-Variablen vorzuziehen? Wir hätten die expliziten
Typdeklarationen durch die Vereinbarung einer Funktion **igetc**
und einer Variablen **ic** umgehen können. Welche Bezeichnungen
halten Sie für besser? Würden Sie **nextc** vorziehen? Wäre es
Ihnen beim Lesen eines fremden Codes lieber, <u>alle</u> Variablen
und Funktionen vereinbart zu finden, oder nur die
notwendigsten?

Aufgabe 1-2: Aus welchem Grund vereinbaren wir in unserer
PL/I-Version nicht alle Daten als **character**-Werte? Welchen
Wert könnte man sinnvollerweise **EOF** für den tatsächlichen
Programmlauf zuordnen? Nennen Sie auch einige schlechte
Werte.

Es kommt vor, daß man lediglich die Anzahl der Zeichen, Zeilen oder Worte in einer Datei wissen möchte. Ist die Datei permanent, z.B. auf einer Platte, gespeichert, liefert möglicherweise das Betriebssystem einige dieser Informationen. Ist dies jedoch nicht gegeben oder besteht die "Datei" beispielsweise aus Lochkarten, dann ist der einfachste Weg, die Datei durch ein entsprechendes Programm analysieren zu lassen.

Sie können sich im Moment vielleicht nicht vorstellen, daß jemand nur Angaben über die Zeichenanzahl in einer Datei haben möchte; doch bedenken Sie, daß wir hier Werkzeuge entwickeln wollen. Da solche Werkzeuge miteinander kombiniert am wirksamsten sind, werden sich auch bald entsprechende Anwendungsmöglichkeiten zeigen.

Die grundlegendste Operation ist das Zählen von Zeichen:

```
#charcount - Zeichen in Standardeingabe zählen
      character getc
      character c
      integer nc

      nc = 0
      while (getc(c)  ¬= EOF)
            nc = nc + 1
      call putdec(nc, 1)
      call putc(NEWLINE)
      stop
      end
```

In diesem Programm wird **nc** nur zum Zählen verwendet und ist deshalb als **integer** (ganze Zahl) vereinbart. Dementsprechend ist seine Vereinbarung getrennt von den Vereinbarungen von **c** und **getc**, die hier als Zeichen definiert sind. In diesem Programm wird auch die Vereinbarung **character** eingeführt. Obwohl **character** in den meisten Programmiersystemen mit **integer** identisch ist, werden wir in allen weiteren Programmen die beiden Variablentypen derart unterscheiden, damit Sie sofort deren Anwendungszweck erkennen können. Derselbe Vorübersetzer, der jedes vorkommende **EOF** durch eine Zahl ersetzt, kann auch jedes Auftreten von **character** durch **integer** ersetzen -

unmittelbar bevor das Programm übersetzt wird.

Um die errechnete Zahl zu drucken, ruft **charcount** **putdec** auf.
putdec wandelt einen Zahlenwert in eine Zeichenfolge um und gibt
sie mit Hilfe von **putc** aus. Die Verwendung von **putdec** verbirgt
die Einzelheiten der Ausgabe und macht dadurch **charcount**
übersichtlicher. (**putdec** wird eingehender in Kap.2 behandelt.)
Der zweite Parameter im Aufruf von **putdec** ist die minimale
Feldlänge: die Zahl wird rechtsbündig in einem Feld mindestens
dieser Länge ausgegeben.

putdec wird nie die Zeile auf einem Ausgabegerät beenden, da wir
ja vielleicht mehrere Zahlen in eine Zeile schreiben möchten,
indem wir **putdec** mehrfach aufrufen. Eine neue Zeile muß explizit
mit dem Aufruf

```
call putc(NEWLINE)
```

angefordert werden. **NEWLINE** stellt ein gültiges Zeichen in
großen Zeichenvorräten wie ASCII oder EBCDIC dar. Es veranlaßt
ein schreibmaschinenähnliches Ausgabegerät zu einem Wagenrücklauf
und Zeilenvorschub. **NEWLINE** benutzen wir als Standardzeichen zur
Kennzeichnung des Zeilenendes, wobei die Quelle oder der Zielort
von Informationen nicht berücksichtigt werden muß, so daß unsere
Programme in der Unterscheidung von Zeilen einheitlich sind.

Beachten Sie, daß die **while**-Bedingung beim ersten Aufruf von
getc nicht erfüllt ist, wenn die Eingabedatei keine Zeichen
enthält und dennoch **charcount** das richtige Ergebnis, nämlich
Null, liefert. Das ist ein wichtiger Punkt. Einer der Vorteile
der **while**-Anweisung liegt darin, daß die Abfrage auf Gültigkeit
der **while**-Bedingung am Schleifenanfang, also vor Ausführung der
Schleifenanweisung, erfolgt. Deshalb werden die Anweisungen nur
ausgeführt, wenn es wirklich sinnvoll ist. Viele, besonders in
Fortran geschriebene, Programme sind nicht in der Lage, die
Eingabe "kein Zeichen" sinnvoll zu verarbeiten. Unsere Programme
dagegen werden auch extreme Fälle berücksichtigen; als
grundlegendes Hilfsmittel dient uns dazu die **while**-Anweisung.

1.3 Zählen von Zeilen

Angenommen wir wollen statt Zeichen nun die Zeilen einer Eingabe
zählen. Wie kann man erkennen, daß eine Zeile gelesen wurde?
Eine besonders ansprechende Lösung besteht darin, daß **getc** das
Ende einer Eingabezeile erkennt und NEWLINE zurückgibt. (Sollte
NEWLINE nicht im Zeichenvorrat enthalten sein, so muß, wie bei
EOF, ein von allen anderen Zeichen zu unterscheidendes
Sonderzeichen vereinbart werden.) Ebenso muß NEWLINE von **putc**
als Signal verstanden werden, eine abgeschlossene Zeile
auszugeben.

Indem jede Zeile mit NEWLINE beendet wird, können wir alle
Ein-/Ausgabegeräte als gleichartig betrachten. **getc** und **putc**
veranlassen alles Nötige, um die Unterschiede zwischen den
Geräten auszugleichen. Die Programme brauchen die Satzlänge
unterschiedlicher Geräte nicht mehr zu berücksichtigen (nicht
einmal mehr die variable Satzlänge desselben Gerätes); sie
verarbeiten zeichenweise bis ein NEWLINE erkannt wird. Behandelt
man NEWLINE als Zeichen, vereinfacht das die Programme, auch
wenn es als solches nicht im Zeichenvorrat enthalten ist; wir
werden davon ausgiebig Gebrauch machen.

Wenn **getc** ein NEWLINE am Ende jeder Zeile liefert, sieht das
Zählen von Zeichen mit **linecount** so aus:

```
#linecount - Zeilen in Standardeingabe zählen
      character getc
      character c
      integer nl

      nl = 0
      while (getc(c) ¬= EOF)
            if (c == NEWLINE)
                  nl = nl + 1
      call putdec(nl, 1)
      call putc(NEWLINE)
      stop
      end
```

Damit ist die Schleifenanweisung in **while** etwas umfangreicher -
sie enthält eine **if**-Anweisung, welche wiederum die Zuweisung

nl=nl+1 steuert. Die Einrückung soll verdeutlichen, welche Anweisungen von anderen gesteuert werden, und vermittelt auf einfache aber verständliche Weise die logische Struktur eines Programms.

Das doppelte Gleichheitszeichen == ist das Ratfor-Symbol für "ist gleich"; wir gebrauchen es zur Unterscheidung zum Zuweisungssymbol =. == wird in Fortran mit .eq. und in PL/I mit = übersetzt. Wie bereits in der Einführung erwähnt wurde, stimmt Ratfor in den meisten Fällen mit Fortran überein. So können Sie ohne weiteres für ¬= und == auch .ne. und .eq. schreiben; die Operatoren sind gleichbedeutend.

Die Vorstellung, Textinformation bestehe lediglich aus einer Zeichenkette, die in Zeilen beliebiger Länge eingeteilt und wo jede Zeile explizit mit einem Zeichen für das Zeichenende versehen ist, scheint einleuchtend, wenn man an die Funktionsweise einer Schreibmaschine oder eines Sichtgeräts denkt. Dennoch ist die Vorgehensweise bei aller Berechtigung in vielen Rechensystemen ungewöhnlich, in denen Text häufig in Feldern fester Länge ähnlich wie bei Lochkarten dargestellt werden muß.

Falls Ihnen Ihr Betriebssystem den Gebrauch von Textformaten fester Länge nahelegt, können Sie die Funktionsweise von **getc** und **putc** leicht erkennen. Für Fortran stellen wir Sätze mit Zeilen gleich, da die Umgebung grundsätzlich durch Karten oder Sätze bestimmt ist. Wenn notwendig, liest **getc** einen Satz und gibt bei jedem Aufruf ein Zeichen ab; wird **NEWLINE** erkannt, erfolgt das Einlesen des nächsten Satzes. **putc** speichert die Zeichen in einem Puffer solange bis ein Aufruf mit **NEWLINE** erfolgt; danach schreibt es den gesamten Satz (abzüglich **NEWLINE**). Die Größe der Puffer sollte den größtmöglichen Sätzen entsprechen. Trotz der Nachteile einer solchen Implementierung soll uns dies für den Anfang genügen. Die am Schluß dieses Kapitels aufgeführten **getc**- und **putc**-Versionen funktionieren in der oben beschriebenen Weise und werden in den meisten Fortran-Systemen vorläufig ihren Zweck erfüllen.

Übrigens entspricht diese Art der Eingabe nicht der **stream**-Eingabe in PL/I. An das aufrufende Programm werden über die **stream**-Eingabe keinerlei Informationen betreffend der Satzlängen gegeben, obwohl es mit Hilfe der Formatspezifikation **skip**

möglich ist, Zeichen bis zur nachfolgenden Zeile zu ignorieren.
getc aber muß Sätze lesen, um NEWLINEs angeben zu können; hier
besteht eine Ähnlichkeit zwischen Fortran und PL/I.

Manche Systeme sind derart organisiert, daß Zeichen tatsächlich
als Strom mittels einer Tastatur eingegeben und durch die
Steuerung eines Druckmechanismus ausgegeben werden, und daß alle
Plattendateien dieses Format beibehalten. In diesem Fall ist die
Funktion von **getc** und **putc** trivial. Wir werden - ungeachtet der
tatsächlichen Quelle oder des Zielortes - beim Programmieren
meist von einem schreibmaschinenähnlichen Gerät ausgehen, wobei
wir für die Eingabe alle notwendigen Übersetzungen so früh als
möglich, für die Ausgabe so spät als möglich, vornehmen, um die
Anpassung an Kartenleser, Drucker und andere Plattendateiformate
zu gewährleisten. (In Kap.2 sind einige Programmbeispiele für
diese Anpassung enthalten.) Eine einheitliche Textschreibweise
trägt schon viel zu einem guten Zusammenwirken verschiedener
Werkzeuge bei.

Wie kann man nun **linecount** testen, um richtige Ergebnisse
sicherzustellen? Fehler entstehen gewöhnlich bei Grenz- oder
Ausnahmefällen von Programmoperationen, hier nämlich "bestätigen
Ausnahmen die Regel". In unserem Beispiel liegen die Grenzfälle
einfach: eine Datei ohne Zeilen und eine Datei mit einer Zeile.
Wenn das Programm solche Fälle sowie einen allgemeinen Fall mit
mehr als einer Zeile korrekt behandelt, so ist die richtige
Verarbeitung aller Eingaben wahrscheinlich.

Wir versuchen nun eine leere Datei mit **linecount** zu bearbeiten.
Die **while**-Bedingung ist schon beim ersten Mal nicht erfüllt und
die Schleife wird nicht ausgeführt, d.h. wenn keine Zeileneingabe
stattfand, wird nicht gezählt. So weit, so gut.

Enthält die Datei, die mit **linecount** verarbeitet wird, nur eine
Zeile, so ist die **while**-Bedingung für jedes Zeichen der Zeile
erfüllt; die **if**-Bedingung ist erfüllt, wenn NEWLINE erkannt
wird, und die Zeile wird gezählt. Die **while**-Abfrage wird
wiederholt (die Bedingung ist wegen EOF nicht erfüllt) und die
Schleife wird verlassen.

Nehmen wir nun eine mehrzeilige Datei an. Das Programm verhält
sich wie im vorhergehenden Fall, jedoch können wir jetzt

feststellen, daß nach jeder Zeile die **while**-Abfrage ausgeführt wird, und dadurch entweder der Anfang einer neuen Zeile oder **EOF** erkannt wird. Das Programm testet also durch.

Es mag übertrieben erscheinen, daß wir uns hier so eingehend mit den Details befassen, doch hat dies gute Gründe. Häufig auftretende Programmierfehler sind gerade solche, bei denen einer der drei Tests versagt, obwohl die beiden anderen vielleicht bestehen. Sie sollten beim Schreiben jedes Programmstücks stets an die Grenzfälle denken, d.h. diese sollten während des Schreibens theoretisch und anhand des fertigen Programms praktisch durchgetestet werden. Die praktische Durchführung dieser Tests nimmt weit weniger Zeit in Anspruch als unsere Diskussion darüber, und der geringe zusätzliche Aufwand zahlt sich aus.

<u>Aufgabe 1-3</u>: Was geschieht, wenn das letzte Zeichen einer mit **linecount** verarbeiteten Datei nicht aus **NEWLINE** besteht? Bleibt das Programm lauffähig? Ist sein Verhalten fehlerhaft oder eine natürliche Folge unserer Definition einer "Zeile"?

1.4 Zählen von Wörtern
<u> </u>

Das folgende Zählprogramm findet Anwendung in der Textverarbeitung, indem es Wörter in einer Datei zählt. Es beantwortet z.B. die Frage: "Wieviele Wörter enthält dieses Buch?" (Ohne Programme sind es etwa 80.000.) Aus unserer Sicht besteht ein Wort aus einer Folge von Zeichen außer Leerzeichen, Tabulatorzeichen und **NEWLINE**s. Jeder Übergang von solchen Trennzeichen auf alphanumerische Zeichen zeigt das nächste zu zählende Wort an. Wir benutzen die Variable **inword**, um anzugeben, in welchem der beiden Zustände ("innerhalb" oder "außerhalb" eines Wortes) sich das Programm zu einem beliebigen Zeitpunkt befindet. Als Anfangszustand nehmen wir "außerhalb eines Wortes" an.

In Ratfor sieht das sehr einfach aus:

```
#wordcount - Wörter in Standardeingabe zählen
      character getc
      character c
      integer inword, wc

      wc = 0
      inword = NO
      while (getc(c) ¬= EOF)
            if (c == BLANK | c == NEWLINE | c == TAB)
                  inword = NO
            else if (inword == NO) {
                  inword = YES
                  wc = wc + 1
                  }
      call putdec(wc, 1)
      call putc(NEWLINE)
      stop
      end
```

TAB stellt eine weitere symbolische Konstante dar; sie muß dem
internen Zeichencode angeglichen werden, der **getc** veranlaßt, den
Tabulator Ihrer Maschine zu positionieren. Der Längsstrich | ist
der logische Operator **oder**. PL/I-Anwendern wird | bekannt sein,
während Fortran-Programmierern **.or.** geläufiger ist.

Die symbolischen Konstanten **YES** und **NO** könnten durch eins und
null repräsentiert werden, jedoch spielt das hier keine Rolle,
solange ein Unterschied zwischen ihnen besteht und die
vereinbarten Werte allgemein akzeptiert werden. Sie sind
jedenfalls leichter lesbar und verständlicher als die
Bezeichnungen der Werte **.true.** und **.false.** in Fortran, oder ´1´b
und ´0´b in PL/I. Aus diesem Grund, und auch weil Fortran in
Bezug auf <u>logische</u> Vergleiche einige willkürliche Einschränkungen
fordert, bleiben wir bei integer-Variablen, indem wir
symbolische Konstanten wie **YES** und **NO** gebrauchen.

Dieses Beispiel verdeutlicht auch verschiedene neue und wichtige
Aspekte des Kontrollflusses in Ratfor. Erstens kann eine
if-Anweisung eine **else**-Anweisung einbeziehen, um alternative
Tätigkeiten zu spezifizieren für den Fall, daß die Bedingung von
if nicht erfüllt wird:

```
      if (Bedingung)
            Anweisung
      else
            Anweisung
```

also heißt: "<u>falls</u> die Bedingung erfüllt ist, führe Anweisung 1 aus; <u>sonst</u> führe Anweisung 2 aus". Es wird also stets eine der beiden Anweisungen ausgeführt. Allerdings können diese beiden Anweisungen selbst wiederum recht kompliziert werden: bei **wordcount** beispielsweise tritt nach **else** eine weitere **if**-Anweisung auf!

Zweitens können wir jede einzelne Anweisung in Ratfor durch eine in geschweifte Klammern eingeschlossene Folge von Anweisungen ersetzen, was wir als "zusammengesetzte Anweisung" bezeichnen. Die Klammern haben dabei die Funktion der **do-** und **end**-Anweisung in Pl/I oder sind vergleichbar dem **begin** und **end** in Algol und dessen Weiterentwicklungen: die Anweisungen innerhalb der geschweiften Klammern werden als eine einzelne Anweisung behandelt.

Angenommen der Wert von **inword** ist NO, dann werden in dem Programmstück

```
else if (inword == NO) {
    inword = YES
    wc = wc + 1
    }
```

beide Zuweisungen ausgeführt. In derartigen Sprachen können geschweifte Klammern grundsätzlich beliebig tief verschachtelt werden.

Wir geben Klammern den Vorzug vor Wortpaaren wie **begin-end** oder **do-end** hauptsächlich aufgrund der besseren visuellen Darstellung und einfacheren Eingabe. Die Positionierung der Klammern erfolgt konsequent wie im obigen Beispiel: die linke Klammer steht auf der Zeile, der die zusammengesetzte Anweisung zugeordnet ist, die rechte Klammer steht für sich allein, mit derselben Einrückung wie die dadurch beendete Anweisungsfolge.

Es gab schon bemerkenswert viele Debatten über derartig triviale Probleme wie den Gebrauch von Klammern oder **begin** und **end** und deren Positionierung. Wir wollen uns hier darauf beschränken, unsere Schreibweise als zweckdienlich und lesbar zu empfehlen, was Sie aber nicht hindern soll, sie nach eigenem Ermessen zu ändern. Sie sollten jedoch eine einmal eingeführte Konvention dann konsequent in allen Ihren Programmen anwenden.

Obwohl das Innere der **while**-Schleife kompliziert erscheint, besteht es logisch doch nur aus einer **if-else**-Anweisung, also keiner zusammengesetzten Anweisung, und braucht daher nicht in geschweifte Klammern eingeschlossen zu sein. Dennoch kann man sie einfügen, wenn man sich davon Vorteile verspricht.

Die **else-if**-Konstruktion ist in unseren Programmen häufig anzutreffen, oft sogar in längerer Folge **if**...**else if**...**else**, um eine von vielen Alternativen zu wählen. Diese Ketten können durch Einfügen von noch mehr **else-if**-Anweisungen an den entsprechenden Stellen verlängert werden. Drei Regeln tragen zur besseren Lesbarkeit solcher Ketten bei:

(1) Man durchläuft die Abfragenkette, bis die Bedingung erstmalig erfüllt ist - die darauffolgende Anweisung wird ausgeführt.

(2) Sind sämtliche Bedingungen nicht erfüllt, so wird die zum letzten **else** (falls es vorhanden ist) gehörige Anweisung ausgeführt.

(3) In beiden Fällen fährt das Programm anschließend mit der Anweisung, die der Kette unmittelbar folgt, fort.

Einige Programmiersprachen enthalten eine "case"-Anweisung, die die Auswahl genau einer von einer Reihe möglicher alternativer Anweisungen direkt ausdrückt. Sieht eine Sprache keine "case"-Anweisung vor, dann ist gewöhnlich die klarste Ausdrucksweise eine Kette von **else if´**s. Wir geben dieser Schreibweise den Vorzug vor beliebig tief verschachtelten **if-else**-Bäumen; sie verursacht am wenigsten Verwirrung. **else-if´**s sind in unseren Programmbeispielen stets an die gleiche Stelle eingerückt, um hervorzuheben, daß die Struktur wirklich eine Fallunterscheidung beschreibt.

Wie können wir nun **wordcount** testen? Der beste Ausgangspunkt für diese Tätigkeit ist beim Schreiben des Programms, denn der Richtigkeit eines Programms versichert man sich am besten, indem man sich von Anfang an um Korrektheit bemüht. Der Algorithmus von **wordcount** beruht auf zwei Zuständen: entweder ist ein Zeichen innerhalb oder außerhalb eines Wortes, gemäß unserer obigen Definition. Solange die Übergänge zwischen den beiden

Zuständen korrekt, die Anfangszustände richtig gewählt sind, und wir die Übergänge für jedes neue Wort richtig zählen, können wir auf unser Programm vertrauen. Trotzdem ist Testen erforderlich, um den Algorithmus auf seine Gültigkeit zu prüfen und sicherzustellen, daß das Programm ihn richtig implementiert.

Im Falle eines komplexen Programmes kann man natürlich nicht jede mögliche Eingabe testen. Wie wir schon erwähnten, weisen erfahrungsgemäß gerade die Grenzfälle eines Programmes die meisten Fehler auf, weshalb hier Tests am sinnvollsten sind. Sind nämlich die Randoperationen eines Programms korrekt, so kann man davon ausgehen, daß das Programm insgesamt korrekt ist. Daher ist eine kleine Auswahl von gezielten kritischen Tests in den Grenzbereichen einer Vielzahl von Zufallstests weit überlegen.

Zwar ist es schwer, den Begriff "Grenzfall" genau zu definieren, doch versteht man darunter intuitiv einen Datenwert, der das Programm zu einer Reaktion zwingt, die sich von den meisten vorkommenden Werten unterscheidet. Beispielsweise ist der Fall "keine Eingabe" für die meisten Programme ein solcher Grenzfall. Angenommen beim Testen von **wordcount** findet keine Eingabe statt, dann gibt der erste Aufruf von **getc** ein **EOF** zurück, die **while**-Schleife wird nie ausgeführt und erwartungsgemäß wird kein Wort gezählt. Ein ähnlicher Grenzfall lohnt auch untersucht zu werden: eine Eingabe, die aber nicht aus Worten besteht, sondern nur aus Leerzeichen, Tabulatorzeichen und **NEWLINE**s. In diesem Fall wird die **if**-Anweisung immer erfüllt, **wc** wird also nie erhöht; das Ergebnis ist korrekterweise wieder Null.

Das Funktionieren von **wordcount** sollte auch sichergestellt sein, wenn die Eingabe nur aus einem einzigen Wort besteht, egal wo es innerhalb der Eingabe auftritt, oder wenn zwei Eingabewörter an verschiedenen Stellen auftreten. Funktionieren diese Fälle richtig, können Sie der Korrektheit des Programms ziemlich sicher sein.

Eine abschließende Anmerkung: Beim Testen von **wordcount** war man sich klar über die für jede Eingabe erwartete Ausgabe. In größeren Programmen ist das nicht immer so offensichtlich. Jedoch ist eine grundlegende Voraussetzung beim Testen, das erwartete Ergebnis eines jeden Tests im voraus zu kennen.

Andernfalls ist es kein Test, sondern ein Experiment. Folglich besteht ein Teil der Aufgabe beim Schreiben von Programmen in der Vorbereitung zahlreicher Testeingaben und Ausgaben, die dann mit den Ergebnissen der Testläufe verglichen werden.

Aufgabe 1-4: Verbinden Sie die Funktionen **charcount**, **linecount** und **wordcount** zu einem Programm. In welcher Reihenfolge sollten die drei Ergebnisse gedruckt werden? Was ist vorteilhafter: ein Programm, das dreierlei Aufgaben erfüllen kann, oder drei Programme mit je einer Aufgabe?

Aufgabe 1-5: Ändern Sie **wordcount** derart, daß es auch Sätze zählen kann. (Die Definition eines Satzes ist Ihnen überlassen.) Wird ein solches Programm wohl häufig genutzt werden? Vergleichen Sie Ihre Lösung mit dem Programmbeispiel in Aufgabe 2-4 aus "The Elements of Programming Style" von B.W.Kernighan und P.J.Plauger.

1.5 Entfernen von Tabulatorzeichen

Angenommen Sie möchten eine Datei auf ein Gerät ausgeben, das die darin enthaltenen Tabulatorzeichen nicht interpretieren kann. Wir wollen hier zunächst einmal annehmen, jede achte Spalte wäre eine Tabulatorposition. Somit wird ein Tabulatorzeichen ersetzt durch eine Folge von 1 bis 8 Leerzeichen. Das folgende Programm **detab** soll diese Ersetzung ausführen.

Das Programm kann ähnlich strukturiert sein wie **copy**, allerdings muß die **while**-Schleife erweitert werden:

```
while (getc(c)  ¬= EOF)
    if (c == TAB)
        Leerzeichen ausgeben bis zum
        nächsten Tabulator
    else
        Zeilen einfach ausgeben
```

Wie erkennt das Programm die nächste Tabulatorposition? Eine Möglichkeit besteht darin, den Abstand der Tabulatorpositionen fest in das Hauptprogramm einzubauen. In diesem Fall kann durch eine einfache Berechnung eine betreffende Spalte als Tabulatorposition erkannt werden. Jedoch stellt sich ein solcher Ansatz als nachteilig heraus, wenn man später Tabulatorpositionen an beliebigen, nicht durch arithmetische Formeln bestimmbaren Stellen, zulassen möchte.

Ist die Definition der Tabulatorposition "alle 8 Spalten" einmal in das Programm integriert, wird eine Verallgemeinerung sehr schwer zu realisieren sein.

Größere Flexibilität erlaubt dagegen ein Feld, das die Angaben zu den Tabulatorpositionen enthält, initialisiert z.B. durch die "alle 8 Spalten"-Definition. Änderungen sind damit leichter auszuführen, wobei wir noch nicht festgelegt haben, ob das Feld eine Liste von Positionen oder, wie bei der Schreibmaschine, eine **Ja/Nein**-Angabe für jede Spalte enthält. Unabhängig von der Form führt die Darstellung der Tabulatorpositionen in einem Feld zu einem vielseitig erweiterbaren Programm.

Bei jeder Darstellungsform ist es jedoch sinnvoll, eine spezielle Funktion **tabpos** einzuführen, die dem Hauptprogramm die Information über die Tabulatorpositionen gibt. Auf diese Weise vermeiden wir eine Vermischung der grundlegenden Logik der Testschleife mit Tabulatorberechnungen; außerdem werden die Details der Darstellung der Tabulatorpositionen vor der Hauptroutine verborgen.

Natürlich muß das Programm die Spalten mitzählen und in der Lage sein, das Ende jeder Textzeile zu erkennen, damit der Spaltenzähler zurückgesetzt werden kann. Unser zweiter Ansatz zum Programm **detab** sieht wie folgt aus:

```
Tabulatorpositionen vorbesetzen
col = 1
while (getc(c)  ⌐= EOF)
      if (c == TAB)
            (ein oder mehrere) Leerzeichen
            ausgeben und col fortschreiben
                until (tabpos(col, tabs) == YES)
      else if (c == NEWLINE) {
            call putc(c)
            col = 1
            }
      else {
            call putc(c)
            col = col + 1
            }
```

Dieses Beispiel zeigt eine **else if**-Folge mit einem abschließenden
else, welches die letztmögliche Alternative liefert, d.h. wenn
weder ein **TAB** noch ein **NEWLINE** auftritt.

Die Funktion **tabpos** hat den Wert **YES**, wenn die Spalte **col** eine
Tabulatorposition enthält, andernfalls **NO**. Im Grunde ist das
eine leichte Aufgabe, man darf jedoch nicht die schon
besprochenen Grenzfälle vergessen. Ein Grenzfall ist offensichtlich die letzte Tabulatorposition. Was würde passieren, wenn in
einer Eingabezeile ein Tabulatorzeichen nach der letzten
Tabulatorposition aufträte?

Eine Lösung wäre, Tabulatorzeichen nur bis zu einer bestimmten
Spalte zuzulassen, jedoch ist ein Programm unsinnig, das einen
Eingabetext blind als legal akzeptiert. Oder aber **detab** bricht
die Ausführung ab bzw. erzeugt eine Fehlermeldung (oder beides),
was für ein allgemein verwendbares Werkzeug wiederum kaum
wünschenswert ist. Wir schlagen eine bessere Lösung vor, denn
schließlich sollte ein Programm einen sinnvollen Eingabetext
auch sinnvoll ausgeben, und auch mehr als ein Tabulatorzeichen
wäre durchaus denkbar. Wir konstruieren deshalb **detab** so, daß
ein nach der letzten Tabulatorposition auftretendes Tabulatorzeichen in ein einzelnes Leerzeichen umgewandelt wird.

Die Schleife

```
      (ein oder mehrere) Leerzeichen
      ausgeben und col fortschreiben
          until (tabpos(col, tabs) == YES)
```

wird nur beendet, wenn sie auf eine Tabulatorposition trifft;
wir müssen deshalb sicherstellen, daß dies auch der Fall ist,
wenn Zeilen über die letzte Tabulatorposition hinausgehen. Eine
sichere Maßnahme wäre, nach der letzten explizit gesetzten
Tabulatorposition in jeder Spalte implizit eine Tabulatorposition
anzunehmen. Die Funktion **tabpos** muß diese Möglichkeit vorsehen.

Nun wären nur noch Details zu besprechen und **tabpos** zu
schreiben. Bei der von uns gewählten Darstellung enthält jedes
Element eines Feldes **tabs** ein **YES**, wenn die betreffende Spalte
Tabulatorposition sein soll, sonst ein **NO**. Die endgültige
Ratfor-Version lautet:

```
#detab-Tabulator in entsprechende Anzahl Leerzeichen umwandeln
      character getc
      character c
      integer tabpos
      integer col, i, tabs(MAXLINE)

      call settab(tabs)            #Tabulatoren vorbesetzen
      col = 1
      while (getc(c)  ¬= EOF)
            if (c == TAB)
                  repeat {
                        call putc(BLANK)
                        col = col + 1
                        } until (tabpos(col, tabs) == YES)
            else if (c == NEWLINE) {
                  call putc(NEWLINE)
                  col = 1
                  }
            else {
                  call putc(c)
                  col = col + 1
                  }
      stop
      end

#tabpos - ergibt YES, falls col Tabulator
      integer function tabpos(col, tabs)
      integer col, i, tabs(MAXLINE)

      if (col > MAXLINE)
            tabpos = YES
      else
            tabpos = tabs(col)
      return
      end
```

detab gebraucht **settab**, um das Positionsfeld entsprechend der durch **tabpos** verwendeten Darstellung vorzubesetzen.

```
#settab - Tabulatorpositionen vorbesetzen
      subroutine settab(tabs)
      integer mod
      integer i, tabs(MAXLINE)

      for (i = 1; i <= MAXLINE; i = i + 1)
            if (mod(i, 8) == 1)
                  tabs(i) = YES
            else
                  tabs(i) = NO
      return
      end
```

Die Funktion **mod** ergibt den Rest bei ganzzahliger Division der Argumente. In unserem Fall erzeugt **mod(i,8)** die Folge 1,2,3,4,5,6,7,0,1,2,..., wenn **i** erhöht wird. Alle 8 Schritte ist das Ergebnis 1, diese Stelle wird dann Tabulatorposition. Die Funktion **mod** wird häufig in dieser Art eingesetzt.

Zwar scheint es unsinnig, eine fünfzeilige Funktion für einen einmaligen Aufruf zu schreiben, jedoch soll **settab** verhindern, daß eine Routine unnötigerweise mit der Datenrepräsentation belastet wird. Bei so kleinen Programmen wie **detab** ist das nicht unbedingt notwendig, für größere Programme ist jedoch die Aufteilung in kleine Stücke wesentlich, wobei deren Verbindung untereinander nur durch wohldefinierte Schnittstellen hergestellt wird. Je weniger die einzelnen Teile davon abhängen, wie andere Teile programmiert wurden, desto leichter kann jedes Programmstück geändert werden.

Die meisten Programme unterliegen während ihrer Existenz ständigen Änderungen und Verbesserungen, wie auch viele Programmierer den größten Teil ihrer Arbeitszeit für die Pflege und Änderungen bestehender Programme aufwenden. Daher sollte man beim Entwurf von Programmen unbedingt beachten, daß sie leicht zu ändern sein müssen.

Nach unserer Erfahrung kann man dies am besten erreichen, indem **man** die einzelnen Programmstücke möglichst unabhängig voneinander hält, so daß Änderungen an einem Teil nicht andere Teile beeinflussen. Wir versuchen deshalb, jene Details in separaten Moduln unterzubringen, die ein Programm in seiner Allgemeinheit einschränken und es nur spezifisch anwendbar machen würden. Beispielsweise verbergen die Funktionen **getc** und **putc** alle Details über Zeichenvorrat, Zeilen, Sätze, Dateizuordnungen und **EOF**-Definitionen. In ähnlicher Weise ist **detab** organisiert, so daß die Hauptroutine nicht mit der Darstellung von Tabulatorpositionen belastet wird, sondern lediglich die Spalten zählen muß.

Eine solche Aufteilung der Arbeit ermöglicht es, uns auf jeweils einen Entwurfsaspekt zu konzentrieren. Beispielsweise wird **detab** eher funktionsfähig und verständlich, wenn wir es auf das Zählen von Spalten beschränken; dasselbe gilt für **tabpos**, da es nur die Darstellung der Tabulatorpositionen und eine Funktion enthält, deren Spezifikation leicht zu merken ist. Die besten Programme zeichnen sich durch lose aneinander gekoppelte Funktionen aus, wobei jede einen einfachen Auftrag ausführt.

detab führt zwei weitere Kontrollstrukturen ein, die unsere Sammlung schon fast vervollständigen. **repeat-until** ist eine Schleife, die ein- oder mehrmals wiederholt wird, nämlich bis die Bedingung am Ende der Schleife erfüllt ist; es ist damit ein Gegenstück zu **while**, das bei Beginn - vor Ausführung der Anweisungen des Schleifenkörpers - prüft, ob die Bedingung für den Durchlauf erfüllt ist. **while** scheint häufiger gebraucht zu werden - jedoch ist jede Form zweckmäßig. Im Fall von **detab** braucht man die **repeat**-Schleife, um sicherzustellen, daß jeder eingegebene Tabulator in der Ausgabe zumindest ein Leerzeichen erzeugt.

Die **for**-Anweisung ist eine Kurzschreibweise für ein häufig benötigtes Programmschema:

```
for (initialisieren; Bedingung; Fortschalten)
        Schleifenkörper
```

entspricht

```
{
initialisieren
while (Bedingung) {
        Schleifenkörper
        Fortschalten
        }
}
```

Die **for**-Anweisung soll die gesamte Kontrolle der Schleife in einer Zeile zusammenfassen, ähnlich der konventionellen **do**-Anweisung in Fortran. Jedoch beschränkt sich **for** im Gegensatz zu **do** nicht auf die Spezifikation arithmetischer Folgen. Das ist ein wichtiger Punkt, denn wie sich herausstellen wird, erfordern die meisten Schleifen ausführlichere Tests und allgemeinere Initialisierung und Fortschalten als die **do**-Anweisungen von Fortran oder PL/I erlauben. <u>Initialisieren</u> und <u>Fortschalten</u> können beliebige Fortran-Anweisungen sein; sie müssen nicht auf Anweisungen wie i=1 und i=i+1 beschränkt sein.

<u>Aufgabe 1-6</u>: Ersetzen Sie die **for**-Anweisung in **settab** gemäß der obigen Anleitung. Kann **for** durch eine **do**-Schleife ersetzt werden?

<u>Aufgabe 1-7</u>: Testen Sie **detab**. Erfüllt werden müssen alle Tests, die auch **copy** erfüllt (außer daß Tabulatorzeichen durch 1 bis 8 Leerzeichen ersetzt werden). Zusätzlich treten einige Grenzfälle im Zusammenhang mit Tabulatorzeichen auf. Es empfiehlt sich vielleicht, Reihen von **x** zu testen, wobei in jeder Reihe ein Tabulatorzeichen an einer anderen Stelle auftritt. Was geschieht, falls ein Tabulatorzeichen nach der zuletzt spezifizierten Position auftritt?

<u>Aufgabe 1-8</u>: Wie reagiert **detab**, wenn die Eingabe ein Rücksetzzeichen (backspace) enthält? Nehmen Sie eine entsprechende Änderung vor.

<u>Aufgabe 1-9</u>: Offensichtlich gibt es noch einige andere Möglichkeiten, **detab** zu programmieren. Implementieren Sie die folgenden Variationen und vergleichen Sie sie hinsichtlich Größe, Komplexität und Änderungsfreundlichkeit.
(a) Tabulatorpositionen werden auf jede achte Spalte festgesetzt; von dem Feld **tabs** wird kein Gebrauch gemacht.
(b) Das Feld **tabs** enthält eine Liste der Spalten, die als Tabulatorpositionen definiert wurden; die Liste wird mit Eingabe einer Null beendet.
(c) Jedes Element des Feldes **tabs** enthält die Anzahl der Spalten zwischen den Tabulatorpositionen; letzter Eintrag ist Null.
(d) Wiederholen Sie b) und c), indem Sie jedoch anstelle

einer Endmarkierung die Anzahl der Tabulatorpositionen
explizit vermerken.

1.6 Manuelle Übersetzung des Codes

Anhand der folgenden Übersetzung von **detab** in Fortran werden Sie
einige Vorteile der Ratfor-Schreibweise erkennen:

```
c detab-Tabulator in Leerzeichen umwandeln; Fortran Version
      integer getc
      integer c
      integer tabpos
      integer col, i, tabs(MAXLINE)
c
c       Tabulatorpositionen vorbesetzen
      call settab(tabs)
      col = 1
10    if (getc(c) .eq. EOF) goto 60
              if (c .ne. TAB) goto 30
20                call putc(BLANK)
                  col = col + 1
                  if (tabpos(col, tabs) .ne. YES) goto 20
                 .goto 50
c             else if
30            if (c .ne. NEWLINE) goto 40
                  call putc(NEWLINE)
                  col = 1
                  goto 50
c             else
40                call putc(c)
                  col = col + 1
50                goto 10
60    stop
      end


c settab - Tabulatorpositionen vorbesetzen; Fortran-Version
      subroutine settab(tabs)
        integer mod
        integer i, tabs(MAXLINE)
c
        i = 1
10    if (i .gt. MAXLINE) goto 20
              if (mod(i, 8) .eq. 1) tabs(i) = YES
              if (mod(i, 8) .ne. 1) tabs(i) = NO
              i = i + 1
              goto 10
20    return
      end
```

```
c tabpos - ergibt YES, falls col Tabulator; Fortran Version
      integer function tabpos(col, tabs)
      integer col, i, tabs(MAXLINE)
c
      if (col .gt. MAXLINE) tabpos = YES
      if (col .le. MAXLINE) tabpos = tabs(col)
      return
      end
```

Offensichtlich ist selbst bei ähnlicher Einrückung und Kommentaren in Pseudocode der Kontrollfluß schwerer zu erkennen. Durch die Vielzahl von Anweisungsnummern und **goto´s** wird die Zielsetzung des Programms unklar.

Ist die Ratfor-Version erst spezifiziert, dann ist das Übersetzen in Fortran nur eine mechanische Operation, denn jede Struktur bildet ein einfaches Muster. Es wäre übrigens gar nicht sinnvoll, irgendwelche genialen **goto**-Anweisungen in das endgültige Programm einzubauen, da diese ein Muster schwerer erkennen lassen und den Anwendern nur Verständnisschwierigkeiten bereiten.

Mittlerweile werden Sie sicherlich die Unzulänglichkeit dieser Übersetzung beklagen: **goto**-Anweisungen führen wieder auf **goto´s**, außerdem kommen Mehrfach-Tests vor wie

```
if (col .gt. MAXLINE) tabpos = YES
if (col .le. MAXLINE) tabpos = tabs(col)
```

anstelle des Fortran-Idioms

```
tabpos = YES
if (col .le. MAXLINE) tabpos = tabpos(col)
```

Weiterhin ermöglicht die **do**-Anweisung in Fortran die Initialisierung, Erhöhung und das Testen einer Schleifen-Kontrollvariable. Warum sollten wir also nicht in **settab** davon Gebrauch machen?

Ist der Fall so eindeutig, so ist nichts gegen **do** einzuwenden, und Ratfor stellt tatsächlich eine **do**-Anweisung zur Verfügung (lassen Sie die Anweisungsnummer nach dem **do** weg). Die

Initialisierungsschleife in **settab** wird reibungslos ausgeführt, da **MAXLINE** größer Null sein muß. Wir möchten Sie jedoch vor einer wesentlichen Einschränkung der do-Anweisung in Fortran warnen: der Index muß im allgemeinen mit einem positiven, von null verschiedenen Wert beginnen und mit einem größeren positiven Wert beendet werden; in vielen Fortran-Versionen wird der Schleifenkörper ungeachtet des Wertes der Kontrollvariable mindestens einmal durchlaufen, da sich der Schleifentest hinter dem Schleifenkörper befindet. **while** und **for** dagegen sind jedoch auch in der Lage, einen Fall, bei dem der Schleifenkörper kein einziges Mal durchlaufen werden soll, korrekt zu behandeln.

Geht man von **do** anstatt von **while** aus, wird man außerdem in der Vorstellung bestärkt, daß man etwas zählen sollte bzw. die Kontrollvariable den Bereich von 1 bis n in Schritten der Länge m durchlaufen muß. Aber wozu braucht man immer eine Kontrollvariable? Zwar gibt es viele Tricks, um beliebig geartete Folgen auf arithmetische Folgen abzubilden, doch sind dies eben nur Tricks, wodurch die Verständlichkeit der Logik beeinträchtigt und das Programm fehleranfälliger werden kann.

Die in Kap.9 behandelten Messungen demonstrieren, daß Programmschleifen selten die Form haben, die der do-Anweisung entsprechen würde.

Sie werden vielleicht einwenden, daß **do** doch effizienter ist als eine **for**-Anweisung, die aus **if**- und **goto**-Anweisungen zusammengestellt wurde. Schließlich kennt der Übersetzer die Struktur der **do**-Schleifen und wird vermutlich den erzeugten Code optimaler gestalten können. In einigen Fällen trifft dies zu: z.B. profitieren Matrixberechnungen häufig von der Sorgfalt, die ein Übersetzer auf die **do**-Schleifen verwendet. Jedoch erweist sich die Effizienz von **settab** als recht unwichtig; es wird nämlich nur einmal aufgerufen. Aufgrund der weiten Verzweigung werden die Mehrfachtests in **tabpos** und **settab** ebenfalls belanglos, denn ihre Wirkung auf die Laufzeit ist so gering, daß sie nicht genau zu ermitteln war.

Die Messung der Ausführungszeit für jedes Programmstück zeigte, daß bei **detab** etwa 60% des Zeitaufwands für die elementaren Zugriffsprozeduren der Eingabe (aktiviert durch **getc**) verbraucht werden; zusätzliche 20-25% entfallen auf die elementaren

Zugriffsprozeduren der Ausgabe (aufgerufen von **putc**). Selbst
wenn die Überarbeitung des restlichen Programms keine Zeit
erforderte (was unwahrscheinlich ist), betrüge der Nettogewinn
höchstens 15-20%.

Die Schlußfolgerung ist offensichtlich: Indem man ein Programm
geradlinig und übersichtlich gestaltet, erreicht man eine
korrekte Ausführung und beschränkt die Gefahr von Verwechslungen
auf ein Mindestmaß. Anhand von Messungen entscheidet man dann,
ob die Arbeitsweise gut genug ist, oder falls nicht, worauf man
besonders achten muß. Im Falle eines vorgegebenen Algorithmus
gehen Beschleunigungen fast immer auf Kosten der Lesbarkeit, und
sind deshalb nur sinnvoll, wenn man sich der korrekten Lösung
sicher sein kann und sich ein solches Opfer auch lohnt.

Das Programm sieht in PL/I folgendermaßen aus:

```
/*detab - Tabulator in entsprechende Leerzeichen umwandeln*/
      detab: procedure options(main);
      declare getc entry (fixed binary) returns (fixed binary);
      declare putc entry (fixed binary);
      declare c fixed binary;
      declare settab entry ((*)fixed binary);
      delare tabpos entry (fixed binary,(*)fixed binary)
            returns (fixed binary);
      declare (col, tabs(MAXLINE)) fixed binary;

      call settab(tabs);         /* Tabulatoren vorbesetzen*/
      col = 1
      do while (getc(c)  ¬= EOF);
          if c = TAB then do;
            loop:
                call putc(BLANK);
                col = col + 1;
                if tabpos(col, tabs) ¬= YES then
                        goto loop;
                end;
          else if c = NEWLINE then do
                call putc(NEWLINE);
                col = 1;
                end;
          else do;
                call putc(c);
                col = col + 1;
                end;
          end;
      end detab;
```

```pli
/* settab - Tabulatoren vorbesetzen */
      settab: procedure (tabs);
      declare (i, tabs(*)) fixed binary;

      do i = 1 to MAXLINE;
            if mod(i, 8) = 1 then
                    tabs(i) = YES;
            else
                    tabs(i) = NO;
            end;
      end settab;


/* tabpos - ergibt YES, falls col Tabulator */
      tabpos: procedure (col, tabs) returns (fixed binary);
      declare (col, tabs(*)) fixed binary;

      if col > MAXLINE then
            return(YES);
      else
            return(tabs(col));
      end tabpos;
```

Hier haben wir in der Übersetzung von der do-Anweisung Gebrauch
gemacht, da - im Gegensatz zu do in Fortran - das do in PL/I der
while-Anweisung näher kommt. Insbesondere wird der Schleifenkörper der do-Anweisung nicht ausgeführt, falls die obere Grenze
von vornherein überschritten ist. PL/I verfügt nicht über ein
Gegenstück zu repeat-until, wir mußten uns deshalb ähnlich wie
in Fortran mit if´s und goto´s behelfen.

Aufgabe 1-10: Formulieren Sie die Anweisungen if, if-else,
while, for und repeat-until in Fortran. Verwenden Sie dazu
nur das logische if und goto´s. Wenden Sie nun Ihre Regeln
auf das Ratfor-Programm detab an und vergleichen Sie dann
Ihr Ergebnis mit unserer Fortran-Version. Was können Sie
über die "Optimierung" der von Ihnen erzeugten goto´s
aussagen? Wie gut funktioniert Ihr Fortran-Übersetzer?

Aufgabe 1-11: Nennen Sie die Regeln für die Übersetzung von
if, if-else, while, for und repeat-until in PL/I. goto´s
sollen nur in notwendigen Fällen verwendet werden. Wenden
Sie Ihre Regeln auf das obige Ratfor-Programm an und
vergleichen Sie Ihr Ergebnis mit unserer PL/I-Version. Was
können Sie über die "Optimierung" der Übersetzungen für
while- und for-Schleifen sagen?

1.7 Überlegungen zum strukturierten Programmieren

Sie mögen sich fragen, warum es uns so wichtig erscheint, **if-else** und **while** anstelle von **if** und **goto** zu verwenden. Eigentlich kann man nämlich alles oder sogar mehr mit den letzteren erreichen als mit den Ratfor-Kontrollanweisungen. Dennoch zeigt sich, daß gerade die zusätzlichen Freiheiten der **goto´s** nicht wünschenswert sind. Wenn man sich auf eine geringere Zahl von Kontrollflußoperationen beschränkt, wird man eher ein gut durchdachtes, lesbares und damit weniger fehleranfälliges Programm erstellen. Diese Vorteile wiegen eventuelle Freiheiten im Ausdruck, auf die man verzichten muß, bei weitem auf.

Im engsten Sinn heißt "strukturiertes Programmieren": Programmieren mit einer beschränkten Menge von Kontrollflußstrukturen. Diese enthalten auch Anweisungsfolgen, die wie etwa in Ratfor mit Hilfe geschweifter Klammern dargestellt werden; ferner **if-else** zur Entscheidungsfindung; Schleifen wie **while**, **for** oder **repeat-until**, und außerdem Aufrufe für Subroutinen und Funktionen.

Es wird manchmal behauptet, allein der Gebrauch dieser Strukturen führe schon automatisch zu guten Programmen. Diese Annahme ist falsch, denn mechanische Regeln können niemals die gedankliche Arbeit ersetzen. Richtig ist jedoch, daß ein gut strukturiertes Programm nur diese Strukturen als Bausteine verwendet.

Unser Ansatz zu strukturiertem Programmieren sieht folgendermaßen aus: wir konzentrieren uns auf die Grundlagen, verwenden große Sorgfalt auf den Entwurfs- und Programmiervorgang (was außerdem interessant ist), um so aufwendige und zeitraubende Tests und die Fehlersuche (was gar keinen Spaß macht) auf ein Mindestmaß zu beschränken. Großen Wert legen wir auf einen fehlerfreien, verständlichen Code und lassen Effizienzbetrachtungen vorläufig außer acht. Wir überprüfen und testen den Code bereits während des Schreibens anstatt uns darauf zu verlassen, daß mit der Fehlersuche am Schluß schon alles bereinigt würde. Wir machen ausgiebig Gebrauch von Subroutine-Aufrufen und Anweisungsfolgen,

um den Code zu modularisieren, außerdem drücken wir den
Kontrollfluß stets durch **if-else** und Schleifenkonstruktionen aus.

Grundlegend gilt jedoch für das Schreiben von guten Programmen,
unbedingt auf die <u>Lesbarkeit</u> zu achten. Nach unseren Erfahrungen
ist die Lesbarkeit eines Programms das beste Qualitätsmerkmal:
wenn leicht zu lesen, ist es wahrscheinlich ein gutes Programm,
andernfalls vermutlich nicht. Wir werden im folgenden hin und
wieder auf Stilfragen hinweisen, soweit sich klare Beispiele
dafür anbieten. Wir hoffen, daß Sie aus unseren Beobachtungen
lernen und bei jeder Zeile eines zu erstellenden Codes an die
Lesbarkeit denken!

1.8 Eine Ratfor-Übersicht

Mit dem größten Teil von Ratfor haben wir Sie nun bereits
bekannt gemacht, der Rest wird jeweils nach Bedarf vorgestellt.
Auch geben wir Ihnen in jedem Fall die Anleitung zur manuellen
Übersetzung des Codes in Fortran oder PL/I.

Als Unterstützung soll die folgende Ratfor-Übersicht dienen.
Ratfor ist im wesentlichen Fortran, abgesehen davon, daß
verschiedene neue Anweisungen hinzugefügt wurden, um die
Beschreibung des Kontrollflusses zu erleichtern. Zur besseren
Lesbarkeit von Programmen bietet Ratfor darüberhinaus
zusätzliche Annehmlichkeiten in der Schreibweise.

In den folgenden Beispielen kann für <u>Anweisung</u> jede beliebige
Fortran-Anweisung stehen: Zuweisung, Deklaration, Subroutine-
Aufruf, Ein-/Ausgabe, etc., oder auch jede der vorgegebenen
Ratfor-Anweisungen. Außerdem kann jede Fortran- oder Ratfor-Anweisung oder Folgen daraus in geschweifte Klammern eingeschlossen
werden. Daraus ergibt sich eine zusammengesetzte Anweisung, die
gleichbedeutend mit einer Einzelanweisung ist und auch
entsprechend verwendet werden kann.

Die **if**-Anweisung:

```
if (Bedingung)
        Anweisung 1
else
        Anweisung 2
```

Ist Bedingung wahr, wird Anweisung1 ausgeführt, sonst Anweisung2. Der **else** zugehörige Teil ist wahlfrei.

Die Konstruktion

```
if (Bedingung 1)
        if (Bedingung 2)
                Anweisung 1
        else
                Anweisung 2
```

ist zweideutig, denn **else** kann jedem der **if** zugeordnet sein. Durch den Gebrauch geschweifter Klammern wird die Anweisung eindeutig. Kommen jedoch keine geschweiften Klammern vor, wird jedes **else** dem jeweils letzten freien **if** zugewiesen, wie es auch in PL/I oder den Sprachen der Algol-Familie üblich ist. In dem obigen Beispiel wurde in Übereinstimmung mit der beschriebenen Bindungsregel eingerückt, wir werden jedoch stets auch in solchen Fällen geschweifte Klammern verwenden, um unsere Absicht klar zu erkennen zu geben.

Die **while**-Anweisung:

```
while (Bedingung)
        Anweisung
```

Bedingung wird getestet. Ist sie wahr, wird Anweisung einmal ausgeführt, und nochmals getestet. Sollte Bedingung jemals falsch sein, erfolgt die Ausführung der Anweisung, die der Schleife unmittelbar folgt.

Die **for**-Anweisung:

```
for (initialisieren; Bedingung; Fortschalten)
        Anweisung
```

ist gleichbedeutend mit

```
{
    initialisieren
    while (Bedingung) {
        Anweisung
        Fortschalten
    }
}
```

mit einer Ausnahme, auf die wir noch zu sprechen kommen werden.
Initialisieren und Fortschalten sind einzelne Fortran-Anweisungen. Wird entweder Initialisieren oder Fortschalten
weggelassen, fällt auch der zugehörige Teil der Erweiterung weg.
Wird Bedingung ausgelassen, wird sie stets als wahr angenommen,
was zu einer "unendlichen" Schleife führt.

Obwohl Initialisieren und Fortschalten beliebige Fortran-Anweisungen sein können, sollten sie doch, um das Programm
verständlich zu machen, immer in direktem Bezug zum Kontrollfluß
der Schleife stehen. Für den Fall, daß zwei oder mehr Teile der
for-Anweisung weggelassen werden sollen, ist es meist
sinnvoller, die Anweisung in der Form von **while** oder **repeat** zu
schreiben.

Die **repeat-until** Anweisung:

```
repeat
        Anweisung
    until (Bedingung)
```

Die Anweisung wird ein- oder mehrmals ausgeführt bis Bedingung
erfüllt wird; damit wird die Schleife beendet. Der **until**
zugehörige Teil ist wahlfrei; fällt **until** weg, ergibt sich eine
Endlosschleife, die auf andere Art abgebrochen werden muß.

Die **break**-Anweisung:

```
break
```

Dies ist eine Möglichkeit, eine unendliche **repeat**-Schleife
abzubrechen. **break** bewirkt den sofortigen Abbruch einer
Schleife, in der es enthalten ist (also auch **while**, **for** oder
do). Die Kontrolle beginnt wieder mit der auf die Schleife
folgenden Anweisung. Durch **break** wird nur eine Schleife beendet,

auch wenn es innerhalb mehrfach geschachtelter Schleifen
auftritt.

Bisher haben wir **break** noch nicht verwendet, dies wird jedoch in
Kap.2 der Fall sein. Die zwei folgenden Ratfor-Anweisungen -
obwohl in diesem Buch überhaupt nicht verwendet - stellen in
manchen Fällen die deutlichste Ausdrucksmöglichkeit einer
Operation dar. Eine davon ist analog zu **break**.

Die **next** Anweisung:

```
next
```
bewirkt, daß eine Schleife, in der es auftritt, unmittelbar zur
nächsten Iteration übergeht, indem es den restlichen Teil der
Schleife einfach überspringt. Beispielsweise springt **next** zu dem
Teil der Bedingung bei **while**, **do** oder **until**, außerdem zum Anfang
einer unendlichen **repeat**-Schleife und zum Fortschalten bei **for**.
(Aus diesem Grund kann **for** nicht direkt zu einer **while**-Anweisung
erweitert werden.)

Die **do**-Anweisung:

```
do  Bereich
      Anweisung
```
beschreibt eine **do**-Schleife in Standard-Fortran. ´Bereich´ muß
aus einer zulässigen Fortran **do**-Spezifikation bestehen, wie z.B.
i=1,n.

Ratfor Quellanweisungen können an beliebiger Stelle einer Zeile
positioniert sein, jedoch ist systematische Einrückung wichtig,
um überblicken zu können, welche Anweisungen unter welchen
Bedingungen ausgeführt werden. Im allgemeinen kennzeichnet das
Zeilenende das Ende der Anweisung. Bei Anordnungen wie z.B.

```
if (c == NEWLINE)
    nl = nl + 1
```
ist jedoch offensichtlich die Anweisung nach der ersten Zeile
noch nicht abgeschlossen, so daß sie automatisch fortgeführt
wird. Dies gilt auch für Bedingungen, die sich über mehr als
eine Zeile erstrecken, wie z.B.

```
while (c == BLANK
    | c == TAB
    | c == NEWLINE)
      i = i + 1
```

Zeilen mit einem Komma am Ende werden ebenfalls fortgesetzt.

In Ratfor verwenden wir == für den Test auf Gleichheit (**.eq.**)
und ¬= für Test auf Ungleichheit (**.ne.**). Die Symbole | und &
stehen jeweils für **.or.** und **.and.**. Den Zeichen <, <=, > und >=
entspricht die Bedeutung von **.lt.**, **.le.**, **.gt.** und **.ge.** in dieser
Reihenfolge. Abgesehen von == sind sie identisch mit den
Bezeichnungen in PL/I.

Kommt an beliebiger Stelle einer Zeile das Nummernzeichen # vor,
wird damit der Beginn eines Kommentars angezeigt; dieser
Kommentar endet mit dem Zeilenende. Symbolische Konstanten
enthalten lediglich Buchstaben und Ziffern, die, wenn sie in
nicht alphanumerische, Zeichen eingeschlossen sind, überall
vorkommen können.

In diesem Zusammenhang möchten wir klarstellen, daß ein
beliebiges Fortran-Programm nicht unbedingt auch ein Ratfor-Programm sein muß. Bei Ratfor ist die Bedeutung von Leerzeichen
derart daß Schlüsselworte wie **if**, symbolische Konstanten wie
NEWLINE und Vergleichsoperatoren wie >= keine Leerzeichen
enthalten dürfen, da sie sonst nicht erkannt würden. Ferner
dürfen Schlüsselworte nur mit Einschränkungen gebraucht werden,
und keinesfalls als Variablennamen. Nicht übertragbar sind
Kommentare in Standard-Fortran, Fortsetzungskonventionen sowie
das arithmetische **if**, da aber Ratfor dafür bessere Alternativen
bietet, stellt dies kein ernsthaftes Problem dar.

Andererseits ist Ratfor eng verwandt mit Fortran. Unsere
Programme bestehen zu circa 20% aus Ratfor Kontrollfluß-
Anweisungen wie **if** und **else**; der Rest ist Fortran. Wir haben uns
an einer Untermenge von Standard (ANSI) Fortran orientiert, die
zwischen verschiedenen Maschinen portabel ist. Alle unsere
Programme wurden auf die Übereinstimmung mit dieser portablen
Untermenge geprüft. Um den Anspruch auf Portabilität zu
begründen, wurden die größeren Programme auf drei Maschinen
getestet, alle anderen liefen ohne die geringste Änderung auf
mindestens zwei Maschinen.

Einige seltsam anmutende Konstruktionen entstanden durch die
Forderung nach Portabilität. Da, z.B., ANSI Fortran keine
komplizierten Indexausdrücke zuläßt, müssen wir, um diese zu

vermeiden, hin und wieder zusätzliche Hilfsvariablen einführen. Ebenso gilt für Variablennamen (nicht für symbolische Konstanten) die Beschränkung der Länge auf 6 Zeichen. Dies führt zu etwas gezwungenen Bezeichnungen - wir möchten uns im voraus dafür entschuldigen.

1.9 Einfache getc- und putc-Versionen

Zwar sind die Grundfunktionen **getc** und **putc** bedeutend genug, um in jedem Betriebssystem vorgesehen zu sein, doch ist dies häufig nicht der Fall. Sie müssen jedoch deshalb nicht darauf verzichten, da zweckdienliche und vielseitige Versionen leicht zu schreiben sind. Das folgende Beispiel zeigt eine Version von **getc**, wie sie etwa in Standard-Fortran mit Karteneingabe anwendbar ist. Beim Lesen dieses Programms müßten noch bestehende Unklarheiten über seine Funktion beseitigt werden.

```
#getc(Grundversion) - Zeichen von der Standardeingabe lesen
      character function getc(c)
      character buf(MAXLINE), c
      integer i, lastc
      data lastc /MAXLINE/, buf(MAXLINE) /NEWLINE/
      # Hinweis: MAXLINE = MAXCARD + 1

      lastc = lastc + 1
      if (lastc > MAXLINE) {
            read(STDIN, 100, end= 10)(buf(i),i = 1, MAXCARD)
              100 format(MAXCARD a1)
            lastc = 1
            }
      c = buf(lastc)
      getc = c
      return

  10  c = EOF
      getc = EOF
      return
      end
```

getc liest eine ganze Zeile zeichenweise. Wenn notwendig werden neue Zeilen gelesen, indem an das Ende einer jeden Zeile nach der letzten aktuellen Textspalte ein NEWLINE-Symbol gesetzt wird. Die symbolischen Konstanten **MAXCARD** und **MAXLINE** entsprechen der Kartenlänge (meistens 80) und der Zeilenlänge; sie unterscheiden sich durch 1.

In der **read**-Anweisung wird die Konstruktion **end=** angewandt, um die Bedingung "Dateiende" zu ermitteln, damit **getc** ein EOF zurückgeben kann. Ist das Ende der Datei gefunden, verzweigt das Programm zu der angegebenen Marke, also hier zur Marke 10. Diese Möglichkeit ist häufig vorgesehen, möglicherweise verlangt Ihr System aber eine andere Formulierung. STDIN steht für die logische Nummer Ihres Fortran-Eingabegerätes; häufig ist dies 5.

Man sieht deutlich, daß **putc** analog zu **getc** ist, da es ebenso die Zeilen zeichenweise erfaßt und die Zeile, wenn notwendig, mit Leerzeichen aufgefüllt, immer dann ausgibt, wenn ein NEWLINE vorkommt. STDOUT steht hier für die Ausgabeeinheit, häufig 6.

```
#putc(Grundversion)-Zeichen auf die Standardausgabe schreiben
      subroutine putc(c)
      character buf(MAXCARD), c
      integer c, lastc
      data lastc /0/

      if (lastc > MAXCARD | c == NEWLINE) {
            for (i = lastc + 1; i <= MAXCARD; i = i + 1)
                  buf(i) = BLANK
            write(STDOUT, 100)(buf(i),i = 1, MAXCARD)
                  100 format(MAXCARD a1)
            lastc = lastc + 1
            buf(lastc) = c
            }
      return
      end
```

putc enthält einige störende Details; in erster Linie stellt sich die Frage, was geschieht, wenn der Text eine Zeile überschreitet, ohne daß ein NEWLINE-Symbol auftritt. Die vernünftigste Lösung wäre, eine Zeile auszugeben, wann immer der Puffer voll ist, wie es in unserer Version gehandhabt wurde. Dagegen würde ein stillschweigendes Verkürzen von Zeilen wohl weniger erwünscht sein.

Die Darstellung durch Sätze fester Länge, mit Leerzeichen
ausgefüllt, bringt einen weiteren Nachteil mit sich: am Ende
einer Zeile explizit gesetzte Leerzeichen können von nur zur
Zeilenfüllung gesetzten nicht unterschieden werden. Bei einer
Systemumgebung, die die Verwendung von Füllzeichen nahelegt,
entfernt man am besten gleich bei der Eingabe alle Leerzeichen
am Ende der Zeilen durch **getc** und fügt sie bei der Ausgabe mit
putc wieder ein. Wenn dadurch auch etwas Information verloren
geht, werden solche Fälle sicherlich die Ausnahme bilden.

Wir haben weiterhin angenommen, daß bei Ende eines Programms,
das **putc** verwendet, die letzte Zeile, die eventuell nur halb
gefüllt ist, auf jeden Fall ausgegeben wird. Falls dies Ihr
Rechensystem nicht automatisch erledigt, muß es durch **putc**
selbst veranlaßt werden. Eine Möglichkeit dazu besteht darin,
putc so zu ändern, daß der Aufruf von

```
call putc(EOF)
```

die Ausgabe der letzten angesammelten Zeichen erzwingt.

Bei den meisten kleineren Programmen in diesem Buch werden die
Ausführungszeiten zum größten Teil von dem Mechanismus zur
Zeichenerfassung beeinflußt, auch wenn dieser Mechanismus schon
effizient implementiert wurde. Der Aufwand, diese einfachen
Versionen zu verbessern, wird sich sicherlich lohnen.

Aufgabe 1-12: Ändern Sie **getc** und **putc** derart, daß diese am
Ende einer Zeile auftretende Leerzeichen entfernen bzw.
wieder einsetzen.

Aufgabe 1-13: Führen Sie eine allgemeine Konvention ein, die
Zeilenbegrenzungen innerhalb von Karten fester Länge
erlaubt, und ändern Sie **getc** und **putc** entsprechend. Damit
kann man die Vorteile von Sätzen variabler Länge erzielen,
wenn das betreffende Betriebssystem diese nicht schon bietet.

1.10 Überblick

Wir haben in diesem Kapitel einige einfache, aber nützliche Werkzeuge erstellt. Wir haben versucht, diese Werkzeuge so zu strukturieren, daß sie leicht verständlich und, falls erforderlich, leicht zu ändern sind. Sie sind außerdem in einer Sprache geschrieben, die in nahezu jedem Rechensystem ohne Änderungen übersetzbar und lauffähig ist. Indem wir Grundfunktionen gebrauchen, sind die Unterschiede zwischen Betriebssystemen nicht von Bedeutung.

Im weiteren Verlauf werden wir diesen Vorgang für die Erstellung weiterer nützlicher Werkzeuge wiederholen, die gleichzeitig Ihre Programmierkenntnisse erweitern werden. Obwohl die meisten der folgenden Programmbeispiele viel umfangreicher sind als bisher, achten wir weiterhin in erster Linie auf sorgfältige Strukturierung und die Unabhängigkeit vom System. Dies ist die einzige Möglichkeit, mit umfangreichen Programmen und gegebenen Betriebssystemen sinnvoll zu arbeiten.

Es wird Ihnen auffallen, daß die Programme häufig in früheren Kapiteln beschriebene Programmstücke enthalten - ein wichtiges Merkmal, denn nur indem man auf bereits Vorhandenem aufbaut und nicht immer wieder (wenn auch geringfügig abgewandelt) das gleiche erstellt, kann man die Produktivität der Software steigern. Allerdings ist diese Organisation für den Leser ziemlich lästig, da eben nicht alle für ein lauffähiges Programm erforderlichen Bestandteile zusammenhängend erscheinen. Wir haben zwar versucht, dies mit Hilfe von sorgfältig gewählten Bezeichnungen, Anmerkungen, Rückverweisen und eines ausführlichen Index zu erleichtern, jedoch wird es trotzdem manchmal schwierig sein, mitten in einem Kapitel auf Anhieb die gesamte Funktionsweise eines Programms zu erfassen.

Sich mit konkreten Programmen und deren Schreibweise zu befassen, ist sicher eine der besten Möglichkeiten, Programmieren zu lernen. Deshalb halten wir den erheblichen Anteil von Programmen in diesem Buch für einen Vorteil, und selbst wenn Sie manches anders schreiben würden, werden Sie sicherlich vom Studium unserer Beispiele profitieren.

Literaturhinweise

Für das Verständnis dieses Buches setzen wir Grundkenntnisse in Fortran voraus. Als Fortran-Lehrbuch empfiehlt sich D.D.Cracken, "A Simplified Guide to Fortran Programming" (Wiley, 1974). Es gibt eine Übersicht, vermeidet überflüssige Mathematik und konzentriert sich darauf, nur die guten Merkmale der Sprache hervorzuheben.

Der von uns benutzte Fortran-Prüfer ist beschrieben in "The PFORT verifier" von B.G.Ryder, in "Software - Practice and Experience", Oktober 1974. Die Beschreibung enthält eine ausführliche Diskussion einer portablen Untermenge von Fortran. Der Artikel mit dem Titel "RATFOR - a preprocessor for rational Fortran", von B.W.Kernighan, in: "Software - Practice and Experience" (Oktober 1975) enthält eine weitergehende Besprechung der Ratfor-Sprache und ihrer Entwurfsüberlegungen. Neben Ratfor gibt es eine ganze Reihe anderer Fortran-Vorübersetzer; einige sind in der Bibliographie von Kapitel 9 erwähnt.

2. Filter

Auch in diesem Kapitel befassen wir uns mit Programmen, die von der Standardeingabe einlesen und auf die Standardausgabe ausschreiben. In Anlehnung an die Elektronik (oder das Installationswesen) werden wir solche Programme <u>Filter</u> nennen, denn sie bewirken nützliche Veränderungen des Datenstroms, der durch sie hindurchfließt. Es zeigt sich, daß viele Werkzeuge in diese Kategorie fallen, insbesondere auch die Mehrzahl der Programme dieses Buches.

2.1 Wiedereinfügen von Tabulatorzeichen

Nun wollen wir den Filter **entab** schreiben, als Gegenstück zu **detab**. **entab** ersetzt Folgen von Leerzeichen durch entsprechende Tabulator- und Leerzeichen. Hier erweist es sich als nützlich, daß alle unsere Dateien einheitlich aufgebaut sind. **entab** läßt sich auf Karteneingabe anwenden und erzeugt einen für schreibmaschinenähnliche Datenstationen aufbereiteten Text. Auf diese Weise können Sie außerdem Ihre Dateien in eine Standarddarstellung umwandeln, die keine unnötigen Leerzeichenfolgen mehr enthält. Darüberhinaus werden Ihre Dateien kleiner und einheitlich, was das Zusammenspiel der verschiedenen Programme erleichtert.

Durch **entab** bearbeitete Ausgabe kann an ein Fernschreiberterminal gesendet werden. Vielleicht verfügen Sie über ein Programm, das

einen Zeilendrucker steuert. Sie können nun durch geeignetes
Einfügen von Tabulatorzeichen den Druckvorgang beschleunigen.
Statt jedoch das Steuerprogramm umzuschreiben, benutzen Sie
lieber ein separates Filterprogramm, das die Ausgabe unmittelbar
vor dem Ausdrucken entsprechend aufbereitet. Dazu dient **entab**.

Der beste Weg zu korrekten Filterprogrammen ist, das Schema des
Eingabestromes zu untersuchen und dieses zur Ablaufsteuerung
heranzuziehen, anstatt Schalter und Markierungen zu verwenden.
In unserem Programm **wordcount** konnten wir die Verwendung des
einen Schalter **inword** noch überschauen, bei größeren Programmen
vermindern viele Schalter jedoch schnell die Übersichtlichkeit.
Die Eingabe für **entab** können wir uns als Wiederholung des
folgenden Musters vorstellen: keines oder mehrere Leerzeichen,
gefolgt von einem Nicht-Leerzeichen (oder EOF). Dadurch ist die
Konstrollstruktur des Programms bestimmt:

```
col = 1
repeat {
     while (getc(c) == BLANK)    #Leerzeichen einsammeln
          if (Tabulatorposition erreicht)
               Tabulatorzeichen ausgeben
     if (noch Leerzeichen übrig)
        diese ausgeben
     #c ist jetzt EOF oder Nicht-Leerzeichen
     if (c == EOF)
          break
  call putc(c)
  if (c == NEWLINE)
          col = 1
  else
          col = col + 1
  }
```

col ist die laufende Ausgabeposition.

Die **break**-Anweisung hier ist neu: sie bewirkt das unmittelbare
Verlassen der umgebenden **while-**, **for-**, **repeat-** oder **do**-Schleife.
Eine **repeat**-Schleife ohne abschließendes **until** bedeutet eine
"unendliche" Schleife, da nicht auf eine Abbruchbedingung
getestet wird. Deshalb benötigt man in diesem Fall ein anderes
Mittel, um die Beendigung des Schleifendurchlaufs herbeizuführen;
hier ist dies eine **break**-Anweisung, die ausgeführt wird, nachdem
das Zeichen EOF erkannt worden ist. Nach diesem Muster schreibt
man Schleifen, die sowohl vor als auch nach dem Wiederholungstest
Anweisungen benötigen.

Die **break**-Anweisung sollte sehr diszipliniert verwendet werden, keinesfalls als Ersatz für sorgfältig erdachte **while-** oder **until**-Tests. Insbesondere hüten Sie sich vor Schleifen mit mehreren Ausgängen. Hat eine Schleife mehrere **break**-Anweisungen, so ist es schwer, ein einheitliches Verhalten aller Ausgänge nachzuweisen. Sie sollten stets versuchen, die Schleifenabbruchbedingung als eine einzige logische Bedingung zu formulieren – sei es im Testteil eines **while** oder **until** oder in einem **if**, welches das **break** steuert.

Mit Hilfe einer Variablen **newcol** kann **entab** auf einfache Weise die Leerzeichen registrieren, denn sobald solche erkannt werden, entfernt sich **newcol** von **col**. Wird schließlich ein Tabulator ausgegeben, rückt **col** wieder vor auf Position **newcol**. Wenn nun weder ein Tabulator- noch ein Leerzeichen entdeckt wird und **col** kleiner als **newcol** ist, so werden zuerst die bis dahin angesammelten Leerzeichen (zu wenige, um durch einen Tabulator ersetzt werden zu können) ausgegeben, bevor das Zeichen selbst geschrieben werden kann. Unsere Aufgabe ist nun gelöst:

```
#entab - Leerzeichen durch Tabulatoren und Leerzeichen ersetzen
        character getc
        character c
        integer tabpos
        integer col, newcol, tabs(MAXLINE)

        call settab(tabs)
        col = 1
        repeat {
                newcol = col
                while (getc(c) == BLANK) {     #Leerzeichen sammeln
                        newcol = newcol + 1
                        if (tabpos(newcol, tabs) == YES) {
                                call putc(TAB)
                                col = newcol
                                }
                        }
                for ( ; col < newcol; col = col + 1)
                        call putc(BLANK)        #restliche ausgeben
                if (c == EOF)
                        break
                call putc(c)
                if (c == NEWLINE)
                        col = 1
                else
                        col = col + 1
                }
        stop
        end
```

wobei **tabpos** und **settab** die aus **detab** bekannten Routinen des Kapitels 1 sind. Auch hier ist das Programm so gestaltet, daß das Hauptprogramm unabhängig von der internen Darstellung der Sonderzeichen ist. Beachten Sie den Gebrauch der **for**-Anweisung ohne Initialisierungsteil. In diesem Fall besorgen die der **for**-Anweisung vorangehenden Anweisungen die notwendige Initialisierung.

<u>Aufgabe 2-1</u>: Verfolgen Sie **entab** anhand einer Datei mit zwei bzw. einem oder keinem Zeichen. Betrachten Sie den Fall einer Zeile mit null bis zehn Leerzeichen, gefolgt von einem **x**. Betrachten Sie den Fall von null bis zehn Leerzeichen vor einem **EOF**. Unter welchen Voraussetzungen wird eine Datei durch Hintereinanderausführung von **detab** und **entab** in ihre ursprüngliche Form transformiert? Fällt Ihnen ein sinnvolles Beispiel für eine solche Vorgehensweise ein?

<u>Aufgabe 2-2</u>: Was passiert, wenn **entab** ein Tabulatorzeichen liest? Schlagen Sie eine einfache Programmänderung vor, um Vorschubzeichen richtig zu bearbeiten. Wie würden Sie das Programm verändern, damit eine beliebige Folge von Zwischenräumen und Vorschubzeichen ersetzt werden kann durch eine minimale Anzahl von Zeichen, um das gleiche Druckbild zu erhalten? Wie verhält sich **entab** bei Rücksetzzeichen?

2.2 Routinen mit Parametern

entab und **detab** benutzen beide die gleiche Konvention: eine Tabulatorposition an jeder achten Spalte. Es wäre jedoch wünschenswert, den Prozeduren beliebige Positionsformate als Parameter direkt zur Programmausführung zuzuweisen. In einigen Betriebssystemen gibt es die Möglichkeit, Laufzeitparameter von den Steuerkarten des Programms einzulesen. Falls dies bei Ihrem Rechnersystem der Fall ist, sollten Sie zum Einlesen von Laufzeitparametern, Optionen und dgl. die Grundfunktion **getarg** zur Verfügung stellen. Die meisten der folgenden Programme haben

wahlweise oder obligatorische Parameter. Wir setzen von jetzt ab
die Existenz einer Funktion **getarg** voraus.

Die Funktion hat folgende Eigenschaften:

    getarg(n, array, maxsize)

Sie überträgt den n-ten Parameter als Zeichenfolge in ein
integer-Feld **array**. Wie früher werden wir wieder integer-Zellen
zur Speicherung von Zeichen verwenden. **maxsize** bezeichnet die
maximale Anzahl von Zeichen, die als Eingabe für den n-ten
Parameter erwartet werden. Ist die tatsächliche Eingabe länger,
so schneidet **getarg** die überzähligen Zeichen ab. Existiert der
n-te Parameter, so gibt **getarg** dessen tatsächliche Eingabelänge
als Funktionswert zurück, ansonsten das Zeichen **EOF**. Diese
Vorgehensweise erfordert eine negative Zahl als Repräsentation
für das Zeichen **EOF**, um es so von einer gültigen Längenangabe zu
unterscheiden. Die Verwendung einer sehr großen Zahl – größer
als jede mögliche Länge – für **EOF** ist ebenfalls denkbar, jedoch
weniger elegant.

Dennoch sollte ein Programm stets explizit den von **getarg**
gelieferten Wert mit **EOF** vergleichen, statt implizit von
irgendeiner repräsentationsabhängigen Eigenschaft des
EOF-Zahlenwertes Gebrauch zu machen. Verstoßen Sie gegen das
Prinzip der expliziten Abfrage, so handeln Sie sich automatisch
Fehler ein, falls Sie die Darstellung von **EOF** ändern. Je
unabhängiger ein Programm von spezifischen, implementierungsbe-
dingten Einzelheiten ist, desto robuster ist es.

Der von **getarg** in **array** abgelegte Parameter kann nun als
Zeichenfolge weiterverwendet werden. Obwohl wir nun die Länge
dieser Zeichenfolge kennen, müssen wir beachten, daß diese nicht
in dem Feld selbst steht, sondern zunächst an anderer Stelle. Es
wäre aber sinnoll, auch diese Längenangabe mit in das Feld
abzuspeichern.

Zwei Möglichkeiten bieten sich an. Eine ist die, diese Länge in
die erste Zelle des Feldes, in **array**(1), einzutragen. Statt die
Länge als Zahlenwert einzutragen, könnte aber auch das <u>Ende</u> der
Zeichenfolge durch ein Sonderzeichen markiert werden. Beide
Organisationsformen haben ihre Vor- und Nachteile (welche?).

Nach längerer Überlegung entschieden wir uns für die Ende-Markierung. Im folgenden enthält jede Zeichenfolge am Ende das Sonderzeichen **EOS**. Eine Zeichenfolge der Länge eins enthält in **array**(1) das Zeichen selbst und in **array**(2) ein EOS. Eine leere Zeichenfolge enthält das EOS in **array**(1).

Es bleibt schließlich noch sicherzustellen, daß **getarg** stets eine Zeichenfolge mit abschließendem **EOS** abliefert und die Länge **maxsize** nicht überschreitet.

Sollten Sie nun schon in der Lage sein, die Schnittstelle zu entwerfen, ist es ratsam davon auszugehen, daß die Parameter für **getarg** durch ein oder mehrere Leerzeichen und/oder Tabulatorzeichen voneinander getrennt sind. (Sollten die Parameter selbst Leer- und Tabulatorzeichen enthalten, könnten umschließende Anführungszeichen vorgesehen werden, welche dann von **getarg** unterdrückt werden müßten.) Kommata und Klammern als Trennzeichen für Parameter halten wir für unübersichtlicher und zudem aufwendiger einzugeben.

Aufgabe 2-3: Schreiben Sie ein Programm **echo** zum Kopieren der Parameter auf Standardausgabe. Hierzu sollen die Parameter durch ein Leerzeichen getrennt sein und bei Parameterende ein Zeilenvorschub erfolgen. Gibt es außer zum Testen von **getarg** weitere sinnvolle Anwendungen für **echo**?

Aufgabe 2-4: Ändern Sie detab und entab derart daß eine Liste von Tabulatorpositionen als Parameter angegeben werden kann. Dies erlaubt es dem Benutzer, sein Programm mit Anweisungen der Art

```
detab 9 17 25 33 41
entab 10 16 33 73
```

aufzurufen.

Natürlich muß darauf geachtet werden, daß dabei das Feld **tabs** nicht überfüllt wird. Beide Programme sollten auch den Fall einer leeren Parameterliste vernünftig behandeln. (Später wird ein Programm **ctoi** vorgestellt werden, das Zeichenketten in ganze Zahlen umwandelt.)

<u>Aufgabe 2-5</u>: Erweitern Sie die Programme derart daß die Abkürzung

    entab $m + n$

akzeptiert wird. Sie bedeutet: Tabulatorpositionen an jeder <u>n</u>-ten Spalte, beginnend bei Spalte <u>m</u>.

2.3 Überschreiben von Zeichen

Bei einigen Datenstationen lassen sich durch Rücksetzen Zeichen überschreiben. Auf diese Weise kann man z.B. Wörter unterstreichen oder Sonderzeichen bilden. Der Zeilendrucker jedoch kennt kein Rücksetzen und würde statt des gewünschten Überschreibens irgendein undefiniertes Zeichen, etwa ein Fragezeichen, ausgeben.

Einige Drucker sind jedoch in der Lage, ein- und dieselbe Zeile zweimal zu beschreiben. So läßt sich dies in Fortran durch ein Steuerzeichen am Zeilenanfang regeln. Ein Leerzeichen bedeutet hierbei normalen Zeilenvorschub, während ein Pluszeichen (+) den Zeilenvorschub unterdrückt, d.h. die vorangehende Zeile wird überschrieben.

Der Filter **overstrike** wandelt den für schreibmaschinenähnliche Datenstationen formatierten Text so um, daß nun durch Verwendung von Zeilenvorschubsteuerzeichen der gleiche Effekt auf dem Drucker erreicht wird. Behandeln wir das Problem unter dem gleichen Gesichtspunkt wie **entab**, nämlich, daß eine Zeile aus einer abwechselnden Folge von null oder mehreren Rücksetzzeichen bzw. Druckzeichen bestehe, so ergibt sich ein sehr ähnliches Programm. Falls eine Folge von einem oder mehreren Rücksetzzeichen erkannt wurde, beendet das Programm die gegenwärtige Zeile und fügt die nötige Anzahl von Leerzeichen in die Überschreibzeile ein.

Dies ist zwar nicht die einzige Realisierungsmöglichkeit, jedoch die einfachste. Unschönes Verhalten ergibt sich, falls der auszudruckende Text Wörter enthält, bei denen buchstabenweise rückgesetzt und unterstrichen wird. Jede Folge von <u>Druckzeichen</u>, <u>Rücksetzzeichen</u> und <u>Unterstreichung</u> erzeugt nämlich jeweils eine neue Zeile mit unterdrücktem Vorschub. Deshalb ist die elegantere Methode, mindestens zwei Zeilenpuffer zu betreiben, wobei die Originalzeile mit Erstzeichen und die Überschreibzeile mit Leerzeichen bzw. Zweit- und evtl. Drittzeichen versorgt werden. Diese Methode ist allerdings schwieriger zu implementieren, deshalb begnügen wir uns zunächst mit der erstgenannten Realisierungsmöglichkeit.

overstrike ist in jedem Fall eine nützliche Prozedur, auch wenn ein Text keine Unterstreichungen enthält. Texte können nämlich nun in einem einheitlichen Format gespeichert werden und, wenn die Ausgabe auf einem Zeilendrucker mit spezieller Vorschubsteuerung erfolgen soll, kann **overstrike** als Filter vorgeschaltet werden.

```
#overstrike - Rückzeichen durch Mehrfachzeilen ersetzen
      character getc
      character c
      integer max
      integer col, newcol

      col = 1
      repeat {
            newcol = col
            while (getc(c) == BACKSPACE)        #Rückzeichen
                  newcol = max(newcol - 1, 1)#unterdrücken
            if (newcol < col) {    #Überschreibzeile beginnen
                  call putc(NEWLINE)
                  call putc(NOSKIP)
                  for (col = 1; col < newcol; col = col + 1)
                        call putc(BLANK)
                  }
            if (col == 1 & c -= EOF) #normale Zeile beginnen
                  call putc(SKIP)

                                    #sonst Zeilenmitte
            if (c == EOF)
                  break
            call putc(c)                  #normales Zeichen
            if (c == NEWLINE)
                  col = 1
            else
                  col = col + 1
            }
      stop
      end
```

max ist eine Funktion, die aus einer gegebenen Menge das größte Element auswählt. In PL/I ist **max** eine Standardfunktion. In Fortran läßt sich dafür die Funktion **max0** verwenden, diese bestimmt aus zwei oder mehreren ganzen Zahlen die größte und gibt sie als Funktionswert zurück. & ist das logische und, das in Fortran durch **.and.** bezeichnet wird.

Wir verwenden aus Gründen der Übersichtlichkeit die symbolischen Konstanten **NOSKIP** und **SKIP** anstelle der Fortran-Steuerzeichen **PLUS** und **BLANK**, da **BLANK** am Zeilenanfang eine andere Interpretation (Steuerzeichen) besitzt als in der Zeilenmitte (Leerzeichen).

In der **else-if**-Folge wird kein abschließender **else**-Teil benötigt, da die dritte Alternative (Zeilenmitte) keine Maßnahmen erfordert. Jedoch haben wir diese Alternative im Kommentar gekennzeichnet. Zugunsten der besseren Lesbarkeit werden wir oft alle Alternativen im Kommentar zu erklären.

Aufgabe 2-6: Geben Sie sechs Testeingaben zum Überprüfen der kritischen Grenzfälle an. Weshalb wurde die Anweisung

```
newcol = max(newcol - 1, 1)
```

statt

```
newcol = newcol - 1
```

verwendet? Geben Sie Testbeispiele an, die den Unterschied der beiden Fälle verdeutlichen. Unsere Version von **overstrike** simuliert ein Gerät, das Rückzeichen ignoriert sobald der linke Rand erreicht ist. Ändern Sie den Code derart daß die gewünschte Zeichenposition erhalten bleibt, jedoch alle Zeichen, die vor Position eins erscheinen sollen, unterdrückt werden.

Aufgabe 2-7: Wie bereits oben erwähnt, arbeitet **overstrike** ineffizient, falls eine Zeile Worte enthält, die zeichenweise unterstrichen werden sollen. Wie läßt sich **overstrike** ändern, so daß weniger Zeilen ausgegeben werden?

Aufgabe 2-8: Ein weiteres Fortran-Vorschubzeichen ist die **1**, die einen Seitenvorschub bewirkt. Ändern Sie **overstrike** derart daß jedes Sonderzeichen **FORMFEED** einen Seitenvorschub auslöst. Erscheinen im Text mehrere aufeinanderfolgende Leerzeilen, so sollen diese möglichst durch Seitenvorschub ersetzt werden.

Aufgabe 2-9: **overstrike** und **entab** bewirken eine allgemeine Umformatierung Fernschreiber → Drucker. Sollte man sie zu einem Program zusammenfassen? Fallen Ihnen weitere hinzuzufügende Funktionen ein?

2.4 Textkomprimierung

Tabulator- und Rücksetzzeichen können als eine Art Kurzschrift angesehen werden; denn damit formatierte Dateien sind im allgemeinen kürzer als Kartenleser- oder Druckerzeilen. Wir werden als nächstes ein verallgemeinertes Schema betrachten, in dem es möglich ist, beliebige sich wiederholende benachbarte Zeichen zu komprimieren bzw. zu expandieren.

Wir möchten darauf hinweisen, daß dies noch nicht das weitestgehende Komprimierungsschema ist. Eine Datei kann darüberhinaus beträchtliche Redundanz besitzen, die nicht in Form von Wiederholungen benachbarter Zeichen auftritt - etwa wie ein Wörterbuch. Jedoch werden die häufigsten Formen der Redundanz durch unseren Ansatz berücksichtigt.

Natürlich wird eine Datei ohne Wiederholungen durch die "Komprimierung" nicht kürzer, tatsächlich sogar etwas länger. Alle Komprimierungsmethoden stützen sich auf die Kenntnis der Eingabestruktur ab, sonst könnte redundante Information nicht erkannt werden. Deshalb läßt sich für jede Methode ein Gegenbeispiel angeben, bei dem der komprimierte Fall ungünstiger ist als der ursprüngliche. Ein gutes Testbeispiel ist ein zufallsverteilter Text, der in der Regel keine Redundanz enthält.

Ein Kriterium für die Robustheit eines Komprimierungsschemas ist die Annahme des ungünstigsten Falles. Ein solcher Fall darf

etwas länger, jedoch nicht wesentlich länger werden als der
unkomprimierte. Darauf sollte beim Programmieren geachtet werden.

In unserem Schema werden wir stetig nach einer Folge sich
wiederholender Zeichen suchen. Ist eine solche Folge entdeckt,
möchten wir die Information ausgeben: hier ist eine Folge dieses
Zeichens von jener Länge. Zwischen solchen Folgen tritt stets
eine nicht komprimierbare Folge auf, eingeleitet durch eine
Kennzeichnung wie: hier ist eine unverkürzte Zeichenfolge jener
Länge.

Somit ergibt sich eine abwechselnde Ausgabe von

> *Wiederholungsanweisung*
> *zu wiederholendes Zeichen*
> *Wiederholungszähler*

und

> *nicht komprimierbare Zeichenfolge*
> *Längenangabe*

Wieder kommt es darauf an, durch das Format des Eingabestroms
den Programmablauf zu steuern. In unserem Fall betrachten wir
die Eingabe als Folge von einem oder mehreren identischen
Zeichen. Wir vergleichen die Länge jeder Wiederholungsfolge mit
einem zunächst beliebigen Schwellwert **THRESH**. Nur falls die
Länge der Folge größer oder gleich dem Wert für **THRESH** ist, wird
diese komprimiert. Wir machen den ersten Ansatz:

```
for (lastc = getc(lastc); lastc ¬= EOF; lastc = c) {
    for (nrep=1;getc(c)==lastc;nrep=nrep+1)#Folge sammeln
        ;
    if (nrep < THRESH)
        for ( ;nrep>0;nrep=nrep-1) #Kurzfolge anhängen
        lastc in Puffer bringen
    else {
        etwaige nicht verkürzbare Folge schreiben
            call putc(RCODE)
            call putc(lastc)
        Wiederhohlungszähler ausgeben
        }
    }
etwaige nicht verkürzbare Folge schreiben
```

Hier haben wir zwei neue Formen der **for**-Anweisung. Das äußere

for sichert, daß **lastc** bei jedem Schleifendurchlauf das letzte noch nicht verarbeitete Zeichen enthält. Hier wird weder auf- noch abgezählt, dennoch wird der Fortschritt der Schleife wirksam gesteuert. Dies ist eine Verallgemeinerung gegenüber dem herkömmlichen **do**.

Das erste innere **for** hat keinen Schleifenkörper außer dem Semikolon. Im Testteil wird bereits alle Arbeit erledigt, nämlich jeweils ein neues Zeichen besorgt und der Zähler **nrep** fortgeschaltet. Das Semikolon markiert lediglich das Ende der **for**-Anweisung, ansonsten würde das folgende **if** als Schleifenkör- per interpretiert werden. Das Semikolon dient hier als sogenannte <u>leere Anweisung</u>. Um nicht übersehen zu werden, sollte es stets in einer eigenen Zeile stehen. Es kann zwar an jeder beliebigen Stelle, an der eine Ratfor-Anweisung stehen darf, benutzt werden, sollte aber nur zur Kennzeichnung eines leeren Schleifenkörpers Verwendung finden.

Es bleibt noch zu klären, wie Zeichen in den Puffer übertragen und später ausgeschrieben werden. Da das Ausschreiben an zwei verschiedenen Stellen erscheint, sollte ein Unterprogramm verwendet werden. Das Übertragen eines Zeichens in den Puffer erfordert nicht nur das Fortschalten eines Index und Ausführen einer indexierten Anweisung, sondern auch die Prüfung, ob der Puffer voll ist. Dies ist sogar eine dritte Stelle, von der das Unterprogramm zum Ausschreiben des Puffers aufgerufen werden muß.

Wie groß sollte der Puffer sein? Er sollte nicht größer sein als die längste ausgebbare Folge, welche wiederum durch die größte Zahl beschränkt ist, die sich in einem Zeichen darstellen läßt. Dieser Wert beschränkt auch die Anzahl der Wiederholungen, die durch Verschlüsselung darstellbar sind, da der Zähler ebenfalls in einem Zeichen untergebracht werden muß.

Dies führt zu der etwas grundsätzlicheren Frage, wie Zähler in einem Zeichen gespeichert werden. Bisher haben wir noch nichts über interne oder externe Zeichendarstellung gesagt. Solange alle Druckzeichen verschiedene Zahlenwerte besitzen und wir nur Vergleiche auf gleich oder ungleich durchführen, ist jede Codierung brauchbar. Alle Programme dieses Buches sind von der Art der Zeichencodierung unabhängig.

compress ist die Ausnahme. (Außerdem noch **expand** als Gegenstück zu **compress** und das Verschlüsselungsprogramm **crypt**; damit werden wir uns in den beiden folgenden Abschnitten befassen.) Für **compress** könnten wir einen Zähler als Folge numerischer Druckzeichen darstellen und damit das Problem umgehen, jedoch ist dies Verschwendung in einem Textkomprimierungsprogramm.

Am einfachsten ist es, durch **getc** alle Zeichen in ein dichtes Intervall positiver Zahlen abzubilden, ausgehend von null oder eins. (In einigen nichtstandardisierten Fortran-Versionen existiert hierfür das **r1**-Eingabeformat.) EOF und EOS sollten aus bereits erwähnten Gründen durch kleine negative Zahlen dargestellt werden. **putc** hingegen wandelt die positiven Zahlen in ihre druckbaren externen Äquivalente um.

Unter diesen Voraussetzungen ist keine eigene Zählerumwandlung nötig. Wir brauchen nur noch eine sehr große Zahl für das Wiederholungskennzeichen RCODE zu reservieren und die Zählerobergrenze auf einen kleineren Wert festzulegen. Für RCODE könnte auch die Null verwendet werden, da die Zählerwerte stets größer als null sind. Auf einem Rechner mit einer Zeichengröße von acht Bit könnte beispielsweise **getc** Zeichen im Intervall von 0 bis 255 darstellen. Wählt man für RCODE den Wert 255, so kann als Zählerobergrenze, **MAXCHUNK**, der Wert 254 genommen werden. Setzt man RCODE zu null, kann die längste Folge 255 Zeichen lang sein.

Überzeugen Sie sich, daß dieses Schema auch dann noch richtig funktioniert, wenn das Zeichen RCODE selbst im zu komprimierenden Text auftritt.

Hier die endgültige Version von **compress**:

```
#compress - Standardeingabe komprimieren
        character getc
        caharcter buf(MAXCHUNK), c, lastc
        integer nrep, nsave
        #RCODE > MAXCHUNK oder RCODE = 0 muß gelten

        nsave = 0
        for (lastc = getc(lastc); lastc ¬= EOF; lastc = c) {
                for (nrep = 1; getc(c) == lastc; nrep = nrep + 1)
                        if (nrep >= MAXCHUNK) #Wiederholungen zählen
                                break
                if (nrep < THRESH)              #Kurzkette anhängen
                        for ( ; nrep > 0; nrep = nrep - 1) {
                                nsave = nsave + 1
                                buf(nsave) = lastc
                                if (nsave >= MAXCHUNK)
                                        call putbuf(buf, nsave)
                        }
                else {
                        call putbuf(buf,nsave)
                        call putc(RCODE)
                        call putc(lastc)
                        call putc(nrep)
                        }
                }
        call putbuf(buf, nsave)          #letzte Folge schreiben
        stop
        end


#putbuf - buf(1)...buf(nsavr) ausgeben, nsave löschen
        subroutine putbuf(buf, nsave)
        character buf(MAXCHUNK)
        integer i, nsave

        if (nsave > 0) {
                call putc(nsave)
                for (i = 1; i <= nsave; i = i + 1)
                        call putc(buf(i))
                }
        nsave = 0
        return
        end
```

Eine Anmerkung zum Stil: Nach Anfügen einer zu kurzen
Zeichenwiederholung wird geprüft, ob **nsave** gleich oder **größer**
als der größte sichere Wert ist (ebenfalls bei **nrep**). Am Ende
von **putbuf** wird **nsave** auch dann zu null gesetzt, wenn der Test
nsave>0 negativ ausfällt. Und das, obwohl wir durch Untersuchung
des Programmcodes wissen, daß **nsave** stets kleiner als **MAXCHUNK**

und nicht negativ ist.

Diese Vorgehensweise ist die "defensive Programmierung". Sie erfordert wenig Quelltext und fast keine Rechenzeit, vermindert aber die Gefahr von Fehlern, falls eine wichtige Steuervariable irgendwie verfälscht wird. Man kann nicht <u>überall</u> Fehlermeldungen ausdrucken lassen, man kann und sollte jedoch an allen nur möglichen Stellen Sicherungen einbauen.

Es ist viel leichter, Fehler in einem Programm zu finden, wenn die Testausgabe nicht zu umfangreich ist und der eigentliche Fehler keine weiteren versteckten Folgefehler bedingt. Diesem Ziel kommen wir durch solche Sicherungsmaßnahmen ein Stück näher. Schreiben Sie deshalb Ihre **if-**, **while-** und **until**-Tests so, daß auch "unmögliche" Situationen ausgeschlossen werden. Benutzen Sie das letzte **else** einer Kette von **else-if´**s dazu, um Situationen, die "nie" auftreten können, abzufangen. Testen Sie nie lediglich auf Gleichheit, wenn die Logik auch ein "größer gleich" oder "kleiner gleich" zuläßt. Insbesondere vermeiden Sie überzählige Schleifendurchläufe, wenn die Schleifenvariable außerhalb des erwarteten Intervalls gerät.

Weshalb schreiben wir

```
for (nrep = 1; getc(c) == lastc; nrep = nrep + 1)
    if (nrep >= MAXCHUNK)
            break
```

anstatt

```
for (nrep = 1;getc(c) == lastc & nrep<MAXCHUNK;nrep = nrep+1)
```

Dies ist eine schwierige Frage, die nichts mit Leeranweisungen zu tun hat. In Fortran und den meisten anderen der heute gängigen Programmiersprachen läßt sich die Auswertungsreihenfolge der durch & und | verknüpften Bedingungen nicht angeben. Es bleibt dem Übersetzer überlassen, in welcher Reihenfolge die Tests durchgeführt werden sollen. Er kann verknüpfte Bedingungen auch so übersetzen, daß Teile davon gar nicht ausgeführt werden, wenn der logische Wert bereits festliegt. Im allgemeinen ist das für die Programmlogik unbedeutend. Hier jedoch <u>muß</u> der Aufruf von **getc** erfolgen, damit **c** den richtigen Wert erhält. Falls **nrep**

zuerst getestet wird, unterbleibt der Aufruf von **getc** und führt
so zu einem schwer auffindbaren Fehler. Deshalb verwenden wir
zwei Anweisungen, obwohl zunächst eine auszureichen scheint.

Ansonsten ziehen wir es vor, eine Schleife oder ein **if** durch
einen einzigen logischen Ausdruck zu steuern; der resultierende
Programmtext wird dadurch besser lesbar. Sollte jedoch die
Ausführungsreihenfolge von Bedeutung sein, so muß das Programm
so beschaffen sein, daß die gewünschte Reihenfolge unabhängig
von der Willkür des Übersetzers bleibt, und insbesondere von
verschiedenen Übersetzern gleich behandelt wird.

Doch nun zurück zur Diskussion von Komprimierungsmethoden. Wir
müssen noch den Schwellwert für THRESH bestimmen. Ist THRESH
kleiner gleich eins, so wird jedes Eingabezeichen als
Wiederholungsfolge interpretiert. Die Eingabe **abcdef** würde
verschlüsselt zu:

```
RCODE
a
1       (Wiederholungszähler)
RCODE
b
1
RCODE
c
1
        usw.
```

Die Ausgabe wäre dreimal so lang wie die Eingabe, ein unschönes
Verhalten. (Die Zahlen sind Zähler, keine Zeichen.)

Ein Schwellwert von zwei würde sich in diesen Fall wesentlich
günstiger auswirken. Da alle Zeichen verschieden sind, würde die
Folge, sofern sie kleiner gleich MAXCHUNK ist, als Einheit
behandelt. Jedoch eine Eingabe der Art **abbabba** würde codiert zu:

```
1       (nicht komprimierbare Zeichenfolge)
a
RCODE
b
2       (Wiederholungszähler)
1       (nicht komprimierbare Zeichenfolge)
a
        usw.
```

Pro drei Eingabezeichen werden fünf Ausgabezeichen erzeugt. Auch
ein Schwellwert von drei kann zu niedrig sein.

Ein Schwellwert von vier würde in ungünstigen Fällen weder
Verbesserung noch Verschlechterung bedeuten und mit fünf
erreichen wir stets eine Verbesserung. Zu hohe Werte machen die
Komprimierung unrentabel. Natürlich läßt sich der schlimmste
Fall, nämlich daß keinerlei Wiederholungen vorkommen, nie
vermeiden; er führt zur Ausgabe eines zusätzlichen Zeichens für
jedes **MAXCHUNK** Zeichen. Uns scheint fünf der beste Wert für
THRESH.

<u>Aufgabe 2-10</u>: Beschreiben Sie genau, welche Kombination von
Umständen welche ungültige Ausgabe erzeugt, falls in
compress, wie oben beschrieben, die Anweisung

```
for(nrep = 1;getc(c) == lastc & nrep < MAXCHUNK;nrep = nrep +1)
     ;
```

verwendet wird.

<u>Aufgabe 2-11</u>: Wie würden Sie die Redundanz eines Wörterbuches
(eine sortierte Liste von Wörtern ohne sonstige Angaben)
vorteilhaft für eine Komprimierung ausnutzen? Testen Sie Ihr
Schema durch Komprimieren der Wörter auf einer zufällig
aufgeschlagenen Seite eines Wörterbuches.

Da wir nun ein Programm zur Komprimierung von Texten haben,
benötigen wir auch ein Gegenstück, zu deren Expansion. Das
Eingabeformat für dieses Pogramm ist bekannt: eine Folge von
komprimiertem und nicht komprimiertem Text, wobei jedes
Teststück durch eine Kennzeichnung über dessen Art und Länge
eingeleitet wird. Dies führt uns zu dem folgenden Programmentwurf:

```
while (getc(code) ¬= EOF)
       if (code == RCODE) {        #eine Wiederholung
             c = getc(c)
             for (code = getc(code);code > 0;code = code - 1)
                   call putc(c)
             }
       else
             for ( ;code>0;code=code-1) #unkomp.Text
                   call putc(getc(c))
```


Dieses Programm arbeitet korrekt bei gültiger Eingabe. Was
geschieht jedoch, wenn beim Einlesen in c ein **EOF** erkannt wird?
In diesem Fall würde das **EOF**-Zeichen durch **putc** ausgegeben, und
es könnten sogar weitere (sinnlose) Aufrufe von **getc** erfolgen,
da das Dateiende nicht erkannt würde. Wir haben nicht definiert,
wie sich die beiden Grundfunktionen unter solchen Umständen
verhalten sollen. Wir sollten uns deshalb nicht darauf
verlassen, daß hier die Grundfunktionen sinnvoll reagieren, und
deshalb dafür sorgen, daß die Kontrolle stets bei dem
aufrufenden Programm selbst bleibt.

Statt **getc** könnten wir eine neue Grundfunktion einführen, die
EOF registriert und weitere Aufrufe unterdrückt. Anstelle von
putc müßte dann eine Ausgabe-Funktion verwendet werden, die das
Ausdrucken von EOF-Zeichen verhindert. Auch können natürlich
getc und **putc** selbst entsprechend abgeändert werden. Jede dieser
beiden Möglichkeiten würde korrektes Verhalten garantieren,
falls versucht würde, über das Ende von Dateien hinaus zu lesen
oder zu schreiben. Dies würde jedoch eine weniger sorgfältige
Programmierung unterstützen, und da eine derartig einfache
Lösung nicht immer möglich ist, ziehen wir es vor, den Problemen

der Fehlerprüfung direkt zu begegnen.

Auf den ersten Blick erscheint eine weitere Möglichkeit angemessen: **getc** könnte bei Erkennen des Zeichens **EOF** den gesamten Programmlauf abbrechen. Dies jedoch verstieße gegen eine Grundregel des top-down Entwurfs, nämlich daß ein aufgerufenes Unterprogramm nach Ausführung stets ins Hauptprogramm zurückkehren muß. Durch diese Regel wird der Verlauf eines Programmes klarer, da der Kontrollfluß stets auf der obersten Ebene bestimmt wird.

Wir erweitern deshalb unsere obige Version von **expand** um Tests auf **EOF** bei jedem Aufruf von **getc**:

```
#expand - Standardeingabe dekomprimieren
      character getc
      character c, code

      while (getc(code) ¬= EOF)
            if (code == RCODE) {    #Wiederholung expandieren
                  if (getc(c) == EOF)
                        break
                  if (getc(code) == EOF)
                        break
                  for ( ; code > 0; code = code - 1) {
                        call putc(c)
                        }
            else { #unverkürzten Text expandieren
                  for ( ; code > 0; code = code - 1) {
                        if (getc(c) == EOF)
                              break
                        call putc(c)
                        }
                  if (c == EOF)
                        break
            }
      stop
      end
```

Um die korrekte Auswertungsreihenfolge zu garantieren, ist hier wieder die Aufspaltung eines logischen Ausdrucks über mehrere Anweisungen erforderlich:

```
            if (getc(c) == EOF)
                  break
            if (getc(code) == EOF)
                  break
```

Für den **else**-Teil werden zwei **break**-Anweisungen benötigt, da eine doppelt geschachtelte Schleife verlassen werden muß, nämlich das innere **for** und das äußere **while**.

Fehlerprüfung erschwert die Lesbarkeit eines Programms, sie ist aber unumgänglich. Selbst in der besten Programmiersprache verschleiert die Fehlerprüfung die Programmstruktur, denn diese Tests selbst prägen dem zur Lösung des eigentlichen Problems nötigen Programm zusätzliche Struktur auf. Die Erfahrung zeigt, daß Programme, die von vornherein alle Fehlerprüfungen enthalten, zuverlässiger sind als solche, bei denen die Fehlerprüfung nachträglich eingefügt wurde.

Aufgabe 2-12: Definieren Sie, wie sich **getc** und **putc** bei einem **EOF** verhalten sollen, um aufrufende Programme zu vereinfachen. Ändern Sie dann **expand** so ab, um von der Verbesserung zu profitieren.

Aufgabe 2-13: Was geschieht, wenn die Eingabe für die erste Version von **expand** eine beliebige (unkomprimierte) Datei ist? Was geschieht bei der Endversion, und was weiter, falls ein Zeichen einer ansonsten gültigen Eingabe verloren geht? Welche Abhilfe schlagen Sie für einen solchen Fall vor? Gibt es ein Codierungsschema, bei dem dieser Fall leichter zu beheben wäre? Welche Form der Eingabe ist hierbei die ungünstigste? Wie ist die Reaktion auf zufallsverteilte Eingabe?

Aufgabe 2-14: Das Sonderzeichen **RCODE** beinhaltet nur ein Bit Information, nämlich ob das nächste Zeichen ein Wiederholungszeichen ist oder nicht. Falls der volle Zählerbereich benötigt würde, könnte man diesen Bereich halbieren und das nun freie Bit zur Speicherung der **RCODE**-Information verwenden. Beschreiben Sie eine saubere Codierung dafür und ändern Sie **compress** und **expand** entsprechend ab. Muß der Zählerbereich eine Zweierpotenz sein? Ein Vielfaches von zwei? Welchen Wert sollte **THRESH** annehmen?

Aufgabe 2-15: Begründen Sie, warum jedes Komprimierungsschema, welches reversibel ist, jede Eingabe akzeptiert und manche Dateien verkürzt, stets auch einige Dateien verlängert.

2.6 Verschlüsselung

Durch <u>Verschlüsselung</u> kann man Dateien vor unberechtigtem
Zugriff schützen. Dazu wird statt der Originaldaten eine
chiffrierte Darstellung gespeichert, die zum Lesen erst
<u>entschlüsselt</u> werden muß. Zwar bieten die meisten Rechnersysteme
Schutzmechanismen an, die vor unberechtigtem Zugriff schützen
sollen; jedoch gibt es auch hier oftmals Hintertüren, die der
Kontrolle entgehen.

Mit Hilfe des Programms **crypt** jedoch können Sie selbst Ihre
vertraulichen Daten durch Verschlüsselung schützen.

Das im folgenden vorgestellte Schema verwendet eine Zeichenkette
key, durch die Sie selbst bestimmen können, auf welche Weise
Eingabesymbole in Ausgabesymbole chiffriert werden sollen. Zur
Bestimmung der verschlüsselten Ausgabezeichen werden jeweils das
erste (und die folgenden) Zeichen des Codierungsschlüssels **key**
und das erste (und alle folgenden) Eingabezeichen herangezogen.
Ist der Codierungsschlüssel **key** kürzer als der Eingabetext, so
wird er so oft wie nötig von Anfang an wiederholt.

```
#crypt - verschlüsseln und entschlüsseln
      character getc, xor
      character c, key(MAXKEY)
      integer getarg, mod
      integer i, keylen

      keylen = getarg(1, key, MAXKEY)
      if (keylen == EOF)
            call error("Gebrauch: crypt Schlüssel.")
      for (i = 1; getc(c) ¬= EOF; i = mod(i, keylen) + 1)
            call putc(xor(c, key(i)))
      stop
      end
```

error ist eine Grundfunktion, die den angegebenen Fehlerkommentar
(jedoch ohne den abschließenden Punkt) ausdruckt und dann das
Programm abbricht. Dies ist - im Vergleich zum letzten Abschnitt
- eine andere Art der Fehlerbehandlung. Wir werden **error** nur für

schwerwiegende Fehlersituationen anwenden, wenn nämlich auch das
Hauptprogramm keine sinnvolle Weiterarbeit mehr leisten kann und
ein Programmabbruch die sauberste Lösung ist.

Wie werden nun die **key**-Zeichen verwendet? Es gibt eine Vielzahl
von Funktionen, die aus zwei Zeichen ein drittes erzeugen. Für
binär dargestellt Zeichen ist die angemessenste Funktion das
<u>exklusive oder</u>, das manchmal auch als <u>symmetrische Summe</u>,
<u>Halbaddition</u> oder <u>Nicht-Äquivalenz</u> bezeichnet wird. Es gibt kein
Standardzeichen für das <u>exklusive oder</u>; wir werden ⊕ verwenden.

Als boolescher Ausdruck ist das <u>exklusive oder</u> wie folgt
definiert:

$$a \oplus b = (a \ \& \ \neg b) \ | \ (\neg a \ \& \ b)$$

Der Wert des Ausdrucks ist ´wahr´, wenn a und b verschiedene
Werte haben, und ´falsch´, wenn sie gleich sind.

Das <u>exklusive oder</u> zwischen zwei Zeichen ist definiert als die
<u>exklusiv-oder</u>-Verknüpfung der Bits der Binärdarstellung dieser
Zeichen. In Standard-Fortran gibt es keine Bitoperationen,
jedoch stellen viele Versionen die Operatoren **and**, **or** und **not**
zur Verfügung. Wenn der exklusiv-oder-Operator **xor** nicht direkt
vorliegt, so können Sie ihn selbst mit Hilfe der anderen
logischen Operatoren implementieren:

```
#xor - exklusives Oder von a und b
       character function xor(a, b)
       character and, not, or
       character a, b

       xor = or(and(a, not(b)), and(not(a) b))
       return
       end
```

Wie **compress** und **expand** verlangt auch diese Funktion, daß die
interne Darstellung der gültigen Zeichen innerhalb eines dichten
Intervalls liegt. Außerdem müssen alle Binärdarstellungen die
gleiche Anzahl von Bits besitzen, das bedeutet, daß die Anzahl
der repräsentierbaren Zeichen eine Potenz von zwei ist. Die
xor-Verknüpfung zweier verschieden langer Bitfolgen ist nämlich

nicht definiert.

Der Vorteil des <u>exklusiven oder</u> ist seine Symmetrie:

$$a \oplus b \oplus a = b$$
$$a \oplus b \oplus b = a$$

Die Ausführungsreihenfolge ist gleichgültig. Dies bedeutet, daß eine Datei mit demselben Programm sowohl ver- als auch entschlüsselt werden kann (vorausgesetzt man verwendet denselben **key**).

Es bedeutet auch, daß mit diesem Programm eine Datei doppelt verschlüsselt und dann ebenso leicht wieder entschlüsselt werden kann. Angenommen wir verschlüsseln die Datei erst mit dem Schlüssel **alpha** und dann ein weiteres mal mit dem Schlüssel **epsilon**. Wegen der Symmetrie des **xor**-Operators können wir die doppelt chiffrierte Datei durch Hintereinanderanwendung der beiden Schlüssel in beliebiger Reihenfolge entschlüsseln. Der Gesamteffekt ist der gleiche als wenn die Datei <u>einmal</u> verschlüsselt worden wäre, und zwar mit einem Schlüssel mit der Länge des kleinsten gemeinsamen Vielfachen der beiden Schlüssellängen, in unserem Fall des kleinsten gemeinsamen Vielfachen von 5 und 7, also 35. Eine doppelt verschlüsselte Datei ist wegen dieser Tatsache viel schwerer zu entziffern.

Wir weisen an dieser Stelle darauf hin, daß es bei weitem effektivere Verschlüsselungsschemata gibt. Das hier vorgestellte ist schon lange bekannt und verbreitet. Jedem Experten einer Geheimdienstorganisation gelänge es, Ihre Datei zu dechiffrieren, es sei denn, der Schlüssel wäre sehr lang. Auch wenn Sie durch solche Organisationen nicht gefährdet sind, so gibt es doch überall Leute, die sich von einem derartigen Puzzlespiel herausgefordert fühlen.

Das Programm **crypt** schützt Sie jedoch vor versehentlichem Ausdrucken Ihrer Dateien und vor weniger professionellen Leseversuchen. Falls jemand Ihre Dateien entschlüsselt, so liegt es wahrscheinlich daran, daß sie eine Kopie des Chiffrierschlüssels herumliegen lassen haben! Wenn Sie dies immer ausschließen können, so brauchen Sie sich wegen der übrigen Entschlüsselungsmöglichkeiten keine Gedanken zu machen.

Aufgabe 2-16: Was machen Sie mit einer verschlüsselten
Datei, deren Schlüssel Sie vergessen haben?

Aufgabe 2-17: Angenommen Sie kennen die erste Klartextzeile
einer Datei, und es gelingt Ihnen mit dieser Kenntnis, die
gesamte verschlüsselte Datei zu lesen, wie können Sie nun
den verwendeten Schlüssel bestimmen? Welche Werkzeuge würden
Sie benutzen?

Aufgabe 2-18: Schreiben Sie ein Unterprogramm **xor(a,b)** für
nichtnegative **a** und **b**; benutzen Sie hierbei nur die
Sprachelemente von Standard-Fortran, also nicht die
Operatoren **and, or** oder **not**. Wie schnell ist dieses Programm
im Vergleich zu anderen verfügbaren Routinen? Inwieweit
hängt es von der Maschinenwortgröße und von maschinenspezifi-
scher Arithmetik ab?

2.7 Zeichenersetzung

Der hier behandelte Filter zur Zeichenersetzung inspiziert einen
Text und ersetzt gewisse Zeichen durch andere, die übrigen
werden unverändert ausgegeben. So soll der Programmaufruf

        translit x y

alle Zeichen x im Eingabetext durch y im Ausgabetext überschreiben. Mehrfache Ersetzungen ergeben sich zum Beispiel durch

        translit xy yx

Hier werden alle x in y und alle y in x umgewandelt. Wir
verwenden

        translit a-z A-Z

um Kleinbuchstaben in Großbuchstaben umzuwandeln, oder

```
translit a-zA-Z A-Za-z
```

um Groß- und Kleinschreibung zu vertauschen. Dabei ist

```
translit A-Z a-z
```

eine Kurzschreibweise für

```
translit ABCDEFGHIJKLMNOPQRSTUVWXYZ abcdefghijklmnopqrstuvwxyz
```

Angenommen, die Kurzschreibweise sei bereits auf ihre Langform gebracht, so ergibt sich die Schleife zur Zeichenersetzung wie folgt:

```
while (getc(c) ¬= EOF) {
        i = index(from, c)
        if (i > 0)           #Zeichenaustausch
                call putc(to(i))
        else                 #kein Zeichenaustausch
                call putc(c)
        }
```

from enthält solche Zeichen, die ersetzt werden, **to** enthält diejenigen Zeichen, die anstelle der ersetzten stehen sollen. **index** liefert die Position des untersuchten Zeichens c in **from** bzw. den Wert null, falls c nicht in **from** enthalten ist. **index** ist eine Pl/I Standardfunktion für Zeichenketten (jedoch nicht für unseren erweiterten Code). In Ratfor läßt es sich wie folgt schreiben:

```
#index - Zeichen c in Zeichenkette str suchen
        integer function index(str, c)
        character c, str(ARB)

        for (index = 1; str(index) ¬= EOS; index = index + 1)
                if (str(index) == c)
                        return
        index = 0
        return
        end
```

Die symbolische Konstante **ARB** in einer Feldvereinbarung steht für einen wahlfreien Wert. Die tatsächliche Feldgröße wird als Laufzeitparameter übermittelt; sie ist für die Routine selbst nicht bedeutend. Normalerweise würde man anstelle von **ARB** eine große positive ganze Zahl vorgeben.

Gelegentlich kommt es vor, daß eine ganze Klasse von Eingabezeichen in ein einziges Zielzeichen zu übersetzen ist und nach der Übersetzung eventuell auftretende Wiederholungen dieses Zeichens zu unterdrücken sind. Dazu folgendes Beispiel: Ein Standardeingabetext soll so umgeformt werden, daß jedes Wort auf einer neuen Zeile erscheint, jedoch ohne irgendwelche Leerzeilen dazwischen. Dazu werden alle Leer-, Tabulator- und Zeilenvorschubzeichen in das Zeilenvorschubzeichen übersetzt und alle dann etwa entstehenden Folgen von Zeilenvorschubzeichen auf ein einziges reduziert. Ein anderes Beispiel: Alle alphabetischen Zeichenfolgen eines Textes sollen auf ein **a** und alle numerischen auf ein **n** umgewandelt werden. Dazu diene folgende Anweisungsfolge:

```
translit a-zA-Z a
translit 0-9 n
```

Diese Abkürzung hat folgende Bedeutung: Das letzte Zeichen des zweiten Parameters (die **to**-Zeichenkette) wird so oft wiederholt, bis **from**- und **to**-Kette gleichlang sind; außerdem soll dieses letzte Zeichen im Ausgabetext nie zweimal hintereinander auftreten.

So erhalten wir folgenden Hauptteil für **translit**:

```
lastto = length(to)
if (length(from) > lastto)
        collap = YES
else
        collap = NO
repeat {
        i = index(from, getc(c))
        if (collap==YES&i>=lastto){#Wiederholungsunterdrückung
                call putc(to(lastto))
                repeat
                        i = index(from, getc(c))
                until (i < lastto)
                }
        if (c == EOF)
                break
        if (i > 0)              #übersetzen
                call putc(to(i))
        else                    #kopieren
                call putc(c)
        }
```

Die Routine **length** bestimmt die Länge einer Zeichenkette (EOS
nicht mitgezählt). Wir benötigen sie, um die Variable **collap** zu
versorgen. Diese zeigt an, ob eine Wiederholung des Zielzeichens
zu unterdrücken ist oder nicht.

```
#length - Länge einer Zeichenkette bestimmen
        integer function length(str)
        integer str(ARB)

        for (length = 0;str(length +1) -= EOS;length = length +1)
                ;
        return
        end
```

Nur solche Zeichen aus dem **from**-Teil, die auf das letzte Zeichen
des **to**-Teils abgebildet werden, unterliegen der Wiederholungs-
unterdrückungs-Regel. Der Zeiger **lastto** zeigt auf das letzte
Zeichen des **to**-Feldes falls dieses kürzer als **from** ist,
ansonsten auf dessen abschließendes **EOS**, wo er keinen Einfluß
auf den Ersetzungsvorgang hat.

Unser Programm enthält noch einen Fehler. Falls der zweite
Aufrufparameter fehlt, so enthält das **to**-Feld nur das Zeichen

EOS. In diesem Fall versucht das Programm auf das nichtexistente Element **to(0)** zuzugreifen. (Überzeugen Sie sich!) Man könnte es mit der Fehlerroutine **error** abfangen. Wir wollen jedoch das Fehlen des **to**-Parameters dahingehend interpretieren, daß alle Zeichen des· **from**-Parameters ersatzlos gestrichen werden sollen. Diese nützliche Erweiterung ist einfach zu realisieren, die Bedingung **lastto==0** zeigt an, daß Zeichen zu streichen sind. Ein zu streichendes Zeichen hat einen **index** größer als null.

Wir wollen noch eine letzte Erweiterung betrachten: Angenommen Sie möchten <u>alle</u> Zeichen einer Datei <u>außer</u> einer bestimmten Menge von Zeichen streichen.

        translit ¬a-z -

zum Beispiel würde alle Zeichen außer kleinen Buchstaben durch einen Strich (Minuszeichen) ersetzen. Das führende ¬ des **from**-Teils bedeutet "nicht", wie in Ratfor üblich.

Die Anweisung

        translit ¬a-z

schließlich würde alle Zeichen mit Ausnahme der Kleinbuchstaben streichen.

Da unser Programm in funktionale Moduln gegliedert ist, läßt es sich auf einfache Weise erweitern. Es genügt, das Kennzeichen **allbut** einzuführen, ihm im Falle "alle-außer" den Wert **YES** zuzuweisen, wie des weiteren eine neue Funktion **xindex** als Schnittstelle zwischen **index** und dem Rest des Programms zu definieren.

```
#xindex - bedingte Umkehrung der Wirkung von index
        integer function xindex(array, c, allbut, lastto)
        character array(ARB), c
        integer index
        integer allbut, lastto

        if (c == EOF)
                xindex = 0
        else if (allbut == NO)
                xindex = index(array, c)
        else if (index(array, c) > 0)
                xindex = 0
        else
                xindex = lastto + 1
        return
        end
```

Ist **allbut==NO**, so liefert **xindex** den gleichen Wert wie **index**.
Im Falle **allbut==YES** wird die Wirkung von **index** umgekehrt. Wenn
index ein Zeichen erkennt, so meldet **xindex** ´kein Zeichen
erkannt;´ bzw. umgekehrt. Wir nehmen nun an, die "alle-außer"
Menge sei sehr groß, so daß es nur sinnvoll ist, sie auf ein
einziges oder kein Ersetzungszeichen abzubilden. Ist **allbut==YES**,
so liefert **xindex** für alle Zeichen aus der angegebenen Menge den
Wert null, während für alle anderen Zeichen ein Wert zurückgegeben wird, der garantiert, daß diese Zeichen entweder ganz
gestrichen oder auf das angegebene Ersatzzeichen abgebildet
werden. **xindex** ist so aufgebaut, daß das **EOF**-Zeichen unterdrückt
wird.

Durch diese Organisation bleiben sowohl das Rahmenprogramm als
auch **index** einfach und übersichtlich.

Wir hätten **index** auch so schreiben können:

```
xindex = index(array, c)
if (c == EOF | (allbut == YES & xindex > 0))
        xindex = 0
else if (allbut == YES & xindex == 0)
        xindex = lastto + 1
```

Diese Schreibweise ist zwar kürzer, dafür aber unklarer.

Logische Entscheidungen, die sowohl & als auch | verwenden oder
die Klammerung benötigen, sind schwer lesbar und werden von uns
deshalb vermieden. Unsere Version zeigt deutlich, daß genau eine
von vier Alternativen ausgewählt wird. Wenn Sie bei der
Programmierung logischer Ausdrücke an deren Verständlichkeit
zweifeln, so probieren Sie den "Telefontest" - können Sie einen
logischen Ausdruck verstehen, wenn er laut vorgelesen wird, so
ist er akzeptierbar. Ansonsten sollte er anders formuliert
werden.

Um den Zeichenersetzer vollständig zu machen, bleibt uns nur
noch, die Interpretation der Parameter hinzuzufügen.

```
#translit - Zeichenketten abbilden
      character getc
      character arg(MAXARR), c, from(MAXSET), to(MAXSET)
      integer getarg, length, makset, xindex
      integer allbut, collap, i, lastto

      if (getarg(1, arg, MAXARR) == EOF)
          call error("Gebrauch: translit from to.")
      else if (arg(1) == NOT) {
          allbut = YES
          if (makset(arg, 2, from, MAXSET) == NO)
              call error("from: zu groß.")
          }
      else {
          allbut = NO
          if (makset(arg, 1, from, MAXSET) == NO)
              call error("from: zu groß.")
          }
      if (getarg(2, arg, MAXARR) == EOF)
          to(1) = EOS
      else if (makset(arg, 1, to, MAXSET) == NO)
              call error("to: zu groß.")

      lastto = length(to)
      if (length(from) > lastto | allbut == YES)
          collap = YES
      else
          collap = NO
      repeat {
          i = xindex(from, getc(c), allbut, lastto)
          if (collap == YES & i >= lastto & lastto > 0) {
                                    #Wiederholungsunterdrückung
          call putc(to(lastto))
                repeat
                        i = xindex(from,getc(c),allbut,lastto)
                until (i < lastto)
              }
          if (c == EOF)
                break
          if (i > 0 & lastto > 0)      #übersetzen
                call putc(to(i))
          else if (i == 0)            #kopieren
                call putc(c)

                                       #sonst löschen
              }
      stop
      end
```

Beachten Sie die Fehlermeldung, die erfolgt, wenn keine
Parameter angegeben sind. Es heißt nicht einfach "keine
Parameter", sondern dem Benutzer wird stattdessen das erwartete
Format mitgeteilt. Es ist immer besser, dem Anwender zu sagen,
wie er etwas richtig macht, statt zu sagen, daß er etwas falsch
gemacht hat.

Abgesehen davon verwendet **translit** wenige Fehlerabbrüche. Es
wird vielmehr versucht, einer ungewöhnlichen Parameterangabe
wenn möglich eine sinnvolle Absicht zu unterstellen, oder ihr
ansonsten eine harmlose Interpretation zu geben. Dies ist für
ein Allzweckwerkzeug ein gutes Entwurfsprinzip. Auf diese Weise
machen wir es möglichst allgemein und erfassen auch solche
Anwendungsfälle, die wir vielleicht anfänglich übersehen haben.
Zu viele Fehlerausgänge führen überdies zu Verwirrung.

makset erzeugt die ausführlichen **from-** und **to-**Mengen. Es
verwendet dazu **filset** und **addset**.

```
#makset - Menge erzeugen, ab array(k) in set
        integer function makset(array, k, set, size)
        integer addset
        integer i, j, k, size
        character array(ARB), set(size)

        i = k
        j = 1
        call filset(EOS, array, i, j, size)
        makset = addset(EOS, set, j, size)
        return
        end
```

addset setzt pro Aufruf ein Zeichen an eine angegebene Stelle
eines Feldes und schaltet den Index weiter. Außerdem wird
überprüft, ob genügend Platz dafür vorhanden ist. Diese Funktion
wird uns in späteren Programmen noch häufig begegnen.

```
#addset - falls passend, c nach set(j); j erhöhen
      integer function addset(c, set, j, maxsiz)
      integer j, maxsiz
      character c, set(maxsiz)

      if (j > maxsiz)
            addset = NO
      else {
            set(j) = c
            j = j + 1
            addset = YES
            }
      return
      end
```

translit erlaubt eine Kurzschrift für aufeinanderfolgende
Kleinbuchstaben, Großbuchstaben und Ziffern, ohne damit eine
Annahme über die interne Zeichendarstellung zu verbinden. **filset**
besorgt die Arbeit der Generierung der Übersetzungsmenge und der
Expansion der Kurzschrift, dies mit Hilfe von **addset, dodash,**
esc und **index**. Da wir **filset** später noch anderweitig verwenden
wollen, haben wir es sehr allgemein gestaltet. Es sucht nach
einem beliebigen Begrenzer und liefert fortgeschaltete Indizes.

```
#filset - set entwickeln, ab array(i) nach set(j) bis delim    .
      subroutine filset(delim, array, i, set, j, maxset)
      character esc
      integer addset, index
      integer i, j, junk, maxset
      character array(ARB), delim, set(maxset)
      string digits "0123456789"
      string lowalf "abcdefghijklmnopqrstuvwxyz"
      string upalf "ABCDEFGHIJKLMNOPQRSTUVWXYZ"

      for ( ; array(i) ¬= delim & array(i) ¬= EOS; i = i + 1)
          if (array(i) == ESCAPE)
                junk = addset(esc(array, i), set, j, maxset)
          else if (array(i) ¬= DASH)
                junk = addset(array(i), set, j, maxset)
          else if (j <= 1 | array(i + 1) == EOS)  #Literal -
                junk = addset(DASH, set, j, maxset)
          else if (index(digits, set(j - 1)) > 0)
                call dodash(digits, array, i, set, j,maxset)
          else if (index(lowalf, set(j - 1)) > 0)
                call dodash(lowalf, array, i, set, j,maxset)
          else if (index(upalf, set(j - 1)) > 0)
                call dodash(upalf, array, i, set, j, maxset)
          else
                junk = addset(DASH, set, j, maxset)
      return
      end
```

Die Zeichenkettendeklaration **string** ist eine Abkürzung. Die Ratfor-Anweisung

```
      string id "xyz"
```

muß in Fortran folgendermaßen geschrieben werden:

```
      integer id(4)
      data id(1) /LETX/
      data id(2) /LETY/
      data id(3) /LETZ/
      data id(4) /EOS/
```

wobei **LETX** usw. symbolische Konstanten sind, die die interne Codierung für den entsprechenden Buchstaben enthalten. In Kap.8 befassen wir uns damit, wie **string** mittels eines Makroprozessors automatisch übersetzt werden kann.

Eine weitere Neuheit in **filset** ist die Folge von Anweisungen der
Art

```
junk = addset(...)
```

Da **filset** den von **addset** gelieferten Integerwert nicht benötigt
(die Endkontrolle wird von **makset** durchgeführt) könnte man
meinen, daß er dadurch zu unterdrücken sei, indem wir

```
call addset(...)
```

schreiben. Obwohl dies die elegantere Schreibweise ist, kann sie
nicht verwendet werden, da einige Fortran-Übersetzer zwischen
Funktionsprozeduren (functions) und eigentlichen Prozeduren
(subroutines) unterscheiden und nicht zulassen, daß eine
Funktionsprozedur wie eine eigentliche Prozedur durch die
call-Anweisung aufgerufen wird. Aus Gründen der Portabilität
müssen wir deshalb stets auf eine saubere Trennung der beiden
Prozedurarten achten. Deshalb behelfen wir uns damit, daß wir
gegebenenfalls den Wert einer Funktionsprozedur der Variablen
junk (Abfall) zuweisen.

translit stellt schließlich einen Fluchtmechanismus zur
Verfügung. Hiermit bleiben eingefügte Steuerzeichen sichtbar und
erleichtern die Arbeit von Programmen, die mit diesen als
Parameter arbeiten müssen. Wir verwenden das Zeichen @ als
Fluchtsymbol. Jedes Zeichen, das dem Fluchtsymbol folgt, hat
eine Sonderbedeutung. Insbesondere definieren wir @t als
Tabulatorzeichen und @n als Zeilenvorschubzeichen. Nun können
wir schreiben

```
translit " @t@n" @n
```

wenn wir alle Leer-, Tabulator- und Zeilenvorschubzeichen auf
ein Zeilenvorschubzeichen abbilden wollen, um genau ein Wort pro
Ausgabezeile zu schreiben. (Beachten Sie die Anführungszeichen,
die hier nötig sind, um das Leerzeichen als Teil des ersten
Parameters zu spezifizieren.) Falls notwendig können leicht
weitere Sonderzeichen auf diese Weise definiert werden. Das @
hat einen weiteren Effekt: das Zeichen hinter dem @ verliert

eine eventuelle ursprüngliche Sonderbedeutung als Leerzeichen, Anführungszeichen usw. oder als Fluchtsymbol selbst.

Dadurch können Sonderzeichen wie ganz normale Zeichen weiter verarbeitet werden. Das obige Beispiel läßt sich also auch so schreiben:

```
translit @ @t@n @n
```

vorausgesetzt, **getarg** kennt die Bedeutung des Fluchtsymbols.

Die Fluchtvereinbarung erlaubt eine saubere und einheitliche Vorgehensweise, wenn die Bedeutung von Sonderzeichen geändert werden soll. Die Prüfung auf Fluchtsymbol und Rückgabe des entsprechenden Zeichens und des korrekten Index werden wir durch **esc** vornehmen.

```
#esc - evtl. Fluchtsymbol in array(i) bearbeiten
       character function esc(array, i)
       character array(ARB)
       integer i

       if (array(i) ¬= ESCAPE)
           esc = array(i)
       else if (array(i + 1) == EOS) #@ am Ende kein Sonderfall
           esc = ESCAPE
       else {
           i = i + 1
           if (array(i) == LETN)
               esc = NEWLINE
           else if (array(i) == LETT)
               esc = TAB
           else
               esc = array(i)
       }
       return
       end
```

Ebenso wie **xindex** verbirgt **esc** Komplexität hinter einer einfachen Schnittstelle, statt sie über das gesamte Programm zu verteilen.

Der größte Teil des Codes für **filset** ist ein Mehrwegverteiler. Geht dem betrachteten Zeichen ein Fluchtsymbol voran, oder handelt es sich um einen Bindestrich, so wird es unmittelbar der

Menge hinzugefügt, ebenso ein Bindestrich, dem weder ein Buchstabe noch eine Ziffer vorangehen. Nur wenn ein Bindestrich zwischen einem Paar von Buchstaben oder Ziffern steht und eine sinnvolle Abkürzung darstellt, wird diese durch die Prozedur **dodash** in die ausführliche Form umgewandelt

```
#dodash-array(i-1)-array(i+1) aus valid in set(j)..expandieren
      subroutine dodash(valid, array, i, set, j, maxset)
      character esc
      integer addset, index
      integer i, j, junk, k, limit, maxset
      character array(ARB), set(maxset), valid(ARB)

      i = i + 1
      j = j - 1
      limit = index(valid, esc(array, i))
      for (k = index(valid, set(j)); k <= limit; k = k + 1)
          junk = addset(valid(k), set, j, maxset)
      return
      end
```

translit ist kein einfaches Programm, da es viele Dinge erledigen kann. Dennoch ist es vernünftig, alle seine Funktionen in einem Programm zu integrieren, da sie alle ähnliche Probleme behandeln. Wir begannen mit dem äußerst nützlichen Format

```
translit A-Z a-z
```

zur Umwandlung von Groß- in Kleinschreibung. Anschließend konnten Sie durch schrittweise neu hinzukommende Anwendungsprobleme die Entwicklung eines größeren Programmkomplexes studieren. Das Programm selbst ist nicht kompliziert, da es, ausgehend von der einfachsten Anwendung, modular aufgebaut wurde. Die allmählich zunehmende Komplexität wurde in neuen Moduln verborgen, ohne die ursprüngliche Struktur des Rahmenprogramms zu beeinflussen.

Was beeinflußt die Laufzeit von **translit**? Wie Sie es vielleicht von einem Programm, das nicht sehr rechenintensiv ist, erwartet haben, verbringt es den größten Teil seiner CPU-Zeit mit der Aufbereitung der Ein- und Ausgabe - in unserem Fall zwischen 70 und 85%. Den größten Teil dieser Zeit verbringt es nicht etwa in

getc und putc, sondern in den von ihnen aufgerufenen maschinenna-
hen Routinen, auf die wir keinen Einfluß haben. Der Anteil
dafür, daß **getc** und **putc** nur ein Zeichen pro Aufruf bearbeiten,
ist vernachlässigbar. Nach der Ein- und Ausgabe geht der Rest
der CPU-Zeit in **xindex** und **index**, die pro Eingabezeichen einmal
aufgerufen werden, und in das Hauptprogramm. Für einen Aufruf wie

        translit a-z A-Z

benötigt **index** 19% der Zeit, das Hauptprogramm 7% und **xindex** 4%.
Ist die to-Menge jedoch sehr klein wie bei

        translit ¬ən ən

so ergeben sich diese Zeiten: **index** 5%, **xindex** 6% und Hauptprogramm 6%. Damit ist **index** die Routine, die zu verbessern man
versuchen könnte (angenommen die Ein- und Ausgabe ist
hinreichend schnell), die Gesamtzeit hängt sowohl von der Zahl
der Eingabezeichen als auch vom Umfang der **from**-Menge ab.

<u>Aufgabe 2-19</u>: Beschreiben Sie den Effekt folgender
Anweisungen:
        translit a-b-d abcd
        translit a-c xyz
        translit ¬ac xyz
        translit əə
Wie verwandeln Sie Folgen von Leerzeichen in jeweils ein
einziges?

<u>Aufgabe 2-20</u>: Ein Zweck des Fluchtmechanismus ist es,
Steuerzeichen, die schwer zu schreiben oder zu lesen sind,
bzw. eine andere Bedeutung haben, am Terminal eingeben zu
können. Erweitern Sie **esc** derart, daß əs? als Leerzeichen,
əb als Rücksetzzeichen und ə gefolgt von einem Zeichen Ihrer
Wahl, als Kennung für eine nachfolgende Zeichenkette
bestehend aus oktalen oder sedezimalen Ziffern zur
Darstellung eines beliebigen Bitmusters, erkannt werden.

<u>Aufgabe 2-21</u>: Verwenden Sie **esc** bei der Implementierung der
Grundfunktion **error**, so daß ein Punkt durch vorangestelltes
ə ein Teil des auszugebenden Textes werden kann.

2.8 Zahlen

Der Filter **translit** wird häufig benutzt, um eine Datei auf
irgendeine Art von Zählung vorzubereiten, etwa für **charcount,**
das im letzten Kapitel vorgestellt wurde. Da wir uns damals
hauptsächlich mit der Einführung von Ratfor beschäftigten,
verschoben wir die Beschreibung von **putdec,** der Prozedur zum
Ausdrucken des Zählers. Dies soll hier nachgeholt werden.

putdec(n,w) schreibt die Zahl **n** als Kette bestehend aus
mindestens **w** Druckzeichen einschließlich Vorzeichen, falls **n**
negativ ist. Werden weniger als **w** benötigt, wird der Rest von
links her mit Leerzeichen aufgefüllt; werden mehr als **w** Zeichen
benötigt, so werden mehr zur Verfügung gestellt. Gerade dieses
Merkmal macht **putdec** mächtiger als die konventionellen
Ausgabemöglichkeiten der meisten Programmiersprachen.

```
#putdec - Dezimalzahl n der Feldweite >= w ausgeben
      subroutine putdec(n, w)
      character chars(MAXCHARS)
      integer itoc
      integer i, n, nd, w

      nd = itoc(n, chars, MAXCHARS)
      for (i = nd + 1; i <= w; i = i + 1)
            call putc(BLANK)
      for (i = 1; i <= nd; i = i + 1)
            call putc(chars(i))
      return
      end
```

putdec wiederum benutzt **itoc** für die Konvertierung. **itoc**
konvertiert eine ganze Zahl in Zeichen, legt diese in ein vom
Hauptprogramm bestimmtes Feld ab und gibt die Anzahl der
benötigten Zeichen, ohne das **EOS,** als Funktionswert zurück. **itoc**
erzeugt die Zahlen in umgekehrter Reihenfolge - dies erweist
sich als einfacher - und dreht sie vor der Rückgabe wieder um.

```
#itoc - Ganzzahl int in Zeichenkette str umwandeln
        integer function itoc(int, str, size)
        integer abs, mod
        integer d, i, int, intval, j, k, size
        character str(size)
        string digits "0123456789"

        intval = abs(int)
        str(1) = EOS
        i = 1
        repeat {                             #Ziffern erzeugen
            i = i + 1
            d = mod(intval, 10)
            str(i) = digits(d + 1)
            intval = intval / 10
            } until (intval == 0 | i >= size)
        if (int < 0 & i < size) {        #nun das Vorzeichen
            i = i + 1
            str(i) = MINUS
            }
        itoc = i - 1
        for (j = 1; j < i; j = j + 1) {  #nun umkehren
            k = str(i)
            str(i) = str(j)
            str(j) = k
            i = i - 1
            }
        return
        end
```

Die Funktion **abs** liefert den absoluten Betrag ihres Parameters.
(In Fortran können Sie dafür **iabs** verwenden.)

Das Gegenstück zu **itoc** ist **ctoi**, eine Routine zur Umwandlung
einer Zeichenkette in eine ganze Zahl. Dabei soll ein Aufruf der
Form

        n = ctoi(c, i)

bewirken, daß die Zahl in **c** ab Stelle **i** gesucht wird. Führende
Leer- und Vorschubzeichen sind zu übergehen; die sich
anschließende Ziffernfolge ist in ihr numerisches Äquivalent
umzuwandeln. Das erste folgende Nichtziffernsymbol markiert das
Ende der Zahl. Nach Ausführung der Prozedur zeigt **i** auf dieses
Symbol. **n** ist der Wert der ganzen Zahl. **ctoi** wird im weiteren

Verlauf noch des öfteren verwendet werden.

```
#ctoi-Zeichenkette ab in(i) in Ganzzahl umwandeln; i erhöhen
        integer function ctoi(in, i)
        character in(ARB)
        integer index
        integer d, i
        string digits "0123456789"

        while (in(i) == BLANK | in(i) == TAB)
            i = i + 1
        for (ctoi = 0; in(i) ¬= EOS; i = i + 1) {
            d = index(digits, in(i))
            if (d == 0)              #Nicht-Ziffer
                break
            ctoi = 10 * ctoi + d - 1
            }
        return
        end
```

Was ist nun der Lohn für unsere Mühe? **charcount** und **translit**
zusammen können für eine Reihe interessanter Aufgaben verwendet
werden. Wir wollen nun eine Steueranweisung erfinden: das
Zeichen ö bedeute die Verbindung der Ausführung zweier
Programme. (Die Verwendung von ö hier ist nicht zu verwechseln
mit der Bedeutung, die es in einem logischen Ausdruck hat! Da
unser Zeichenvorrat beschränkt ist, werden wir Zeichen doppelt
belegen, wenn der Kontext eine eindeutige Interpretation zuläßt.)

```
translit ¬ön | charcount
```

bedeute, daß die Ausgabe von **translit** durch **charcount**
weiterverarbeitet werden soll. Wir bezeichnen diese Konstruktion
als _Kopplung_. Ob eine Kopplung eine direkte Verbindung zwischen
simultan ablaufenden Prozessen ist oder nur eine Vorschrift
darüber, welche temporären Dateien zu schreiben oder zu lesen
sind, ist für die wenigsten Anwendungen relevant. Wir
interessieren uns eher dafür, was wir mit solchen Kopplungen _tun_
können.

Unser obiges Beispiel streicht alles bis auf das Zeilenvorschubzeichen und zählt diese anschließend. Wir haben ein Zeilenzähl-
programm, das direkt äquivalent zu **linecount** ist. Zählen von

Worten ist nicht viel schwieriger:

    translit " ətən" ən | translit ¬ən | charcount

Zunächst erzeugen wir eine Datei mit einem Wort pro Zeile, dann zählen wir die Zeilen wie zuvor. Wir können sogar die Anzahl der Dezimalziffernketten einer Datei bestimmen:

    translit 0-9 9 | translit ¬9 | charcount

Erst wird jede Ziffernkette in eine einfache 9 überführt, dann alle anderen Zeichen gestrichen, und schließlich werden die Nummern gezählt.

Für das letzte Problem ist es nicht besonders sinnvoll, ein Einzelprogramm zu schreiben, es wäre aufwendig zu programmieren, und die Wahrscheinlichkeit, daß es oft benutzt würde, wäre relativ gering. Viel nützlicher ist daher ein Werkzeug wie **translit**, das geschickt mit anderen Filtern kombiniert werden kann, und ein großes Spektrum von Problemen abdeckt. Deshalb entwickeln wir ja schließlich Werkzeuge.

> **Aufgabe 2-22**: In vielen Rechnern werden Ganzzahlen in der <u>Zweierkomplement</u>-Darstellung gespeichert. Sie läßt eine negative Zahl mehr als positive Zahlen zu. Andere Darstellungen erlauben ebenso viele positive wie negative Zahlen, unterscheiden dafür aber plus null und minus null. Schneidern Sie **putdec** auf Zweierkomplement-Arithmetik zu. (Wissen Sie, an welcher Stelle die gegenwärtige Version versagt?)

> **Aufgabe 2-23**: Ändern Sie **otoi**, um wahlweise führende Vorzeichen zu erkennen.

> **Aufgabe 2-24**: Schreiben Sie eine Prozedur **otof**, die eine Ziffernkette in eine Gleitkommazahl umwandelt. Sie sollte wahlfreies Vorzeichen, wahlfreien Dezimalpunkt und die wissenschaftliche Schreibweise für einen Exponenten wie in

    -1.23E-4

erkennen.

Aufgabe 2-25: **wordcount** zählt die Wörter eines Textes direkt, statt **translit** und **charcount** zu verwenden. Glauben Sie, daß die größere Effizienz den Mehraufwand rechtfertigt?

Aufgabe 2-26: Geben Sie eine Kopplung an, um einen verschlüsselten Text (angenommen Sie kennen den Schlüssel) in Kleinschreibung umzuwandeln. Sollte **crypt** in der Lage sein, Zeichen ebensogut zu übersetzen wie **translit**? Sollte **translit** auch chiffrieren und dechiffrieren können?

Aufgabe 2-27: Schreiben Sie einen Filter **tail**. Dieser soll nur die letzten n Zeilen einer Eingabe wieder ausgeben, wobei n ein wahlfreier Parameter ist. Das heißt,

```
program | tail 10
```

druckt die letzten zehn Zeilen der von **program** erzeugten Ausgabe. Freilich gibt es in einer realistischen Implementierung eine Obergrenze für n. Falls kein Wert für n angegeben ist, welcher Wert sollte dann vom Programm angenommen werden?

Aufgabe 2-28: Entwerfen und programmieren Sie den Filter **calc**, der einen Taschenrechner simulieren soll. **calc** soll mindestens in der Lage sein, +, - und = zu behandeln, so daß der Ausdruck

```
1 + 2 - 3 =
```

ausgewertet werden kann. Weitere Verfeinerungen wären weitere Operatoren, Klammerung, Zwischenspeicher usw. Wie muß **calc** modifiziert werden, um auch Zahlen, die zu groß für ein Maschinenwort sind, behandeln zu können?

Aufgabe 2-29: Schreiben Sie ein Programm, das beliebige Bitmuster als oktale oder sedezimale Zahlen, als Zeichen oder sogar als Maschinenbefehle ihres Rechners interpretiert. Implementieren Sie es als Filter.

Die Filter dieses Kapitels sind sehr verschieden, aber die meisten haben ein wichtiges Merkmal gemeinsam. Jedes von ihnen unterstützt auf seine Weise eine Standarddarstellung für Text, der von verschiedenen Programmen verarbeitet und in Dateien abgelegt werden soll. Dadurch, daß Information über Gerätebesonderheiten soweit als möglich nach außen verlagert wird, erweitern wir das Spektrum der Programme, die frei miteinander kommunizieren können. Durch Gerätefilter, die die Schnittstelle zu den Speichermedien bilden und Dateien von und in Standardformat umformen, isolieren und verbergen wir geräteabhängige Besonderheiten. Auf diese Weise können radikale Änderungen der Geräteausstattung vorgenommen werden, ohne mehr als ein bis zwei Moduln zu betreffen. Dies ist von Bedeutung, wenn ein problemloses Wachsen einer Rechenanlage ermöglicht werden soll.

translit ist sogar noch allgemeiner. Es beseitigt nämlich die vielen kleinen Abhängigkeiten vom Zeichencode, die das Übertragen von Softwarepaketen auf andere Rechner erschweren. **translit** ist eine ideale Schnittstelle zwischen zwei Programmen, die nicht genau zusammenpassen. Dadurch erspart man sich die mühselige Arbeit, eines oder gar beide umzuprogrammieren.

Nachdem Sie einmal gelernt haben, durch Filter Teilprobleme zu isolieren und Datenanpassungen vorzunehmen, werden Sie viel eher bereit sein, existierende Programme freizügig zu kombinieren, anstatt neue zu schreiben. In anderen Worten, Sie werden ein besserer ´Werkzeugbenutzer´.

Die Idee, durch Kopplungen und Filter einen einheitlichen Mechanismus zur Verbindung von Programmen zu schaffen, stammt von M.D. McIlroy. Sie geht auf das etwas weniger allgemeine Schema der "communication files" des Dartmouth Time-Sharing Systems zurück. Eine besonders saubere Implementierung von Kopplungen findet sich im UNIX Betriebssystem, das bei Bell Labs von K.L.Thompson und D.M.Ritchie entwickelt wurde. Hierbei laufen die Prozesse einer Kopplung parallel ab, es wird jedoch sichergestellt, daß ein Empfängerprozeß nicht auf Daten zugreifen kann, die noch nicht verfügbar sind, und daß ein Senderprozeß nicht zuviele Daten erzeugt, bevor der Empfänger nicht einen Teil davon verarbeitet hat. Der senkrechte Strich entspricht der UNIX-Syntax und geht auf Thompson zurück. Siehe auch "The UNIX time-sharing system", CACM, July 1974.

Der Entwurf von **translit** stammt von einem Programm, das ursprünglich von M.D.McIlroy geschrieben wurde.

Wenn Sie sich für weitere Chiffrierungstechniken interessieren, möchten wir Sie an das Buch <u>The Codebreakers</u> von David Kahn (Mac Millan, 1967) verweisen.

3. Dateien

Bisher wurden nur solche Programme behandelt, die jeweils eine Eingabe lesen und eine Ausgabe schreiben ohne Berücksichtigung des Ein- bzw. Ausgabeorts. Obwohl sehr viele Programme genau eine Eingabe und eine Ausgabe brauchen, ist dieses Schema noch nicht allgemein genug. Deshalb befassen wir uns in diesem Kapitel mit Programmen, die einen komplizierteren Dialog mit ihrer Umgebung ermöglichen, indem sie mehr als eine Datei lesen bzw. schreiben und - während eines Durchgangs - Dateien erzeugen und löschen. Diese Programme eignen sich vorwiegend für ein Betriebssystem, das über ein permanentes Dateiensystem verfügt, d.h. Informationen über längere Zeit speichern kann und einen einfachen Zugriff für laufende Programme ermöglicht.

Leider ist dies ein schwieriger Bereich, denn die Beschreibung und Programmierung solcher Operationen wird erschwert durch folgende Probleme:

Jedes Betriebssystem beschreibt Systemtätigkeiten auf unterschiedliche Weise, d.h. es gibt keine Standardterminologie.
Weiterhin verfügt jedes System über spezielle Möglichkeiten und Einschränkungen, es gibt keine Standardfunktionen.
Schließlich können einige der von uns vorgeschlagenen Operationen nicht problemlos auf allen Betriebssystemen ausgeführt werden, d.h. es gibt keine perfekten Systeme.

Um diese Schwierigkeiten zu beheben, werden wir - wie schon in den vorhergehenden Kapiteln - auf Grundfunktionen aufbauen, d.h. auf Operationen wie **getc**, **putc** und **getarg**, die aus konzeptueller Sicht einfach sind und jeweils eine wohldefinierte Aufgabe erfüllen. Zwar wird sich die Programmierung der Grundfunktionen je nach System unterscheiden, jedoch sind sie leicht verständlich und können - falls nicht bereits vorhanden - auf jedem System implementiert werden. Die Erkennung und Beseitigung von Abhängigkeiten von einem speziellen Betriebssystem durch die Einführung von Grundfunktionen ist ein ganz entscheidender Punkt bei der Herstellung modularer Programmsysteme. Nur auf diese Weise sind die Schwierigkeiten mit den jeweiligen Systemen zu bewältigen.

3.1 Vergleich von Dateien

Das Lesen mehrerer Eingabedateien stellt schon eine etwas kompliziertere Verbindung zum Betriebssystem dar. Ein Programm, das _zwei_ Eingabequellen vergleicht und deren Unterschiede aufzeigt, ist ein Beispiel dafür. Dies ist ein nützliches Werkzeug, etwa für den Vergleich zweier Programmausgaben oder zweier Textversionen. Dadurch würde eine allzuoft manuell ausgeführte Tätigkeit automatisiert werden.

Der Entwurf von **compare** wird bedingt durch die Art der Vergleichsobjekte. Unsere Programmversion soll zwei Textdateien vergleichen (Abwandlungen finden Sie in den Aufgaben). Die natürliche Vergleichseinheit bei Textdateien ist die Zeile. Wenn sich zwei Zeilen in der Länge unterscheiden, kann in der darauffolgenden Zeile eine erneute Synchronisation erfolgen. Allerdings würde eine fehlende Zeile in einer der Dateien die Synchronisation für die restliche Ausgabe zerstören; es ist daher nicht gerade die beste Vorgehensweise, sie soll uns jedoch vorläufig genügen. Das Programm soll etwa so aussehen:

```
repeat {
        Zeile aus Datei1 lesen
        Zeile aus Datei2 lesen
        if (eine der Eingaben enthält EOF)
                break
        if (line1 ¬= line2)
                Zeilennummer, Zeichenposition und
                differierende Zeilen drucken
        }
if (nur eine Eingabe zu Ende)
        Meldung, welche Eingabe
```

Zunächst wollen wir den allgemeinen Kontrollfluß überprüfen,
indem wir einige kritische Grenzfälle untersuchen. Sind die
beiden Dateien identisch, erfolgt keine Ausgabe; werden sie
beide zu gleicher Zeit beendet, ist selbst im Fall leerer
Eingabe alles in Ordnung. Endet eine Datei vor der anderen, wird
eine entsprechende Nachricht ausgegeben. Unterscheiden sich die
Dateien in irgendeiner Zeile, werden die betreffenden Zeilen
ausgedruckt.

Nun können wir uns mit den Details befassen. Der Vergleich
zweier Zeilen stellt eine eigenständige Funktion dar, die durch
eine separate Routine ausgeführt werden sollte. Die Funktion
equal vergleicht zwei Zeichenketten; sie gibt **YES** zurück, wenn
sie identisch sind, sonst **NO**. Natürlich muß jede Zeichenkette
mit **EOS** abschließen. Wir vergleichen hier nur solche Ketten, und
nicht mit **NEWLINE** abschließende Zeilen: der Abschluß mit **EOS** ist
allgemeiner als der mit **NEWLINE** und kann uns noch in anderen
Programmen nützlich sein:

```
#equal - str1 und str2 vergleichen; YES bei Gleichheit, NO sonst
      integer function equal(str1, str2)
      character str1(ARB), str2(ARB)
      integer i

      for (i = 1; str1(i) == str2(i); i = i + 1)
            if (str1(i) == EOS) {
                  equal = YES
                  return
                  }
      equal = NO
      return
      end
```

Das nächste Problem - und zugleich das Hauptthema dieses
Kapitels - stellt die Verbindung des Programms zu seinen
Eingabequellen dar; es gilt also folgende Operationen
auszuführen:

```
      Zeile aus Datei1 lesen
      Zeile aus Datei2 lesen
```

Bisher sind wir davon ausgegangen, daß ein Programm bei seiner
Ausführung über eine vorgegebene Standardein- und ausgabe
verfügt, die auch von **getc** und **putc** automatisch benutzt wird. In
Stapelsystemen sind dies häufig Kartenleser und Zeilendrucker,
oder aber bei Dialogsystemen die Dialogstationen - Bildschirm
und Drucker. Fast alle Betriebssysteme erlauben eine Änderung
dieser standardmäßigen Zuordnungen, ebenso zusätzliche Ein- und
Ausgaben. In den meisten Stapelsystemen beispielsweise gibt es
eine Kontrollkarte mit etwa folgendem Effekt:

```
      Logische Fortraneinheit N mit Externdatei F verbinden
```

damit werden die Fortran Ein/Ausgabe-Anweisungen

```
      read(N, ...) ...
```

und

```
      write(N, ...) ...
```

auf die Datei F wirksam. Dialogsysteme verfügen häufig über ein Kommando, das die gleiche Funktion erfüllt. In PL/I kann man den internen Dateinamen, wie er bei

        get file(name) ...

oder

        put file(name) ...

vorkommt, mit irgendeiner Datenquelle oder Datenausgabe der externen Systemumgebung verbunden werden. Die Kontrollkarten unterscheiden sich zwar syntaktisch bei den Systemen sehr, die Funktion ist jedoch stets verfügbar.

Eine elementare Version von **compare** könnte also von zwei Eingabeströmen lesen (mit internen Dateinamen wie zum Beispiel 1 und 2 in Fortran, **Name1** und **Name2** in PL/I), und den Benutzer auffordern, diesen internen Namen die richtigen externen Dateien mit Hilfe von Kontrollkarte oder Kommando zuzuordnen. Folglich stellt diese **compare**-Version die Verbindung zu den Quellen nicht selbsttätig her, sie muß vielmehr von anderer Seite angeordnet werden.

```
    #compare(Grundversion) - Datei1 und Datei2 vergleichen
        character line1(MAXLINE), line2(MAXLINE)
        integer equal, getlin
        integer lineo, m1, m2

        lineo = 0
        repeat {
            m1 = getlin(line1, INFILE1)
            m2 = getlin(line2, INFILE2)
            if (m1 == EOF | m2 == EOF)
                    break
            lineo = lineo + 1
            if (equal(line1, line2) == NO)
                    call difmsg(lineo, line1, line2)
            }
        if (m1 == EOF & m2 ¬= EOF)
            call remark("Ende der Datei1.")
        else if (m2 == EOF & m1 ¬= EOF)
            call remark("Ende der Datei2.")
        # sonst gleichlang
        stop
        end
```

Durch **remark** werden allgemeine Meldungen ausgedruckt, ähnlich
dem **error** in Kap.2, jedoch anstatt abzubrechen, wird die
Ausführung nach Ausgabe der Meldung fortgesetzt. Man beachte,
daß **compare** keine Meldung erzeugt, wenn die Dateien identisch
sind. Im allgemeinen sollten Meldungen von Programmen auch nur
im Bedarfsfall ausgegeben werden.

Falls zwischen den beiden Dateien Unterschiede auftreten, dann
schreibt **difmsg** die Zeilennummer und die betroffenen Zeilen aus;
Sie können die Details selbst ausfüllen unter Gebrauch von **putc**
und **putdec**. Wir schlagen folgende einfache Version vor:

```
#difmsg - Zeilennummer und differierende Zeilen drucken
        subroutine difmsg(lineo, line1, line2)
        character line1(ARB), line2(ARB)
        integer lineo

        call putdec(lineo, 5)
        call putc(NEWLINE)
        call putlin(line1, STDOUT)
        call putlin(line2, STDOUT)
        return
        end
```

Mit Hilfe des Aufrufs der Funktion

        getlin(line, infile)

wird die nächste Zeile von der Datei mit dem internen Namen
infile auf die Zeichenkette **line** kopiert. **getlin** stellt sicher,
daß die gelesene Zeile mit **NEWLINE** und **EOS** abschließt. **getlin**
gibt **EOF** zurück, wenn es auf das Ende der Datei trifft,
andernfalls wird die Zeilenlänge (ohne das Symbol für **EOS**)
zurückgegeben. Wie **getc** bildet auch **getlin** die Zeichen auf ihre
interne Repräsentation ab. getlin könnte dafür sogar **getc**
aufrufen, obwohl in den meisten Fällen **getlin** die Grundfunktion
auf der unteren Ebene sein dürfte und somit von **getc** aufgerufen
wird. (Tatsächlich funktionieren die **getc**- und **putc**-Versionen
von Kap.1 auf diese Weise.) Da **getlin** entweder mit der Angabe
der Zeichenkettenlänge oder mit **EOF** antwortet, sollte man
wiederum **EOF** als negativen Wert annehmen.

Die Grundfunktion **putlin** soll eine Zeile auf eine bestimmte
Datei ausgeben. Als Gegenstück zu **getlin** führt es jede benötigte
Zeichenübertragung aus. Wir nehmen einmal an, daß die durch
abwechselnden Aufruf von **putc** und **putlin** erzeugte Ausgabe in der
richtigen Reihenfolge erfolgt. **STDOUT** ist der interne Name für
die Standardausgabe und entsprechend gibt es **STDIN** für die
Standardeingabe. Das System muß diese Dateien zum Lesen bzw.
Schreiben bei Programmbeginn bereitstellen.

Aufgabe 3-1: Implementieren Sie **getlin** und **putlin**. Ändern
Sie **getc** und **putc** aus Kap.1, so daß sie **getlin** und **putlin**
gebrauchen. Stellen Sie bei abwechselnden Aufrufen von **getc**
und **getlin** auf eine einzige oder verschiedene Dateien die
korrekte Reihenfolge sicher. Dasselbe gilt für **putc** und
putlin.

Aufgabe 3-2: Ist die Systemumgebung nicht interaktiv, so ist
es wünschenswert, daß **compare** für sehr unterschiedliche
Dateien nicht zuviel Ausgabe erzeugt. Fügen Sie eine Option
hinzu, die den Vergleich nach einer bestimmten Anzahl sich
unterscheidender Zeilen abbricht. Ein alternativer Entwurf
für **compare** könnte darin bestehen, daß das Programm nach dem
ersten Fehlvergleich abbricht. In diesem Fall könnte durch
die Option eine größere Anzahl von Fehlerausgaben festgelegt
werden.

Aufgabe 3-3: Erstellen Sie eine **compare**-Version, die
bewirkt, daß zwei (in ihren Leerzeichen unterschiedliche)
Zeilen als identisch betrachtet werden, nachdem alle
Leerzeichenfolgen durch ein einziges Leerzeichen ersetzt
wurden. Kann man mit Hilfe von **translit** dieselbe Wirkung
erzielen? Könnte man vielleicht einen Teil von **translit**
übernehmen?

Aufgabe 3-4 (schwierig): Unser **compare** ist nur sehr
elementar. Es erweist sich zwar zum Auffinden der ersten
sich unterscheidenden Stelle von zwei Dateien als nützlich,
bei weiteren und schwereren Fehlern jedoch verhält es sich
unsinnig und erzeugt dabei eine umfangreiche, aber wenig
informative Ausgabe. Entwerfen Sie ein Schema, das mit
fehlenden und versetzten Zeilen fertig wird. Wieviel Platz
und Zeit erfordert Ihre Methode gemessen am Dateiumfang?

Kann sie total zusammenbrechen? (Siehe die Literaturhinweise
am Ende des Kapitels.)

3.2 Zuordnung von externen und internen Namen

Wir wollen uns hier nochmals mit dem Problem befassen, wie man
den externen Namen einer Datei mit dem programminternen Namen in
Verbindung bringen kann. Im Normalfall entspricht der externe
Name dem Dateinamen in einem Dateiensystem, oder auch einer
temporären Datei, die für die Ausführungsdauer erstellt wurde.
Seltener wird es ein Ein/Ausgabe-Gerät, wie z.B. eine
Bandstation sein. Wie bereits erwähnt, wird die Verbindung von
externem mit internem Namen herkömmlicherweise mit Hilfe von
Steuerkarten hergestellt; in manchen Systemen ist dies sogar die
einzige Möglichkeit. Aber niemand wird immer etwas wie

```
connect Datei1 und Name1
connect Datei2 und Name2
compare
```

schreiben wollen, nur weil **compare** lediglich die internen Ströme
1 und 2 lesen kann. Der Nachteil dieser Anweisung ist noch nicht
einmal unbedingt das - unsinnige - Schreiben der **connect**-Komman-
dos; vielmehr ist es lästig, sich die programminternen Namen
merken zu müssen. Viel einfacher wäre die Form

```
compare file1 file2
```

wobei **compare** der Zugriff auf die Dateien überlassen wird.

Angenommen, man überträgt den tatsächlichen Dateinamen an das
Programm und überläßt diesem die Zuordnung von externem Namen
zum internen Strom. Dann führt das Programm während des
Durchlaufs die Tätigkeit aus, welche mit Hilfe der Steuerkarten
vor dem Durchlauf ausgeführt worden wäre. Die dafür zuständige
Grundfunktion sei hier **open** genannt. Sie führt alle für den

Zugriff auf die Datei notwendigen Tätigkeiten aus und ordnet ihr einen internen Dateinamen oder -zahl zu, der dann als Funktionswert zurückgegeben wird:

interner Name = open(*externer Name, Zugriffsart*)

Dieser <u>interne Name</u> wird nun für Folgeaufrufe von **getlin** und **putlin** verwendet.

Je nach Systemumgebung kann es vorkommen, daß **open** zusätzlich zum externen Namen weitere Informationen erfordert, z.B. Pufferplatz, Zugriffsart usw. Wir werden dies im folgenden unter <u>Zugriffsart</u> zusammenfassen, wobei dies in unserem Programm stets durch eine der symbolischen Konstanten **READ**, **WRITE** oder **READWRITE** dargestellt wird, um den beabsichtigten Gebrauch der Datei anzuzeigen. Wenn natürlich Ihr jeweils benutztes System irgendeinen Dateienschutz vorsieht, muß **open** die Erlaubnis für die gewünschte Zugriffsart beantragen.

Mit dem Wert **ERR** anstelle eines zulässigen internen Namens zeigt **open** jede Art von Fehlern an. Es liegt nahe, die internen Namen als kleine natürliche Zahlen darzustellen; dann gibt **open** einfach den ersten nicht zugeordneten Wert zurück. In diesem Fall hätte **ERR** am besten den Wert 0 oder negativ.

Wenn **open** gegeben ist, sieht **compare** folgendermaßen aus:

```
#compare - zwei Dateien auf Gleichheit prüfen
        character arg1(MAXLINE), arg2(MAXLINE)
        character line1(MAXLINE), line2(MAXLINE)
        integer equal, getarg, getlin, open
        integer infil1, infil2, lineo, m1, m2

        if (getarg(1, arg1, MAXLINE) == EOF
          | getarg(2, arg2, MAXLINE) == EOF)
              call error("Gebrauch: compare Datei1 Datei2.")
        infil1 = open(arg1, READ)
        if (infil1 == ERR)
              call cant(arg1)
        infil2 = open(arg2, READ)
        if (infil2 == ERR)
              call cant(arg2)
        lineo = 0
        repeat {
              m1 = getlin(line1, infil1)
              m2 = getlin(line2, infil2)
              if (m1 == EOF | m2 == EOF)
                    break
              lineo = lineo + 1
              if (equal(line1, line2) == NO)
                    call difmsg(lineo, line1, line2)
              }
        if (m1 == EOF & m2 ¬= EOF)
              call remark("Ende der Datei1.")
        else if (m2 == EOF & m2 ¬= EOF)
              call remark("Ende der Datei2.")
        stop
        end
```

cant(name) druckt

        name: kann nicht eröffnet werden

und bricht ab. Zwar ist dies ein einfacher Vorgang, doch kommt
er so oft vor, daß eine separate Routine dafür schon gerechtfertigt ist.

Die meisten interaktiven Systeme bieten die notwendigen
Verbindungsmöglichkeiten (mehr oder weniger elegant), in
Batch-Systemen ist diese Möglichkeit nicht so häufig anzutreffen.
Natürlich muß die Funktion als Teil eines _jeden_ Betriebssystem
vorhanden sein, das die Möglichkeit zur Speicherung von Dateien
mit Namen vorsieht, denn wie könnte sonst das Programm, das die

Kommandosprache übersetzt, arbeiten? Allerdings ist häufig diese Operation den "System"-Programmen vorbehalten und dem normalen Benutzer nicht zugänglich. Das ist bedauerlich, denn ein Programm sollte in der Lage sein, seine Eingabequellen dynamisch zu verbinden. Zugunsten der Benutzerfreundlichkeit sollten Programme leicht anzuwenden sein; es müßte beispielsweise die Anweisung genügen "vergleiche diese Dateien", um das Programm die gesamte Arbeit ausführen zu lassen. Je geringer der Vorbereitungsaufwand vor der tatsächlichen Anwendung eines Programms ist, desto eher wird es als ein Werkzeug aufgefaßt.

Welche Alternativen gibt es, wenn Ihr System die dynamische Verbindung von Dateien nicht zuläßt? Eine Möglichkeit wäre, die Eingabedateien standardmäßig anzuordnen, z.B. durch die Eingabestrombezeichnungen 1,2,3,... Die Anzahl der Eingaben kann entweder vom Benutzer selbst spezifiziert (weniger wünschenswert) oder vom Programm herausgefunden werden.

Eine zweite Möglichkeit ist die Zuweisung eigener interner Namen, die dem Programm als Argumente hinzugefügt werden. Der Aufruf lautet dann

```
connect Datei1 2
connect Datei2 3
compare 2 3
```

Zwar stellen Sie hier selbst die Verbindung her, jedoch müssen Sie sich zumindest nicht die im Programm benutzten Namen merken.

Eine letzte Alternative erfordert etwas Unterstützung durch das jeweilige Betriebssystem: man spezifiziert Dateien mit Namen und generiert dann mit Hilfe eines Programms die entsprechenden Steuerkarten mit der korrekten Beziehung zwischen externem und internem Namen, wobei **compare** als letztes aufgerufen wird. Im günstigsten Fall können die generierten Karten gleich als Teil dieses Vorgangs als Kommandos verarbeitet werden.

<u>Aufgabe 3-5</u>: Können Sie die Anweisung

        compare f f

auf Ihrem System ausführen? Falls nicht, warum nicht? Sollte
es ausführbar sein? Aus welchem Grund würden Sie eine solche
Operation durchführen wollen?

<u>Aufgabe 3-6</u>: Ändern Sie **compare** derart, daß es im Falle
eines Aufrufs mit einem einzigen Parameter die andere Datei
als Standardeingabe betrachtet. Dann kann **compare**
beispielsweise in Form einer Kopplung auftreten

        expand | compare f

Ist dieser Entwurf überhaupt sinnvoll, wenn derartige
Kopplungen durch temporäre Dateien implementiert werden
müssen?

<u>Aufgabe 3-7</u> (schwierig): Erweitern Sie Syntax und Semantik
von Kopplungen derart, daß <u>beide</u> Quellen, auf die **compare**
zugreifen muß, Ausgaben von Programmen sein können.

3.3 Einfügen von Dateien

open bildet die Grundlage zur Erstellung von Werkzeugen, die den
Zugriff auf eine beliebige Anzahl von Dateien ermöglichen. Ein
Beispiel dafür ist **include**, das seine Standardeingabe direkt auf
seine Standardausgabe kopiert, jedoch mit der Ausnahme, daß eine
Eingabezeile, die mit

        include filename

beginnt, durch den gesamten Inhalt der betreffenden Datei
ersetzt wird.

Viele der größeren Programmbeispiele in diesem Buch machen von
include Gebrauch, besonders um eine Reihe von **common**-Vereinbarun-
gen einzufügen. Dadurch wird sichergestellt, daß alle Routinen,
die **common**-Blöcke verwenden, dieselben Vereinbarungen erhalten,
und somit durch einmalige Änderungen alle Routinen gleichermaßen
beeinflußt werden. Ebenso werden beim Übersetzen eines Programms
alle Definitionen der symbolischen Konstanten durch **include**
zusammengefaßt. Da wir nach Möglichkeit von symbolischen
Konstanten Gebrauch machen, erhalten die meisten Programme mit
Hilfe von **include** eine Standardmenge mit Elementen wie **EOF** und
EOS, und dazu eine an die jeweiligen Routinen angepaßte Menge.
include kann auch zum Einfügen abgeschlossener Steuerkartenfolgen
oder auch - beim Testen von Programmen - von Testergebnissen
verwendet werden; die eingefügten Dateien stellen dann schon
vorbereitete Testfälle dar. (Die Ausgaben würden mit Hilfe von
compare verglichen!)

include stellt die Verallgemeinerung einer im PL/I-Vorübersetzer
auftretenden Einrichtung dar, indem dort Zeilen der Form

```
%include file;
```

durch den Dateiinhalt ersetzt werden. Dieser Mechanismus
beschränkt sich auf PL/I-Quellprogramme, wodurch es wenig
vielseitig ist. Hingegen kann unsere Version für alle
Textdateien verwendet werden.

Der grobe Entwurf von **include** sieht folgendermaßen aus:

```
while (getlin(line, file) ¬= EOF)
      if (Zeile beginnt mit "include")
          neue Datei aufnehmen
  else
      Zeile ausgeben
```

Wenn eine eingegliederte Datei weitere **include**-Anweisungen
enthalten darf, haben wir es offensichtlich mit einer rekursiven
Prozedur zu tun, d.h. sie enthält eventuelle Aufrufe auf sich
selbst. Falls die jeweils verwendete Sprache Rekursion nicht
zuläßt (z.B. Fortran), muß sie entweder mit Hilfe eines Kellers
von Dateibezeichnern simuliert werden, oder aber man muß
vollständig darauf verzichten. Verschachtelte **include**-Anweisungen

sind sehr nützlich und erweisen sich als leicht zu handhaben.

Eine weitere Schwierigkeit ist, zu erkennen, ob eine Zeile eine
include-Anweisung enthält. Die beste Lösung wäre, in zwei
Schritten vorzugehen, indem das erste Wort in der Zeile gesucht
und dann mit include verglichen wird. Dazu schreiben wir eine
Routine **getwrd**, die das folgende Wort in der Eingabezeile
isoliert. Ein "Wort" ist definiert als eine Kette von
nichtleeren Zeichen, die von Leerzeichen, Tabulator- oder
Zeilenvorschubzeichen begrenzt werden. **getwrd** ignoriert
eventuell führende Leerzeichen und Tabulatorzeichen und gibt das
Wort und dessen Länge zurück (die wir hier jedoch nicht
beachten). **getwrd** setzt auch einen Index, der auf das direkt
hinter dem Wort stehende Zeichen zeigt; wenn auf diese Weise
include gefunden wurde, kann **getwrd** erneut aufgerufen werden, um
den Dateinamen zu finden, indem die Zeile - ausgehend vom Index
- nach rechts hin untersucht wird.

```
#getwrd - Wort von in(i) nach out übertragen; i fortschalten
        integer function getwrd(in, i, out)
        character in(ARB), out(ARB)
        integer i, j

        while (in(i) == BLANK | in(i) == TAB)
            i = i + 1
        j = 1
        while (in(i) ¬= EOS & in(i) ¬= BLANK
          & in(i) ¬= TAB & in(i) ¬= NEWLINE) {
            out(j) = in(i)
            i = i + 1
            j = j + 1
            }
        out(j) = EOS
        getwrd = j - 1
        return
        end
```

Die Hauptroutine sieht so aus:

```
#include - include-Anweisung durch Dateiinhalt ersetzen
        character line(MAXLINE), str(MAXLINE)
        integer equal, getlin, getwrd, open
        integer infile(NFILES), len, level, loc
        string incl "include"

        infile(1) = STDIN
        for (level = 1; level > 0; level = level - 1) {
            while (getlin(line, infile(level) ¬= EOF) {
                loc = 1
                len = getwrd(line, loc, str)
                if (equal(str, incl) == NO)
                    call putlin(line, STDOUT)
                else {
                    level = level + 1
                    if (level > NFILES)
                        call error("include-Schachtelung zu tief.")
                    len = getwrd(line, loc, str)
                    infile(level) = open(str, READ)
                    if (infile(level) == ERR)
                        call cant(str)
                }
            }
            if (level > 1)
                call close(infile(level))
        }
    stop
    end
```

Das Unterprogramm **equal** entscheidet, ob das Wort <u>include</u> heißt
oder nicht; wir verweisen dazu auf den Anfang des Kapitels.
Dabei ist zu beachten, daß **equal** zum Vergleich zweier
Zeichenketten, nicht zweier Zeilen gebraucht wird. Die
Verallgemeinerung von Programmen hat sich also schon gelohnt.

Wir haben die **if-else** Anweisung gegenüber unserem Pseudo-Programm
von **include** umgekehrt, da es unserer Meinung nach besser ist, **if**
kürzere Anweisungsfolgen zuzuordnen und die längere Alternative
für **else** vorzusehen. Auf diese Weise geht ein kleiner **else**-Teil
nicht so leicht verloren.

Die Grundoperation **close** stellt das Gegenteil von **open** dar: sie
löst die bestehende Verbindung zwischen einem externen und einem
internen Namen und gibt den internen Namen sowie alle
zugeordneten Betriebsmittel zur weiteren Verwendung frei. (**close**
ist jedoch nicht die in Fortran geläufige **rewind**-Operation, die

eine Anfangspositionierung bewirkt, ohne die Datei geschlossen
zu haben.) Der Grund für die Verwendung von **close** liegt in
unserem Fall darin, daß wir nicht immer wissen, wie oft eine
bestimmte Datei bzw. wieviele verschiedene Dateien gebraucht
werden. Da die meisten Systeme die Anzahl gleichzeitig
eröffneter Dateien beschränken, müssen wir diese explizit
schließen, um nicht die Anzahl der vorhandenen internen Namen zu
überschreiten.

Obwohl unsere Programme schon dahingehend entworfen sind,
Dateien nach Gebrauch zu schließen, wäre es von Vorteil, wenn
das System selbst alle eröffneten Dateien nach Programmabschluß
schließen würde. Dies würde die Maßnahmen bei unvorhergesehenem
Programmabbruch vereinfachen.

include setzt implizit eine Eigenschaft von **open** voraus: wenn
eine Datei eröffnet worden ist, muß eine Anfangspositionierung
vorgenommen werden. Dieses Verhalten ist notwendig, da häufig
eine Datei mehrfach eingefügt wird.

> Aufgabe 3-8: Ändern Sie **include** für ein System ab, in dem
> Dateien nicht mit Namen eröffnet werden können. Beschreiben
> Sie, wie dies **include** zu benutzen ist.

3.4 Verkettung von Dateien

Das nächste Programm - **concat** - reiht eine Menge von bezeichneten
Eingabedateien zur Standardausgabe aneinander. Häufig wird
concat verwendet, um mehrere Dateien zu einer Datei zusammenzu-
fassen; auch ist es nützlich für andere Programme, die nur die
Standardeingabe lesen können - dies gilt beispielsweise für die
Filter in Kap.2. Es stellt auch den einfachsten Weg dar, den
Inhalt einer Datei ohne Neuformatierung oder irgendeine andere
Bearbeitung auszudrucken.

Eigentlich ist **concat** als eine **include**-Version aufzufassen, die

alle Dateinamen einer Parameterliste entnimmt anstatt einzelner
Zeilen, die ein **include** enthalten. **concat** erleichtert die
Anwendung, da es keiner Vorbereitungsarbeiten bedarf. Auch der
Code ist leicher zu schreiben:

```
#concat - bezeichnete Dateien auf die Standardausgabe verketten
        character name(NAMESIZE)
        integer getarg, open
        integer fin, i

        for (i = 1; getarg(i,name,NAMESIZE) ¬= EOF; i = i + 1) {
            fin = open(name, READ)
            if (fin == ERR)
                    call cant(name)
            call fcopy(fin, STDOUT)
            call close(fin)
            }
        stop
        end
```

Im Fall leerer Eingabe produziert **concat** korrekterweise
keinerlei Ausgabe.

Das Kopieren selbst wird mit Hilfe der **fcopy** Anweisung
ausgeführt. Im wesentlichen gleicht **fcopy** dem ersten Beispiel in
Kap.1; hier ist es als Unterprogramm dargestellt. Der einzige
Unterschied besteht darin, daß das Programm spezifizierte
Dateien anstelle der Standardein- und -ausgabe liest bzw.
schreibt.

```
#fcopy - Datei "in" auf Datei "out" kopieren
        subroutine fcopy(in, out)
        character (buf(MAXLINE)
        integer getlin
        integer in, out

        while (getlin(buf, in) ¬= EOF)
                call putlin(buf, out)
        return
        end
```

fcopy setzt voraus, daß alle Dateien eröffnet, positioniert und
funktionsfähig sind, d.h. es führt nur den Kopiervorgang aus.
Damit können wir es auch zum Kopieren von <u>Teilen</u> einer Datei

verwenden. Würde **fcopy** dagegen seine Dateien sorgfältig öffnen und schließen, wäre der Nutzen beschränkt. Vermeiden Sie also willkürliche Beschränkungen bei Programmen, insbesondere wenn diese eine Fülle von Aufgaben ausführen sollen. Wollen Sie Dateien öffnen und schließen, ist es sinnvoller, dies entsprechend unserem Beispiel in einem umgebenden Programmteil zu tun.

3.5 Drucken von Dateien

Eines der nützlichsten Programme der Form "unbestimmte Anzahl von Eingaben, eine Ausgabe" ist das zum Drucken oder Listen von Dateien. **print** hat als Parameter eine oder mehrere Dateien; es druckt die Dateien mit oberem und unterem Rand, außerdem Dateinamen und Seitenzahl am Kopf jeder Seite sowie evtl. Datum und Zeit. Jede neue Datei beginnt mit einer neuen Seite. **print** wird anstelle von **concat** gebraucht, wenn man einen schönen, selbsterklärenden Ausdruck einer Menge von Dateien haben möchte.

Das Programm hat grob folgende Form:

```
for (jede Datei)
     name lesen
     open(name)
     fprint(name, fin)
     close(fin)

fprint(name, fin)
     initialisieren
     while (getlin(line, fin) ¬= EOF) {
          if (oben)
                Seitenkopf drucken
          Zeile drucken
          if (Seite voll)
                Seite abschließen
          }
     if (Seite nicht voll)
          Seite abschließen
```

Damit erreichen wir, daß die schrittweise Ausführung der

Parameterliste auf einer Ebene stattfindet, während alle
Detailoperationen zum Zählen der Zeilen einer bestimmten Datei
auf einer unteren Ebene ausgeführt werden.

Dies ist das **print**-Programm:

```
#print - Dateien samt Kopfzeilen drucken
      character name(NAMESIZE)
      integer getarg, open
      integer fin, i

      for (i = 1; getarg(i,name,NAMESIZE) ¬= EOF; i = i + 1) {
           fin = open(name, READ)
           if (fin == ERR)
                 call cant(name)
           call fprint(name, fin)
           call close(fin)
           }
      stop
      end
```

fprint muß gut überlegt sein, um das Verletzen von Randbedingun-
gen zu vermeiden. Insbesondere muß man darauf achten, daß jede
Seite die richtige Anzahl von Zeilen enthält, andernfalls würden
sich die nachfolgenden Seiten allmählich nach oben oder unten
verschieben. Für den Fall, daß eine Datei mit einer vollständigen
Seite abschließt, ist es wichtig, daß die nächste Datei am
Anfang der <u>nächsten</u> Seite beginnt.

```
#fprint - Datei "name" von fin drucken
      subroutine fprint(name, fin)
      character line(MAXLINE), name(NAMESIZE)
      integer getlin, open
      integer fin, lineo, pageno

      pageno = 0
      lineo = 0
      while (getlin(line, fin) ¬= EOF) {
            if (lineo == 0) {
                  call skip(MARGIN1)
                  pageno = pageno + 1
                  call head(name, pageno)
                  call skip(MARGIN2)
                  lineno = MARGIN1 + MARGIN2 + 1
                  }
            call putlin(line, STDOUT)
            lineo = lineo + 1
            if (lineo >= BOTTOM) {
                  call skip(PAGELEN - lineo)
                  lineo = 0
                  }
            }
      if (lineo > 0)
            call skip(PAGELEN - lineo)
      return
      end
```

Die symbolischen Konstanten **MARGIN1** und **MARGIN2** stehen für die
Anzahl der Zeilen vor und nach der Überschrift. **BOTTOM**
repräsentiert die Zeilennummer der letzten Textzeile einer
Seite; **PAGELEN** die Anzahl von Zeilen auf einer Seite. Für das
Standardpapierformat von 8 1/2 x 11 Zoll mit 6 Zeilen pro Zoll
hat **PAGELEN** beispielsweise den Wert 66. Im Normalfall wird der
Rand jeweils 2 oder 3 Zeilen breit sein.

skip produziert **n** Leerzeilen; anstatt **fprint** an vier Stellen mit
einer weiteren Schleife zu belasten, ziehen wir eine kleinere
separate Routine vor:

```
#skip - n Leerzeilen ausgeben
    soubroutine skip(n)
    integer i, n

    for (i = 1; i <= n; i = i + 1)
        call putc(NEWLINE)
    return
    end
```

Die Dateien sollen bei der Ausgabe durch **print** mit den
jeweiligen Namen dargestellt werden. Es liegt daher nahe, dem
Programm die Namen der Dateien dynamisch und nicht über
Steuerkarten zuzuweisen. Zumindest sollte das Unterprogramm **head**
eine einzelne Zeile mit Dateiname und Seitenzahl ausgeben. Falls
verfügbar, können auch Datum und Zeit ausgedruckt werden.

```
#head - Seitenkopf drucken
    subroutine head(name, pageno)
    character name(NAMESIZE)
    integer pageno
    string page "Seite "

    call putlin(name, STDOUT)
    call putlin(page, STDOUT)
    call putdec(pageno, 1)
    call putc(NEWLINE)
    return
    end
```

Da **putlin** <u>kein</u> Zeilenvorschubzeichen an das Ende einer
auszugebenden Zeichenkette setzt, kann es mehrmals zur Ausgabe
auf einer Zeile aufgerufen werden. Das obige Beispiel
veranschaulicht dies, indem Dateiname und Seitenzahl in einer
Zeile enthalten sind.

Sobald das Grundwerkzeug funktioniert, kann man es beliebig
verfeinern. Einige wünschenswerte Verfeinerungen wären zum
Beispiel folgende Einrichtungen:

. Umwandlung von Tabulatorzeichen in Leerzeichen
. Änderung von Standardpapierlänge, Randangaben, Zeilenvorschub, Spaltenvorschub etc.
. Aufspaltung von überlangen Zeilen
. Beginn und Ende auf entsprechend spezifizierten Seiten
. Parallele Ausgabe mehrerer Dateien
. Mehrspaltige Ausgabe

Bis auf den letzten Punkt sind alle Verfeinerungen leicht durchzuführen. Natürlich könnte man eine mehrspaltige Ausgabe erreichen, indem man zunächst vor dem Drucken eine vollständige Seite speichert.

Aus Bequemlichkeit neigt man leicht dazu, Programme mit solchen "Leistungen" zu überhäufen. Daraus entsteht jedoch häufig ein Wirrwar von unzusammenhängenden Fähigkeiten, wobei man sich an viele ihrer Fülle wegen letzten Endes nicht mehr erinnern kann. Das zeigt sich, wenn man selbst für die einfachsten Anwendungen die Funktionsweise eines Programms erst überprüfen muß. Betrachten Sie im Zweifelsfall eine "Leistung" sehr skeptisch. (Denken Sie an ein hundertschneidiges Schweizer Taschenmesser!)

Für wahlfreie Parameter stellte sich die folgende Syntax als geeignet heraus. Wahlfreie Parameter bestehen normalerweise aus einzelnen Buchstaben, oder höchstens aus einer kurzen Zeichenkette. Sie beginnen mit einem Zeichen, das keinen Dateinamen einleiten kann und somit die Unterscheidung zwischen Parametern und Dateinamen erlaubt. (Wir verwenden das Minuszeichen.) Falls **print** beispielsweise die mehrspaltige Ausgabe vorsieht, kann dies mit Hilfe des Parameters festgelegt werden, nämlich durch **-cn**, wobei **n** die Anzahl der Spalten bezeichnet.

        print -c4 Datei1 Datei2 ...

veranlaßt das vierspaltige Ausdrucken der Dateien. Indem die Parameter in strenger Reihenfolge von links nach rechts verarbeitet werden, läßt das Programm Parameter für eine Datei, für deren Ausgabe und die wahlweise Änderung für die folgende Datei zu.

Sind solche Auswahlmöglichkeiten einmal bereitgestellt, stellt sich die Frage, was im Fall des Fehlens eines Parameterwertes zu tun ist. Ein derartiger Fall sollte <u>nie</u> als Fehler betrachtet werden, sondern es sollte dann vielmehr ein Standardwert eingesetzt werden. Die Wahl der richtigen Standardwerte in einem Programm mag trivial erscheinen, jedoch erschwert ein falsches Verhalten die Anwendung (falls das Programm dann überhaupt benutzt wird). In manchen Fällen liegt die Entscheidung nahe: beispielsweise wird häufig die Seitenlänge durch Standardwert vorgegeben. Andere sind weniger eindeutig: sollte **fold** überlange Zeilen standardmäßig auf mehrere kürzere Zeilen verteilen, und an welcher Stelle? Wir müssen bedenken, daß wir hier Werkzeuge erstellen, die so nützlich und so leicht wie möglich zu handhaben sein sollen. Ein allgemeiner Grundsatz ist, daß häufig gebrauchte Sätze knapp sein sollten; Standardwerte sollten deshalb den gebräuchlichsten Anwendungen entsprechen. Weiterhin sollten sie so vorgegeben sein, daß ein nicht mit Optionen vertrauter Anwender mit einem sinnvollen Programmverhalten rechnen kann. Ersparen Sie dem Benutzer Überraschungen und beschränken Sie ihm nicht <u>seine</u> Optionen.

<u>Aufgabe 3-9</u>: Implementieren Sie einige Erweiterungen von **print** mit Ansteuerung über wahlfreie Parameter. Versuchen Sie zunächst, die Parameter gemäß der Häufigkeit ihrer Benutzung einzuordnen. Stellen Sie dann nach Anwendung Ihrer neuen Version fest, ob Ihre Vorhersage zutraf. Welche Optionen sollte **print** standardmäßig auswählen?

3.6 Mehrstufige Verarbeitung durch Kopplung

Da wir uns hier mit Werkzeugen befassen, ist inzwischen wahrscheinlich klar geworden, daß - mit etwas Vorsicht - **print** als Werkzeug zur Ausgabe eines jeden Programms gebraucht werden kann. Wäre dies einfach zu bewerkstelligen, dann wäre es nicht mehr notwendig, andere Programme etwa für mehrspaltige Ausgabe zu codieren - eine Version von **print** könnte allen Zwecken dienen.

Nehmen wir nun an, daß **print** durch eine geringfügige Änderung von der Standardeingabe liest, wenn es keine Dateinamen als Parameter erhält. Dank des grundlegenden Aufbaus von **print** ist dies eine einfache Änderung. Man braucht nur einen Test auf fehlende Parameter und eine leere Datei für die Standardeingabe einzuführen.

```
#print - (Standardvorgabe STDIN) - Dateien samt Kopfzeilen drucken
      character name(NAMESIZE)
      integer getarg, open
      integer fin, i
      string null ""

      for (i = 1; getarg(i, name, NAMESIZ) ¬= EOF; i = i + 1) {
          fin = open(name, READ)
          if (fin == ERR)
                call cant(name)
          call fprint(name, fin)
          call close(fin)
          }
      if (i == 1)              #keine Dateien ausgeben
          call fprint(null, STDIN)
      stop
      end
```

Wenn also **print** zur Nachbereitung die Ausgabedaten eines Programms verwenden soll, muß das Programm nur veranlassen, daß seine Ausgabe auf die Standardeingabe von **print** gesteuert wird. Die Verwendung durch andere Programme sollte **print** selbst verborgen bleiben. In der Kopplungs-Notation aus Kap.2 heißt das z.B.:

```
      program ... | print
```

Damit kann jedes Programm eine formatierte Ausgabe haben, natürlich im Rahmen der Möglichkeiten, die **print** vorsieht. Da **print** vielseitig eingesetzt werden wird, lohnt es sich, sein Funktionsspektrum und seine Effizienz zu verbessern.

Der Aufbau einer Kopplung ist von System zu System verschieden. Im Idealfall sollten **program** und **print** gleichzeitig verarbeitet werden, gekoppelt durch das System, wobei jeder Prozeß ohne Kenntnis des anderen ablaufen sollte. Eine zweite Lösung, die zwar weniger wünschenswert ist, aber oftmals die einzige Realisierungsmöglichkeit darstellt, regelt die Kommunikation über temporäre Dateien. Die Notation

```
prog >file
```

bedeute, die Standardausgabe von **prog** wird in **file** zusammengefaßt. **file** wird bei Bedarf generiert (am besten automatisch durch das System und ohne daß das Programm davon Kenntnis hat). Dann kann die Kopplung wie folgt simuliert werden:

```
prog >tempfile
print <tempfile
remove tempfile
```

wobei **<file** sinngemäß Standardeingabe von **file** bedeutet und **remove** die Freigabe von **tempfile** veranlaßt. Temporäre Dateien sind weniger elegant als Kopplungen, doch sind sie natürlich auch eine Lösung, insbesondere wenn Ihr Betriebssystem eine einfache dynamische Generierung von Dateien erlaubt.

Leser, die Wert auf Effizienz legen, werden sich fragen, ob zwei Programme wirtschaftlich sind, wo auch eines genügen würde. Die Antwort hängt von den tatsächlichen Kosten ab; diese können oft nicht richtig abgeschätzt werden. "Effizienz" wird von vielen hauptsächlich unter dem Gesichtspunkt des Maschinenaufwands betrachtet, den der endgültige Lauf eines Programms verursacht; man muß jedoch die Kosten von Personal und Rechenzeit bedenken, die für Übersetzungen, Fehlersuche und ähnliches benötigt werden. Dieses Buch spiegelt deutlich unsere Ansicht wider, daß nämlich der Personalaufwand höher zu bewerten ist als Maschinenkosten, und daß sich dieses ungleiche Verhältnis in

Zukunft noch verstärken wird. Der Schwerpunkt unserer
Überlegungen ist daher, Programme mit minimalem Aufwand zu
erstellen.

Diesen Zweck sollen Werkzeuge erfüllen. Jedoch genügt es nicht,
eine Ansammlung von "Dienstprogrammen" zur Verfügung zu haben,
die nur spezifische Fälle verarbeiten (auch wenn sie über
vielseitige Fähigkeiten verfügen), und nicht mit anderen
Werkzeugen sinnvoll verknüpft werden können. Werkzeuge müssen
zusammenwirken, deshalb haben Kopplungen einen großen Vorteil,
indem sie den Anstoß geben, Programme im Hinblick auf
Verknüpfungsmöglichkeit mit anderen Programmen zu erstellen.
Umgekehrt erzwingt diese Denkweise eine gewisse Standardisierung,
da ohne saubere Schnittstellen zwischen den Programmen keine
Kopplung zustandekommen kann.

Ein weiterer Vorteil einer Kopplung besteht darin, daß auch die
Entwicklung kleinerer Programme für jeweils einfachere
Funktionen gefördert wird. Kleinere Programme sind sehr viel
leichter zu schreiben, auszutesten, zu dokumentieren und zu
warten. Sie können leichter unabhängig voneinander geändert
werden, als bei Zusammenfassung zu einem Riesenprogramm.
Darüberhinaus können getrennte Programme auch auf andere Arten
kombiniert werden, was kaum möglich ist, wenn sie bereits zuvor
in der ersten "naheliegenden" Weise zusammengefügt wurden.

Schließlich ist zu bedenken, daß viele Aufgaben überhaupt nicht
in Angriff genommen werden können, es sei denn, man kann sie
schnell erledigen. Dabei spielt Effizienz bei Programmkopplungen,
die nur wenige Male ausgeführt werden, eine ganz untergeordnete
Rolle. Sollte eine solche Kopplung dann doch häufiger benutzt
werden, so ist immer noch Zeit, eine effizientere Lösung zu
implementieren. An diesem Punkt angelangt, hat man dann den
Vorteil einer präzisen Spezifikation und den Beweis der
Nützlichkeit des Programms. Dies ist die beste bekannte Formel,
um den Erfolg einer Programmierarbeit zu garantieren.

Aufgabe 3-10: Stellen Sie fest, ob es Ihr Betriebssystem
erlaubt, ein Programm zu schreiben, das eine Eingabezeile in
Form einer Kopplung liest und die für die Ausführung der
Operation notwendigen Betriebssystem-Kommandos ausgibt. Ist
dies möglich, dann schreiben Sie das Programm. Andernfalls

finden Sie die fehlenden Eigenschaften heraus. Wie würden
Sie diese auf die einfachste mögliche Art bereitstellen?

3.7 Dynamische Generierung von Dateien

Das im folgenden behandelte Gebiet ist für interaktive Progamme
von großer Bedeutung. Es betrifft die dynamische Generierung von
Dateien oder Informationsflüssen, d.h. während einer Programm-
durchführung. **makecopy** soll die Probleme veranschaulichen:

        makecopy f g

kopiert Datei **f** auf Datei **g**. Datei **g** wird im Bedarfsfall
generiert; sollte sie jedoch schon existieren, wird ihr Inhalt
überschrieben.

Wie generieren wir nun die Ausgabedatei? Da jedes Betriebssysstem
für eine solche Operation eine unterschiedliche Syntax fordert,
nehmen wir für diese Operation die Grundfunktion **create** an.
Diese Grundfunktion müßten Sie entsprechend Ihrem Rechnersystem
vereinbaren. Sie wird folgendermaßen aufgerufen:

interner Name = **create**(*externer Name, Zugriffsart*)

Die Funktionen **create** und **open** sind sehr ähnlich: der externe
Name ist der Name, den die Datei in der externen Systemumgebung
haben wird; der interne Name wird wieder gebraucht für die
Verarbeitung durch **getlin** und **putlin**. Wie wir bei **open** schon
gesehen haben, wird **create** möglicherweise weitere Informationen
fordern, wie z.B. Zugriffsberechtigung – all dies ist in
"Zugriffsart" zusammengefaßt. Wenn eine bereits existierende
Datei generiert werden soll, muß zunächst die alte Version
gelöscht bzw. auf Länge Null gekürzt werden; auf diese Weise
bildet die Wiederverwendung einer Datei keinen Sonderfall. Falls
die Dateigenerierung aus irgendeinem Grund scheitern sollte,
gibt **create** ein **ERR** zurück.

```
#makecopy - eine Datei auf eine andere kopieren
        character iname(NAMESIZE), oname(NAMESIZE)
        integer create, getarg, open
        integer fin, fout

        if (getarg(1, iname, NAMESIZE) == EOF
          | getarg(2, oname, NAMESIZE) == EOF)
                call error("Gebrauch: makecopy Eingabe Ausgabe.")
        fin = open(iname, READ)
        if (fin == ERR)
                call cant(iname)
        fout = create(oname, WRITE)
        if (fout == ERR)
                call cant(oname)
        call fcopy(fin, fout)
        call close(fin)
        call close(fout)
        stop
        end
```

Aufgabe 3-11: Viele Betriebssysteme stellen ein Kopierkommando "copy", etwa wie **makecopy**, bereit. Für den Fall, daß die Zieldatei schon existiert, kann das Kommando entweder die Ausführung stoppen oder eine Bestätigung fordern, bevor es den alten Inhalt löscht. Ist dieses Verhalten wünschenswert? Was sollte bei

        makecopy f f

geschehen?

Als letztes Beispiel dieses Kapitels wollen wir ein Programm erstellen, das _alle_ besprochenen Grundfunktionen eines Dateiensystems erfordert und außerdem von einigen bisher unerwähnten profitieren könnte. **archive** dient zur Verwaltung der Bibliothek; eine solche Bibliothek hat die Aufgabe, beliebig viele Dateien zu einer großen Datei zusammenzufassen und diese Datei dann als "Archiv" zu verwalten. Dadurch spart man häufig Speicherplatz und, was wichtiger ist, sie ermöglichen die Arbeit mit einer Gruppe von Dateien in einem Schritt. Dateien können aus dem Archiv entnommen, neue hinzugefügt werden; alte Dateien können gelöscht oder durch neue Versionen ersetzt werden, Angaben über den Inhalt des Archiv können gelistet werden. Damit erfüllt ein Archiv auch für andere Progamme, wie Lader, Übersetzer, usw. die Funktion einer Bibliothek.

archive wird durch die folgende Kommandozeile aufgerufen:

<pre>
a r c h i v e   Kommando   Archivname   wahlfreie Dateinamen
</pre>

Kommando besteht aus _einem_ Zeichen und spezifiziert, welche Operation auf dem Archiv **archivname** ausgeführt werden soll. Die beliebigen Dateinamen spezifizieren diejenigen Dateien, die in diese Ausführung einbezogen sind.
Kommandos können sein:

    d Löschen der bezeichneten Mitglieder aus dem Archiv
    p Ausgabe der bezeichneten Mitglieder auf die Standardausgabe
    t Ausgabe des Archivinhalts in Form einer Tabelle
    u bringt bezeichnete Mitglieder des Archivs auf den neuesten
      Stand bzw. erweitert am Ende
    x Auszug bezeichneter Dateien aus dem Archiv

Um die Anwendung von **archive** zu erleichtern, nehmen wir als Regel an, daß die Operation mit _allen_ Archivdateien ausgeführt wird, sofern keine Dateien bezeichnet wurden:

    archive t arch

gibt den gesamten Inhalt als Tabelle aus.

Sind jedoch Dateien explizit bezeichnet, wird nur mit diesen die
Operation ausgeführt. Z.B. liefert

        archive t arch f g

nur Informationen über f und **g. archive** gibt eine Warnung für
den Fall, daß explizit bezeichnete Dateien im Archiv nicht
existieren. Derartige Eigenschaften sind leicht zu implementieren
und tragen doch viel zur Benutzerfreundlichkeit eines Programms
bei.

Das Archiv-Programm ist ein gutes Beispiel für das, was wir den
"Linke-Ecke"-Entwurf nennen. Dies ist so zu verstehen: man nimmt
einen kleinen, leicht zu handhabenden Teil des Programms - der
aber schon eine sinnvolle Aufgabe erfüllt - und kann, nachdem
dieser ausgetestet ist, immer mehr Einzelteile hinzufügen,
solange, bis alles komplett ist. Wurde der Anfangsteil
sorgfältig entworfen, kann man auch die Erweiterungen leicht
anpassen. Damit werden Fehlersuche und Testen erleichtert, da
immer nur stückweise hinzugefügt wird. Für den Fall, daß Sie
sich entschließen sollten, an irgendeinem Punkt das Ganze zu
löschen, wird nur das bis dahin aufgebaute Bruchstück aufgegeben.

Das Angenehme an einer solchen Vorgehensweise besteht darin, daß
ein Teil des Programms gleich zu Anfang verwendbar ist. Indem
man die wichtigsten Funktionen zuerst implementiert, kann man
die Brauchbarkeit des Programms bereits ermessen, bevor man Zeit
für schwierige oder esoterische Leistungen aufwendet (die sich
sowieso häufig als überflüssig erweisen). Auch wird eine
einfache Realisierung der einfachen Funktionen sichergestellt,
was letzlich die Effizienz erhöht.

Die erste zu betrachtende Funktion ist das Hinzufügen von
Dateien in ein Archiv. (Ein neues Archiv kann eröffnet werden,
indem man einem leeren Archiv Dateien hinzufügt.) Solange man
kein Archiv eröffnen und füllen kann, bleibt jede andere
Operation sowieso uninteressant. Zwangsläufig stellt sich die
Frage, welches Format eine Archivdatei haben sollte. Dafür gibt
es mindestens zwei Möglichkeiten: erstens ein Inhaltsverzeichnis
am Anfang des Archivs, das die darin enthaltenen Dateien

aufführt und außerdem weitere notwendige Informationen über diese Dateien angibt, z.B. ihre Position im Archiv, ihr Umfang, das Datum der Archivierung etc. Die zweite, von uns angewandte Methode besteht in der Verteilung dieser Informationen auf die gesamte Datei, ein Eintrag pro Datei. Jede dieser Methoden hat sowohl Vor- als auch Nachteile; eine unserer Übungsaufgaben befaßt sich mit einem detaillierten Vergleich. Der Leser sollte sich an dieser Stelle zunächst überlegen, was wohl die einfachste Lösung wäre und wo für jede Organisation die Schwierigkeiten liegen werden.

Die Systemumgebung kann, wie immer, die Leistung beider Vorgehensweisen erheblich beeinflussen, indem sie verschiedene Operationen unterstützt bzw. erschwert. Überdies müssen wir bei unseren Überlegungen stets die tatsächliche Anwendung des Progamms berücksichtigen; diese hängt oft davon ab, welche Funktion das Programm am besten erfüllt, was wiederum von der Organisation abhängt, etc.

Ein Archiv mit zentral verwaltetem Inhaltsverzeichnis wird wahrscheinlich eine Operation wie die Ausgabe des Verzeichnisses schneller ausführen, da hier die Informationen konzentriert sind. Auch wird dadurch die Fehlersuche erleichtert, da alle Informationen gleichzeitig verfügbar sind. Weiterhin vereinfacht eine solche Organisation den Zugriff auf Dateien in einer anderen als der gespeicherten Reihenfolge. Ein Nachteil ist jedoch, daß man sich immer mit dem gesamten Verzeichnis befassen muß, wodurch die Anzahl von Mitgliedern im Archiv eingeschränkt werden kann. Ein verteiltes Verzeichnis verlangsamt aller Wahrscheinlichkeit nach alle Arbeiten darauf, es sei denn, Ihr System ermöglicht den schnellen Zugriff auf beliebige Positionen in der Datei, ohne dazwischenliegende Daten zu lesen. Doch auch mit dieser Möglichkeit wird der Zugriff zu einer bestimmten Datei mehr Zeit erfordern als im Fall des zentralisierten Verzeichnisses, da alle Einträge zumindest auf das Gewünschte geprüft werden müssen. Jedoch ist diese Verlangsamung unerheblich im Vergleich zu dem zeitlichen Aufwand, den die Verarbeitung der Datei erfordert.

Nach vielen Überlegungen und der Erstellung eines zentralisierten Verzeichnisses haben wir uns für das **archive**-Programm mit verteiltem Verzeichnis entschieden. Rückblickend scheint es die

klarere und unkomplizierte Organisation zu sein, der
Effizienzverlust ist unerheblich.

Ausgehend von einem verteilten Verzeichnis beginnt jeder Eintrag
in ein Archiv mit einem Kopf, der mindestens den Dateinamen und
ein zuverlässiges Unterscheidungsmerkmal zum Inhalt eines
Archivmitglieds enthalten muß. Das Archiv sieht folgendermaßen
aus:

```
Kopf für Datei1
Datei1
Kopf für Datei2
Datei2
...
```

Anhand dieses Schemas erkennt man sofort, wie manche Operationen
implementiert werden müssen. Um beispielsweise die Dateinamen zu
listen, braucht man lediglich die Köpfe zu suchen und die
entsprechenden Teile ausgeben zu lassen. Die Ausführung anderer
Operationen ist schwieriger und hängt von den Möglichkeiten des
jeweiligen Betriebssystems ab.

Die oberste Ebene des **archive** Programms ist eine Fallunterscheidung, von hier aus wird die dem Kommando entsprechende Routine
aufgerufen. Wir werden sie vollständig aufzeigen, obwohl man am
Anfang nur die fortlaufend geschriebenen Routinen aufzurufen
braucht.

```
#archive - Dateiverwaltung
      character aname(NAMESIZE)
      integer getarg
      integer command(2)

      if (getarg(1, command, 2) == EOF
        | getarg(2, aname, NAMESIZE) == EOF)
           call help
      call getfns
      if (command(1) == UPD)
           call update(aname)
      else if (command(1) == TBL)
           call table(aname)
      else if (command(1) == EXTR | command(1) == PRINT)
           call extrac(aname, command(1))
      else if (command(1) == DEL)
           call delete(aname)
      else
           call help
      stop
      end
```

Die Funktionen zum Auszug und zur Ausgabe sind in <u>einer</u> Routine zusammengefaßt, da sie sich nur darin unterscheiden, auf welche Datei die Ausgabe gesteuert wird. Für Kommandos verwenden wir keine symbolischen Konstanten wie **UPDATE**, **TABLE** etc. - obwohl sie leichter lesbar und natürlicher sind -, denn viele Rechner erlauben nur eine einzige Schreibweise für Buchstaben und damit könnte man sie nicht von Programmnamen wie **update** und **table** unterscheiden. Diesen Konflikt versuchen wir in all unseren Programmen zu vermeiden, so daß sie unverändert auf solche Systeme zu übertragen sind.

Die Funktion **help** wird im Falle einer unkorrekten Anwendung von **archive** aufgerufen.

Ein leicht beschreibbares Programm läßt sich am besten anhand einer kurzen Zusammenfassung seiner Verwendungsmöglichkeiten erklären:

```
#help - Fehlermeldung ausgeben
      subroutine help

      call error("Gebrauch: archive {dptux} Archivname [Dateien].")
      return
      end
```

Normalerweise genügt diese Meldung, um dem Benutzer weiterzuhel-
fen.

Die Routine **getfns** entnimmt die Dateinamen aus der Kommandozeile
und sammelt sie in einem Feld **fname**; **nfiles** bezeichnet die
Anzahl der Dateiparameter. **getfns** überprüft außerdem die
Parameterliste auf Duplikate und Überlauf.

```
#getfns - Dateinamen nach fname bringen; auf Duplikate prüfen
      subroutine getfns
      integer equal, getarg
      integer i, j
      include carch

      errcnt = 0
      for (i = 1; I <= MAXFILES; i = i + 1)
          if (getarg(i + 2; fname(i, 1), NAMESIZE) == EOF)
              break
      nfiles = i - 1
      if (i > MAXFILES)
          if (getarg(i + 2, j, 1) ¬= EOF)
              call error("zu viele Dateinamen.")
      for (i = 1; i <= nfiles; i = i + 1)
          fstat(i) = NO
      for (i = 1; i <= nfiles; i = i + 1)
          for (j = i + 1; j <= nfiles; j = j + 1)
              if (equal(fname(1,i), fname(1,j)) == YES) {
                  call putlin(fname(1,i), ERROUT)
                  call error(":doppelter Dateinamen.")
                  }

      return
      end
```

Da Fortran zweidimensionale Felder spaltenweise statt
zeilenweise speichert, erfolgt der Zugriff auf den i-ten
Dateinamen in Form von **fname(1,i)** anstelle von **fname(i,1)**; damit
stehen die Zeichen eines Namens zusammenhängend.

Für PL/I-Programmierer möchten wir anmerken, daß **fname(1,i)** ein eindimensionales Feld ist, in diesem Fall also ein Ausschnitt des zweidimensionalen Feldes **fname**. Fortran beachtet derartige Probleme nicht, wir müssen daher die Schreibweise **fname(1,i)** verwenden, was wie ein einzelnes Element aussieht, obwohl wir doch die gesamte i-te Spalte bezeichnen wollen. In PL/I müssen deshalb alle Bestandteile von **getfns** der Form **fname(1,i)** in **fname(*,i)** umgeändert werden. Dies ist eine der unvermeidbaren Sprachschwierigkeiten, wir versuchen deshalb, möglichst frühzeitig darauf hinzuweisen.

archive wird am Ende eine Nachricht über alle Dateien ausgeben, die zwar bezeichnet, jedoch im Archiv nicht gefunden wurden. Wir verwenden **fstat** für die Aufzeichnung dieser Information: falls **fstat(i)** den Wert **NO** hat, dann wurde die i-te Datei noch nicht im Archiv gefunden. Diese Variablen werden für verschiedene Routinen benötigt, sie werden deshalb in einem **common**-Block **carch** angelegt, der bei Bedarf durch eine **include**-Anweisung eingefügt wird.

```
common/carch/fname(NAMESIZE,MAXFILES),fstat(MAXFILES),nfiles,errcnt
      character fname      #Dateiparameter
      integer fstat        #YES falls berührt, NO sonst; anfänglich NO
      integer nfiles       #Anzahl Dateiparameter
      integer errcnt       #Fehlerzähler; anfänglich 0
```

errcnt dient der Aufzählung von Fehlern, wird für mehrere Routinen verwendet und ist daher ebenfalls in **common** angelegt.

Beachten Sie, daß die Hauptroutine von **archive** von diesem **common**-Block keine Kenntnis zu haben braucht. Das **common** in Fortran ermöglicht zwar die leichte Handhabung einer Gruppe zusammengehöriger Variablen, ist aber auch gefährlich, denn es ist undisziplinierter als das Übergeben von Parametern, da nicht so leicht überschaubar ist, welche Routinen welche Variablen benutzen. Eine Sprache mit einer mächtigeren Datenstruktur als Fortran mag als Alternative bieten, eine Gruppe zusammengehöriger Variablen in einer _Struktur_ anzulegen, die dann wiederum als einzelner Parameter an eine Routine, die diese Daten braucht, übergeben wird. Zwar werden wir das **common** in Fortran und die

external-Variable in PL/I im weiteren Verlauf nicht vermeiden, jedoch werden wir uns soweit möglich auf die Verwendung in Routinen beschränken, die nicht ohne Kenntnis dieser Variablen auskommen. (In einigen Fortran-Implementierungen wird die Hauptroutine sowieso die **carch**-Deklaration enthalten müssen.)

In der Zeile

```
call putlin(fname(i, i), ERROUT)
```

wird erstmals die Datei **ERROUT** - die für Fehlermeldungen verwandt wird - explizit genannt. Wir setzen voraus, daß diese Datei bei Programmaufruf ebenso wie STDIN und STDOUT automatisch angeschlossen wird. Dann schreiben definitionsgemäß **error** und **remark** auf die Datei **ERROUT**. **ERROUT** kann synonym zu STDOUT sein, doch sollten sie im allgemeinen verschieden sein, um ein Durcheinandergeraten von Ausgabedaten und Fehlermeldungen zu vermeiden, und um die Fehlermeldungen bei Kopplungen nicht als Eingabe eines weiteren Programms zu verlieren.

Ein Archiv auf den neuesten Stand zu bringen, erfordert zwei klar unterscheidbare Schritte: vorhandene Mitglieder werden durch neue Versionen ersetzt und alle als Parameter bezeichnet, noch nicht im Archiv vorhandene Dateien werden am Ende hinzugefügt. Wir gehen davon aus, daß Daten an das Ende einer Datei nur hinzugefügt werden können, indem die vorhandenen Teile auf eine neue Datei kopiert, die neuen Daten am Ende hinzugefügt und schließlich insgesamt auf die Originaldatei zurückkopiert werden. Wenn auch manche Systeme die Möglichkeit bieten, am Dateiende hinzuzufügen oder in der Dateimitte neu zu schreiben, empfiehlt sich diese Vorgehensweise nicht. Es ist sicherer, ein vorhandenes Archiv erst zu ändern, wenn Vollständigkeit und Korrektheit der Ersetzung gewährleistet ist.

Das Erstellen einer neuen Version kann man wie folgt zusammenfassen:

```
    open archive (falls neu, erzeugen)
    temporäre Datei erzeugen
    existierenden Archivinhalt auf temporäre Datei fortschreiben
    for (jede neue Datei) {
        Kopf erzeugen und auf temporäre Datei schreiben
        Datei auf temporäre Datei schreiben
        }
    if (keine Fehler)
        Archiv durch temporäre Datei überschreiben
```

Diese Operationen werden von **update** gesteuert.

```
  #update - existierende Dateien fortschreiben, neue ans Ende
        subroutine update(aname)
        character aname(NAMESIZE)
        integer create, getarg, open
        integer afd, i, tfd
        include carch
        string tname "archtemp"

        afd = open(aname, READWRITE)
        if (afd == ERR)                        #vielleicht eine neue
            afd = create(aname, READWRITE)
        if (afd == ERR)
            call cant(aname)
        tfd = create(tname, READWRITE)
        if (tfd == ERR)
            call cant(tname)
        call replac(afd,tfd,UPD,errcnt) #existierende fortschreiben
        for (i = 1; i <= nfiles; i = i + 1) #neue hinzufügen
            if (fstat(i) == NO) {
                call addfil(fname(1, i), tfd, errcnt)
                fstat(i) = YES
                }
        call close(afd)
        call close(tfd)
        if (errcnt == 0)
            call amove(tname, aname)
        else
            call remark("schwere Fehler: Archiv unverändert.")
        call remove(tname)
        return
        end
```

update versucht zunächst, ein Archiv zu eröffnen; mißlingt dies, wird versucht, ein neues Archiv zu erstellen. Nur falls beide

Operationen nicht ausgeführt werden können, bricht **update** ab.

archive wurde dahingehend entworfen, bei jedem Durchgang so viele Fehler wie möglich zu erkennen. **update** bearbeitet alle Dateien der Parameterliste, selbst wenn bei dem Versuch, eine der Dateien zu öffnen, ein Fehler aufgetreten ist. **errcnt** zählt die Fehler; das Archiv wird nur auf den neuesten Stand gebracht, wenn **errcnt** am Ende des Durchgangs gleich Null ist. **replac** kopiert ein Archiv auf eine Hilfsdatei und ersetzt dabei jede spezifizierte Datei durch eine neue Version. **addfil** fügt eine einzelne Datei an das Ende der Hilfsdatei, falls möglich, an. (Wir werden in Kürze auf **replac** und **addfil** zurückkommen.) **remove** ist das Gegenstück zu **create**, eine Grundfunktion zum endgültigen Löschen einer Datei.

amove gibt die Informationen von der Hilfsdatei zurück an die Archivdatei, falls keine Fehler auftraten. Schlimmstenfalls erfolgt dies durch das Löschen der alten Archivdatei, indem eine neue erstellt und die Hilfsdatei auf diese kopiert wird, wie das folgende Beispiel zeigt:

```
#amove - name1 nach name2 übertragen
        subroutine amove(name1, name2)
        character name1(ARB), name2(ARB)
        integer create, open
        integer fd1, fd2

        fd = open(name1, READ)
        if (fd1 == ERR)
             call cant(name1)
        fd2 = create(name2, WRITE)
        if (fd2 == ERR)
             call cant(name2)
        call fcopy(fd1, fd2)
        return
        end
```

In einer anderen Systemumgebung könnte es genügen, die temporäre Datei umzubenennen, um das neue Archiv zu erstellen. Eine solche Grundfunktion ist besser, da sie sicher effizienter als das tatsächliche Kopieren der gesamten Datei ist. Auch wird dadurch die Zeit verringert, in der sich die permanente Kopie des Archivs in einem unvollständigen Zustand befindet. Wir sagen

"Übertragen" für jeden Dateientransfer, der durch Umbenennung erfolgen kann, "Kopieren" dagegen nur, wenn die Quelldatei auf jeden Fall erhalten bleiben soll.

Als nächstes wollen wir **addfil** behandeln, da dies weitgehend selbsterklärend ist.

```
#addfil - Datei "name" ins Archiv aufnehmen
      subroutine addfil(name, fd, errcnt)
      character head(MAXLINE), name(ARB)
      integer open
      integer errcnt, fd, nfd

      nfd = open(name, READ)
      if (nfd == ERR) {
            call putlin(name, ERROUT)
            call remark(":Aufnahme unmöglich.")
            errcnt = errcnt + 1
            }
      if (errcnt == 0) {
            call makhdr(name, head)
            call putlin(head, fd)
            call fcopy(nfd, fd)
            call close(nfd)
            }
      return
      end
```

makhdr stellt den eindeutig erkennbaren Kopfsatz her, der jeder archivierten Datei voransteht. Für Testzwecke genügt jede druckbare Zeichenkette. Wir verwenden -h- mit abschließendem Leerzeichen und dem Dateinamen. In der späteren Anwendung wird man zumindest das Erstellungsdatum der Archivierung hinzufügen wollen.

Der weitere Inhalt hängt vom jeweiligen System ab. Im Vordergrund steht die Überlegung, jede mögliche Vermengung des Kopfes mit dem Inhalt eines Archivelementes auszuschließen. Bereitet es keinen Aufwand, die Größe einer Datei anhand geeigneter Einheiten zu ermitteln, wie z.B. in Form von Zeichenanzahl oder Anzahl von Sätzen, kann der Kopf den Dateiumfang als Eintrag enthalten, ohne daß dadurch Verwirrung zwischen Kopf und Archivtext entsteht. Unsere **makhdr**-Version schließt den Dateiumfang an Zeichen im Kopf ein, wobei er durch ein Leerzeichen vom Dateinamen getrennt ist.

```
#makhdr - Kopfzeile für Archivelement erzeugen
        subroutine makhdr(name, head)
        character head(MAXLINE), name(NAMESIZE)
        integer fsize, itoc, length
        integer i
        string hdr "-h-"

        call scopy(hdr, 1, head, 1)
        i = length(hdr) + 1
        head(i) = BLANK
        call scopy(name, 1, head, i + 1)
        i = length(head) + 1
        head(i) = BLANK
        i = i + 1 + itoc(fsize(name), head(i + 1), MAXCHARS)
        head(i) = NEWLINE
        head(i + 1) = EOS
        return
        end
```

makhdr macht von den in Kap. 2 vorgestellten Funktionen **length**
und **itoc** Gebrauch. **scopy** ist eine Grundroutine zum Kopieren von
Zeichenketten:

```
        scopy(from, i, to, j)
```

kopiert die (Teil-) Zeichenkette aus **from**, beginnend bei **i**, auf
to(j).

```
#scopy - Zeichenkette von from(i) nach to(j) kopieren
        subroutine scopy(from, i, to, j)
        character from(ARB), to(ARB)
        integer i, j, k1, k2

        k2 = j
        for (k1 = i; from(k1) ¬= EOS; k1 = k1 + 1) {
             to(k2) = from(k1)
             k2 = k2 + 1
             }

        to(k2) = EOS
        return
        end
```

Die Funktion **fsize** gibt den Umfang einer Datei in Form von
Zeichen zurück. Im Idealfall ist dies eine Grundfunktion, die
vom Dateiverwaltungssystem angeboten wird. Im ungünstigeren

(jedoch üblichen) Fall kann man die Größe einer Datei erst durch Lesen der gesamten Datei feststellen.

Man darf nicht vergessen, daß **archive** das <u>gesamte</u> Archiv vor Erstellen einer neuen Version zweimal liest und schreibt; im Vergleich dazu ist der zusätzliche Aufwand des wiederholten Lesens von einigen Archivelementen gering.

```
#fsize - Zeichenanzahl der Datei
      integer function fsize(name)
      integer getch
      character c, name(ARB)
      integer open
      integer fd

      fd = open(name, READ)
      if (fd == ERR)
           fsize = ERR
      else {
           for (fsize = 0;getch(c,fd) ¬= EOF;fsize = fsize +1)
                ;
           call close(fd)
           }
      return
      end
```

fsize liest einzelne Zeichen aus der Datei mit Hilfe von **getch**, das analog zu **getc** ist - mit einer Ausnahme: es verwendet eine explizit ausgegebene Datei anstelle der Standardeingabe **STDIN**. Somit ist **getc(c)** identisch mit **getch (c,STDIN)**, **getc** kann also durchaus durch Aufruf von **getch** implementiert werden.

<u>Aufgabe 3-12</u>: Wie würden Sie den bisher erstellten Teil von **archive** testen? Welche kritischen Grenzfälle stellen sich heraus?

<u>Aufgabe 3-13</u>: **fsize** greift auf eine Datei erneut zu, auch wenn sie bereits durch **addfil** eröffnet wurde. Funktioniert das in Ihrem System? Sollte es das überhaupt? Falls nicht, ist die Frage, wie Sie **fsize** umschreiben könnten, um dieses Problem zu umgehen. Welche Grundfunktionen sind erforderlich?

<u>Aufgabe 3-14</u>: Das Unterprogramm **update** versucht, eine zwar erzeugte, jedoch leere Datei zu kopieren. Welches Verhalten

würden Sie in diesem Fall als sinnvoll betrachten? Wie
reagiert Ihr System? Welche Grundfunktion sollte dann im
Falle eines unlogischen Systemverhaltens eingebaut werden?

3.9 Weitere Archiv-Kommandos

Inzwischen können wir also ein Archiv erstellen und Dateien
hinzufügen (und haben das hoffentlich auch getestet). Ist es nun
auch möglich, das Inhaltsverzeichnis auszugeben? Dies stellt
sich als die zunächst am leichtesten hinzuzufügende Funktion
heraus, wenn wir weiter die "linken Ecken" ausfüllen. Wir
erinnern daran, daß **archive** die als Parameter benannten Dateien
bzw., falls keine Parameter existieren, alle Dateien listen muß.

Die Operation zur Ausgabe eines Inhaltsverzeichnisses sieht
grundlegend so aus:


```
open archive
for (jede Archivdatei)
        if (Kopf gehört zu einer gewünschten Datei)
                Kopfinformation drucken
        archivierte Datei überspringen
        }
Meldung über nichtgefundene Dateien
```

Dies wird mit Hilfe von **table** ausgeführt:

```
#table - Inhaltsverzeichnis des Archivs drucken
      subroutine table(aname)
      character aname(NAMESIZE), in(MAXLINE), lname(NAMESIZE)
      integer filarg, gethdr, open
      integer afd, size

      afd = open(aname, READ)
      if (afd == ERR)
            call cant(aname)
      while (gethdr(afd, in, lname, size) ¬= EOF) {
            if (filarg(lname) == YES)
                  call tprint(in)
            call fskip(afd, size)
            }
      call notfnd
      return
      end
```

table öffnet das Archiv nur zum Lesen, so daß man auch ein
Archiv lesen kann, das man nicht ändern darf.

tprint druckt die gewünschten Informationen, die im Kopf
enthalten sind; unsere Vorversion druckt die gesamte Kopfzeile,
was zum Testen des Programms ausreichend ist.

```
#tprint - Tabelleneintrag für ein Element drucken
      subroutine tprint(buf)
      character buf(ARB)

      call putlin(buf, STDOUT)
      return
      end
```

gethdr prüft, ob die nächste Eingabe im Kopf besteht; in diesem
Fall werden Kopf, Dateiname und -umfang wiedergegeben. Erkennt
gethrd jedoch niht sofort einen Archivkopf, ist irgendetwas
schief gegangen: entweder ist die betreffende Datei kein Archiv
oder ihr Inhalt wurde verfälscht. In diesem Fall kann **archive**
nicht weiter ausgeführt werden, und **gethdr** bricht mit einer
Fehlermeldung ab.

```ratfor
#gethdr - Kopfinformation von fd beschaffen
      integer function gethdr(fd, buf, name, size)
      character buf(MAXLINE), c, name(NAMESIZE), temp(NAMESIZE)
      integer ctoi, equal, getlin, getwrd
      integer flen, i, len, size
      string hdr "-h-"

      if (getlin(buf, fd) == EOF) {
            gethdr = EOF
            return
            }
      i = 1
      len = getwrd(buf, i, temp)
      if (equal(temp, hdr) == NO)
            call error("Archiv in falschem Format.")
      gethdr = YES
      len = getwrd(buf, i, name)
      size = ctoi(buf, i)
      return
      end
```

Anstatt neue Routinen einzuführen, verwendet **gethdr** die für **include** geschriebene Routine **getwrd** und das für **compare** geschriebene **equal**. Zur Umwandlung der Größenangabe von einer Zeichenkette zu einer Zahl wird **ctoi** gebraucht. Allmählich bekommen wir eine schöne Ansammlung von nützlichen kleinen Funktionen.

makhdr und **gethdr** sind unabhängig von einem spezifischen Kopf; möchte man **-h-** nicht haben, braucht nur die Zeichenkette geändert werden, um einen neuen Kopf anzulegen.

Um die archivierte Datei übergehen zu können, verwendet **fskip** die von **gethdr** zurückgegebene Dateigröße. Ist das Archiv in Ordnung, dann sollte es für den folgenden Aufruf von **gethdr** an einem neuen Kopf positioniert sein. In wenigen Systemen stellt **fskip** eine Grundfunktion dar, die dazwischenliegende Daten nicht zu lesen braucht. Für die Anwendung in weniger günstiger Systemumgebung bieten wir hier eine Version zum Überlesen der korrekten Zeichenanzahl:

```
#fskip - n Zeichen der Datei fd überspringen
      subroutine fskip(fd, n)
      character getch
      character c
      integer fd, i, n

      for (i = 1; i <= n; i = i + 1)
            if (getch(c, fd) == EOF)
                  break
      return
      end
```

filarg prüft den Dateinamen vom Archiv auf Übereinstimmung mit
den Dateinamen der Parameterliste, wobei **equal** dem Zeichenver-
gleich dient. Existieren keine Dateiparameter, sieht **filarg** auch
darin eine Übereinstimmung.

```
#filarg - prüfen, ob Name in Parameterliste enthalten
      integer function filarg(name)
      character name(ARB)
      integer equal, getarg
      integer i
      include carch

      if (nfiles <= 0) {
            filarg = YES
            return
            }
      for (i = 1; i <= nfile; i = i + 1)
            if (equal(name, fname(1, i)) == YES) {
                  fstat(i) = YES
                  filarg = YES
                  return
                  }
      filarg = NO
      return
      end
```

fstat(i) gibt an, ob der i-te Dateiparameter überhaupt
"gefunden" wurde. Anfangs steht für alle Parameter NO; sobald
filarg auf eine Übereinstimmung trifft, wird die entsprechende
Position auf YES gesetzt. Diese Liste wird von **notfnd** verwendet,
um diejenigen Namen zu drucken, die zwar Parameter darstellten,
jedoch nicht im Archiv vorkamen.

```
#notfnd - "nicht gefunden" - Meldung drucken
        subroutine notfnd
        integer i
        include carch

        for (i = 1; i <= nfiles; i = i + 1)
            if (fstat(i) == NO) {
                    call putlin(fname(1, i), ERROUT)
                    call remark(": nicht im Archiv.")
                    errcnt = errcnt + 1
                    }
        return
        end
```

notfnd zählt auch die Fehler, doch ist dies für **table** nicht von
Bedeutung, denn man möchte das Archiv ja nicht verändern.

Der nächste Schritt in dieser "stückweisen" Konstruktion besteht
in der <u>Entnahme</u> von Informationen aus dem Archiv. Grundsätzlich
sieht das so aus:

```
        open Archiv
        for (jede Archivdatei)
            if (soll beschaft werden) {
                Datei erzeugen
                vom Archiv in diese Datei kopieren
                }
        Meldung über nichtgefundene Dateien
```

Möglich   ist   auch   die   Ausgabe   des   Archivinhalts   auf   die
Standardausgabe statt auf Dateien. Das **p**-Kommando ermöglicht das
Listen von Mitgliedern oder das Ablegen unter anderen Namen als
denen im Archiv. Z.B. holt

        archive p arch Datei1 >Datei2

Datei1 aus dem Archiv und speichert die Daten in **Datei2**. Um
diese Anwendungsweise zu ermöglichen, muß das Programm natürlich
einen Wortschwall wie den folgenden vermeiden:

        Beschaffung erfolgreich
        1 Datei beschafft
        Inhalt von Datei1:

Dies ist zum einen eine gute Praxis für eine mit Software-Werkzeugen arbeitende Systemumgebung, wo Bestätigungskommentare die
reibungslose Verbindung der Programme nur beeinträchtigen, und
zum anderen ein guter Entwurf für den Programmierer, der zu
beredsame Programme bald als lästig empfindet.

```
#extrac - Dateien aus dem Archiv beschaffen
        subroutine extrac(aname, cmd)
        character aname(NAMESIZE), ename(NAMESIZE), in(MAXLINE)
        integer create, filarg, gethdr, open
        integer afd, cmd, efd, size
        include carch

        afd = open(aname, READ)
        if (afd == ERR)
                call cant(aname)
        if (cmd == PRINT)
                efd = STDOUT
        else
                efd = ERR
        while (gethdr(afd, in, ename, size) ¬= EOF)
                if (filarg(ename) == NO)
                        call fskip(afd, size)
                else {
                        if (efd ¬= STDOUT)
                                efd = create(ename, WRITE)
                        if (efd == ERR) {
                                call putlin(ename, ERROUT)
                                call remark(":Generierung unmöglich.")
                                errcnt = errcnt + 1
                                call fskip(afd, size)
                                }
                        else {
                                call acopy(afd, efd, size)
                                if (efd ¬= STDOUT)
                                        call close(efd)
                                }
                        }
        call notfnd
        return
        end
```

Dieses Beispiel ist wiederum am komplexesten in der Fehlersuche
und im Auffangen der Fehler, nicht in der Operation selbst.

acopy kopiert einen Archiveintrag auf eine Datei, indem es die
Informationen über deren Größe aus dem Kopf bezieht anstatt nach
dem nächsten Kopf zu suchen. (Die Prüfung auf EOF ist eine
Sicherheitsmaßnahme.) Auf diese Weise kann man es zum Kopieren

jeglicher Information verwenden, denn es ist völlig unabhängig
vom Inhalt der archivierten Dateien.

```
#acopy - size Zeichen von fdi nach fdo übertragen
        subroutine acopy(fdi, fdo, size)
        character getch
        character c
        integer fdi, fdo, size

        for (i = 1; i <= size; i = i + 1) {
            if (getch(c, fdi) == EOF)
                    break
            call putch(c, fdo)
            }
        return
        end
```

putch ist das Gegenstück zu **getch**; es überträgt Zeichen auf eine
gegebene Datei.

Löschen ist identisch mit Überschreiben, außer daß eine
gelöschte Datei nicht ersetzt wird; **replac** kann für die
Kommandos u und d gleichermaßen verwendet werden.

```
#delete - Dateien aus dem Archiv löschen
        subroutine delete(aname)
        character aname(NAMESIZE), in(MAXLINE)
        integer create, open
        integer afd, tfd
        include carch
        string tname "archtemp"

        if (nfiles <= 0)        #Schutz vor implizitem Löschen
            call error("Löschen nur per Name.")
        afd = open(aname, READWRITE)
        if (afd == ERR)
            call cant(aname)
        tfd = create(tname, READWRITE)
        if (tfd == ERR)
            call cant(tname)
        call replac(afd, tfd, DEL, errcnt)
        call notfnd
        call close(afd)
        call close(tfd)
        if (errcnt == 0)
            call amove(tname, aname)
        else
            call remark("schwere Fehler: Archiv unverändert.")
        call remove(tname)
        return
        end
```

Das Kommando

    archive d archname

lassen wir nicht zu, damit es <u>nicht</u> alle Dateien aus dem Archiv
löscht. Wird dies tatsächlich gewünscht, dann müssen sie
explizit benannt werden. Es ist eine geringfügige Verfeinerung,
sie erhöht jedoch die Sicherheit des Programms.

```
#replac - Dateien ersetzen oder löschen
     subroutine replac(afd, tfd, cmd, errcnt)
     character in(MAXLINE), uname(NAMESIZE)
     integer filarg, gethdr
     integer afd, cmd, errcnt, size, tfd

     while (gethdr(afd, in, uname, size) ¬= EOF)
          if (filarg(uname == YES) {
               if (cmd == UPD)          #neue hinzufügen
                    call addfil(uname, tfd, errcnt)
               call fskip(afd, size) #alte löschen
               }
          else {
               call putlin(in, tfd)
               call acopy(afd, tfd, size)
               }
     return
     end
```

addfil wird hier verwendet, um die neue Version einer Datei auf
eine temporäre Datei zu kopieren, **fskip**, um die archivierte
Version übergehen zu können, und **acopy**, um die unveränderten
Einträge zu kopieren.

Inzwischen wird dem Leser aufgefallen sein, daß sich etwa die
Hälfte des Codes von **archive** mit Fehlersuche befaßt. Bei vielen
Programmen ist es unerheblich, wenn der Schutz des Anwenders vor
dem Betriebssystem und seiner eigenen Unkenntnis vernachlässigt
wird, da selbst bei falscher Anwendung des Programms die
Ergebnisse nicht unbedingt unheilvoll sein müssen. Für ein
Programm wie **archive** ist jedoch die Fehlerbearbeitung von
besonderer Bedeutung, da hier Dateien <u>geändert</u> und nicht nur neu
erstellt werden. Vorsicht ist angebracht, weil existierende
Dateien mit einem, vermutlich korrekten, neuen Inhalt
überschrieben werden. Es mag beispielsweise unsinnig erscheinen,

eine gesamte Aufbereitungsoperation nur deshalb abzubrechen, weil eine der Dateien nicht zugreifbar war; doch steht die Sicherheit hier an erster Stelle! Wir nehmen lieber einen zweiten Durchgang in Kauf als die eventuelle Zerstörung eines Archivs.

3.10 Programmstruktur

An dieser Stelle wird der Leser wahrscheinlich wegen der zahlreichen kleinen Programmstücke von **archive** irritiert sein. Doch sind viele dieser Stücke bereits bekannt, wie z.B. die Grundfunktionen zur Dateiverwaltung **open**, **create**, **close** und **remove** sowie die Ein- und Ausgabefunktionen **getlin**, **getarg** und **putlin**, die Funktionen zur Fehlerausgabe **cant**, **error** und **remark**; schließlich noch Dienstleistungsfunktionen wie **ctoi**, **itoc**, **length**, **scopy**, **equal** und **getwrd**. Diese auf der unteren Ebene angelegten Hilfestellungen sollten als Spracherweiterungen angesehen werden, die es ermöglichen, häufig vorkommende Operationen kurz und präzise auszudrücken, ohne von der eigentlichen Aufgabe abzulenken.

Darüberhinaus wird die Komplexität verständlich, indem man eine Hierarchie der für das **archive**-Programm spezifischen Subroutinen aufstellt. Die Beziehungen der einzelnen Routinen zueinander verdeutlichen die Organisation des Programms. Dabei stellt sich heraus, daß sich die hierarchische Struktur eines Programms im Gegensatz zum Code vom anfänglichen Entwurf viel weniger unterscheidet, so daß die Programmhierarchie eine nützliche Ergänzung zum eigentlichen Programmprotokoll darstellt – nützlicher als etwa Flußdiagramme, die nur das fertige Programm wiedergeben und im Falle von Änderungen nicht mehr brauchbar sind. Manche Benutzer entwickeln sogar "Strukturdiagramme", um die Hierarchie der Aufrufe und Parameter aufzuzeigen.

Für **archive** sieht die Hierarchie folgendermaßen aus:

```
archive
     help
     getfns
     update
          replac
               gethdr, filarg, fskip, addfil, acopy
          addfil
               makhdr, fcopy
          amove
     table
          gethdr, filarg, fskip, notfnd, tprint
     extrac
          gethdr, filarg, fskip, notfnd, acopy
     delete
          replac, notfnd, amove
```

Dies besagt, daß **archive** während seiner Ausführung die Funktionen **help**, **getfns**, **update**, **table**, **extrac** und **delete** aufruft (hinzu kommen noch einige der zuvor erwähnten Routinen der unteren Ebene). **update** wiederum ruft **replac**, **addfil** und **amove** auf; **replac** und **addfil** rufen dann wieder andere Routinen auf, etc. Um Platz zu sparen, listen wir einige dieser Mengen horizontal, durch Kommata getrennt, und nicht vertikal. Außerdem geben wir eine Funktionserweiterung nur einmal an (wie man am Beispiel von **replac** in der letzten Zeile sehen kann), um Verwirrung zu vermeiden. Aus demselben Grund verzichten wir auch auf die Routinen der unteren Ebene. Bei größeren Programmen werden wir häufig Hierarchien darstellen, so daß Sie die Organisation besser verfolgen können.

Eine Hierarchie gibt über verschiedene Dinge Aufschluß. Zunächst erweist sich die Gesamtstruktur von **archive** ganz deutlich als eine **case**-Anweisung, die einen der vier Fälle **update**, **table**, **extrac** oder **delete** aufruft. Jeder dieser Fälle wird in eine Reihe von Tätigkeitsroutinen aufgeteilt. So spielen **gethdr**, **filarg** etc. eine ähnliche Rolle wie **open**, **getlin** und andere Hilfsfunktionen – sie ermöglichen es, die auszuführenden Grundfunktionen auf einer abstrakteren (und lesbaren) Ebene auszudrücken; darüberhinaus isolieren sie **archive** von Implementierungsentscheidungen der unteren Ebene. Die untergeordneten Routinen werden auf jeder Ebene als Bausteine benutzt, die irgendeine Aufgabe erfüllen, wobei es relativ unwichtig ist, <u>wie</u> sie ausgeführt wird.

Anzumerken ist, daß keine einzige Routine von mehr als sechs
unmittelbar untergeordneten Routinen Kenntnis haben muß.
Erfahrungsgemäß kann eine Person nicht mehr als 7 Dinge
gleichzeitig ordentlich ausführen, so daß bei dieser Hierarchie
mit ziemlicher Sicherheit der Entwurf nicht unverständlich sein
wird. Schließlich muß man beachten, daß so verschiedene
Operationen wie **update, table** und **delete** im wesentlichen gleiche
Tätigkeitsroutinen in unterschiedlicher Folge verwenden. Der
Lohn des methodischen Entwurfs ist also, daß häufig vorkommende
Operationen als grundlegende Tätigkeiten identifiziert und
hervorgehoben werden können. Derartig aufgebaute Programme sind
leichter zu erstellen und zu verwalten, da die Strategie für
jeden einzelnen Fall (**update, table**, usw.) sowie die Einzelheiten
jeder Tätigkeit (**gethdr, filarg**, usw.) getrennt behandelt werden
können.

Aufgabe 3-15: Nachdem Sie jetzt **archive** mit verteiltem
Inhaltsverzeichnis kennengelernt haben, sollen Sie eine
Version mit dem Verzeichnis am Anfang entwerfen und
implementieren. Zeigen Sie Vor- und Nachteile auf.
Effizienzbetrachtungen sollten von einer empirischen
Untersuchung der tatsächlich auf das Archiv ausgeführten
Operationen begleitet werden.

Aufgabe 3-16: Würde das Betriebssystem gewisse Grundoperationen bereitstellen, könnte **archive** einfacher und schneller
sein. Hierzu erwähnten wir schon die Umbenennung der
temporären Datei anstelle des Kopierens, weiterhin die
Möglichkeit der Kenntnis über die Größe einer Datei, ohne
sie lesen zu müssen; den Zugriff auf eine beliebige Stelle
einer Datei, ohne den dazwischenliegenden Inhalt zu lesen,
und außerdem das selektive Überschreiben von Teilen einer
Datei. Erwägen Sie solche und weitere nützliche Grundfunktionen und prüfen Sie, ob sie in Ihrem System vorgesehen sind
oder sein könnten. Wie wirken diese Grundfunktionen auf die
Version mit dem Inhaltsverzeichnis am Anfang?

Aufgabe 3-17: Ein Archiv-Programm erspart in den meisten
Systemen Speicherplatz, indem es kleine Dateien in eine
große Datei zusammenfaßt; dadurch wird eine Aufsplitterung

vermieden wie sie normalerweise auftritt, wenn man jede
Datei in Form einer ganzzahligen Anzahl von Blöcken oder
Spuren auf einem Sekundärspeicher lagert. Was wird vom
theoretischen Standpunkt aus gespart? Nehmen Sie Messungen
vor und zeigen Sie, ob die theoretische Aussage auch für die
Praxis gilt?

Aufgabe 3-18: **archive** erzeugt keine Warnung bei

    archive u arch

Sollte es das Ihrer Meinung nach tun? Wie könnte man ein
Kommando sinnvoll darstellen, das Datum und Zeitpunkt der
letzten Änderungen in einer Datei feststellt? Sollte man für
das Erzeugen eines neuen Archivs und das Ändern eines
vorhandenen Archivs getrennte Kommandos vorsehen? Wäre eine
Warnung sinnvoll, um anzuzeigen, daß ein neues Archiv
erzeugt wird?

Aufgabe 3-19: Falls Sie in einer interaktiven Systemumgebung
arbeiten, fügen Sie eine "wortreiche" Option hinzu, so daß
archive während des Durchlaufs Meldung über seine Tätigkeit
ausgeben wird, und Sie damit bei jeder Datei entscheiden
können, ob ein Kommando ausgeführt werden soll oder nicht.

Aufgabe 3-20: Wie kann einem Archiv eine Datei **f** hinzugefügt
werden, wenn es bereits **f** enthält? Sollte ein Archiv das
mehrfache Auftreten von Dateien zulassen? Ergibt sich aus
der Verknüpfung zweier Archive - mit Hilfe von **concat** - ein
gültiges Archiv?

Aufgabe 3-21: **archive** ermöglicht es nicht, die Position
einer dem Archiv hinzugefügten Datei zu spezifizieren.
Sollte man diese Möglichkeit vorsehen? Welche Syntax würden
Sie vorschlagen? Implementieren Sie dies.

Aufgabe 3-22: Unsere Archivdateien sind stets so klein als
möglich gehalten, da wir sie bei Änderungen neu erstellen.
Einige Systeme stellen Programme zur Verfügung - ähnlich
unserem **archive** -, die ohne ausdrückliche Forderung keinen
Speicherplatz freigeben. Untersuchen Sie die Vor- und
Nachteile einer solchen Organisation.

Dieses Kapitel behandelt die Schnittstellen von Programmen zu ihrer Umgebung, insbesondere den Zugriff auf Informationen in Dateien. Die von Systemen angebotenen Schnittstellen sind selten vollkommen und systematisch, zudem gibt es große Unterschiede zwischen den Systemen. Bei der Diskussion wie auch bei den Programmen haben wir versucht, uns auf solche Grundoperationen zu beschränken, die mit einiger Wahrscheinlichkeit in den meisten Betriebssystemen vorhanden sind oder zumindest implementiert werden können. Das effektivste Verfahren, um die verwirrende Komplexität typischer Betriebssysteme zu bewältigen, ist unserer Meinung nach die ausschließliche Verwendung von Grundfunktionen zur Beschreibung von Systemwirkungen.

Folgende Grundfunktionen werden im Dateiensystem verwendet:

open stellt die Verbindung her zwischen dem externen Namen eines Informationsstroms ("Datei") und einem internen Namen, der dem Programm zugänglich ist. Die Datei wird am Anfang positioniert. Bei den meisten Systemen muß diese Operation durch eine Steuerkarte aktiviert werden. Die Möglichkeit des Zugriffs auf eine Datei mittels des externen Namens während des Programmlaufs ist zwar äußerst nützlich, jedoch selten verfügbar. Wiederholtes Eröffnen einer bereits eröffneten Datei sollte zulässig sein.

create erstellt eine neue Datei, vorzugsweise mit namentlicher Bezeichnung, während des Programmlaufs. Existiert die bezeichnete Datei bereits, sollte die alte Version gelöscht bzw. überschrieben werden. **create** ist eine entscheidende Funktion und doch am seltensten verfügbar. Selbst größere, moderne Betriebssysteme bieten diese Grundfunktion immer noch nicht an.

close unterbricht die durch **open** oder **create** hergestellte Verbindung. Falls erforderlich, wird das Dateiende markiert, so daß nachfolgende Leseoperationen ein **EOF** finden können.

remove entfernt eine Datei aus dem Dateiensystem.

Wir gehen davon aus, daß ein Programm beim Start durch das Betriebssystem bereits über die drei Dateien **STDIN**, **STDOUT** und **ERROUT** verfügt. Wir setzten weiterhin voraus, daß bei Beendigung eines Programms, aus welchem Grund auch immer, jede Datei ordnungsgemäß geschlossen wird. Wir sind auch davon ausgegangen, daß die Größe einer Datei durch das System angepaßt wird, d.h. durch Hinzufügen weiterer Informationen wird die Datei automatisch größer. Zwar scheint es ganz offensichtlich, daß sich die Größe einer Datei aus der Menge der Informationen ergibt, jedoch kommt es bei vielen Systemen vor, daß man dies selbst vereinbaren muß.

Ein gutes Betriebssystem zeichnet sich dadurch aus, daß alle diese Operationen einheitlich verfügbar und benutzerfreundlich, außerdem ohne größere Ausnahmen auf alle Dateien aller Programme anwendbar sind. Handbücher Ihres Betriebssystems können Ihnen sagen, wie gut es bezüglich dieser Kriterien funktioniert.

Literaturhinweise

Das Problem des Dateienvergleichs konnte nicht vollständig gelöst werden; jedoch bieten die Algorithmen von M.L. Fredman et al. einige Ansatzpunkte. Diese Algorithmen berechnen ein Minimum an Änderungen, die zur Umsetzung einer n-zeiligen Datei in eine andere Datei erforderlich sind, schlimmstenfalls in einer Zeit proportional zu $n^2/\log n$, doch normalerweise viel besser und häufig linear zur Dateiengröße. Die Grundprozedur ist zwar nicht schwierig, erfordert jedoch unbedingt die Unterstützung des Betriebssystems, um Zeilen unbekannter Länge ohne großen Speicheraufwand bearbeiten zu können. Weitere Informationen entnehmen Sie bitte M.D. McIlroy und J.W. Hunt, "An algorithm for differential file comparison", Bell Labs Computing Science Technical Report 40, 1976.

Zwar gibt es umfangreiche Literatur über die Implementierung von Dateiverwaltungssystemen, doch befaßt sich wenig mit der Anwenderschnittstelle. Als Modell für die meisten unserer Ein-/Ausgabe-Funktionen diente das UNIX-Betriebssystem, das eine außergewöhnlich übersichtliche Menge solcher Funktionen bereitstellt. Siehe dazu "The UNIX time-sharing system", von K.L. Thompson und D.M. Ritchie, CACM, Juli 1974.

Strukturdiagramme sind in "Structured design" von W.P. Stevens, G.J. Myers und L.L. Constantine, IBM Systems Journal, April 1971, beschrieben.

4. Sortieren

Sortieren ist eine ständig wiederkehrende Programmieraufgabe. Es tritt häufig als Teilproblem größerer Aufgaben auf. In diesem Kapitel beschäftigen wir uns mit dem Sortieren, allerdings in erster Linie unter dem Aspekt benutzerfreundlicher Schnittstellen, statt damit, den "bestmöglichen" Algorithmus zu implementieren. Erweist sich ein Sortierpaket als so schlecht zu handhaben, daß der Benutzer lieber sein eigenes schreibt anstatt herauszufinden, wie das vorhandene Paket funktioniert, so ist dieses unbrauchbar, selbst wenn es schnell ist. Ist es hingegen leicht anwendbar, wird der Benutzer gerne davon Gebrauch machen und es als _Werkzeug_ benutzen. Bei Bedarf kann der Sortieralgorithmus dann auch noch verbessert werden, ohne daß dies an der Benutzerschnittstelle sichtbar wird. Somit ist _allen_ Benutzern gedient.

4.1 Sortieren durch Vertauschen

Jeder Programmierer kennt zumindest eines der Verfahren, die auf Vertauschen von Elementen basieren. So sortiert zum Beispiel die einfachste Variante, das _Sortieren durch Vertauschen_ (oder auch Bubblesort), ein Feld in aufsteigender Reihenfolge wie folgt:

```
#bubble - v(1)...v(n) aufsteigend sortieren (Bubblesort)
      subroutine bubble(v, n)
      integer i, j, k, n, v(n)

      for (i = n; i > 1; i = i - 1)
         for (j = 1; j < i; j = j + 1)
            if (v(j) > v(j + 1)) {   #vergleichen
               k = v(j)              #vertauschen
               v(j) = v(j + 1)       #
               v(j + 1) = k          #
            }
      return
      end
```

In der inneren Schleife werden bei jedem Durchlauf benachbarte
Elemente, die entgegen der Sortierreihenfolge liegen,
vertauscht; nach Beendigung dieser Schleife ist das größte
aufgefundene Element an das Ende, d.h. an die Stelle **v(1)**,
gewandert.
Die äußere Schleife wiederholt diesen Vorgang, wobei jeweils die
Grenze **i** des noch unsortierten Feldes um eins verringert wird.

Der Hauptvorteil des Sortierens durch Vertauschen ist seine
Einfachheit. Allerdings wird der Algorithmus mit dem Zuwachs der
Anzahl der zu sortierenden Elemente sehr langsam. Der
<u>Zeitaufwand</u> dieses Sortierverfahrens durch Vertauschen und
ähnlicher Verfahren ist proportional zu $\underline{n}^2$; d.h. die Sortierzeit
wächst quadratisch mit der Länge des Feldes: zweimal so lang
bedeutet viermal so langsam. Die Frage ist, wann ist ein Feld zu
lang? Dies hängt davon ab, welche anderen Möglichkeiten es noch
gibt. Sind mehr als fünfzig Elemente zu sortieren, so sollte das
Sortieren durch Vertauschen besser durch ein anderes Verfahren
ersetzt werden.

In der Praxis sollten Sie Ihr Programm nicht **bubble**, sondern
einfach **sort** nennen. Der Benutzer Ihres Werkzeugs **sort** braucht
nicht zu wissen, <u>welches</u> Sortierverfahren Sie verwendet haben.
Sie behalten sich dadurch die Freiheit vor, das Verfahren
gegebenenfalls durch ein anderes auszutauschen. Da wir hier in
diesem Buch jedoch mehrere Sortierverfahren unterscheiden
wollen, werden wir jedem Programm einen eindeutigen Namen geben.

Der Shellsort ist zwar dem Sortieren durch Vertauschen in mancher Hinsicht sehr ähnlich, jedoch ist er bei größeren Feldern erheblich schneller. Der Zeitaufwand dieses Verfahrens ist etwa proportional $\underline{n^{1,5}}$.

Die Grundidee des Shellsort ist die, daß während der frühen Phasen Elemente verglichen werden, die möglichst weit voneinander entfernt sind. Dadurch kommen die Elemente schneller in die Nähe ihrer endgültigen Position, und nachfolgende Phasen haben deshalb weniger Arbeit. Das Intervall zwischen den verglichenen Elementen wird schrittweise verkleinert, bis es eins erreicht. Schließlich werden die direkt benachbarten Elemente verglichen.

```
#shell - v(1)...v(n) aufsteigend sortieren (Shellsort)
      subroutine shell(v, n)
      integer gap, i, j, jg, k, n, v(n)

      for (gap = n/2; gap > 0; gap = gap/2)
         for (i = gap + 1; i <= n; i =i + 1)
            for (j = i - gap; j > 0; j = j - gap) {
               jg = j + gap
               if (v(j) <= v(jg))      #vergleichen
                  break
               k = v(j)                #vertauschen
               v(j) = v(jg)            #
               v(jg) = k               #
            }
      return
      end
```

Die äußerste Schleife steuert den Abstand (**gap**) zwischen zwei zu vergleichenden Elementen. Dieser Abstand beträgt zu Beginn $\underline{n/2}$ und wird bei jedem Durchlauf halbiert, beim letzten Durchlauf ist **gap**=1. Die mittlere Schleife vergleicht Elemente vom Abstand **gap**, während die innere Schleife Elemente, die nicht der Sortierreihenfolge entsprechen, vertauscht. Da **gap** schließlich auf eins gesetzt wird, sind die Elemente am Ende sortiert.

Nun einige Bemerkungen zur Modularität. Bei vielen Sortierverfahren findet man drei wohlunterschiedene Teile vor. Einen <u>Vergleich</u>, der die Reihenfolge zwischen zwei Elementen ermittelt, einen <u>Austausch</u>, der gegebenenfalls zwei Elemente vertauscht, und den <u>Steueralgorithmus</u>, der festlegt, welche Vergleiche und Vertauschungen durchgeführt werden müssen. Sind diese Teile auch programmtechnisch sauber getrennt, so läßt sich jeder von ihnen unabhängig von den anderen verändern und verbessern.

<u>Aufgabe 4-1</u>: Wie läßt sich ein Sortierprogramm testen? Welches sind die offensichtlichen Grenzfälle, die überprüft werden müssen, um einen korrekten Programmablauf sicherzustellen? Durch welche Programme könnte die Verifizierung unterstützt werden? Welche Programme haben wir bereits kennengelernt, die dazu geeignet sind?

<u>Aufgabe 4-2</u>: Vergleichen Sie experimentell das Sortieren durch Vertauschen und Shellsort. Ab wann wird auf Ihrer Maschine der Shellsort schneller?

<u>Aufgabe 4-3</u>: In unserer Version des Shellsort werden zwei Elemente, die nicht sortierrichtig liegen, sofort vertauscht. Falls ein Element vergleichsweise sehr klein ist, entstehen dadurch eventuell unnötig viele Vertauschungsschritte. Verändern Sie den Austausch derart, daß ein solches Element in einer Hilfsvariablen zwischengespeichert wird bis die tatsächliche Position gefunden ist. Ist eine solche Vorgehensweise geeignet, Schnelligkeit und Übersichtlichkeit des Verfahrens zu verbessern?

<u>Aufgabe 4-4</u>: Man hat festgestellt, daß Shellsort etwas schneller läuft, wenn der Abstand **gap** stets eine ungerade Zahl ist. Ändern Sie **shell** entsprechend ab und überprüfen Sie den Effekt anhand eines Experiments.

Da die meisten unserer Werkzeuge der Textmanipulation dienen, werden wir auch unsere Sortierverfahren entsprechend erweitern. Eine besonders wichtige Form ist ein Programm, das eine Textdatei zeilenweise in lexikographische Ordnung sortiert. Wie sich zeigen wird, ist es nicht nur als eigenständiges Programm nützlich, sondern auch als Baustein umfassenderer Programme.

Es gibt zwei wichtige Entwurfskriterien: Benutzerfreundlichkeit und Effizienz. Beide gelten auch für den Entwurf von **sort**, wobei allerdings beachtet werden sollte, daß **sort** nicht ausgeklügelte, für bestimmte Spezialaufgaben optimierte Sortierpakete ablösen soll, es muß vielmehr für ein breites Anwendungsspektrum verwendbar sein. Der erste Entwurf zeigt ein Programm, das die Zeilen einer kleinen Datei sortiert, d.h. die Datei muß als Ganzes im Hauptspeicher Platz haben. Später werden dann auch solche Dateien sortiert, die nicht mehr vollständig in den Hauptspeicher passen.

Wir werden das Programm als Filter konzipieren, d.h. es liest von der Standardeingabe ein und schreibt auf die Standardausgabe aus. Natürlich kann **sort** erst dann mit der Ausgabe beginnen, nachdem die Eingabe vollständig eingelesen ist (warum?). Es unterscheidet sich dadurch von den vorangegangenen Filtern. Der Unterschied ist aber unerheblich, wichtig vielmehr ist, daß **sort** als Bestandteil einer Kopplung eingesetzt werden kann.

Die bisher vorgestellten Sortierverfahren sortierten Felder, die ganze Zahlen enthielten. Bei der Erweiterung auf Textzeilen stellt sich ein neues Problem. Textzeilen sind von unterschiedlicher Länge und i.a. wesentlich länger als eine ganze Zahl, sie können deshalb - zumindest in Fortran - nicht unmittelbar verglichen werden. Wir müssen also zunächst eine geeignete Darstellung für Zeilen variabler Länge finden.

Eine Lösung ist die, mittels Zeiger <u>indirekt</u> auf die Zeilen zu verweisen. Ein Feld **linbuf** enthält die Zeilen dichtgepackt. Ein zweites Feld **linptr** enthält die Zeiger, die auf den Beginn der zugehörigen Zeilen in **linbuf** verweisen. Folglich ist **linptr(1)**

der Zeiger auf die i-te Zeile, diese steht in **linbuf** ab Stelle
linptr(i). Falls es zum Austausch kommt, werden nicht die Zeilen
selbst, sondern nur ihre Zeiger vertauscht. Auf diese Weise wird
unnötiges und kompliziertes Umspeichern und Verschieben von
Zeilen geschickt umgangen.

Das Hauptspeicher-orientierte Sortierprogramm **sort** ergibt sich
nun wie folgt:

```
#sort - Textzeilen im Hauptspeicher sortieren
      character linbuf(MAXTEXT)
      integer gtext
      integer linptr(MAXPTR), nlines

      if (gtext(linptr, nlines, linbuf, STDIN) == EOF) {
            call shell(linptr, nlines, linbuf)
            call ptext(linptr, nlines, linbuf, STDOUT)
            }
      else
            call error("zu groß zum Sortieren.")
      stop
      end
```

Wir müssen eine abgewandelte Version von **shell** verwenden, welche
statt der Zeilen die Zeiger in **linptr** vertauscht. **gtext** liest
die Zeilen ein und versorgt die Zeiger; **ptext** benutzt die
Zeiger, um die Zeilen in sortierter Reihenfolge auszugeben.

gtext liefert **EOF**, falls während der Eingabe Dateiende
festgestellt wird; es dient hier lediglich der Fehlerprüfung.
linptr(i) zeigt auf das erste Zeichen in der i-ten Zeile.
MAXLINE ist die maximal zulässige Zeilenlänge und **MAXPTR** ist die
maximale Zeilenanzahl.

```
#gtext - Textzeilen nach linbuf bringen
      integer function gtext(linptr, nlines, linbuf, infile)
      character linbuf(MAXTEXT)
      integer getlin
      integer infile, lbp, len, linptr(MAXPTR), nlines

      nlines = 0
      lbp = 1
      repeat {
            len = getlin(linbuf(lbp), infile)
            if (len == EOF)
                  break
            nlines = nlines + 1
            linptr(nlines) = lbp
            lbp = lbp + len + 1       # "1" = Platz für EOS
            } until(lbp >= MAXTEXT - MAXLINE | nlines >= MAXPTR)
      gtext = len
      return
      end




#ptext - Textzeilen aus linbuf ausgeben
      subroutine ptext(linptr, nlines, linbuf, outfil)
      character linbuf(ARB)
      integer i, j, linptr(MAXPTR), nlines, outfil

      for (i = 1; i <= nlines; i = i + 1) {
          j = linptr(i)
          call putlin(linbuf(j), outfil)
          }
      return
      end
```

Wieder einmal gibt es Schwierigkeiten, den obigen Code in PL/I
oder eine andere Sprache zu übertragen. Der Grund liegt hier in
der Besonderheit der Behandlung von Teilstücken eines Feldes in
Fortran. Der Zeiger **linbuf(i)** wird von den aufgerufenen Routinen
als Startpunkt eines Unterfeldes, das zufällig in **linbuf**
eingebettet ist, verwendet und nicht etwa als einzelnes
Feldelement. PL/I stellt elegantere Methoden im Umgang mit
Zeigern und durch Zeiger bezeichnete Datenobjekte zur Verfügung.
Jedoch mit wenigen Änderungen läßt sich auch der obige Code
übernehmen. Dazu deklarieren Sie zunächst ein Zeichenfeld **line**
und ändern dann systematisch **linbuf(i)** in **addr(linbuf(i)) ->**
line um.

Da **gtext** und **ptext** eigenständige Prozeduren sind, müssen sie sich auch unabhängig vom Sortierprogramm testen lassen. Dazu läßt sich **sort** verwenden, wobei es genügt, statt **shell** eine nichts bewirkende Leeranweisung einzufügen. Dies ist ein typisches Beispiel von schrittweisem Konstruieren und Testen und zeigt erneut die Nützlichkeit eines modularen Programmaufbaus.

Wir werden nun **shell** derart abändern, daß die Teile Vergleich und Austausch durch Unterprogramme ausgeführt werden.

```
#shell - Shellsort für Textzeilen
      subroutine shell(linptr, nlines, linbuf)
      character linbuf(ARB)
      integer compar
      integer gap, i, ig, j, k, linptr(ARB), nlines

      for (gap = nlines/2; gap > 0; gap = gap/2)
          for (j = gap + 1; j <= nlines; j = j + 1)
              for (i = j - gap; i > 0; i = i - gap) {
                  ig = i + gap
                  if (compar(linptr(i),linptr(ig),linbuf) <= 0)
                      break
                  call exchan(linptr(i), linptr(ig), linbuf)
                  }
      return
      end
```

Die Austauschoperation ist der einfachere Teil. **exchan** vertauscht lediglich zwei Zeiger; um jedoch allgemeinere Verwendungen zuzulassen, wird auch **linbuf** als Parameter mit übergeben.

```
#exchan - linbuf(lp1) und linbuf(lp2) vertauschen
      subroutine exchan(lp1, lp2, linbuf)
      character linbuf(ARB)
      integer k, lp1, lp2

      k = lp1
      lp1 = lp2
      lp2 = k
      return
      end
```

compar liefert einen negativen Wert, wenn das erste Argument

kleiner als das zweite ist, null, wenn beide Argumente gleich
sind und einen positiven Wert, wenn das erste Argument größer
als das zweite ist. Wie sind nun die Vergleiche durchzuführen?
Das Problem liegt bei der internen Darstellung der Zeichen. So
ist im allgemeinen nicht garantiert, daß ein "a", das mit einer
read-Anweisung eingelesen wurde, einen kleineren Wert liefert
als ein gleichermaßen eingelesenes "z". (Bei vielen Maschinen
ist dies nicht der Fall.) In PL/I sollte dieses Problem nicht
auftreten, wenn die Zeichen in **character**-Variablen gespeichert
sind – "a" ist kleiner als "z" – jedoch können hier Sonderzeichen
<u>innerhalb</u> des Alphabets vorkommen. (Außerdem ist es u.U. nicht
möglich, einer **character**-Variablen Sonderzeichen wie etwa EOS
zuzuweisen.)

Eine Lösung dieses unangenehmen Problems liegt in Verwendung
einer Prozedur **lexord**, welche die lexikographische Beziehung
zweier Zeichen ermittelt.

```
lexord(c1, c2)
```

ergibt −1 wenn $c1 < c2$, null wenn $c1 == c2$, und +1 wenn $c1 > c2$ ist.
compar bedient sich also **lexord**, in der Regel genügt innerhalb
compar ein einziger Aufruf von **lexord** (warum?), daher ist dieser
Aufwand vertretbar.

Eine weitere Lösung besteht darin, **compar** auf die gegebene
Umgebung abzustimmen, wir werden dies im folgenden tun. Gleich
bei der Eingabe wollen wir nämlich allen Zeichen eine der
lexikographischen Ordnung entsprechende Darstellung zuordnen.
Alle folgenden Vergleiche können dann direkt durchgeführt
werden. Vor der endgültigen Ausgabe findet dann wieder die
entsprechende Rückabbildung statt. Dies ist ein Kompromiß
zwischen Effizienz und Portabilität. Es ist die billigste
Organisation, falls das Alphabet bezüglich lexikographischer
Vergleiche wirklich in Unordnung ist. Unter solchen Voraussetzungen liefert die nachfolgende Version von **compar** die gewünschten
Werte.

```
#compar - linbuf(lp1) und linbuf(lp2) vergleichen
      integer function compar(lp1, lp2, linbuf)
      character linbuf(ARB)
      integer i, j, lp1, lp2

      i = lp1
      j = lp2
      while (linbuf(i) == linbuf(j)) {
            if (linbuf(i) == EOS) {
                  compar = 0
                  return
                  }
            i = i + 1
            j = j + 1
            }
      if (linbuf(i) < linbuf(j))
            compar = -1
      else
            compar = +1
      return
      end
```

sort selbst ist so organisiert, daß auch beliebige andere
Versionen von **compar** und **exchan** Verwendung finden können, sofern
sie dieselben Werte liefern. So könnte etwa auch eine Version
von **compar** verwendet werden, die ganze Zahlen direkt sortiert.
Diese ignoriert dann einfach den Parameter **linbuf**.

Aufgabe 4-5: Läßt sich **shell** verbessern, indem Vergleich und
Austausch direkt anstatt über Unterprogramme eingefügt
werden? Experimentieren Sie und stellen Sie den Grad der
Verbesserung fest. Machen Sie dazu Annahmen, wie oft **sort**
benutzt wird und wie groß die zu sortierenden Dateien sind.
Daraufhin entscheiden Sie, ob das Programm entsprechend
geändert werden sollte.

Aufgabe 4-6: Erweitern Sie **sort** derart daß durch die Angabe

```
sort -r
```

die Sortierrichtung umgekehrt werden kann. Sollte das die
Sortierrichtung umdrehende Programm in **compar**, in **shell**, in
ptext oder irgendwo sonst eingefügt werden?

4.4 Quicksort

Eines der meistbekannten Sortierverfahren ist <u>Quicksort</u>, das auf C.A.R.Hoare zurückgeht. Obwohl es im ungünstigsten Fall proportional $\underline{n}^2$ ist, kann Quicksort so organisiert werden, daß dieser Fall selten eintritt und die durchschnittliche Laufzeit proportional $\underline{n}$ log $\underline{n}$ ist.

Quicksort läßt sich am besten durch eine rekursive Prozedur erklären. Die Grundidee ist, die zu sortierende Menge in zwei Gruppen zu teilen derart, daß die Elemente der einen Gruppe alle kleiner sind als ein gewisses, aber beliebiges Element der Menge, und die Elemente der anderen Gruppe sämtlich größer. Das gleiche Verfahren wird nun wieder auf jede der beiden Untermengen angewandt, solange, bis schließlich nur noch Untermengen mit je einem Element übrig sind; die Ausgangsmenge ist dann sortiert.

```
subroutine quick(v, i, j)

if (i >= j)
    return
die Elemente v(i)...v(j) so teilen, daß
v(i), v(i+1) ... v(k-1) < v(k) < v(k+1) ... v(j)
          mit i < k < j
call quick(v, i, k - 1)
call quick(v, k + 1, j)
return
end
```

Zur Sortierung des Feldes **v** genügt der Aufruf

```
call quick(v, 1, n)
```

Veranschaulichen Sie sich, bevor Sie die Details lesen, den Programmverlauf anhand kleiner Beispiele.

Das Kernstück des Algorithmus ist "Aufteilen der Elemente, so daß....". Der rekursive Algorithmus erstellt keine Kopien des ursprünglichen Feldes **v**; es werden lediglich Zeiger übergeben, die Anfang und Ende des zu sortierenden Teilfeldes kennzeichnen. Das heißt, es wird nur zusätzlicher Platz zum Kellern der Feldgrenzen noch nicht aufgeteilter Untermengen benötigt. Es läßt sich zeigen, daß - falls Quicksort stets die <u>kleinere</u> der beiden jeweils zur Auswahl stehenden Untermengen zuerst bearbeitet - der benötigte Keller niemals größer als $\log_2 \underline{n}$ wird. Hat $\underline{n}$ den Wert einer Million, so beträgt $\log_2 \underline{n}$ nur 20, der zusätzliche Platzbedarf ist also unbedeutend.

Aus praktischen Gründen wollen wir jedoch auf eine rekursive Prozedur verzichten - nicht weil sie aufwendig wäre, dies ist bei Quicksort nicht der Fall (die Rekursion erscheint nicht in der innersten Schleife), sondern weil sie in Fortran nicht möglich ist. Um Rekursion zu simulieren, benötigen wir einen Keller zur Ablage der Feldgrenzen von bereits identifizierten, aber noch nicht abgearbeiteten Untermengen des ursprünglichen Feldes. Der nicht-rekursive Quicksort gliedert sich wie folgt:

```
subroutine quick(v, m, n)

lv(1) = m        #Untergrenze
uv(1) = n        #Obergrenze
p = 1            #Kellerzeiger für simulierte Rekursion
while (p > 0)
    if (lv(p) >= uv(p))        #Teilmenge hat nur ein Element
        p = p - 1             #auskellern
    else {
        v(lv(p))...v(uv(p)) für ein i so spalten, daß
          v(lv(p))...v(i-1) < v(i) < v(i+1)...v(uv(p))
        if (unteres Stück länger) {#kleineres Stück zuerst
            unteres Stück nach p
            oberes Stück nach p+1
            }
        else {
            oberes Stück nach p
            unteres Stück nach p+1
            }
        p = p + 1              #einkellern
        }
    return
    end
```

Ein wichtiger Schritt ist das Aufteilen. Wir wählen dazu willkürlich ein "Trennelement" **pivlin** - das letzte Element der Menge - und stellen alle Zeilen entsprechend dem Trennelement um. Diese Umstellung erfolgt ausschließlich innerhalb des betrachteten Teilfeldes von **v** zwischen **lv(p)** und **u(p)**.

```
i = lv(p) - 1
j = uv(p)
pivlin = letzte Zeile, d.h. line(j)
while (i < j) {
        i erhöhen, bis line(i) >= pivlin
        j erniedrigen, bis j <= i | line(j) <= pivlin
        #jetzt haben sich entweder i und j getroffen
        #oder ein Paar liegt außerhalb der Ordnung
        if (i < j)     # Paar außer Ordnung vertauschen
                line(i) und line(j) vertauschen
        }
#i und j haben sich getroffen
#Trennelement pivlin in die "Mitte"
letzte Zeile und lin(i) vertauschen
```

Das Schreiben des endgültigen Programms erfordert große
Sorgfalt. Wir sind der Ansicht, der einzige Weg zu einem
vertrauenswürdigen Ergebnis ist, eine Reihe von <u>Zusicherungen</u> -
Aussagen, die bei Durchlaufen bestimmter Programmstellen wahr
sein müssen - aufzuschreiben derart, daß die letzte Zusicherung
schließlich sicherstellt, daß die Aufteilung erfolgreich
durchgeführt wurde. Es ist nicht für jedes Programm nötig,
zuerst formale Zusicherungen aufzuschreiben und sie dann im
Verlauf des Programmiervorgangs zu verifizieren. Jedoch hilft
diese Methode, ein Programm und sein Verhalten wirklich zu
verstehen. Und ein wirklich verstandenes Programm arbeitet dann
auch sicherlich richtig.

Wir beginnen das Aufteilen durch Festlegung des Trennelementes
auf das letzte Element **linbuf(linptr(j))**. Nach Abschluß des
Aufteilens soll folgendes gelten:

- der Wert für i liegt zwischen **lv(p)** und **uv(p)** einschließlich;
- alle Zeilen, deren Zeiger kleiner i ist, sind kleiner oder
  gleich **linbuf(linptr(i))**;
- alle Zeilen, deren Zeiger größer i ist, sind größer oder
  gleich **linbuf(linptr(i))**.

Zusätzlich müssen wir noch darauf achten, daß auf Elemente
außerhalb der angegebenen Grenzen nicht zugegriffen wird und daß
auch keine Elemente zerstört werden. Hier nun das Programm für

das Aufteilen.

```
    i = lv(p) - 1
    j = uv(p)
    pivlin = linptr(j)    # Trennzeile
    while (i < j) {
       for (i=i+1;compar(linptr(i),pivlin,linbuf) < 0;i=i+1)
          ;
        #linptr(lv(p))..linptr(i-1) zeigen auf Zeilen <Trennzeile
        #i < uv(p) wegen Eigenschaft der Trennzeile
        for (j = j - 1; j > i; j = j - 1)
           if (compar(linptr(j), pivlin, linbuf) <= 0)
              break
        #linptr(j+1)..linptr(uv(p)-1) zeigen auf
        #                             Zeilen > Trennzeile
        #j > i > lv(p) das Ende ist nicht überschritten
        if (i < j)
           call exchan(linptr(i), linptr(j), linbuf)
        #i < j; i und j zeigen auf Zeilen außer Ordnung
        #falls i<j, linbuf(linptr(i)) < Trennzeile
        #    & linbuf(linptr(j)) > Trennzeile
       }
     #i und j haben sich getroffen
     #Trennelement nach Position i
    call exchan(linptr(i), linptr(uv(p), linbuf)
     #i ist gültige Trennstelle
```

Diese   Zusicherungen   sind   formal   unvollständig,   jedoch
ausreichend, um sicher zu sein, daß das Programm korrekt ist.

Fügen wir   nun   alle   Einzelteile   des   Quicksort-Verfahrens   zur
Subroutine **quick** zusammen:

```
#quick - Quicksort für Textzeilen
      subroutine quick(linptr, nlines, linbuf)
      character linbuf(ARB)
      integer compar
      integer i, j, linptr(ARB), lv(LOGPTR)
      integer nlines, p, pivlin, uv(LOGPTR)

      lv(1) = 1
      uv(1) = nlines
      p = 1
      while (p > 0)
          if (lv(p) >= uv(p)       #Teilmenge enthält nur ein Element
              p = p-1              #auskellern
          else {
              i = lv(p)-1
              j = uv(p)
              pivlin = linptr(j) #Trennzeile
              while (i < j) {
                  for (i=i+1;compar(linptr(i),pivlin,linbuf)<0;i=i+1)
                      ;
                  for (j = j-1; j > i; j = j-1)
                      if (compar(linptr(j),pivlin,linbuf)<=0)
                          break
                  if (i < j)       #Paar außer Ordnung
                      call exchan(linptr(i),linptr(j),linbuf)
                  }
              j = uv(p)               #Trennstelle nach Position i
              call exchan(linptr(i),linptr(j),linbuf)
              if (i-lv(p) < uv(p)-i) { #so kellern, daß kleinstes
                  lv(p+1) = lv(p)         #Stück zuerst
                  uv(p+1) = i-1
                  lv(p) = i+1
                  }
              else {
                  lv(p+1) = i+1
                  uv(p+1) = uv(p)
                  uv(p) = i-1
                  }
              p = p+1                   #einkellern
              }
      return
      end
```

LOGPTR ist die kleinste ganze Zahl, die mindestens so groß ist
wie $\log_2$MAXPTR, die maximale Anzahl zu sortierender Zeilen. Wie
wir bereits erwähnten, beträgt sie bei einer Million Textzeilen
nur 20.

Wie die meisten Sortieralgorithmen hat auch Quicksort eine Reihe

von Varianten. Wir können hier nur einige wenige erwähnen, die
Bibliographie am Ende des Kapitels verweist auf weitere.

Unsere Version von **quick** nutzt eine Situation nicht aus, bei der
mehrere Elemente gleich dem Trennelement sind. Solche Elemente
brauchen an einer weiteren Sortierung nicht mehr teilzunehmen,
da sie bereits an der richtigen Stelle stehen. Der "Trennbereich"
-Algorithmus gibt nach einer Aufteilung zwei Werte k1 und k2
zurück derart daß

$$v(lv(p))...v(k1-1) < v(k1) = ... = v(k2) < v(k2+1)...v(uv(p))$$

gilt, und im folgenden nur noch die Untermengen

$$lv(p)...k1-1 \quad und \quad k2+1...uv(p)$$

aufgeteilt werden.

Diese Organisation ist schneller, falls die zu sortierende Datei
viele Doppeleinträge aufweist.

Aufgabe 4-7: Experimentieren Sie mit einem Trennbereich-Algo-
rithmus. Um wieviel ist er schneller bei Dateien mit
beträchtlichen Mehrfacheintragungen? Um wieviel ist er
langsamer als der normale Quicksort, falls die Datei nur
wenige oder gar keine Doppeleinträge enthält?

Aufgabe 4-8: Liegt das Feld bereits aufsteigend oder
absteigend sortiert vor, so bedeutet die Wahl des letzten
Elementes als Trennelement, daß der Algorithmus zu einer n^2
Prozedur wird (warum?). Eine Lösung besteht darin, das
mittlere Element zum Trennelement zu machen. Eine etwas
kompliziertere Möglichkeit wäre, das mittlere von drei oder
mehr Elementen zum Trennelement zu bestimmen. Untersuchen
Sie diese Varianten.

Aufgabe 4-9: Unser Quicksort führt manchmal mehr Vergleiche
durch als notwendig sind. Suchen Sie eine Version, die die
Anzahl der tatsächlichen Vergleiche zwischen Textzeilen
verringert, auch wenn dadurch der Verwaltungsaufwand steigt.
Wie groß ist der Unterschied?

4.5 Sortieren umfangreicher Dateien

Unter einer umfangreichen Datei wollen wir eine Datei verstehen,
die zu groß ist, um vollständig in den Hauptspeicher zu passen.
Man nennt diese Art des Sortierens häufig auch externes
Sortieren, da sich stets ein Teil der Dateien auf Hintergrund-
speichern befindet. Dagegen bezeichnet man die Verfahren, die
wir bisher vorgestellt haben, als internes Sortieren.

Wie schon beim internen Sortieren gibt es auch beim externen
Sortieren eine erstaunliche Vielzahl von Verfahren, unter denen
wir einige auswählen wollen. Die Grundidee dabei ist meistens
einfach: möglichst große Stücke der Datei werden zunächst zu
einer Teilfolge intern sortiert und dann auf Hilfsdateien
ausgelagert. Ist nun die Eingabe vollständig in solche sortierte
Teilfolgen aufgeteilt, so werden diese dann im allgemeinen auf
weitere Hilfsdateien gemischt. Im letzten Durchgang werden die
noch übriggebliebenen Hilfsdateien in eine einzige, nun
vollständig sortierte Ausgabedatei gemischt.

Nicht alle Betriebssysteme erlauben die Verwendung einer
beliebigen Zahl von Hilfsdateien. Ist diese Zahl begrenzt, so
müssen komplizietere Sortierverfahren herangezogen werden.
Jedoch auch eine beliebige Anzahl von Hilfsdateien kann zu
Problemen führen; hier wird nämlich der Mischvorgang selbst
aufwendig und langsam. (Stellen Sie sich etwa den Extremfall
vor, daß jede Hilfsdatei nur ein einziges Datenelement enthält.)

Eines der klarsten Sortierverfahren besteht darin, jede
Teilfolge auf eine eigene Datei zu schreiben, solange bis die
Eingabe erschöpft ist. Nun werden die ersten m Dateien auf eine
neue Hilfsdatei gemischt und anschließend die m Dateien
gelöscht. Der Parameter m heißt Mischordnung und liegt häufig
zwischen 3 und 7. Der Mischprozeß wird dann mit den nächsten m
Dateien wiederholt bis eine sortierte Ausgabedatei übrig bleibt.
Bei dieser Prozedur sind zu jedem Zeitpunkt lediglich m
Mischdateien und eine Ausgabedatei zu verwalten.

Unser Werkzeug **sort** implementiert diese Strategie. Der
Hauptaufwand liegt beim Generieren, Eröffnen, Schließen und

Löschen von Dateien zum richtigen Zeitpunkt.

```
#sort - externes Sortieren von Textzeilen
      character linbuf(MAXTEXT), name(NAMESIZE)
      integer gtext, makfil, min, open
      integer infil(MERGEORDER), linptr(MAXPTR), nlines
      integer high, lim, low, outfil, t

      high = 0
      repeat {              # initiale Bildung von Teilfolgen
            t = gtext(linptr, nlines, linbuf, STDIN)
            call quick(linptr, nlines, linbuf)
            high = high + 1
            outfil = makfil(high)
            call ptext(linptr, nlines, linbuf, outfil)
            call close(outfil)
            } until(t == EOF)

      for (low = 1;low < high;low = low + MERGEORDER) { #Mische
            lim = min(low + MERGEORDER - 1, high)
            call gopen(infil, low, lim)
            high = high + 1
            outfil = makfil(high)
            call merge(infil, lim - low + 1, outfil)
            call close(outfil)
            call gremov(infil, low, lim)
            }

      call gname(high, name)            #Abschlußarbeiten
      outfil = open(name, READ)
      call fcopy(outfil, STDOUT)
      call close(outfil)
      call remove(name)
      stop
      end
```

Die beiden Zeiger **low** und **high** kennzeichnen den Bereich der Dateien, die während einer Mischphase gerade aktiv sind. **high** wird jeweils um 1 erhöht, MERGEORDER (<u>m</u>) Dateien beginnend ab **low** werden in eine Datei **high** gemischt und **low** wird um MERGEORDER erhöht. Das Mischen ist beendet, wenn **low** den Wert von **high** erreicht hat, die einzige noch übrige Datei wird nun auf die Ausgabe kopiert.

Die Funktionen **gtext**, **ptext** und **quick** sind uns bereits vom Anfang dieses Kapitels bekannt und die Funktion **fcopy**, die eine Datei auf eine andere kopiert, wurde in Kapitel 3 beschrieben. Das Minimum zweier Zahlen wird durch **min** berechnet, es entspricht dem **minO** in Fortran.

Innerhalb von **sort** werden Dateien durch eine Nummer, die der
Reihenfolge ihrer Entstehung entspricht, bezeichnet. **makfil**
generiert eine neue Hilfsdatei unter einer angegebenen Nummer,
wobei **gname** diese Nummer in einen eindeutigen, systemgültigen
Namen umwandelt.

```
#makfil - neue Datei für Nummer n erzeugen
      integer function makfil(n)
      character name(NAMESIZE)
      integer create
      integer n

      call gname(n, name)
      makfil = create(name, READWRITE)
      if (makfil == ERR)
            call cant(name)
      return
      end
```

gname überträgt eine Standardzeichenkette (**stemp**) nach **name** und
hängt **n** als Zeichenkette an. Die von **sort** verwendeten
Hilfsdateien heißen somit **stemp1**, **stemp2**, usw.

```
#gname - eindeutigen Namen für Datei n erzeugen
      subroutine gname(n, name)
      character name(NAMESIZE)
      integer itoc, length
      integer j, junk, n
      string stemp "stemp"

      call scopy(stemp, 1, name, 1)
      i = length(stemp) + 1
      junk = itoc(n, name(i), NAMESIZE - i)
      return
      end
```

Wie bereits in Kapitel 2, so verwenden wir auch hier wieder die
Variable **junk**, um ihr einen Funktionswert zuzuweisen, den wir
selbst nicht benötigen.

gopen und **gremov** eröffnen und löschen mehrere durchlaufend
numerierte Dateien. Beide erzeugen die Dateinamen intern erneut,
anstatt sie als Parameter übernehmen zu müssen.

```
#gopen - Dateigruppe low ... lim eröffnen
        subroutine gopen(infil, low, lim)
        character name(NAMESIZE)
        integer i, infil(MERGEORDER), lim, low
        integer open

        for (i = 1; i <= lim - low + 1; i = i + 1) {
                call gname(low + i - 1, name)
                infil(i) = open(name, READ)
                if (infil(i) == ERR)
                        call cant(name)
                }
        return
        end




#gremov - Dateigruppe low ... lim entfernen
        subroutine gremov(infil, low, lim)
        character name(NAMESIZE)
        integer i, infil(MERGEORDER), lim, low

        for (i = 1; i <= lim - low + 1; i = i + 1) {
                call close(infil(i))
                call gname(low + i - 1, name)
                call remove(name)
                }
        return
        end
```

Zu keinem Zeitpunkt sind mehr als **MERGEORDER** Eingabedateien und
eine Ausgabedatei geöffnet, darüberhinaus können weitere
Hilfsdateien existieren, diese sind dann aber gechlossen. **sort**
geht davon aus, daß Dateien dynamisch aufgebaut und von
beliebiger Länge sein können. Einige Rechnersysteme verlangen
jedoch eine Längenangabe für solche Dateien. Entscheidend ist
jedoch, daß Dateien ohne direktes Zutun des Benutzers erzeugt
und gelöscht werden, denn nichts ist unangenehmer als wenn der
Anwender eine Fülle von Arbeitsdateien einrichten muß, deren
Zweck und Parametrisierung er nur schwer versteht.

Die einzige jetzt noch zu schreibende Routine ist **merge**. Die
Aufgabe ist im Prinzip recht einfach. Da die Eingabedateien
vorsortiert sind, ist die erste Zeile jeder Datei auch deren
kleinste. **merge** wählt nun von diesen wiederum die kleinste aus,

174

welche folgerichtig die kleinste der ganzen Gruppe ist, und
überträgt sie auf die Ausgabe. Nun rückt aus der Datei, die die
kleinste Zeile enthielt, die nächste Zeile nach und der
Auswahlprozeß beginnt von Neuem. Wird schließlich ein EOF
eingelesen, so ist die entsprechende Datei vollkommen
eingemischt. **merge** ist zu Ende, wenn alle Dateien eingemischt
sind.

Nun müssen wir uns überlegen, wie wir am besten die kleinste
aller im Hauptspeicher befindlichen Zeilen ermitteln. Wenn
MERGEORDER klein genug ist, so kann die offensichtliche Methode,
nämlich alle Zeilen linear abzusuchen, verwendet werden. Wir
wollen jedoch durch eine bessere Datenanordnung ein besseres
Suchverhalten erzielen.

Dazu organisieren wir die Zeilen als <u>Halde</u>. Die Halde hat die
erfreuliche Eigenschaft, daß das kleinste Element sofort
aufgegriffen werden kann. Der Aufwand zum Einfügen eines neuen
Elementes wächst nur logarithmisch proportional zur Haldengröße.
Man kann sich eine Halde als Binärbaum vorstellen (d.h. jedes
Element hat höchstens zwei Nachfolger), in dem jedes Element
kleiner oder gleich groß wie die beiden Nachfolger ist. Vom
Standpunkt der Programmierung ist es einfacher, die Halde in
einem Feld **h** darzustellen derart, daß die Nachfolger des
Elementes **k** an den Positionen $2k$ und $2k+1$ gespeichert werden.
Somit ist $h(1)$ kleiner gleich $h(2)$ und $h(3)$; $h(2)$ ist kleiner
gleich $h(4)$ und $h(5)$, und allgemein ist $h(k)$ kleiner gleich
$h(2k)$ und $h(2k+1)$, während $h(1)$ das kleinste Element der Halde
ist.

Mit der Halde ergibt sich der Mischprozeß wie folgt:

```
von jeder Datei eine Zeile lesen
eine Halde bilden
while (solange noch Eingabe) {
        kleinste Zeile [heap(1)] ausgeben
        neue Zeile nach heap(1)
        reheap: neue Zeile an richtigen Platz sinken lassen
        }
```

An erster Position steht die kleinste Zeile, diese wird
ausgegeben. Die nächste eingelesene Zeile muß nun ihren Platz in
der Halde finden. Doch zunächst muß eine Halde initialisiert

werden. Dies kann durch die Prozedur **quick** geschehen, denn jedes
sortierte Feld ist auch eine Halde (warum?), obwohl das
Umgekehrte nicht gilt (warum nicht?). Der Aufbau einer Halde
mittels **quick** ist zwar nicht die schnellste Methode, der
Nachteil ist jedoch nicht so groß, so daß wir uns ersparen
können, zusätzlichen Code zu schreiben.

```
#merge - infil(1) ... infil(nfiles) auf outfil mischen
     subroutine merge(infil, nfiles, outfil)
     character linbuf(MERGETEXT)
     integer getlin
     integer i, inf, lbp, lp1, nf, nfiles, outfil
     integer infil(MERGEORDER), linptr(MERGEORDER)

     lbp = 1
     nf = 0
     for (i = 1;i <= nfiles;i = i + 1)#von jeder Datei eine Zeile
         if (getlin(linbuf(lbp), infil(i) ¬= EOF) {
             nf = nf + 1
             linptr(nf) = lbp
             lbp = lbp + MAXLINE   #Platz für längste Zeile
             }
     call quick(linptr, nf, linbuf)   #Anfangshalde erzeugen
     while (nf > 0) {
         lp1 = linptr(1)
         call putlin(linbuf(lp1), outfil)
         inf = lp1/MAXLINE + 1        #Dateiindex ermitteln
         if (getlin(linbuf(lp1), infil(inf) == EOF) {
             linptr(1) = linptr(nf)
             nf = nf - 1
         call reheap(linptr, nf, linbuf)
         }
     return
     end
```

Um eine komplizierte Speicherverwaltung zu vermeiden, reserviert
merge jeweils Platz für die längstmögliche Zeilenlänge. Dadurch
wird es auch auf einfache Weise möglich festzustellen, welcher
Datei eine gegebene Zeile angehört. Man braucht nur den
Zeilenursprung durch die maximale Zeilenlänge zu teilen.

Das Einfügen eines neuen Elements geschieht nun wie folgt. Es
wandert zunächst an die freigewordene Spitze des Baumes. Ist es
kleiner oder gleich den beiden Söhnen, so ist das Einfügen
beendet. Ansonsten wird es mit dem kleinsten der Söhne

vertauscht. Nun wird es dort mit den neuen Söhnen verglichen, usw. Das eingefügte Element sinkt somit auf seine richtige Position, bis die Struktur der Halde wiederhergestellt ist.

Es läßt sich leicht nachweisen, daß die für das Sinken des neuen Elementes benötigte Zeit proportional zum Logarithmus von **MERGEORDER** ist, während die Zeit für das lineare Suchen linear proportional zu **MERGEORDER** ist. Die geschilderte Prozedur erfordert wenige Zeilen mehr Code als lineares Suchen, ist aber für typische Werte von **MERGEORDER** schneller.

```
#reheap - korrekten Platz für linbuf(linptr(1)) in Halde zuweisen
      subroutine reheap(linptr, nf, linbuf)
      character linbuf(MAXTEXT)
      integer compar
      integer i, j, nf, linptr(nf)

      for (i = 1; 2*i <= nf; i = j) {
            j = 2*i
            if (j < nf)              #kleinsten Nachfolger suchen
                  if (compar(linptr(i),linptr(j+1),linbuf) > 0)
                        j = j + 1
                  if (compar(linptr(i),linptr(j),linbuf) <= 0)
                        break   #richtige Stelle gefunden
                  call exchan(linptr(i),linptr(j),linbuf) #sinken
                  }
      return
      end
```

Beachten Sie, daß **quick**, **merge** und **reheap** auch dann noch funktionieren, falls sie mit leerer Eingabe aufgerufen werden. Das liegt darain, daß alle Schleifen vor dem ersten Durchlauf getestet werden.

Schauen Sie sich nun noch einmal die Struktur von **sort** an und Sie werden das Aufbrechen in funktionale Moduln erkennen. Alle Teilprozeduren könnten unabhängig vom Hauptprogramm ausgetauscht werden.

Aufgabe 4-10: Wieviel Speicherplatz wird maximal zu einem Zeitpunkt für Hilfsdateien benötigt, wenn die zu sortierende Eingabe n Zeichen enthält?

<u>4.6 Verbesserungen</u>

Nachdem nun die Grundversion läuft, können wir **sort** schneller
und vielseitiger machen. Da sich dieses Buch mehr mit Werkzeugen
als mit Algorithmen befaßt, interessieren wir uns eher für
funktionelle Verbesserungen. Trotzdem wollen wir zunächst einige
Effizienzbetrachtungen anstellen.

Wir haben **sort** hinsichtlich zweier verschiedener Eingaben
gemessen. Die erste Eingabe bestand aus 270 Zeilen mit 6900
Zeichen, die zweite aus 1330 Zeilen mit 34800 Zeichen. Da **linbuf**
10000 Zeichen faßte, wurde der erste Datensatz in einem
einfachen Durchlauf ohne Mischphase verarbeitet. Der zweite Satz
erzeugte vier sortierte Teilfolgen, die dann in eine fünfte
Datei gemischt wurden, bevor diese schließlich auf die
endgültige Ausgabe kopiert wurde.

Daraus ergaben sich folgende CPU-Zeiten für die beiden Tests:

Gesamtzeit	6,5 sec	36,9 sec
(gesamte E/A)	94,1%	91,6%
compar	4,6	6,1
quick	0,9	1,2
merge	...	0,3
reheap	...	0,3

Alle weiteren Werte liegen unter 0,15%.

Die Zeiten für Ein- und Ausgabe sind wirklich beachtlich. Wie
wir bereits erwähnten, ist die Fortran Zeichen-Ein/Ausgabe
aufgrund ihrer Allgemeinheit sehr schwerfällig. Mit Hilfe
spezieller Routinen lassen sich diese Zeiten sicherlich
verbessern. Aber wie auch immer diese Verbesserung ausfällt, die
Ein/Ausgabe wird stets dominieren.

Da sich das Ein- und Auskopieren nicht grundsätzlich vermeiden
läßt, muß ein Algorithmus gefunden werden, der zumindest das
zwischenzeitliche Umspeichern reduziert.

Aufgabe 4-11: Wenn höchstens **MERGEORDER** Hilfsdateien übrig bleiben, kann ein kompletter Durchlauf über die Daten vermieden werden, indem man statt auf eine Hilfsdatei direkt in die endgültige Datei mischt. Falls, als Spezialfall, die ursprüngliche Eingabe als Ganzes im Arbeitsspeicher Platz finden kann, besteht keine Notwendigkeit zu mischen oder Hilfsdateien zu benutzen. Um solche Fälle effizient handhaben zu können, muß **sort** geändert werden. Wieviel schneller wird **sort** nun durch diese Änderungen, wenn man die obigen Messungen in Betracht zieht?

Die Laufzeit von **sort** wird durch die Anzahl der Durchläufe über den Eingabedaten stark beeinflußt. Die Anzahl hängt wiederum von der Länge der sortierten Teilfolgen ab, die im Anfangsdurchlauf erzeugt wurden. Zwar erreicht man längere Teilfolgen mit mehr Arbeitsspeicher, aber nicht immer ist mehr Arbeitsspeicher verfügbar.

Aufgabe 4-12: Eine Möglichkeit, den Arbeitsspeicher besser zu nutzen, besteht darin, mehr als ein Zeichen in eine Integervariable zu speichern. Ändern Sie **sort** derart daß bei der Eingabe mehrere Zeichen in eine Integer gepackt und bei Ausgabe entpackt werden. Was muß dann in welchen Routinen geändert werden? Um welchen Faktor verbessert sich die Laufzeit bei vorgegebener Speichergröße?

Ein besonders elegantes Verfahren, lange Anfangsfolgen zu erzeugen, ist die Methode "Auswahl und Ersetzen". Die im Arbeitsspeicher befindlichen Daten werden zunächst vorsortiert. Jedoch dann wird, sobald **ptext** eine Zeile ausgibt, diese sofort durch eine neu eingelesene Zeile ersetzt. Wenn diese neue Zeile größer oder gleich der ersetzten Zeile ist, so reiht sie sich in die aktuelle Ausgabefolge ein. Ist sie kleiner, so muß sie auf die nächste Ausgabefolge warten.

Der Vorteil dieser Organisation ist beträchtlich. Bei Dateien mit zufallsverteiltem Inhalt zeigt sich, daß die erwartete Länge der Folge ein Zweifaches der Speichergröße beträgt, so daß ein ganzer Durchgang über die Daten gespart werden kann. Bei teilsortieren Dateien wirkt sich dies sogar noch stärker aus.

Auswahl und Ersetzen benötigt eine sorgfältige Speicherverwaltung, falls die Zeilen von unterschiedlicher Länge sind. Noch wichtiger ist ein Algorithmus zum schnellen Auffinden der Ersetzungsposition innerhalb der bereits sortierten Teilfolge im Speicher. Zeilenweises Aufsuchen der richtigen Position ist zu langsam. Die Lösung ist eine Datenstruktur ähnlich einer Halde, in der die richtige Position in logarithmischer statt in linearer Zeit gefunden werden kann. Wir wollen an dieser Stelle nicht näher hierauf eingehen; dieser Aspekt wird ausführlich in Knuth´s "The Art of Computer Programming; Volume 3: Sorting and Searching" behandelt.

Es stellt sich die Frage, was zu tun ist, wenn ein Rechnersystem die Erzeugung einer großen Anzahl von Dateien nicht zuläßt. Hier bietet sich das "Symmetrische Zwei-Phasen-Mischen" als geeignet an, um mit wenigen Dateien auszukommen. Vier Hilfsdateien seien zugelassen. Dann werden während des ersten Durchgangs die Ströme auf die Dateien 1 und 2 plaziert, bis die Eingabe erschöpft ist. Nach dem Mischen der Dateien 1 und 2 werden die Ausgabeströme (halb so viele, jedoch doppelt so lang) abwechselnd auf die Dateien 3 und 4 geleitet. Daraufhin werden die Dateien 3 und 4 zurückgemischt auf 1 und 2. Auf diese Weise ergeben sich Teilfolgen der vierfachen Länge wie ursprünglich. Dieser Vorgang wiederholt sich solange, bis alle Daten in eine vollständig sortierte Datei gemischt sind, die dann auf die Ausgabe kopiert wird. Da sich die Länge der Teilfolgen bei jedem Durchlauf verdoppelt, ihre Anzahl sich dagegen halbiert, werden $\log_2 r$ Durchgänge benötigt, wobei r die Anzahl der während des ersten Durchlaufs erzeugten Teilfolgen ist.

Das Symmetrische Zwei-Phasen-Mischen kann auf eine beliebige Anzahl (3 oder mehr) Hilfsdateien verallgemeinert werden. Die verfügbaren Dateien werden in zwei möglichst gleichgroße Gruppen eingeteilt und das Mischen wird zwischen diesen beiden Gruppen alternierend durchgeführt.

> <u>Aufgabe 4-13</u>: Programmieren Sie ein Symmetrisches Zwei-Phasen-Mischen. Hauptsächlich muß man darauf achten, das Ende einer jeden Teilfolge auf einer Datei zu markieren. Vergleichen Sie Komplexität und Laufzeit des Symmetrischen Mischens mit dem **sort**-Verfahren.

Im folgenden wollen wir einige funktionelle Verbesserungen

behandeln. Wir haben bereits auf die Nützlichkeit von **sort** als
Filter hingewiesen, aber es gibt noch weitere sinnvolle
Einsatzmöglichkeiten.

Aufgabe 4-14: Falls nicht anders spezifiziert liest **sort** von
der Standardeingabedatei ein. Ändern Sie **sort** derart, daß im
Falle eines Aufrufs mit Dateiname-Parametern die Eingabe von
den angegebenen Dateien eingelesen wird:

    sort *Datei 1 Datei 2 ...*

soll die Daten von den angegebenen Dateien sortieren. Das
wahlweise Einlesen entweder von benannten Dateien oder der
Standardeingabedatei ist für viele Programme ein äußerst
nützliches Entwurfsprinzip und sollte deshalb stets in
Erwägung gezogen werden.

Aufgabe 4-15: Fügen Sie eine Option hinzu, um die
Ausgabedatei nicht nur durch die Standardausgabe, sondern
mit Namen spezifizieren zu können. Des weiteren muß die
Möglichkeit gegeben sein, daß eine Datei sowohl Eingabe- als
auch Ausgabedatei sein kann. Soll der letzte Mischvorgang
direkt auf die Ausgabedatei führen?

Aufgabe 4-16: Erweitern Sie um eine Option **-m**, um bereits
vorsortierte Dateien zu mischen.

    sort -m *Datei 1 Datei 2 ...*

mischt die Daten auf die Standardausgabedatei (unter der
Annahme, daß sie sortiert sind).

    sort -m

ohne Dateiangabe ist unnütz. Führt Ihre Version auf diesen
Aufruf hin eine sinnvolle Tätigkeit aus?

Aufgabe 4-17: Stellen Sie eine **sort**-Option -r zur Verfügung,
um die Sortierrichtung umzukehren. Falls Sie die frühere
Aufgabe zu diesem Thema gelöst haben, sollten Sie
überprüfen, ob Ihre Plazierung der entsprechenden Abfrage
richtig war.

Aufgabe 4-18: Erweitern Sie **sort** um eine –d-Option, auf die nach lexikographischer Ordnung sortiert wird: Groß- und Kleinbuchstaben sollen hierbei nicht unterschieden werden, d.h. "a" und "A" erscheinen zusammen statt in zwei getrennten Abschnitten. Genügt es, **a<A<b<B...** zu definieren? Sollte die lexikographische Ordnung die Standardordnung sein? Wie sollten Sonderzeichen wie Punkt, Komma usw. behandelt werden? Und wie die Ziffern?

Aufgabe 4-19: Erweitern Sie um eine Option **–n**: Eine führende numerische Zeichenfolge mit wahlweisem Vorzeichen wird nach arithmetischem Wert sortiert, während der Rest der Zeile normal sortiert wird. Rein numerische Zeilen sind ein Spezialfall dieser Eingabeart. Läuft Ihre Routine unabhängig von der Größe der Zahlen?

Aufgabe 4-20: Fügen Sie Optionen hinzu, die das Sortieren über Teilfeldern innerhalb der Zeilen ermöglichen. Sie benötigen dazu eine Markierung am Anfang und am Ende eines Feldes. Vielleicht wollen Sie auch die Möglichkeit vorsehen, daß die Felder unabhängig voneinander numerisch, lexikographisch, umgekehrt usw. sortiert werden sollen. Die Herausforderung besteht hier weniger in dem Verwaltungsaufwand, der im Programm nötig ist, als vielmehr darin, die Optionen so zu entwerfen, daß sie vom Benutzer einfach spezifiziert werden können. Bedenken Sie, die Spezifikation eines Feldes nach Zeichenposition ist mühsam, besonders wenn die Eingabe nicht in übersichtlichen Spalten vorliegt.

Inzwischen haben Sie fast die Komplexität, die von einigen kommerziellen **sort**-Paketen angeboten wird, erreicht. Sie haben sich diesem Ziel in kleinen Schritten genähert, wobei Sie bei jedem Schritt stets ein nützliches Werkzeug zur Verfügung hatten. Werden keine Optionen angegeben, so sortiert **sort** nach wie vor Textzeilen von der Standardeingabe auf die Standardausgabe. Es ist immer noch ein leicht zu handhabendes Werkzeug für den Benutzer, der ausschließlich Text sortieren will. Die häufigsten und einfachsten Operationen sollten leicht aufzurufen sein, ohne stets im Handbuch nachschlagen zu müssen.

Aufgabe 4-21: Manche Rechnersysteme stellen einen mächtigen aber komplizierten **sort**-Generator zur Verfügung, der effiziente Sortierkommandos für spezielle Anwendungsprobleme generiert. Falls Ihr Rechnersystem einen solchen bereitstellt, entwerfen und implementieren Sie eine Sprache, die es auch dem gelegentlichen Benutzer leichter macht, den benötigten Sortierprozeß zu generieren.

4.7 Funktionstrennung: unique

Ein Nebeneffekt, den das Sortieren mit sich bringt, ist der, daß alle diejenigen Elemente, die mehrfach in der Datei auftreten, nach dem Sortiervorgang nebeneinander liegen. Häufig möchte man jedoch von den mehrfach auftretenden Elementen nur ein einziges aufbewahren. Ein Beispiel dazu wäre eine Textdatei, zu der man ein alphabetisches Verzeichnis aller darin auftretenden Wörter erstellen möchte. Es ist offensichtlich recht einfach, **sort** um eine entsprechende Option zu erweitern. (Wo sollte die erforderlich Änderung vorgenommen werden?) Aber sollte man diese Option überhaupt in **sort** aufnehmen?

Es handelt sich hierbei um ein grundsätzliches Problem beim Entwurf von Werkzeugen, nämlich um die sinnvolle Auftrennung von Funktionen. Was sollte in ein Programm aufgenommen werden und was sollte besser als separates Progamm realisiert werden? Im vorliegenden Fall ist die Lösung effizienter, wenn die Funktion "Entfernen von Duplikaten" in **sort** integriert wird. Man spart dabei nicht nur einen kompletten Durchlauf, vielmehr müssen die zum Ausfiltern der Duplikate nötigen Vergleiche während des Sortiervorgangs ohnehin durchgeführt werden.

Es gibt aber noch andere Überlegungen, die beachtet werden sollten. Vielleicht möchte ein Benutzer nur <u>eine</u> der beiden Funktionen anwenden. Hat man eine separate Funktion zum Entfernen der Duplikate, so können Aufgaben erledigt werden, die mit einem kombinierten Werkzeug nicht möglich sind. Will man z.B. wissen, welche Elemente einfach und welche mehrfach und wie oft auftreten, so ist dies mit der obengenannten Erweiterung nicht möglich. Will man **sort** auch um die Funktion "Zählen der Vorkommenshäufigkeit" erweitern, läuft man Gefahr, daß das Werkzeug zu kompliziert wird. Der Fall schließlich, daß benachbarte Duplikate aus einer Datei entfernt werden sollen, ohne daß diese dabei sortiert wird, ist durch ein integriertes Werkzeug **sort** nicht zu erreichen.

Es zeigt sich, daß ein zu frühes Kombinieren von Funktionen nicht ratsam ist. Man sollte zunächst für jede Funktion ein eigenes Programm schreiben. Es mag eine Reihe von Optionen besitzen, die aber immer Variationen der Grundfunktion sein sollten. Welche Funktionen schließlich zusammenzufassen sind, richtet sich nach den Anforderungen der Benutzer und der Verwendungshäufigkeit der Kombinationen. Wir sprechen hier aus eigener Erfahrung. Wir hatten jahrelang zwei Programme für das Sortieren und die Behandlung von Duplikaten. Da beide häufig zusammen angewandt wurden, haben wir sie aus Effizienzgründen zu _einem_ Werkzeug kombiniert. Das Programm zur Duplikatbehandlung wurde nach wie vor eingesetzt. Die Lehre hier ist: halten Sie Funktionen getrennt, bevor Sie nicht wissen, _wie_ sie kombiniert werden sollen.

Hier nun die Funktion **unique**, die benachbarte Duplikate entfernt. Häufig wird sie im Zusammenhang mit **sort** verwendet, sie hat aber auch eigenständige Existenzberechtigung.

```
#unique - benachbarte doppelte Zeilen streichen
        character buf1(MAXLINE), buf2(MAXLINE)
        integer equal, getlin
        integer t

        t = getlin(buf1, STDIN)
        while (t ¬= EOF) {
                call putlin(buf1, STDOUT)
                for (t = getlin(buf2,STDIN); t ¬= EOF;
                      t = getlin(buf2,STDIN))
                    if (equal(buf1, buf2) == NO)
                            break
                if (t == EOF)
                        break
                call putlin(buf2, STDOUT)
                for (t = getlin(buf1, STDIN); t ¬= EOF;
                      t = getlin(buf1, STDIN))
                    if (equal(buf1, buf2) == NO)
                            break
        }
        stop
        end
```

Welche Grenzfälle eignen sich zur Überprüfung der Korrektheit
des Programms **unique**?

Aufgabe 4-22: Die Kontrollstruktur unserer Version von
unique weist zwei gleichartige **for**-Schleifen auf, die
verwendet werden je nachdem, welcher der beiden Puffer die
neueingelesene Zeile aufnimmt. Realisieren Sie das Programm
mit einer einzigen inneren Schleife und einem Schalter zum
wechselweisen Rollenvertausch der beiden Puffer. Statt des
Rollenvertausches kann man auch immer dann, wenn der
Vergleich negativ ausfällt, **buf2** nach **buf1** übertragen.
Realisieren Sie auch diese Variante. Welche der drei
Alternativen gefällt Ihnen am besten?

Aufgabe 4-23: Sehen Sie eine Option -n vor, mit der am
Anfang jeder Zeile die Auftretenshäufigkeit mit ausgegeben
wird. Die Anweisung

        unique -n

soll die Eingabe

                a
                a
                b

auf die Ausgabe

        2   a
        1   b

überführen. Weshalb sollte der Zähler am Zeilen<u>anfang</u> stehen?

<u>Aufgabe 4-24</u>: Kombinieren Sie **translit**, **sort** und **unique** (mit Option **-n**) in einer Kopplung, so daß sich damit eine Worthäufigkeitsliste erzeugen läßt, in der die Einträge nach absteigender Häufigkeit sortiert sind.

<u>Aufgabe 4-25</u>: Kombinieren Sie **translit**, **sort** (mit Option -d) und **unique** zu einer Kopplung, mit deren Hilfe ermittelt werden kann, ob Elemente sowohl in Großschreibung als auch in Kleinschreibung auftreten, wie **WORT** und **wort**.

<u>Aufgabe 4-26</u>: Schreiben Sie ein Programm **common** zum Vergleich von Zeilen aus zwei verschiedenen sortierten Textdateien. Die Ausführung der Anweisung

    common *Datei 1 Datei 2*

ergibt eine drei-spaltige Ausgabe: Zeilen, die nur in <u>Datei1</u> erscheinen, Zeilen, die nur in <u>Datei2</u> auftreten und Zeilen, die in beiden Dateien vorkommen. Mit Optionen -1, -2 und -3 soll es möglich sein, nur die spezifizierte Spalte auszudrucken. Die Anweisung

    common -3 *Datei 1 Datei 2*

bewirkt somit nur die Ausgabe der den beiden Dateien gemeinsamen Zeilen, während

    common -1 *Datei 1 Datei 2*

nur die Ausgabe derjenigen Zeilen, die nur in <u>Datei1</u> auftreten, zur Folge hat. Ist nur <u>Datei1</u> spezifiziert, so soll für <u>Datei2</u> Standardeingabe angenommen werden.

Wozu kann man nun **common** gebrauchen? Angenommen wir hätten ein Wörterbuch zur Verfügung. Betrachten wir jetzt die Kopplung:

```
concat Datei 1  Datei 2  Datei 3 ...|
  translit A-Z a-z |
   translit ¬a-z ∂n |
    sort |
     unique |
      common -2 Wörterbuch
```

Es werden zunächst Dateien zusammengelegt (**concat**), dann wird
durch **translit** in einheitliche Kleinschreibung umgeformt und als
nächstes jedes Wort in eine neue Zeile gebracht. Schließlich
wird sortiert (**sort**) und werden Duplikate entfernt (**unique**). Nun
werden durch **common** genau die Wörter ermittelt, die nicht im
Wörterbuch, aber in den Eingabedateien vorkamen.

Ein Wort, das nicht im Wörterbuch, aber in einem Dokument
vorkommt, könnte nämlich einer der Schreibfehler sein, welche
durch die Kopplung aufgespürt werden. Diese Kopplung ist zwar
alles andere als effizient, jedoch ist sie in wenigen Minuten
formuliert.

Aufgabe 4-27: Welche Verbesserungen für ein Schreibfehlerauf-
spürprogramm können Sie vorschlagen? Welche Experimente
sollten vor einer Veränderung durchgeführt werden?

Aufgabe 4-28: Die oben angegebene Kopplung spürt zwei Arten
von Wörtern auf. Zum einen die Schreibfehler, zum anderen
spezielle technische Begriffe, wie **byte** oder **translit**, die
in der normalen Umgangssprache nicht vorkommen, aber einen
Text sehr gut beschreiben. Entfernt man die echten
Schreibfehler, so bleibt ein sogenanntes Glossar der
Fachausdrücke übrig. Ändern Sie die Kopplung so, daß die
Wörter aus dem Glossar vor einer Schreibfehlerprüfung
ausgefiltert werden.

<u>4.8 Permutierter Index</u>

Nachdem einmal ein flexibles Sortierprogramm erstellt wurde,
kann dieses als Komponente von anderen Programmkomplexen
verwendet werden. In diesem Abschnitt wollen wir eine solche
Anwendung vorstellen. Es handelt sich um ein Programm, das einen
<u>permutierten Index</u> (auch oft als <u>keyword-in-context-</u> oder
"KWIC"-Index bezeichnet) erstellt. Ein solcher Index listet ein
Wort in seinem ursprünglichen Kontext auf, aber auch alle
zyklischen Vertauschungen, so daß jedes Wort einmal an erster
Stelle steht. Die ganze Liste wird schließlich aufsteigend
sortiert. Das folgende Beispiel soll dieses Prinzip illustrieren:

```
        würde zum Beispiel folgende      Ausgabe ergeben:        Dieser Satz
              Dieser Satz würde zum       Beispiel folgende Ausgabe ergeben:
              Ausgabe ergeben:            Dieser Satz würde zum Beispiel folgende
   zum Beispiel folgende Ausgabe          ergeben:        Dieser Satz würde
  Dieser Satz würde zum Beispiel          folgende Ausgabe ergeben:
  Ausgabe ergeben:           Dieser       Satz würde zum Beispiel folgende
       ergeben:        Dieser Satz        würde zum Beispiel folgende Ausgabe
              Dieser Satz würde           zum Beispiel folgende Ausgabe ergeben
```

Ein möglicher Programmaufbau ist folgender:

```
for (jede Eingabezeile)
    for (jedes Symbol der Zeile) {
        Zeile so rotieren, daß Symbol vorne
        auf temporäre Datei ausgeben
        }
temporäre Datei sortieren
for (jede Zeile der temporären Datei) {
    rotieren, so daß erstes Symbol in der Mitte
    Zeile drucken
    }
```

Der Prozeß kann als Kopplung bestehend aus drei unabhängigen
Programmen aufgefaßt werden:

Rotationen erzeugen | sortieren | zentrieren und drucken

Hier läßt sich **sort** vorteilhaft integrieren. Auch die beiden
anderen Teile sind nicht schwer zu implementieren.

Eine zweite Möglichkeit besteht darin, das selbständige Programm
sort <u>innerhalb</u> des Indexerstellungsprogramms aufzurufen und die
beiden anderen Funktionen als normale Unterprogramme zu
realisieren. Diese Methode setzt jedoch die Fähigkeit des
verwendeten Betriebssystems voraus, <u>beliebige, eigenständige
Programme</u> innerhalb anderer Programme wie normale Unterprogramme
einzusetzen. Ein solches Programm hätte dann folgende Struktur:

```
Rotationen auf temp1 durchführen
Aufruf ("sortiere <temp1 >temp2")
zentrieren von temp2
```

wobei der interne Aufbau des Werkzeugs **sort** nicht zu interessieren braucht. Ganz gleich wie die fertige Version aussieht,
während des <u>Entwurfes</u> sollten alle Unterfunktionen solange wie
möglich entkoppelt bleiben. Hier ist die Kopplung ein gutes
Modell, denn sie verhindert, daß sich Datenschleichwege
einstellen. Entscheidungen über die endgültige Struktur sollten
möglichst lange hinausgeschoben werden, nur so läßt sich die
beste Kombination verwirklichen.

Wir wollen die Entscheidung über den Programmaufbau Ihnen
überlassen und beschränken uns auf die Angabe der verbleibenden
Teilstücke für die Rotationen, hier formuliert für eine
Verwendung in einer Kopplung. Zunächst die Rotation:

```
#kwic-Index erzeugen
        character buf(MAXLINE)
        integer getlin

        while (getlin(buf, STDIN) ¬= EOF)
            call putrot(buf, STDOUT)
        stop
        end
```

Die eigentliche Arbeit erledigt die Prozedur **putrot**, die das
Schlüsselwort jeder Zeile sucht. Ein Schlüsselwort ist eine
Zeichenfolge aus Ziffern oder Zeichen, jedoch ohne Trennzeichen
wie Klammern, Kommas o.ä. Trennzeichen müssen ausgeschlossen
werden, um die Sortierreihenfolge nicht zu stören, in den
Fällen, wo zur Feststellung dieser Reihenfolge auch das
benachbarte Wort mit herangezogen werden muß. **putrot** sucht das
erste alphanumerische Zeichen des Schlüsselwortes und ruft

anschließend **rotate** auf, welches die Zeile so rotiert, daß das
Schlüsselwort das erste Wort der auszugebenden Zeile ist.

```
#putrot - Zeilen mit Schlüsselwort am Anfang erzeugen
      subroutine putrot(buf, outfil)
      character type
      character buf(ARB), t
      integer i, outfil

      for (i = 1; buf(i) ¬= NEWLINE; i = i + 1) {
            t = type(buf(i))
            if (t == LETTER | t == DIGIT) {   #alphabetisch
                  call rotate(buf,i,outfil)   #Schlüsselwort ab "i"
                  t = type(buf(i + 1))
                  for ( ; t == LETTER | t == DIGIT;
                        t = type(buf(i+1)))
                        i = i + 1
            }
      }
      return
      end


#rotate - rotierte Zeile ausgeben
      subroutine rotate(buf, n, outfil)
      character buf(ARB)
      integer i, n, outfil

      for (i = n; buf(i) ¬= NEWLINE; i = i + 1)
            call putch(buf(i), outfil)
      call putch(FOLD, outfil)
      for (i = 1; i < n; i = i + 1)
            call putch(buf(i), outfil)
      call putch(NEWLINE, outfil)
      return
      end
```

rotate markiert das Ende der Originalzeile (die Stelle, an der
die Zeile gefaltet wurde) durch ein FOLD-Symbol – ein beliebiges
Sonderzeichen, das normalerweise in Texten nicht auftreten wird.
FOLD wird vom Programm zum Weiterrotieren verwendet, um die
Zeile richtig auszurichten. Mit **$** als Faltungszeichen ergibt die
Eingabe

```
      jetzt ist es Zeit
```

die vier Ausgabezeilen

```
jetzt ist es Zeit$
ist es Zeit$jetzt
es Zeit$jetzt ist
Zeit$jetzt ist es
```

Mit der Funktion **type** wird festgestellt, ob ein Zeichen ein
Buchstabe, eine Zahl oder ein sonstiges Symbol ist; sie liefert
entsprechend **LETTER, DIGIT** oder das untersuchte Zeichen selbst.

```
#type - Zeichentyp bestimmen
      character function type(c)
      character c
      integer index
      string digits "0123456789"
      string lowalf "abcdefghijklmnopqrstuvwxyz"
      string upalf "ABCDEFGHIJKLMNOPQRSTUVWXYZ"

      if (index(lowalf, c) > 0)
            type = LETTER
      else if (index(upalf, c) > 0)
            type = LETTER
      else if (index(digits, c) >0)
            type = DIGIT
      else
            type = c
      return
      end
```

Erinnern Sie sich an die Funktion **index,** sie bestimmt die
Position eines Zeichens innerhalb einer Zeichenkette; ist das
gesuchte Zeichen nicht enthalten, liefert sie den Wert null.

type läßt sich effizienter schreiben, wenn bestimmte Eigenschaften der Codierung des zugrundeliegenden Zeichenvorrats
ausgenützt werden. Da diese jedoch von Anlage zu Anlage
unterschiedlich sein können, handelte man sich eine unerwünschte
Maschinenabhängigkeit ein.

Nun verbleibt uns noch, das Programm zum Weiterrotieren und
Drucken, **unrot,** anzugeben. Die Zeile wird auf die mittlere
Spalte **MIDDLE** ausgerichtet. Dazu wird die erste Hälfte der Zeile
an die Stelle **MIDDLE+1** kopiert. Der Zeilenrest kommt in die
erste Hälfte. Diese Übertragung geschieht von rechts nach links

ab Stelle MIDDLE-1.

```
#unrot - durch kwic rotierte Zeilen zentrieren
        character inbuf(MAXLINE), outbuf(MAXOUT)
        integer getlin, index
        integer i, j

        while (getlin(inbuf, STDIN) ¬= EOF) {
           for (i = 1; i < MAXOUT; i = I + 1) #Leerzeile
              outbuf(i) = BLANK
           j = MIDDLE
           for (i=1;inbuf(i)¬=FOLD&inbuf(i)¬=NEWLINE;i=i+1) {
              j = j + 1                  #bis FOLD kopieren
              if (j > MAXOUT - 1)
                 j = 1
              outbuf(j) = inbuf(i)
              }
         if (inbuf(i) == FOLD) {    #zweite Hälfte kopieren
              j = MIDDLE                #von rechts nach links
              for (i = index(inbuf,NEWLINE) - 1; i > 0; i=i-1) {
                 if (inbuf(i) == FOLD)
                    break
                 j = j - 1
                 if (j <= 0)
                    j = MAXOUT - 2
                 outbuf(j) = inbuf(i)
                 }
              }
           for (i = MAXOUT - 2; i > 0; i = i - 1)
              if (outpuf(i) ¬= BLANK    #restliche Leerzeichen
                 break                  #übergehen
           outbuf(i + 1) = NEWLINE      #beende Zeile korrekt
           outbuf(i + 2) = EOS
           call putlin(outbuf, STDOUT)
           }
        stop
        end
```

Beachten Sie, daß **unrot** auch bei fehlendem Symbol **FOLD** sinnvoll
reagiert. Es enthält Tests sowohl auf **NEWLINE** als auch auf **FOLD**,
und ist somit ein weiteres Beispiel für unser Prinzip des
defensiven Programmierens. Leider lassen sich nicht alle
Fehlersituationen durch derart einfache Tests abfangen, jedoch
sollten sie wo immer möglich eingefügt werden.

Aufgabe 4-29: Warum schreiben wir

```
for (i = index(linbuf, NEWLINE) - 1; i > 0; i = i - 1) {
     if (inbuf(i) == FOLD)
          break
     ...
```

anstatt

```
for (i = index(inbuf,NEWLINE) - 1; i > 0 & inbuf(i) ¬= FOLD;
     i = i - 1) {
    ...
```

(Hinweis: siehe **compress** in Kapitel 2)

Aufgabe 4-30: **kwic** und **unrot** behandeln Text, der Vorschub-
steuer- oder Rücksetzzeichen enthält, nicht korrekt. Ebenso
wird der Fall, daß das **FOLD**-Symbol als normales Textelement
vorkommt, nicht berücksichtigt. Schaffen Sie Abhilfe.

Aufgabe 4-31: Ändern Sie **kwic** so, daß bei der Ausgabe keine
Wörter getrennt werden.

Aufgabe 4-32: Angenommen, Sie wollen Wörter wie und, oder,
der, die, das usw. nicht in den Index aufnehmen, oder Sie
wollen gerade nur ganz bestimmte Wörter dort haben.
Erweitern Sie das Programm derart daß die Angabe einer
"Negativdatei" nicht relevanter Wörter, bzw. die Angabe
einer "Positivdatei" der aufzunehmenden Wörter, sinngemäß
bearbeitet werden kann. (In Kapitel 8 werden einige einfache
Konzepte zur Tabellenbehandlung vorgestellt.)

Aufgabe 4-33: Modifizieren Sie **kwic** derart, daß - ähnlich
wie bei **print** - statt einer Standardeingabe auch mehrere
Eingabedateien angegeben werden können. Bei langen
Dokumenten, die sich über mehrere Dateien erstrecken, ist es
oftmals nützlich zu wissen, an welcher Stelle sich eine
bestimmte Zeile befindet. Durch Angabe der Option **-t** soll
den Ausgabezeilen eine Kennung ihrer ursprünglichen
Position, wie etwa Dateiname und Zeilennummer, angefügt
werden. Sollte dies eine Standardoption sein?

Wählt man als "Positivdatei" die Liste der deklarierten
Variablen sowie der Schlüsselwörter der verwendeten Programmiersprache, so kann man mit Hilfe der in Aufgabe 4-32
erstellten Version von **kwic** einen Programmtext daraufhin
untersuchen, ob alle verwendeten Variablen deklariert sind.
Diese Methode ist zwar schnell realisiert, sie ist aber äußerst
unelegant, da eine manuelle Vorarbeit erforderlich ist.

Aufgabe 4-34: Schreiben Sie ein Programm, mit dem Sie prüfen können, ob alle Variablen eines Programmtextes deklariert sind.

Aufgabe 4-35: Schreiben Sie ein Programm zur Erzeugung einer Querverweisliste. Eine solche Liste enthalte alle vorkommenden Textwörter mit der Angabe sämtlicher Zeilennummern, in denen das jeweilige Wort vorkommt.

Literaturhinweise

Das Standardwerk für externes und internes Sortieren ist D.E.Knuth´s The Art of Computer Programming; Volume 3: Sorting and Searching (Addison-Wesley, 1973). Es enthält präzise Beschreibungen und ausführliche Untersuchungen eines breiten Spektrums an Sortierverfahren. Eine weitere Quelle für interne Sortierverfahren ist das Buch von R.P.Rich, Internal Sorting Methods Illustrated With PL/I Programs (Prentice-Hall, 1972). Es enthält PL/I-Programme mit ausführlichen Laufzeit- und Speicherbedarfsmessungen.

Unser Quicksort lehnt sich an eine Form an, die von Knuth in "Structured programming with goto statements", Computing Surveys, Dezember 1974, beschrieben wurde, die wiederum ursprünglich von R.Sedgewick stammt. Weitere Quicksortvarianten finden sich in einem Artikel von R. Loeser, "Some performance tests of quicksort and descendants", CACM, März 1974. Dieser Artikel enthält Fortran-Programme für alle Algorithmen. Ein Vergleich dieser Fortran-Prozeduren mit unseren Ratfor-Prozeduren lohnt sich.

Der Artikel von D.L.Parnas, "On the criteria to be used in decomposing systems into modules" (CACM, Dezember 1972), beschreibt, wie man ein Programm zum Erstellen eines permutierten Index modularisiert. Vergleichen Sie unsere Organisation mit der dort angegebenen.

Die Kopplung zum Entdecken von Schreibfehlern verdanken wir
S.C.Johnson. Eine Methode zur Erkennung von Schreibfehlern, die
ohne Wörterbuch auskommt, findet sich in "Computer detection of
typographical errors" von R.Morris und L.L.Cherry, IEEE
Transactions on Professional Communication, März 1975.

5. Textmuster

In der Einleitung sprachen wir von einem Programm zum Auffinden
des Wortes **format** in jeder beliebigen Eingabezeile, wobei alle
betreffenden Zeilen ausgedruckt werden sollten.

Natürlich wird kein Bedarf für ein Programm bestehen, das nur
eine spezielle Fortran-Anweisung findet oder auf Fortran-Programme beschränkt ist, und auch keines, das sich nur auf Programme
anwenden läßt. **format** stellt ein spezifisches <u>Textmuster</u> dar;
somit wünschen wir ein Programm, welches das gesuchte Muster als
Parameter ansieht, so daß wir einfach

    find *Muster*

aufrufen können, und jede Eingabezeile, in der das spezifizierte
Muster auftritt, ausgedruckt wird. Um beispielsweise **format**-An-
weisungen zu finden, lautet der Aufruf:

    find format

Man kann sich auf den Standpunkt stellen, daß man zur Suche von
Textmustern einen Text-Editor mit dieser Fähigkeit benötige.
Zwar brauchen wir einen solchen Editor und werden ihn auch im
nächsten Kapitel erstellen, jedoch fordern wir außerdem die
find-Funktion, da für manche Zwecke ein Editor <u>zu</u> allgemein ist.
Der Editor muß aufgerufen werden, die zu verarbeitenden Dateien
müssen bezeichnet werden, und für jede Datei muß das Suchkommando
wiederholt werden - der Aufwand ist einfach zu groß. Andererseits
führt **find** genau das Gewünschte mit minimalem Aufwand aus.

Die Notwendigkeit einer **find**-Funktion zeigt sich an seiner
häufigen Anwendung. Naheliegend ist die Anwendung bei Fragen

wie: "Wann tritt die **break**-Anweisung zum ersten Mal auf?", oder: "Wo überall tritt jene Variable auf?" Doch dient sie auch als Filter, der aus einer umfangreichen Ausgabe auswählt, z.B. in einer Kopplung wie

```
program | find Fehler
```

um nur jene Informationen auszugeben, die das Wort "Fehler" enthalten. (Mit einem Texteditor wäre dies viel schwieriger auszuführen.)

Uns dient **find** sogar zur stilistischen Verbesserung. Dem Leser wird aufgefallen sein, daß das Wort "einfach" und dessen Ableitungen in diesem Buch sehr häufig vorkommen – was in Anbetracht der Bedeutung "einfacher" Programme verständlich ist. Doch verliert ein Wort durch allzu häufige Benutzung an Aussagekraft; wir haben deshalb von Zeit zu Zeit den Text durchsucht mit

```
find einfach
```

(was auch "einfacher" und "einfachst" erfaßt), und haben dann einige dieser aufgefundenen Worte durch geeignete Synonyme ersetzt. Einmal zählten wir sie sogar:

```
find einfach | linecount
```

Es würde den Zweck verfehlen, wenn man **find** so anlegte, daß es alle erdenklichen Textmuster erkennt. Beispielsweise wäre es übertrieben, auf einem Programm zu bestehen, das <u>alle</u> zulässigen Schreibweisen einer Fortran **format**-Anweisung - mit eingebetteten Leerzeichen im Schlüsselwort, mehrfachen Fortsetzungszeilen etc. - suchen könnte. Des weiteren könnte man fordern, daß <u>nur</u> **format**-Anweisungen gedruckt werden, so daß Zeilen mit Zeichenketten, die die Kette **format** enthalten, und solche, die **format** als Variablenname enthalten, weggelassen werden. Doch bis es uns schließlich gelänge, eine so trickreiche Zuordnungsanweisung zu bearbeiten wie z.B.

```
10 format(x5h)=b(i)
```

hätten wir längst den größten Teil eines Erkennungsprogrammes für einen Fortran-Übersetzer geschrieben.

Gewiß wird unser **find**-Programm all diesen pathologischen Fällen nicht gerecht werden. Jedoch wie oft treten solche Fälle schon auf? Wann haben Sie zuletzt **for mat** statt **format** geschrieben? Oder wann haben Sie es zuletzt als Bezeichner gebraucht? Solange <u>alle</u> gesuchten Zeilen gedruckt werden, sind ein paar mehr gewiß nicht von Belang. Wenn Sie nicht auf unbedingte Genauigkeit Wert legen, können Sie an einer geeigneten Stelle einen Trennstrich ziehen. Zugunsten eines breiteren Anwendungsbereiches werden einige wenige Ungenauigkeiten gerne in Kauf genommen. Die meisten Benutzer solcher Werkzeuge kommen Ihnen gerne entgegen, und wenn Sie 90% der Aufgabe ausführen, sind sie geradezu begeistert.

Wir werden uns hier auf eine einfache, in einer Reihe von Texteditoren und anderen Programmen zur Mustererkennung verwendete Notation beschränken. Trotz ihrer Schlichtheit ist die Notation erstaunlich vielseitig. Einige sinnvolle Erweiterungen werden in Form von Übungen angeregt.

Ein Textmuster kann so einfach sein wie z.B. **a**, oder aus einfachen Mustern zusammengesetzt wie die Zeichenkette **format**.

Es bedarf nur der Beachtung einiger Regeln zur Erstellung beliebiger Textmuster.

Jedes Literal, wie etwa **a**, stellt ein Textmuster dar, das mit demselben Zeichen in dem durchsuchten Text übereinstimmt. Eine Folge von Literalen, z.B. **123** oder **format** ist ein Muster, das auf jede auftretende Zeichenfolge dieser Art in einer Eingabezeile paßt.

Man sagt, ein Muster _paßt_ auf einen Teil einer Textzeile (oder kann dort erkannt werden), falls das Muster innerhalb dieser Zeile auftritt. So paßt zum Beispiel das Muster **aa** auf die Zeile **aabc** einmal in Position 1; es paßt an zwei Stellen auf die Zeile **aabcaabc** und an fünf (überlappenden) Stellen auf die Zeile **aaaaaa**. Das Aufsuchen des Musters geschieht zeilenweise; Muster werden im Text nur wiedererkannt, wenn sie innerhalb einer Zeile auftreten. Textmuster können _verkettet_ werden, so daß zwei aufeinanderfolgende Muster ein neues ergeben. Dieses neue Muster schließlich paßt nur auf einen Text, wenn das erste Teilmuster erkannt wird und das zweite Teilmuster im Text unmittelbar darauf folgt. Ein Beispiel für die Konkatenation von Mustern ist eine Folge aus Literalen, wie etwa **aa**.

Obwohl ein Programm nur zum Aufsuchen von Ketten von Literalen leicht zu erstellen ist (und auch ein sinnvoller erster Schritt ist), werden Sie bald seine Grenzen erkennen. Demgemäß werden wir **find** erweitern, und zwar um die Fähigkeit, Muster aufzusuchen, die auf Zeichenklassen passen, weiterhin auf Muster nur an bestimmten Positionen, sowie auf Text unbestimmter Länge.

Um allgemeinere Textmuster ausdrücken zu können, benötigen wir eine Reihe von Sonderzeichen, sog. _Metazeichen_. Diese stellen kein Literal dar, nach dem in Text gesucht werden soll, sondern sie kennzeichnen einen Typ von Textmustern oder begrenzen ein Muster. Um Verwechslungen vorzubeugen, werden wir für Metazeichen möglichst solche Zeichen verwenden, die in Texten selbst selten auftreten. Als erstes Beispiel führen wir das Metazeichen **?** ein, das stellvertretend für ein beliebiges Einzelzeichen mit Ausnahme des Symbols **NEWLINE** steht. Das Muster **x?y** paßt somit auf **x+y**, **xay**, **x?y** und ähnliche Zeichenketten.

Will man jedoch explizit nach einem Fragezeichen oder einem

anderen Metazeichen suchen, so muß man die Sonderbedeutung von ? außer Kraft setzen. Dies geschieht mit Hilfe des <u>Fluchtsymbols</u> ə, das wir bereits bei dem Zeichenübersetzer **translit** in Kap.2 kennengelernt haben. Demzufolge paßt ə? auf ein tatsächliches Fragezeichen und əə auf ein explizit im Text vorkommendes einfaches ə.

Das Metazeichen [zeigt an, daß alle bis zum nächsten] vorkommenden Zeichen eine <u>Zeichenklasse</u> bilden. Eine Zeichenklasse paßt genau dann, wenn eines der Einzelzeichen zwischen den Klammern paßt. Für Zeichenklassen gelten dieselben Bezeichnungen wie für die Spezifikation der **from**-Zeichenketten aus **translit**: [aA] paßt auf a oder A, [a-z] auf alle Kleinbuchstaben und [¬a] auf alle Zeichen außer a, etc. Diese Beispiele unterscheiden sich lediglich darin, daß zur Vereinfachung negierte Zeichenklassen, wie im letzten Beispiel, nie auf ein **NEWLINE** passen. Soll eine Zeichenklasse die Zeichen ¬, -, ə oder] enthalten, kann die oben erwähnte Schreibweise mit Fluchtsymbol auch innerhalb von Zeichenklassen angewandt werden.

Zwei weitere Metazeichen passen nicht auf literale Zeichen, vielmehr aber auf Positionen einer Eingabezeile. % paßt auf den <u>Zeilenanfang</u>; somit ist %abc ein Muster, das auf abc nur dann paßt, wenn es an den ersten drei Positionen einer Eingabezeile auftritt. Entsprechend paßt $ auf das Ende einer Zeile; somit paßt abc$ nur dann auf abc, wenn es das Zeilenende, vor **NEWLINE**, bildet. Natürlich können auch beide Metazeichen zusammen gebraucht werden: dann paßt %abc$ auf eine Zeile, die nur abc enthält; %$ paßt nur auf leere Zeilen bzw. Zeilen, die nur aus **NEWLINE** bestehen.

Auf jedes der oben erwähnten Textmuster, das auf ein einzelnes Zeichen paßt (ausgenommen % und $), kann das Zeichen * folgen. Daraus ergibt sich ein Textmuster, das <u>null oder mehrere</u> aufeinanderfolgende Muster des einzelnen Zeichens darstellt. Wir nennen dies ein <u>Wiederholungsmuster</u>. a* paßt beispielsweise auf null oder mehrere Zeichen a; aa* hingegen paßt auf ein oder mehrere a´s; [a-z]* paßt auf jede Zeichenkette bestehend aus null oder mehreren Kleinbuchstaben.

Da ein Wiederholungsmuster auf null oder mehrere Versionen des Musters paßt, stellt sich die Frage, welche Auswahl gegebenenfalls zu treffen ist. **find** selbst kann sich auf mindestens ein Muster pro Zeile beschränken, doch werden wir später von der übereinstimmenden Subkette Gebrauch machen wollen. Es wäre deshalb sehr sinnvoll, wenn **find** die längstmögliche Zeichenkette auffände, selbst wenn eine leere Kette genauso auf das Muster paßt. Somit paßt **[a-zA-Z]*** auf ein ganzes Wort (das auch eine leere Kette darstellen kann), während **[a-zA-Z][a-zA-Z]*** zwar auch auf ein ganzes Wort paßt, jedoch aus ein oder mehreren Buchstaben bestehen muß; **?*** schließlich paßt auf eine ganze Zeile (die aus einer leeren Kette bestehen kann). Unklarheiten bezüglich der Entscheidung, welcher Teil einer Zeile auf ein Muster paßt, werden beseitigt, indem man diejenige passende Zeichenfolge wählt, die mit dem <u>am weitesten links stehenden</u> Zeichen beginnt, und danach die an dieser Stelle <u>längstmögliche</u> Folge herausgreift. Somit stimmt **[a-z][a-zO-9]*** mit demjenigen Fortran-Bezeichner überein, der in einer Zeile am weitesten links steht, während **(?*)** auf jede zwischen runden Klammern stehende Zeichenfolge, und **??*** auf eine gesamte Zeile bzw. ein oder mehrere Zeichen paßt (ausgenommen einer Zeile, die nur aus **NEWLINE** besteht).

Schließlich wird ein Muster nicht über eine Zeilenbegrenzung hinweg erkannt. In den meisten Fällen erweist sich dies als sinnvoll und verhindert außerdem, daß ein verfrühtes **?*** die gesamte Eingabe verschluckt.

Unter technischen Gesichtspunkten stellen unsere Textmuster eine Unterklasse der Klasse von Mustern dar, die man <u>reguläre Ausdrücke</u> nennt und die bereits eingehend untersucht worden sind. Allgemeine reguläre Ausdrücke sind dadurch gekennzeichnet, daß sie es ermöglichen, Alternativen darzustellen und Muster einzuklammern; so paßt beispielsweise **x(a|bc)y** entweder auf **xay** oder **xbcy**. (Die runden Klammern sowie der Strich werden zu Metazeichen.) Diese allgemeineren Muster erhöhen die Leistung um den Preis der Komplexität. Für unsere Zwecke überwiegt die Komplexität die Leistung, doch werden wir im weiteren Verlauf einige der relevanten Streitpunkte besprechen.

<u>Aufgabe 5-1</u>: Schreiben Sie ein Textmuster, das nur auf diejenigen Wörter paßt, die die fünf Vokale aeiou in genau der Reihenfolge enthalten, z.B. "Arbeitsordnung". Die Wörter eines weiteren Textmusters sollen aus solchen Zeichen

bestehen, die sich ergeben, indem man einen Taschenrechner
verkehrt herum hält. (So etwa SIE.ESEL bestehend aus den
Ziffern 7353.315.)

Aufgabe 5-2: Schreiben Sie Textmuster, die auf PL/I-Bezeich-
ner, Cobol-Bezeichner und solche Bezeichner passen, die in
Ihrer Assemblersprache zulässig sind. Wie würden Sie
translit, sort, unique und **find** gebrauchen, um alle in einem
Programm benutzten Bezeichner und Schlüsselworte aufzulisten?
Gibt es eine einfache Möglichkeit, die Schlüsselworte zu
eliminieren? (Hinweis: Betrachten Sie das Programm zur
Überprüfung von Schreibfehlern in Kap.4.) Lohnt es sich?

Aufgabe 5-3: Die meisten Sprachen legen eine maximale Länge
für Bezeichner fest; beispielsweise läßt Fortran höchstens
sechs Zeichen dafür zu. Können Sie, ausgehend von den oben
definierten Textmustern, ein Muster schreiben, das auf
Fortran-Bezeichner mit höchstens sechs Zeichen paßt?

Aufgabe 5-4: Kann **find** zum Löschen aller Leerzeilen aus dem
Text benutzt werden? Kann es weiterhin benutzt werden, alle
Kommentarkarten aus einem Fortran-Programm zu löschen, sie
zu zählen? Können damit alle Kommentare aus einem
PL/I-Programm gelöscht werden? Können Sie es zum Löschen
aller Zeilen nach einer **end**-Anweisung verwenden?

Aufgabe 5-5: Ergeben die folgenden Muster unter Berücksichtigung der obigen Definitionen einen Sinn? Wenn nicht, warum
nicht? Wenn ja, was bedeuten Sie?

```
a**
aa**
a%b$c
%*a
[¬ @t]*[ @t]
%$
%
*
@@t
```

Da wir nun festgelegt haben, welche Art von Mustern wir suchen wollen, können wir mit dem Entwurf des Programms beginnen. Ohne auf Einzelheiten einzugehen, können wir die Notwendigkeit eines Feldes **pat** zur Erfassung des Musters und auf der obersten Ebene folgenden Ablauf voraussetzen:

```
#find - Textmuster suchen
       character arg(MAXARG), lin(MAXLINE), pat(MAXPAT)
       integer getarg, getlin, getpat, match

       if (getarg(1, arg, MAXARG) == EOF)
           call error("Gebrauch: find Muster.")
       if (getarg(arg, pat) == ERR)
           call error("ungültiges Muster.")
       while (getlin(lin, STDIN) ¬= EOF)
           if (match(lin, pat) == YES)
               call putlin(lin, STDOUT)
       stop
       end
```

getpat verwendet den Parameter, um das Suchmuster nach **pat** zu bringen. **match** sucht die Eingabezeile **lin** nach dem Muster ab und antwortet mit **YES/NO**.

Häufig ist es möglich, ein Programm ohne genaue Entwurfsvorstellung nicht nur zu schreiben, sondern es auch zu testen. Das genau haben wir mit **find** getan. Indem wir Scheinversionen von **getpat** und **match** verwendet haben, konnten wir feststellen, ob Textzeilen richtig gelesen und geschrieben sind, d.h. daß EOF zum korrekten Zeitpunkt aufgefunden und die interne Repräsentation in **lin** zumindest von **getlin** und **putlin** auf konsistente Weise gehandhabt wird. Eine geringfügig modifizierte Version von **getpat** rief die Fehlermeldung hervor, und eine sehr vereinfachte Form von **match**, die nur ein führendes **a** auffinden kann, bewies, daß Zeilen selektiv ausgegeben werden können.

Zwar scheint all das ziemlich elementar zu sein, dennoch ist gerade dieses Anfangsstadium überraschend fehleranfällig. Für

umfangreiche Softwareprojekte gilt häufig, daß die meisten
Fehler entstehen, wenn die Zusammenarbeit der einzelnen
Systemteile nicht den Erwartungen entspricht, obwohl von Anfang
an detaillierte Schnittstellenspezifikationen bekannt sind. Auch
werden viele andere Fehler selbst bei ausführlichen Überprüfungen
der einzelnen Routinen nicht entdeckt, sondern treten erst auf,
wenn die Routine mit dem restlichen Programm zusammenwirkt.

Deshalb liegt es nahe, Tests zunächst auf der höchsten, am
meisten integrierten Ebene durchzuführen, da hier sowieso die
meisten Fehler entdeckt werden, und mit diesen Tests <u>so früh wie
möglich</u> zu beginnen, d.h. noch ehe man den größten Teil des
Programms schreibt. Diese Vorgehensweise nennt man allgemein
top-down-Test, als natürliche Erweiterung von top-down-Entwurf
und top-down-Programmieren. Die Scheinprogramme werden als
<u>Programmplatzhalter</u> bezeichnet. Wir haben auf diese Weise **find**
stückweise erstellt und getestet, was sich als vorteilhaft
herausstellte. Trotz einiger Flüchtigkeitsfehler wurde das
Programm in rascher Folge geschrieben und getestet.

Da das Muster an beliebiger Stelle der Eingabezeile auftreten
kann, scheint es sinnvoll zu sein, die Überprüfung in zwei Teile
aufzugliedern. **match** sucht das Muster an beliebiger Stelle der
Eingabezeile, indem es wiederholt **amatch** aufruft. **amatch**
wiederum beginnt die Überprüfung jedesmal an einer festgelegten
Position i - eine <u>verankerte</u> Überprüfung. Wir trennen dadurch
die Entscheidungen, welche Überprüfung durchgeführt werden soll
und an welcher Stelle sie stattfindet.

```
#match - Muster innerhalb einer Zeile suchen
      integer function match(lin, pat)
      character lin(MAXLINE), pat(MAXPAT)
      integer amatch
      integer i

      for (i = 1; lin(i) ¬= EOS; i = i + 1)
          if (amatch(lin, i, pat) > 0) {
              match = YES
              return
              }
      match = NO
      return
      end
```

amatch liefert einen Verweis auf die Position der zutreffenden Zeichenkette bzw. null für den Fall, daß keine passende Kette gefunden wurde. Im Gegensatz zu späteren Programmen, die die Position des passenden Teils des Textes brauchen, ist für **find** nur relevant, ob überhaupt das Muster erkannt wurde oder nicht.

Wir wollen im Moment alle Metazeichen unberücksichtigt lassen. **amatch** muß also das Muster zeichenweise mit der Eingabe vergleichen, bis es entweder keine Übereinstimmung anzeigt (in welchem Fall null ausgegeben wird) oder aber das Muster vollständig erkennt (in diesem Fall kann es die nächste Eingabeposition ausgeben, die mit Sicherheit nicht null ist). Eine einfachste Version von **amatch** könnte dann so aussehen:

```
#amatch - ohne Metazeichen
      intetger function amatch(lin, from, pat)
      character lin(MAXLINE), pat(MAXPAT)
      integer from, i, j

      i = from
      for (j = 1; pat(j) ¬= EOS; j = j + 1) {
           if (lin(i) ¬= pat(j))
                 amatch = 0
                 return          #erfolglos
                 }
           i = i + 1
           }
      amatch = i
      return                     # erfolgreich
      end
```

Hier sind die Zeichen des Musters in aufeinanderfolgenden Elementen von **pat** gespeichert.

Die Metazeichen **?**, **%** und **$** verursachen nur unerhebliche Schwierigkeiten. Hingegen werfen Zeichenklassen die Frage der Darstellung auf.

Natürlich wollen wir eine Kurzschreibweise wie [**a-z**] nicht für jede Zeichenposition in einer Eingabezeile neu interpretieren. Es scheint, daß Textmuster ausreichend kompliziert sind, um eine Verschlüsselung zu rechtfertigen. So brauchen wir nur ein einziges Mal das Muster zu durchlaufen, um es sorgfältig auf unzulässige Angaben zu untersuchen, die Kurzschreibweisen voll auszuschreiben und es in einer dem Programm angemessenen Form neu zu formulieren. Da wir beabsichtigen, **find** auf ziemlich große Dateien anzuwenden, wäre es wünschenswert, die Überprüfung in einem vertretbaren Zeitraum auszuführen. Das Verschlüsseln eines Musters ist ein gutes Beispiel für ein grundlegendes Prinzip - je mehr Zeit man für die Datenvorbehandlung bereit ist zu opfern, desto schneller kann man später damit arbeiten.

In unseren Mustern ist jede Art von Textmuster durch einen speziellen Code in **pat** gekennzeichnet. Literalzeichen werden durch zwei Einträge dargestellt - der Indikator CHAR an Stelle j und das Zeichen selbst an Stelle j+1. Die Metazeichen %, $ und ? werden entsprechend durch die einfachen Einträge BOL, EOL und ANY dargestellt. Zeichenklassen werden entweder durch CCL (für [...]) oder durch NCCL (für [¬...]) gefolgt von der Angabe der Zeichenanzahl der Klasse und den Zeichen selbst, nachdem jede Kurzschreibweise ausgewertet wurde, dargestellt. Wir werden Wiederholungsmuster vorläufig außer Betracht lassen, bis der leichtere Teil unter Kontrolle ist. Das Muster

    %[¬x]?[0-9]x$

wird demnach wie folgt verschlüsselt:

    BOL NCCL 1 x ANY CCL 10 0 1 2 3 4 5 6 7 8 9 CHAR x EOL

(Die erste ´1´ und die ´10´ sind in der Verschlüsselung Zahlen und keine Zeichen.) Die Umformung eines Eingabemusters in diese verschlüsselte Form wird von **getpat** und seinen Unterprogrammen vorgenommen. Wir werden darauf zurückkommen. Bei einer derart komplexen Musterdarstellung wäre es nun vorteilhaft, die Überprüfung auf Übereinstimmung einzelner Zeichen einer eigenen Routine zu übertragen, um **amatch** in vertretbarer Grösse zu halten. **omatch** überprüft, ob ein einzelnes Eingabezeichen der laufenden Mustervorschrift genügt und erhöht entsprechend die Eingabeposition, wenn das der Fall ist. Somit kann sich **amatch** darauf konzentrieren, den Vergleich von Muster und Text miteinander zu synchronisieren. Das führt zu einer neuen Version von **amatch**:

```
#amatch mit einigen Metazeichen
      integer function amatch(lin, from, pat)
      character lin(MAXLINE), pat(MAXPAT)
      integer omatch, patsiz
      integer from, i, j

      i = from
      for (j = 1; pat(j) ¬= EOS; j = j + patsiz(pat, j))
            if (omatch(lin, i, pat, j) == NO) {
                  amatch = 0
                  return            # erfolglos
                  }
      amatch = i
      return                        # erfolgreich
      end
```

Außer Wiederholungsmustern behandelt **omatch** alle Teilmuster.
patsiz liefert die Länge eines Teilmusters in **pat**, so daß es
übersprungen werden kann. Sobald wir uns mit Wiederholungsmustern
befassen, werden wir auf diese Routinen zurückkommen.

Wiederholungsgruppen verursachen die größten Schwierigkeiten. In
dem Programm für die Textänderung am Schluß dieses Kapitels und
in dem Editor in Kap. 6 programmieren wir die Ersetzung eines
durch ein Muster erkannten Textes durch einen beliebigen anderen
Text. Um das zu erreichen, ist es sinnvoll, das längstmögliche
Muster zu erfassen, sofern eine Wahlmöglichkeit besteht. Demnach
wird, sobald ein * auftritt, eine Schleife auf das zu
wiederholende Muster ausgeführt, welche so viele Wiederholungen
wie möglich erkennt, bis keine mehr auftritt. Der weitere
Suchlauf vergleicht dann das restliche Muster mit dem Rest der
Eingabezeile.

Was geschieht aber nun, wenn das restliche Muster nicht
übereinstimmt? Das bedeutet keineswegs, daß das gesamte Muster
nicht doch in der Eingabezeile existiert. Zum Beispiel
entspricht das Muster **b*b** zwar der Zeile **bb**, jedoch nur dann,
wenn sich das Teilmuster **b*** auf das erste **b** des Textteils
beschränkt (oder auf die leere Zeichenkette, die dem ersten **b**
vorangeht). Das bedeutet, daß wir im Fall einer Nichtübereinstim-
mung das letzte Wiederholungsmuster erneut aufgreifen, die
Anzahl der Wiederholungen um eins reduzieren und das restliche
Muster nochmals vergleichen müssen. Wir dürfen die Versuche erst
dann aufgeben, wenn das Wiederholungsmuster der leeren

Zeichenkette entspricht und dennoch keine Übereinstimmung
erkannt wird.

Dies wäre jedoch immer <u>noch nicht</u> das Ende, da durchaus mehr als
ein Wiederholungsmuster in einem Muster vorhanden sein können.
(Wir sagten bereits, wir greifen das <u>letzte</u> Wiederholungsmuster
auf.) Um Muster korrekt erkennen zu können, müssen wir demnach
<u>alle möglichen</u> Wiederholungsmuster zurückverfolgen, bis das
Muster erkannt ist oder keine Übereinstimmung festgestellt
werden kann.

Die Rückverfolgung kann etwa durch eine rekursive Prozedur
ermöglicht werden. Ein Vorteil der Rekursion liegt darin, daß
der Compiler bereits den Code generiert, der zur Kellerverwaltung
erfoderlich ist, welcher ein nicht-rekursives Programm belastet.
Zum Beispiel könnte man **amatch** wie folgt programmieren:

```
#amatch (rekursiv) - Behandlung von Wiederholungsmustern (Pseudocode)
      integer function amatch(lin, from, pat)

         offset = from        #nächstes neues Eingabezeichen
         for (j = 1; pat(j) ¬= EOS; j = j + patsiz(pat, j))
            if (pat(j) == CLOSURE) { #ein Wiederholungsmuster
                  j = [Index des zu wiederholenden Musters]
                  for (i=offset;lin(i)¬=EOS;i=i+1)#längstes Muster
                     if (omatch(lin,i,pat,j)==NO) #ausprobieren
                           break
                     #i zeigt auf erstes abweichendes Zeichen
                     #versuche ob Rest des Musters auf
                     #   Rest der Eingabe paßt
                     #reduziere Wiederholungsmuster nach
                     #   jedem Fehlversuch um 1
                  for (j=[Wiederholungsmuster];i>=offset;i=i-1){
                     k = amatch(lin, i, pat(j))
                     if (k > 0)     #Rest des Musters paßt
                           break
                     }
                  offset = k    #falls k == 0, Fehlversuch;
                                #falls k > 0, Erfolg
                  break
                  }
            else if (omatch(lin, offset, pat,j) == NO { #Negativ-
                                          #wiederholungsmuster
                  amatch = 0
                  return #Fehlversuch mit Negativwiederholungsmuster
                  }
            #sonst omatch erfolgreich
      amatch = offset
      return
```

Die Rekursion erfolgt in der Zeile

```
k = amatch(lin, i, pat(j))
```

Wir können diese Version in PL/I anwenden, indem wir der
Prozedur **amatch** das Attribut **recursive** zuordnen, während in
Fortran die Rekursion nur explizit möglich ist. Das heißt,
amatch braucht einen Keller, um die Folge der Aufrufe zu retten.

In diesem speziellen Fall braucht der Keller nur so tief wie die
Zahl der Wiederholungsmuster zu sein, so daß es vernünftig
erscheint, jeden Eintrag eines Wiederholungsmusters in **pat** so zu
erweitern, daß er zusätzlich alle Informationen über dieses
Wiederholungsmuster enthält. Der Keller wird als verkettete
Liste realisiert, wobei jeder Eintrag einen Zeiger auf den
Vorgänger enthält; die notwendigen Zeiger werden während der
Aufbereitung des Musters durch **getpat** und seine Unterprogramme
gesetzt. Die Struktur eines Eintrags für ein Wiederholungsmuster
in **pat** ist:

pat(i+0)	[type]	enthält CLOSURE für Wiederholungsmuster
pat(i+1)	COUNT	zählt wie oft Muster erkannt
pat(i+2)	PREVCL	zeigt auf vorangegangenen Wiederholungs- teil
pat(i+3)	START	zeigt auf die Stelle der Eingabe, ab welcher das Muster paßt

Die symbolischen Konstanten COUNT, PREVCL und START bezeichnen
Abstände und CLOSIZE die Größe des Wiederholungseintrags, die
gerade 4 beträgt.

Sobald ein Wiederholungsmuster entdeckt wird, wird der Eintrag
in **pat** zum aktuellen Kellerrahmen. Es wird angenommen, daß das
zu wiederholende Muster dem Wiederholungseintrag in **pat** folgt,
so daß beim Absuchen von **pat** der Wiederholungsmusterzeiger vor
dem Muster selbst aufgegriffen wird. Diese Ordnung muß beim
Einrichten des das Muster enthaltenden Feldes hergestellt
werden. Es wird versucht, das Muster so oft als möglich zu
finden, dann wird der Wiederholungszähler und der Zeiger auf den
Musteranfang im aktuellen Rahmen gekellert und versucht, das
nächste Teilmuster zu finden.

Kann ein Teilmuster nicht erkannt werden und läßt sich aber die
Wiederholung des vorangegangenen Teilmusters noch reduzieren, so
führt **amatch** die Kürzung um eine Wiederholung aus und sucht von
dort aus weiter. Im anderen Falle geht **amatch** zur letzten
reduzierbaren Wiederholung zurück und probiert ab dort. Erst
wenn alle Alternativen erschöpft sind, wird Mißerfolg
ausgegeben. Natürlich ist ein Mißerfolg vor dem ersten
Wiederholungsteil unmittelbar erkennbar.

Die endgültige, nicht-rekursive Version von **amatch** ist


```
#amatch (nicht rekursiv) - nach Muster ab lin(from) suchen
        integer function amatch(lin, from, pat)
        character lin(MAXLINE), pat(MAXPAT)
        integer omatch, patsiz
        integer from, i, j, offset, stack

        stack = 0
        offset = from        #nächstes neues Eingabezeichen
        for (j = 1; pat(j) ¬= EOS; j = j + patsiz(pat, j))
            if (pat(j) == CLOSURE) {   #ein Wiederholungsmuster
                stack = j
                j = j + CLOSIZE               #Wiederholung übergehen
                for (i =offset; lin(i) ¬=EOS; )  #längstes Muster
                    if (omatch(lin,i,pat,j) == NO) #ausprobieren
                        break
                pat(stack + COUNT) = i - offset
                pat(stack + START) = offset
                offset = i               #erstes abweichendes Zeichen
                }
            else if (omatch(lin, offset, pat, j) == NO) { #Negativ-
                                                #wiederholungsmuster
                for ( ; stack >0; stack = pat(stack + PREVCL))
                    if (pat(stack + COUNT) > 0)
                        break
                if (stack <= 0) {  #Keller ist leer
                    amatch = 0    #Fehlersituation
                    return
                    }
                pat(stack + COUNT) = pat(stack + COUNT) - 1
                j = stack + CLOSIZE
                offset = pat(stack+START) + (pat(stack+COUNT)
                }
            #sonst omatch erfolgreich
        amatch = offset
        return    # erfolgreich
        end
```

Nun können auch die begleitenden Routinen **patsiz** und **omatch**
angegeben werden:

```
#patsiz - Größe des Musters ab pat(n) bestimmen
      integer function patsiz(pat, n)
      character pat(MAXPAT)
      integer n

      if (pat(n) == CHAR)
            patsiz = 2
      else if (pat(n) == BOL | pat(n) == EOL | pat(n) == ANY)
            patsiz = 1
      else if (pat(n) == CCL | pat(n) = NCCL)
            patsiz = patsiz(n + 1) + 2
      else if (pat(n) == CLOSURE)        #wahlweise
            patsiz = CLOSIZE
      else
            call error("in patsiz: kann nicht passieren.")
      return
      end
```

Der Eintrag in **patsiz**, der auf Wiederholungsmuster prüft, wurde
mit "wahlweise" gekennzeichnet, da **patsiz** nie zu dem Zweck
aufgerufen wird, die Länge eines solchen Musters auszugeben. Wir
haben es während einer frühen Entwurfsphase mit hineingenommen,
um sicher zu gehen, falls wir einmal unsere Meinung ändern
sollten; schließlich wurde es beibehalten, um ein Gefühl der
Unsicherheit zu beruhigen. Eine Funktion sollte das tun, was ihr
Name sagt, selbst wenn das überflüssig ist, denn falls eines
Tages ein Programmierer **find** veränd'ern wollte, könnte es
passieren, daß er die Funktion auf eine neue Weise verwendet.
Der Programmierer hat ein Recht darauf, Details Ihres Programms
zu ignorieren, und es dennoch in einer veränderten Umgebung
anzuwenden.

```
#omatch - Versuch, Einzelzeichenmuster ab pat(j) zu erkennen
      integer function omatch(lin, i, pat, j)
      character lin(MAXLINE), pat(MAXPAT)
      integer locate
      integer bump, i, j

      omatch = NO
      if (lin(i) == EOS)
            return
      bump = -1
      if (pat(j) == CHAR) {
            if (lin(i) == pat(j) + 1))
                  bump = 1
            }
      else if (pat(j) == BOL) {
            if (i == 1)
                  bump = 0
            }
      else if (pat(j) == ANY) {
            if (lin(i) ¬= NEWLINE)
                  bump = 1
            }
      else if (pat(j) == EOL) {
            if (lin(i) == NEWLINE)
                  bump = 0
            }
      else if (pat(j) == CCL) {
            if (locate(lin(i), pat, j + 1) == YES)
                  bump = 1
            }
      else if (pat(j) == NCCL) {
            if (lin(i) ¬= NEWLINE & locate(lin(i),pat,j+1)==NO)
                  bump = 1
            }
      else
            call error("in omatch: kann nicht passieren.")
      if (bump >= 0) {
            i = i + bump
            omatch = YES
            }
      return
      end
```

bump gibt die Distanz an, um die bei erfolgreichem **omatch** die
Eingabe weitergeschaltet wird. Sie ist null für erkanntes leeres
Muster und eins sonst.

`locate` sucht nach einem Zeichen einer Zeichenklasse.

```
#locate - nach Zeichen c in Zeichenklasse ab pat(offset) suchen
      integer function locate(c, pat, offset)
      character c, pat(MAXPAT)
      integer i, offset
      #Klassengröße steht in pat(offset), die Zeichen folgen

      for (i = offset + pat(offset); i > offset; i = i - 1)
          if (c == pat(i)) {
                locate = YES
                return
                }
      locate = NO
      return
      end
```

Die letzten Alternativen in **patsiz** und **omatch** sind interessant.
Da das Programm die Muster selbst aufbaut, wissen wir genau,
welche Art von Einträgen auftreten können. Nachdem alle
Möglichkeiten bis auf eine ausgeschlossen werden konnten (durch
die **else if**-Kette), besteht keine Notwendigkeit nachzuprüfen, ob
das Muster tatsächlich die letzte Alternative ist. Oder etwa
doch?

pat ist eine bunte Mischung. Was wir in Wirklichkeit wollen, ist
eine lineare Liste, deren Elemente eine Vielzahl an Strukturen
enthält:

BOL,EOL,ANY	identifizierender Code
CHAR	identifizierender Code, Zeichen zu erkennen
CLOSURE	identifizierender Code, Wiederholungszähler, Zeiger auf vorangegangenes Wiederholungsmuster, Zeiger auf erstes erkanntes Zeichen
CCL,NCCL	identifizierender Code, Klassengröße, Liste der Zeichen der Klasse

Jede Struktur enthält grundsätzlich einen Zeiger auf das nächste

Listenelement. Leider können wir in Fortran nicht beliebige Strukturen beschreiben, da es nicht möglich ist, Speicherplatz dynamisch aus einem von der Sprache unterhaltenen Vorrat zuzuweisen. Wir müssen deshalb mogeln. Wir stellen die verschiedenen Datentypen alle durch Ganzzahlen dar und betreiben unsere eigene Speicherverwaltung. Wir verwenden Indizes als Zeiger, wobei wir den Gebrauch von Zeigern soweit als möglich umgehen wollen, wenn wir ohnehin wissen, wo sich etwas im Feld befindet. Trickprogrammierung ermöglicht es, in Fortran vieles zu tun, was ursprünglich in der Sprache nicht vorgesehen war, jedoch immer auf Kosten der Lesbarkeit und zusätzlicher Gültigkeitsprüfungen.

Wir können deshalb Probleme erwarten und sollten darauf vorbereitet sein. Es gibt viele verbreitete Programmier- und Entwurfsfehler, die Einträge in **pat** verpfuschen können. Wenn wir uns blind darauf verlassen, daß alles in Ordnung ist, werden **patsiz** und **omatch** auch Schrott als gültiges Muster ansehen und darauf reagieren. In einer Reihe von Tests werden die komplizierteren Alternativen gerne bis zum Schluß aufgehoben, so befinden sich in **omatch** die negierten Zeichenklassen (NCCL) am Ende. Schrott ist schlimm genug, aber Schrott, von dem angenommen wird, er enthielte eine Längenangabe, kann noch viel schlimmer sein. Daher testen wir explizit die letztmögliche Bedingung und drucken "kann nicht passieren", falls das Unmögliche eintritt.

Als wir zum ersten Mal dieses Programm laufen ließen, erhielten wir die Meldung "kann nicht passieren". Diese Meldung trat vielleicht hundert Mal beim Hinzufügen neuer Programmzeilen auf. Diese Erfahrung spricht für sich selbst: wenn man auf dem Hochseil tanzt, sollte man ein Netz benutzen. Sie können ja einmal darüber nachdenken, um wieviel schwieriger das Testen der Programme ohne diese Meldung gewesen wäre.

Selbst nach der anfänglichen Entwicklungsperiode wurden verschiedene Teile von **find** modifiziert, manchmal ziemlich radikal. Immer dann, wenn eine Änderung mit mehr Begeisterung als Vorsicht gemacht wurde, brachte uns "kann nicht passieren" wieder ins Gleis.

Schließlich haben wir uns dazu durchgerungen, die Meldung für

alle Zeilen im Programm zu lassen, statt zu behaupten, alles
wäre richtig. Fehlermeldungen dann rauszuwerfen, wenn "das
Programm läuft", ist als ob man am Boden einen Fallschirm trüge,
ihn jedoch ablegte, sobald man in der Luft schwebt.

Wir können das neue Programm ausführlich testen, indem wir
Programmplatzhalter für **getpat** verwenden, die vordefinierte
Muster erzeugen. Zuerst probieren wir ein **a** wie zuvor, dieses
Mal jedoch mit einem voll funktionsfähigen **match**. Dann schalten
wir ein neues Merkmal nach dem anderen an, bis wir schließlich
eine beliebige Mischung von Mustern mit mehrfachen Wiederholungsmustern im Griff haben.

> <u>Aufgabe 5-6</u>: Schätzen oder messen Sie, wieviel Laufzeit für
> die Fehlerprüfanweisungen in **patsiz** und **omatch** erforderlich
> ist. Wieviel Prozent der Gesamtzeit ist dies? Wie hängt
> dieser Anteil von der Häufigkeit, mit der die verschiedenen
> Muster im alltäglichen Gebrauch auftreten, ab? Wieviel
> zusätzlicher Speicherplatz wird von den zusätzlichen
> Anweisungen benötigt? Wie hoch ist der Anteil vom
> Gesamtprogramm?

> <u>Aufgabe 5-7</u>: Schreiben und testen Sie **match** und seine
> Unterprogramme, indem Sie verschiedene Programmplatzhalter
> verwenden, um Muster über **getpat** einzuführen. Schreiben Sie
> zehn zunehmend komplexere Muster auf, die getestet werden
> sollten. (Hinweis: Welche Muster sind nötig, damit <u>alle</u>
> Programmteile durchlaufen werden?) Probieren Sie diese.

Nachdem wir nun über ein nahezu vollständiges Programm zur
Mustererkennung verfügen, wollen wir uns darauf konzentrieren,
das Muster zu lesen und zu verschlüsseln. Obwohl schon **find** auf
ein Muster ausgerichtet ist, das in Spalte 1 beginnt und mit EOS
abschließt, würden wir dennoch ein allgemeineres Programm zur
Erstellung von Mustern vorziehen - ein Programm, das einen
beliebigen Bezeichner als Ende-Zeichen akzeptiert und die
Position für eine eventuelle Fortsetzung des Suchlaufs
zurückgibt. (Wir würden dies teilweise aus Prinzip vorziehen,
teilweise unter dem Gesichtspunkt unserer Absichten im weiteren
Verlauf dieses Buches.) Somit kann man **getpat** als eine triviale
Routine als Schnittstelle zwischen **find** und **makpat** betrachten,
wobei **makpat** die Hauptarbeit erledigt.

```
#getpat - Parameter in Muster umwandeln
      integer function getpat(arg, pat)
      character arg(MAXARG), pat(MAXPAT)
      integer makpat

      getpat = makpat(arg, 1, EOS, pat)
      return
      end
```

Beim Schreiben von **makpat** wurde uns klar, daß wir es zugunsten
der vereinfachten Anwendung von **find** modifizieren könnten. Steht
% nicht am Anfang eines Musters, verliert es seine besondere
Bedeutung, ebenso wenn $ nicht am Ende oder * ganz am Anfang
steht. Dadurch erübrigt es sich in vielen Fällen, diese Zeichen
zu kennzeichnen, wenn sie als Literalzeichen auftreten sollten.
(Außerdem wird eine Fehlermeldung überflüssig, was wiederum
angenehm ist.) Alle *, die nicht am Zeilenanfang auftreten,
werden daraufhin überprüft, ob sie nicht die Wiederholung einer
leeren Kette erfordern, da das restliche Programm sich nicht mit
solchen Situationen befaßt. In diesem Fall wird jedoch * nicht
als Literalzeichen aufgefaßt; stattdessen wird das Muster
verlassen und eine Diagnose gestellt. Dies erweist sich in der
Praxis als sicherer.

Wir möchten betonen, daß diese "Programmeigenschaften" _ad_

hoc-Entscheidungen während der Implementierung des Programms zur Mustererstellung sind. Verschiedene merkwürdige Situationen stellten sich, wie es häufig geschieht, als unspezifiziert heraus und mußten während des Programmiervorgangs geklärt werden. Wir haben uns bei der Vervollständigung der Spezifikation möglichst für benutzerfreundliche Lösungen entschieden.

Zweifellos sollte man zuviele solcher Dinge vermeiden. Unser Ziel sind klare, eindeutige, funktionale Spezifikationen, die sich leicht einprägen - im Gegensatz zu irgendwie zusammengebastelten Routinen, die einem die Arbeit erschweren. Zu viele Ausnahmen und ad hoc-Entscheidungen können die Korrektheit und Anwendung der Programme wesentlich beeinträchtigen. Wie immer erweist sich Ausgewogenheit als sehr wichtig.

Das folgende Programm **makpat** überträgt den Musterparameter in verschlüsselter Form in das Feld **pat**. Die einfachen Fälle kann **makpat** selbst ausführen, während die komplizierteren durch Unterprogramme erledigt werden.

```
#makpat - Muster von arg(from) aufbauen, bis delim
        integer function makpat(arg, from, delim, pat)
        character esc
        character arg(MAXARG), delim, pat(MAXPAT)
        integer addset, getccl, stclos
        integer from, i, j, junk, lastc, lastj, lj

        j = 1
        lastj = 1
        lastcl = 0
        for (i = from;arg(i) ¬= delim & arg(i) ¬= EOS;i = i + 1){
            lj = j
            if (arg(i) == ANY)
                junk = addset(ANY, pat, j, MAXPAT)
            else if (arg(i) == BOL & i = from)
                junk = addset(BOL, pat, j, MAXPAT)
            else if (arg(i) == EOL & arg(i + 1) == delim)
                junk = addset(EOL, pat, j, MAXPAT)
            else if(arg(i) == CCL) {
                if (getccl(arg, i, pat, j) == ERR)
                    break
                }
            else if (arg(i) == CLOSURE & i > from) {
                lj = lastj
                if (pat(lj) == BOL | pat(lj) == EOL
                  | pat(lj) == CLOSURE)
                    break
                lastcl = stclos(pat, j, lastj, lastcl)
                }
            else {
                junk = addset(CHAR, pat, j, MAXPAT)
                junk = addset(esc(arg, i), pat, j, MAXPAT)
                }
            lastj = lj
            }
        if (arg(i) ¬= delim) #zu frühes Ende
            makpat = ERR
        else if (addset(EOS , pat, j, MAXPAT) == NO) #kein Platz
            makpat = ERR
        else
            makpat = i
        return
        end
```

Alle Einträge in das Feld **pat** werden über Aufrufe von **addset**
ausgeführt. **addset** ist die gleiche Routine, wie sie in **translit**
verwendet wurde, um auf Überlauf zu testen, Einträge zu
speichern, und den Speicherindex zu aktualisieren. (**esc** stammt
ebenfalls von **translit**, es verarbeitet eventuell vorhandene
Fluchtsymbole.)

Um nicht jeden **addset**-Aufruf auf Platz für neue Zeichen testen zu müssen, ignorieren wir den Funktionswert (durch seine Zuweisung auf **junk** wie in Kap.2), da **addset** nie über spezifizierte Begrenzungen hinaus schreiben wird. Ist genügend Platz für das Ende-Zeichen EOS vorhanden, ist alles in Ordnung; andernfalls gibt **makpat** ein ERR aus.

Zeichenklassen werden durch **getccl** verschlüsselt. **getccl** ist so organisiert, daß es **filset** (und dessen Untermoduln) gebraucht, um Einträge von Zeichenklassen wie in **translit** vorzunehmen. Auf diese Weise ersparen wir uns das Schreiben eines neuen Programms, können außerdem der Richtigkeit des Programms ziemlich sicher sein und <u>wissen</u>, daß **find** und **translit** zur Spezifikation von Zeichenklassen dieselben Regeln anwenden.

```
#getccl - Zeichenklasse bei arg(i) in pat(j) expandieren
      integer function getccl(arg, i, pat, j)
      character arg(MAXARG), pat(MAXPAT)
      integer addset
      integer i, j, jstart, junk

      i = i + 1       #[ überspringen
      if (arg(i) == NOT) {
            junk = addset(NCCL,pat, j, MAXPAT)
            i = i + 1
            }
      else
            junk = addset(CCL, pat, j, MAXPAT)
      jstart = j
      junk = addset(0, pat, j,MAXPAT)   #Platz für Zähler lassen
      call filset(CCLEND, arg, i, pat, j, MAXPAT)
      pat(jstart) = j - jstart - 1
      if (arg(i) == CCLEND)
            getccl = OK
      else
            getccl = ERR
      return
      end
```

CCLEND ist natürlich ein].

Da Wiederholungsmuster nur in bescheidenem Maße vorkommen, verwendet **makpat** eine separate Routine **stclos**, um jeden Eintrag aufzubauen und an die vorangegangenen Einträge anzuhängen (ein Keller wird erzeugt). Der Wert, der zurückgegeben wird, wird in **lastcl** für spätere Verkettung aufgehoben. Wenn ein * erkannt wird, müssen wir das vorangegangene Muster weit genug nach rechts schieben, um den * so einzuordnen, daß er von **amatch** <u>zuerst</u> gelesen werden kann. Dies erledigt **stclos**, wobei beachtet wird, daß nicht versehentlich etwas über das Ende von **pat** hinausgeschoben wird.

```
#stclos - Wiederholungsmuster in pat(j) eintragen
      integer function stclos(pat, j, lastj, lastcl)
      character pat(MAXPAT)
      integer addset
      integer j, jp, jt, junk, lastc, lastj

      for (jp = j - 1; jp >= lastj; jp = jp - 1) { #ein Loch lassen
            jt = jp + CLOSIZE
            junk = addset(pat(jp), pat, jt, MAXPAT)
            }
      j = j + CLOSIZE
      stclos = lastj
      junk = addset(CLOSURE, pat, lastj, MAXPAT) #Wiederholungs-
                                                 #  muster hinein
      junk = addset(0, pat, lastj, MAXPAT)        #COUNT
      junk = addset(lastcl, pat, lastj, MAXPAT)   #PREVCL
      junk = addset(0, pat, lastj, MAXPAT)        #START
      return
      end
```

Als wir **find** entwickelt haben, nahmen wir wann immer möglich die tatsächlichen Zeichen der Parameter in das Feld **pat** auf. (Das mag nicht völlig offensichtlich sein, da wir symbolische Konstanten wie **EOL** und **CLOSURE** statt DOLLAR und STAR benutzen, damit Sie nach Belieben andere Darstellungen wählen können.) Wir bemühen uns stets, druckbare interne Codes zu verwenden. Dies erlaubt uns Programmtestzeilen wie

```
call putlin(pat, ERROUT)
```

aufzunehmen, die dann eine mehr oder weniger gut lesbare Ausgabe bewirken. So definierten wir zum Beispiel **CHAR** als Buchstaben **a** und **NCCL** als **n**. Zähler und Zeiger kommen merkwürdig heraus, jedoch sind die meisten Muster lesbar.

Wir haben hier nur drei Testebenen des Entwurfsprozesses von
find erwähnt. In Wirklichkeit waren es aber viele mehr. Während
des Entwurfs der Mechanismen zur Behandlung der einzelnen Muster
steckten wir sie sozusagen "einfach rein" und probierten es mit
dem existierenden Skelett. Da wir hier einen abgeschlossenen
Entwurf vorstellen, wäre es sehr künstlich, auch durch die
verschiedenen Fehlstarts zu gehen. Bei der Planung Ihres eigenen
top-down-Entwurfs sollten Sie mehr als drei Testebenen einplanen.

Die korrekte Behandlung von Wiederholungsmustern ist der
schwierigste Teil und beansprucht ungefähr die Hälfte des
Programms. Die meisten Fehler traten erwartungsgemäß im Feld **pat**
auf. Entweder wurde ein Eintrag falsch aufgebaut oder er wurde
falsch eingelesen. In beiden Fällen meldete sich das Programm
mit "kann nicht passieren". Dadurch konnten wir Fehler, die sich
beim Austesten neuer Teile einstellten, leicht lokalisieren und
verbessern.

Es ist interessant festzustellen, daß fast alle Entwurfsschwie-
rigkeiten bei dem Versuch auftraten, Strukturen wie dynamische
Speicherverwaltung und Rekursion zu simulieren. Das Fehlen
dieser Merkmale ist ein entscheidendes Manko von Fortran und
vielen anderen Sprachen. Ein guter Teil unserer Zeit und Mühe
muß daher statt für die eigentlichen Zeilen für Dinge
aufgewendet werden, die eigentlich Sache der Programmiersprache
wären. Die Lehre hieraus ist klar - es sollte nicht nur <u>möglich</u>
sein, allgemein notwendige Dinge zu tun, man sollte sie auch
<u>leicht</u> tun können.

find ist kein großes Programm, ohne den Anteil aus **translit** hat
es nur etwa 225 Zeilen. Dennoch sollten wir aber auch die
Struktur dieses Programms in einem Diagramm, wie für **archiv** in
Kapitel 3, darstellen.

```
        find
            getpat
                makpat
                    getccl
                        filset
                    stclos
        match
            amatch
                omatch
                    locate
            patsiz
```

In diesem Bild fehlen die Grundfunktionen wie **getlin**, **putlin** und
addset und natürlich die von **filset** aufgerufenen Unterprogramme,
die für **translit** in Kap.2 entwickelt wurden.

Beachten Sie, daß die beiden Hauptzweige der Hierarchie, **getpat**
und **match**, vom Abstrakten zum Konkreten fortschreiten, so wie
man sich von der Wurzel entfernt. Dies ist das natürliche
Ergebnis des Entwicklungsprozesses von **find**. Der Ausgangspunkt
war ein abstraktes Problem, nämlich alle Fundstellen eines
Musters in der Eingabe zu lokalisieren. Die Verfeinerung
erfolgte in zwei Schritten:

    beschaffe das Muster
    erkenne, ob die Eingabezeilen das Muster enthalten

Diese beiden wurden jeweils noch weiter verfeinert, bis alle
Einzelheiten schließlich auf der untersten Stufe ausgedrückt
waren. Falls die Operationen einer Stufe einfach waren, wurden
sie direkt programmiert. Falls nicht, so wurde ein Teil davon
durch Aufrufe von darunterstehenden Routinen dargestellt, diese
wurden dann später geschrieben.

Oben anzufangen und sich nach unten durch Ausfüllen der Details
durchzuarabeiten, nennt man häufig "schrittweise Verfeinerung".
Selbst für Programme von bescheidener Größe ist ein solcher
Ansatz empfehlenswert. So verliert sich der Entwurf niemals in
übermäßige Einzelheiten, diese bleiben späteren Stufen des
Entwurfs vorbehalten. Das Testen kann hier schon sehr früh
beginnen, da die "unverfeinerten" Teile vorübergehend durch

Programmplatzhalter besetzt werden können, die nur sehr
eingeschränkte Funktionen ausführen (wie im Fall von **find**
vorgegangen wurde). Spätere Revisionen lassen sich einfacher
durchführen, da im allgemeinen verschiedene Aspekte der
Implementierung auch auf verschiedenen Stufen anzutreffen sind.
Das wichtigste ist stets, den angemessenen Grad an Abstraktheit
jeder Stufe richtig festzulegen und ein Durcheinander mit
niederen Details zu vermeiden.

<u>Aufgabe 5-8</u>: Schreiben und testen Sie die noch verbliebenen
Unterprogramme von **find**. Benutzen Sie dabei die gleiche
Serie von Tests wie zuvor. Fallen Ihnen andere ein, mit
denen man **makpat** besser testen kann? (Noch einmal: haben Sie
<u>alle</u> Teile des Programms durchlaufen?)

<u>Aufgabe 5-9</u>: Da Sie jetzt ein funktionsfähiges **find**
besitzen, können Sie es noch um mehrfache Dateianschlüsse
erweitern derart, daß durch

    find *Muster Datei1 Datei2*

die angegebenen Dateien der Reihe nach gelesen werden, oder,
falls die Angabe von Dateien fehlt, auf die Standardeingabe
zugegriffen wird. Bei mehreren Dateinamen sollten Sie den
Dateinamen mit ausgeben, wenn Sie Zeilen, die das Muster
enthalten, ausdrucken. Würden Sie diese Zusatzausgabe jemals
ausschalten wollen?

<u>Aufgabe 5-10</u>: Ändern Sie **find** so, daß durch

    find ¬ *Muster*

<u>alle</u> diejenigen Zeilen ausgedruckt werden, die das Muster
<u>nicht</u> enthalten. In welche Routine sollte der Test
aufgenommen werden? Wie spezifizieren Sie ein Muster, das
mit dem literalen Zeichen ¬ beginnt?

<u>Aufgabe 5-11</u>: Führen Sie für **find** das Metazeichen + ein, das
für "eine oder mehrere Wiederholungen" steht, ähnlich dem *,
der null oder mehr bedeutet.

<u>Aufgabe 5-12</u>: Erfinden Sie eine Syntax für die Spezifikation beliebiger Bitfolgen innerhalb eines Musters und ändern Sie **find** entsprechend. (Siehe hierzu die Diskussion von **esc** in Kap. 2.)

5.4 Einige Messungen

Wir haben das Programm **find** mit einer Reihe von Mustern über einer Eingabe von 225 Zeilen mit 3540 Zeichen (ein Ratfor-Programm) ausgetestet. Hier nun einige CPU-Zeiten, die sich auf einer Honeywell 6070 ergaben.

Muster:	% (Zeilen- anfang)	1 Zeichen (nicht da)	3-Buchstaben- wort	?*x x nicht da
Gesamtzeit:	2,3sec	2,4sec	2,4sec	15,0sec
getlin	78,4%	76,5%	76,8%	12,0%
putlin	19,5	0,1	2,0	0,0
match	0,3	5,2	4,5	0,8
amatch	0,6	10,0	9,2	38,1
omatch	0,5	7,3	6,6	33,6
patsiz	0,3	0,0	0,1	15,4

Wie so oft dominiert bei einfachen Mustern die Ein/Ausgabe gegenüber der CPU-Zeit. (**getlin** bewirkt schließlich nur die Ausführung einer Fortran **read**-Anweisung für Zeicheneingabe; **putlin** benutzt **write**. Aus diesem Grunde haben wir keinen Einfluß auf deren CPU-Zeit.) Das Muster **?*x**, wobei **x** ein nicht in der Eingabe vorkommendes Zeichen ist, stellt einen extremen Fall dar, da **find** sich durch jede Zeichenposition auf jeder Zeile durcharbeiten muß, um festzustellen, daß das Zeichen nicht auftritt. Ein Muster **?*?*x** wäre freilich noch viel schlimmer.

Um zu entscheiden, ob **find** genügend effizient arbeitet, muß die Leistung bei verschiedenen Mustern mit deren Auftretenshäufigkeit und der Größe der Eingabe gewichtet werden. Finden ausschließlich häßliche Muster und lange Texte Verwendung, dann wird eindeutig

ein besserer Algorithmus für **find** erforderlich. So wie **find**
geschrieben ist, läßt sich eine Verbesserung nicht auf einfache
Weise erzielen, da hier ein vollständiges Zurückfädeln durch
alle Erkennungen nötig ist, um das am weitesten links stehende
und längste Muster korrekt zu ermitteln. Jedoch gibt es eine
Möglichkeit, reguläre Ausdrücke vollkommen ohne Zurückfädeln zu
erkennen. Die effizientesten Methoden wandeln den regulären
Ausdruck in eine "Maschine" um, die nach allen möglichen
konstruierbaren Mustern parallel während der Dateineingabe sucht
und jedes erkannte Muster feststellt. Die Implementierung einer
solchen Maschine verbraucht natürlich mehr Zeit als unsere,
dafür macht sich aber die Laufzeitersparnis bemerkbar. Eine
ausführliche Behandlung solcher Verfahren findet sich im neunten
Kapitel von <u>The Design and Analysis of Computer Algorithms</u>,
siehe Literaturhinweise am Ende dieses Kapitels.

Zum Glück scheint die Kombination aus schwierigen Mustern und
großer Eingabe in der Praxis selten aufzutreten. Viel häufiger
dagegen ist die Suche nach einem bestimmten Wort, dafür ist **find**
akzeptabel schnell.

5.5 Ändern von Text

Mit unserer Kenntnis der Identifikation von Mustern können wir
uns jetzt überlegen, wie wir ein nützliches Werkzeug zum
selektiven Austausch von Text gestalten können. Eine solche
Änderung erfordert eine von drei verschiedenen Operationen. Wir
sprechen von einer <u>Löschung</u>, wenn wir ein gefundenes Muster
entfernen wollen, von einer <u>Ersetzung</u>, wenn das Muster gegen ein
anderes ausgetauscht werden soll, und von einer <u>Einfügung</u>, wenn
vor oder nach dem erkannten Muster neuer Text eingesetzt werden
soll. Viele "Änderungsdienstprogramme" machen viel Aufhebens um
diese Unterscheidungen, sie sind aber in der Tat irrelevant.

Durch eine einfache Schreibweise können wir alle Fälle plus
einiger zusätzlicher Merkmale ausdrücken. Das Programm **change**

wird aufgerufen durch

    change *von* *in*

Dabei wird nach allen Fundstellen des Musters _von_ gesucht und
dieses durch die Zeichenkette _in_ ersetzt. Die Ersetzungszeichen-
kette kann eine Kette aus Ersetzungszeichen sein:

    change Fheler Fehler

oder kann die Länge null haben, um eine Löschung zu bewirken:

    change "sehr, "
    change " *$"

Es kann aber auch das spezielle Ergänzungszeichen & erhalten,
was bedeutet, daß das erkannte Muster wieder zurückgeschrieben
werden soll, wodurch Einfügungen bewirkt werden können:

    change aktiv in&

Im letzten Beispiel wird **aktiv** überall durch **inaktiv** ersetzt.

Das Ergänzungszeichen kann an beiden Enden auftreten:

    change Zeichen &kette

In der Mitte:

    change a+b (&)

oder mehrfach:

    change sehr "&, &"

Mit dem Fluchtsymbol kann es auch als Literal verwendet werden:

    change und @&

Für **change** ist es nicht nur wichtig zu wissen, in welcher Zeile
ein Muster enthalten ist, sondern auch, welche Teilzeichenkette

erfolgreich erkannt wurde. In dieser Teilzeichenkette gilt es
nun die spezifizierten Änderungen durchzuführen, um anschließend
den Rest der Zeile zu untersuchen. **find** ermittelt die am
weitesten links stehende, längste Fundstelle; nachdem diese
ausgemacht ist, kann die Suche mit dem ersten Zeichen nach der
erkannten Fundstelle weitergehen und so alle voneinander
verschiedenen Vorkommnisse eines gegebenen Musters aufgegriffen
werden. Ersetzter Text wird niemals untersucht, auf diese Weise
können keine Schleifen auftreten.

Für die Implementierung von **change** bedarf es nur einiger kleiner
Erweiterungen von **find**. Von Anfang an haben wir stets versucht,
präzise zu definieren, unter welchen Umständen ein gegebenes
Muster in einem Text erkannt wird. Dessen Länge ist daher stets
genau definiert; so konnten wir **amatch** so schreiben, daß sein
Aufruf die erste Position hinter einer Fundstelle ermittelt.
Hier nun die oberste Ebene:

```
#change = "von" in "in" ändern
      character lin(MAXLINE), new(MAXLINE)
      character pat(MAXPAT), sub(MAXPAT)
      character arg(MAXARG)
      integer addset, amatch, getarg, getlin, getpat, getsub
      integer i, junk, k, lastm, m

      if (getarg(1, arg, MAXARG) == EOF)
         call error("Gebrauch: change von in.")
      if (getpat(arg, pat) == ERR)
         call error("unzulässiges von Muster.")
      if (getarg(2, arg, MAXARG) == EOF)
         arg(1) = EOS
      if (getsub(arg, sub) == ERR)
         call error("unzulässiges in.")
      while (getlin(lin, STDIN) ¬= EOF) {
         k = 1
         lastm = 0
      for (i = 1; lin(i) ¬= EOS; ) {
            m = amatch(lin, i, pat)
            if (m > 0 & lastm ¬= m) { #Ersetzung vornehmen
               call catsub(lin,i,x,sub,new,k,MAXLINE)
               lastm = m
               }
            if (m == 0 | m == i) { #kein oder leeres Muster paßt
               junk = addset(lin(i), new, k, MAXLINE)
               i = i + 1
               }
            else      #gefundenes Muster überspringen
               i = m
            }
         if (addset(EOS, new, k, MAXLINE) == NO) {
            k = MAXLINE
            junk = addset(EOS, new, k, MAXLINE)
            call remark("Zeile abgeschnitten.")
            call putlin(new, ERROUT)
            call putch(NEWLINE, ERROUT)
            }
         call putlin(new, STDOUT)
         }
      stop
      end
```

Durch **getpat**, das wir für **find** geschrieben hatten, und **getsub**,
das noch besprochen werden wird, werden die Parameter analysiert
und in die richtige Form gebracht.

amatch wird auf jede Anfangsposition jeder Zeile angesetzt. Wird
ein Muster erkannt (m>0) und ist dieses ungleich dem letzten

Muster (lastm ¬=m), so wird das expandierte Ersetzungsmuster von
catsub an das Ende (Position k) der gerade im Aufbau befindlichen
neuen Zeile new angehängt. Das erkannte Muster wird dann in der
Eingabezeile übersprungen. Kann kein Muster erkannt werden
(m==0) oder wird die leere Zeichenkette als Muster erkannt
(m==1), wird ein Zeichen auf die Ausgabe kopiert und in der
Eingabe übersprungen.

Das Hauptproblem bereiten die Fälle, in denen die leere
Zeichenkette ein zulässiges Muster darstellt. Paßt man hier
nicht auf, können viele solche unerwartete Muster erkannt
werden. Wir haben change so angelegt, daß niemals zwei
benachbarte leere Muster ermittelt werden. Dies garantiert, daß
das Muster a* in der Zeile xy an genau drei Stellen erkannt wird
– vor dem x, zwischen x und y und nach dem y. Auch haben wir
darauf geachtet, daß a* in xay ebenfalls genau dreimal paßt, das
ist die am wenigsten überraschende Verhaltensweise.

Eine zweite Komplikation stammt von der Fehlerprüfung, die eine
Menge zusätzlicher Anweisungen erforderlich macht. Das Problem
eines Überlaufs der Ausgabezeile hätte sich zwar durch einen
direkten Aufruf von putc in catsub umgehen lassen, diese Lösung
hätte jedoch die Allgemeingültigkeit eines Moduls, den wir
später noch anders verwenden wollen, zerstört. Die Lösung mit
der Warnung erschien uns deshalb als die bessere Organisation.

Wie getpat unterteilt getsub die Arbeit des Aufbaus des
Ersetzungsmusters in einen speziellen und einen allgemeineren
Teil.

```
#getsub - Ersetzungsmuster in sub eintragen
        integer function getsub(arg, sub)
        character arg(MAXARG), sub(MAXPAT)
        integer maksub

        getsub = maksub(arg, 1, EOS, sub)
        return
        end
```

Das Ersetzungsmuster wird durch **maksub** nach **sub** kopiert, bis ein Begrenzungszeichen, hier ein EOS, erreicht ist. Die Ergänzungszeichen & werden durch speziellen Code ersetzt.

```
#maksub - Ersetzungszeichenkette in sub erzeugen
      integer function maksub(arg, from, delim, sub)
      character esc
      character arg(MAXARG), delim, sub(MAXPAT)
      integer addset
      integer from i, j, junk

      j = 1
      for (i = from;arg(i) ¬= delim & arg(i) ¬= EOS;i = i + 1)
          if (arg(i) == AND)
                junk = addset(DITTO, sub, j, MAXPAT)
          else
                junk = addset(esc(arg, i), sub, j, MAXPAT)
      if (arg(i) ¬= delim)  #Begrenzer fehlt
          maksub = ERR
      else if (addset(EOS, sub, j, MAXPAT) == NO) #kein Platz
          maksub = ERR
      else
          maksub = i
      return
      end
```

DITTO ist ein Code, der von allen darstellbaren Zeichen wie EOF und EOS unterschieden sein muß. Am besten wählt man eine kleine negative Zahl.

Es verbleibt noch **catsub**:

```
#catsub - Ersetzungstext ans Ende von new bringen
      subroutine catsub(lin, from, to, sub, new, k, maxnew)
      integer addset
      integer from, i, j, junk, k, maxnew, to
      character lin(MAXLINE), new(maxnew), sub(MAXPAT)

      for (i = 1; sub(i) ¬= EOS; i = i + 1)
          if (sub(i) == DITTO)
                for (j = from; j < to; j = j + 1)
                      junk = addset(lin(j), new, k, maxnew)
          else
                junk = addset(sub(i), new, k, maxnew)
      return
      end
```

Aufgabe 5-13: Was macht

    change aktiv in&

mit **inaktiv**, **attraktiv** und **radioaktiv**? Wie würden Sie vorgehen, um zu überprüfen, daß "kleine" Veränderungen auch die richtige Wirkung verursachen?

Aufgabe 5-14: Was geschieht, wenn etwas in ein **NEWLINE** geändert werden soll? Was passiert, wenn Sie versuchen, ein **NEWLINE** am Ende einer Zeile zu löschen?

Aufgabe 5-15: Gibt es etwas, das Sie mit **translit**, aber nicht mit **change** machen können?

Aufgabe 5-16: Bauen Sie **change** für mehrfache Veränderungen aus; zum Beispiel sollen durch

    change a b c d

zunächst alle a´s in b´s und dann alle c´s der Ergebniszeile in d´s umgewandelt werden. Ist dies äquivalent zu

    change a b | change c d

für alle möglichen Muster und Austauschzeichenketten?

Aufgabe 5-17: Stellen Sie sich eine Datei vor, bei der jede Zeile aus zwei durch Tabulatorzeichen getrennten Feldern besteht. Schreiben Sie eine Kopplung, die eine neue Datei erzeugt, in der die beiden Felder jeder Zeile vertauscht sind, d.h.

    1234   5678

wird zu

    5678   1234

(Hinweis: Versuchen Sie den Zeileninhalt zu duplizieren, wobei ein Trennsymbol zwischen den beiden Einheiten Verwendung finden sollte.)

Häufig erweist sich die Möglichkeit, Teile eines Textmusters zu
markieren, als sinnvoll. Dadurch können die Teile einer
erkannten Zeichenkette selektiv zurückgeschrieben oder neu
angeordnet werden. Angenommen, wir führen die beiden Metazeichen
{ und } ein, um in einem Textmuster die Teilzeichenkette, die
zum geklammerten Teil des Musters paßt, zu "merken". Im Muster

        %{???}{?*}

werden zum Beispiel durch das erste Klammernpaar die drei ersten
Zeichen der Zeile und durch die zweite Klammerung der Rest der
Zeile gemerkt. Wir brauchen jetzt noch eine Darstellung, um die
gemerkten Teile bezeichnen zu können. Durch @n - n ist eine
einfache Ziffer - soll der durch die n-te Klammerung gemerkte
Teil identifiziert werden. Jetzt können wir die drei Anfangszei-
chen durch

        change %{???}{?*} @2@1

an das Zeilenende bringen. Ein schwerer lesbares Beispiel wäre

        change {[¬@t]*}@t{?*} @2@t@1

Hier werden zwei durch **TAB** getrennte Felder vertauscht. Der
gleiche Effekt also, den Sie in der letzten Aufgabe mit Gewalt
erzielen mußten.

   <u>Aufgabe 5-18</u>: Verändern Sie das Programm zum Erkennen der
   Muster derart, daß markierte Muster so sauber als möglich
   gemerkt werden können, verändern Sie dann **change**, damit
   diese Teile auf Anforderung in das Ersetzungsmuster
   eingegliedert werden können. Können durch Ihr Programm
   verschachtelte Klammerungen behandelt werden? Zum Klammern
   können Sie eventuell auch @(und @) statt { und } verwenden,
   wenn Ihre Maschine nur einen eingeschränkten Zeichensatz zur
   Verfügung stellt. Warum ist diese Lösung besser als einfache
   Klammern in Metazeichen zu verwandeln?

   <u>Aufgabe 5-19</u>: Angenommen, Sie würden über Merkklammerung
   verfügen. Wie würden Sie schreiben, damit nur die am
   weitesten links stehende ganze Zahl einer Zeile in null

umgewandelt wird? Oder nur die am weitesten rechts stehende?
Oder die zweite von links?

Aufgabe 5-20: Erweitern Sie **find** um eine Option **-n**. Sie soll
die Angabe der Zeilennummer, gefolgt von einem Leerzeichen
für jede Zeile, die ein Muster enthält, bewirken. Dies ist
dann von Nutzen, wenn man später solche Zeilen aufgreifen
möchte. Was bewirkt

```
find -n % | sort -n -r | change "%[0-9]* "
```

(Denken Sie daran, daß **sort -n -r** in absteigender
Reihenfolge sortiert und ein numerisches Feld am Zeilenanfang
erwartet.) Wie aufwendig wäre die Entwicklung eines
speziellen Programms, das genau diese Aufgabe für alle
Dateigrößen erledigt? Rentierte sich der Aufwand?

Aufgabe 5-21: Eine von D.E.Knuth gestellte Aufgabe besteht
darin, die größte Menge aller acht Buchstaben langen Wörter
zu bestimmten, die dieselben vier mittleren Buchstaben
haben. Nehmen Sie an, Sie hätten ein maschinenlesbares
Wörterbuch (mit einem Wort pro Zeile), wie würden Sie dann
die gestellte Aufgabe mit **find**, **change**, **sort** und **unique**
lösen? Brauchen Sie sonst noch etwas?

5.6 Zusammenfassung

Wir haben einen umfangreichen Mechanismus zur Behandlung von
Textmustern und eine Menge von Symbolen vorgestellt. Dieses
Kapitel gibt eine kurze Zusammenfassung der Dinge, die Sie
spezifizieren können.

c	Literalzeichen
?	jedes Zeichen außer **NEWLINE**
%	Zeilenanfang
$	Zeilenende (leeres Muster vor **NEWLINE**)

```
[...]      Zeichenklasse (irgendeines dieser Zeichen)
[¬...]     negierte Zeichenklasse (alle außer diesen Zeichen)
*          Wiederholung (null  oder  mehr Exemplare des letzten
           Musters
@c         Zeichen mit aufgehobener Sonderbedeutung
           (z.B. @%, @[, @*)
```

Die Sonderbedeutung von Zeichen geht verloren innerhalb von [...], wenn ein Fluchtsymbol vorangeht oder falls

```
%          nicht am Anfang
$          nicht am Ende
*          am Anfang
```

auftritt.

Eine Zeichenklasse besteht aus null oder mehreren der folgenden, in [und] eingeschlossenen Elemente:

```
c          Literalzeichen, einschl. [
a-c        Zeichenbereich (Ziffern, Klein- oder Großbuchstaben)
¬          negierte Zeichenklasse, falls am Anfang
@c         Zeichen mit aufgehobener Sonderbedeutung
           (@¬, @-, @@, @])
```

Die Sonderbedeutung von Zeichen kann innerhalb einer Zeichenklasse durch das Fluchtsymbol aufgehoben werden, oder wenn

```
¬          nicht am Anfang
-          am Anfang oder Ende
```

vorkommen.

Ein Ersetzungsmuster besteht aus null oder mehreren der folgenden Elemente:

```
c          Literalzeichen
&          Ergänzungszeichen, d.h. das erkannte Muster
@c         Zeichen mit aufgehobener Sonderbedeutung (@&)
```

Eine Fluchtsequenz besteht aus dem Zeichen @, gefolgt von einem

Einzelzeichen:

    @n   NEWLINE
    @t   TAB
    @*c*   c (einschließlich @@)

Literaturhinweise

Für eine verständliche Diskussion des Problems, wie sich eine
allgemeinere Klasse von Mustern, reguläre Ausdrücke genannt,
erkennen läßt, siehe Kapitel 9 von A.V. Aho, J.E. Hopcroft und
J.D. Ullman, _The Design and Analysis of Computer Algorithms_
(Addison-Wesley, 1974). Ebenfalls empfehlenswert ist J.F.Gimpel´s
"A theory of discrete patterns and their implementation in
Snobol4", **CACM**, Febr. 1973. Snobol ist eine weitverbreitete
Sprache zur Mustererkennung. Ein schneller Algorithmus zum
parallelen Aufsuchen von Schlüsselwörtern wird beschrieben in
"Efficient string matching: an aid to bibliographic search",
A.V. Aho und M.J. Corasik, **CACM**, Juni 1975.

Eine ausgezeichnete Behandlung der Rekursion, wann man sie
verwenden sollte und wie sie sich vermeiden läßt, bringt
D.W.Barron´s _Recursive Techniques in Programming_ (American
Elsevier, 1968).

find ist der UNIX Routine **grep** nachempfunden (**g**lobally look for
regular **e**xpressions and **p**rint), sie stammt von K.L.Thompson.

6. Editieren

Unsere Programme zur Mustererkennung und -ersetzung bieten gute
Voraussetzungen, um ein allgemeineres Problem, das Editieren von
Text, angehen zu können. Unter Editieren wollen wir das Erzeugen
und Manipulieren textartiger Information verstehen, seien es
Programme, Daten oder Dokumente. Alle interaktiven Systeme (und
manche Batchsysteme) bieten Editoren an, häufig sind diese aber
leider von ihren Möglichkeiten her stark eingeschränkt. Der
Grund, weshalb die wenigsten Benutzer sich beschweren, liegt
darin, daß zu wenigen bekannt ist, was ein guter Editor zu
leisten vermag. So findet man nur bei wenigen Editorsystemen
Funktionen wie etwa Kontextsuche mit Textmuster, globale
Textänderungen oder Möglichkeiten zu beliebigem Datenzugriff.
Oftmals wird die Benutzung eines Editors durch eine unübersicht-
liche Kommandosprache zusätzlich erschwert.

Der hier vorgestellte Editor lehnt sich an ein sehr fortschritt-
liches Mitglied einer großen und verbreiteten Familie von
interaktiven Editoren an. Unser Programm **edit** hat eine
benutzerfreundliche Schnittstelle - kurz, einheitlich und
mächtig. Es ist auf den interaktiven Gebrauch ausgerichtet und
damit rationell und knapp. Benutzerfreundlichkeit ist gerade für
einen Texteditor besonders wichtig, da er das am häufigsten
benutzte Programm ist. (Bei unserem UNIX System liegt der Anteil
der Editorkommandos bei etwa fünfzehn Prozent aller ausgeführten
Kommandos, das ist mehr als das Dreifache des nächsthäufigen
Programms.) **edit** ist nicht auf interaktive Benutzung beschränkt.
Es kann ebenso in einem Batchlauf oder von anderen Programmen
aus verwendet werden. Auf diese Weise wird es häufig benutzt, um
Ergebnisse eines Programmlaufs aufzubereiten oder als Eingabe
für ein weiteres Programm umzuformatieren. Es ist also ein
echtes Werkzeug.

Überlegungen zum Wiederanlauf nach Fehlern bilden das zweite
wichtige Entwurfskriterium für einen Editor. Wie schon das
archive-Programm aus Kap.3, unterhält auch **edit** wertvolle
Dateien, so daß Sorgfalt angebracht ist. So muß sichergestellt
werden, daß bei einem Systemzusammenbruch keine Information
verlorengeht und der ursprüngliche Zustand der Dateien
wiederhergestellt werden kann. Zudem muß **edit** auf fehlerhafte
Kommandos vernünftig reagieren und nicht lediglich den Dienst
verweigern.

Schließlich muß unser Editor, da er ein sehr umfangreiches
Programmpaket ist, gut strukturiert sein, damit wir jederzeit
die volle Übersicht behalten können. Wir werden also den Editor
top-down entwerfen und Entscheidungen über Textdarstellung oder
Art und Weise der Realisierung der Dateizugriffe auf die
niedrigstmögliche Ebene verlagern. Implementierungsdetails
werden soweit als möglich von außen unsichtbar in die einzelnen
Programm-Moduln versteckt, dies ermöglicht später ein leichtes
Austauschen von Programmstücken.

6.1 Was der Benutzer sieht

Obwohl es beim Programmentwurf im allgemeinen sinnvoll ist,
zunächst klein anzufangen und dann langsam zu erweitern, so wird
doch ein Editor, wie auch eine Programmiersprache, so häufig und
für so vielfältige Probleme eingesetzt, daß er wirklich gut sein
sollte. Dementsprechend enthält **edit** eine umfangreiche Palette
von Funktionen, mehr als das nötige Minimum.

Dieser Abschnitt gibt eine Übersicht über **edit**, umfassend genug,
um zu vermitteln, welche Entwurfsentscheidungen getroffen wurden
und warum und welche Kommandos zur Verfügung stehen. Zu einigen
Kommandos wird später, wenn die Implementierung vorgestellt
wird, noch einiges zu ergänzen sein.

Der Einstieg in den Editor erfolgt mittels der Anweisung
    edit

oder

    edit *Datei*

Im letzteren Fall sei die Existenz von <u>Datei</u> vorausgesetzt. Da angenommen werden kann, daß auf den Inhalt dieser Datei zugegriffen werden soll, wird sie in einen internen <u>Puffer</u> kopiert, für dessen Aufbau wir uns zunächst noch nicht interessieren. Die gesamte Textmanipulation findet im Puffer statt, dessen Inhalt dann möglicherweise wieder auf irgendeine Datei zurückgeschrieben wird. Dateien selbst werden nur durch ausdrückliche Kommandos manipuliert. Es zeigt sich, daß diese Vorgehensweise sicherer ist als immer direkt auf der Datei zu arbeiten. Tritt nämlich während eines Editorlaufes ein Fehler auf, so steht immer noch das Original zur Verfügung.

edit ist grundsätzlich "zeilenorientiert" in dem Sinn, daß die Mehrzahl der Editoranweisungen auf einer Gruppe aus einer oder mehreren Zeilen operiert. Diese Organisation ist nur natürlich, da jeder Text von vornherein aus Zeilen aufgebaut ist. Andere Einheiten können ebenfalls selektiert werden - Zeichen, Wörter, Sätze oder beliebige Zeichenketten. Auch lassen sich Abschnitte von Zeilen bestimmen; wir werden später darauf zurückkommen.

Wir möchten betonen, daß den Zeilen durch den Editor keine besondere Struktur aufgeprägt wird. Ihm ist weder bekannt, daß die Spalten 6 und 73 für Fortran-Programme eine feste Bedeutung haben, noch kennt er sonstige Spezialformate. Unsere Erfahrung lehrt uns, daß Editoren, die zu sehr auf spezielle Anwendungen ausgerichtet sind, eher ein Hindernis als eine Hilfe darstellen.

Wie wir bereits erwähnten, versucht **edit** knapp und einheitlich zu sein. <u>Alle</u> Kommandos bestehen aus einem einzigen Kennzeichen, dem wahlweise ein bis zwei "Zeilennummern" vorangehen können, die den Operationsbereich bezeichnen.

Das Kommando ("<u>print</u>")

    1p

bewirkt das Ausdrucken der ersten Zeile und

    1,3p

druckt die Zeilen 1,2 und 3. Pro Zeile ist nur ein Kommando erlaubt, dies verringert die Möglichkeit fehlerbehafteter Eingaben, die schweren Schaden zur Folge haben könnten.

Analog dazu arbeitet das <u>Lösch</u>kommando d; es streicht die angegebenen Zeilen ("<u>delete</u>"):

    1,3d

löscht die ersten drei Zeilen des Puffers. Die Angabe nicht existierender Zeilen ist stets ein Fehler; **edit** weist solche Kommandos zurück.

Die Zeilennumerierung ist <u>relativ</u> zum Pufferanfang. Nach dem Löschen der ersten drei Zeilen wird die alte Zeile 4 zur neuen Zeile 1, und auch alle übrigen Zeilen werden umnumeriert. Dieses Verhalten mag Ihnen ungewöhnlich erscheinen, wenn Sie an einen Editor gewöhnt sind, bei dem "Zeilennummern" eine physikalische Existenz als Teil der Zeile selbst haben. Unsere Zeilennummern dagegen sind nicht Teil der Zeile, sondern bezeichnen lediglich eine relative Position im Puffer. Wie Sie noch sehen werden, bewirkt diese Organisation eine wertvolle Flexibilität beim Spezifizieren und Umstellen von Zeilen.

Obwohl es möglich ist, ausschließlich durch Verwendung von Zeilennummern zu editieren, seien sie relativ oder absolut, gibt es noch weitere Bezeichnungsmöglichkeiten für den Zeilenbereich. So führt der Editor stets eine "aktuelle Zeile", typischerweise die zuletzt bearbeitete Zeile. Die aktuelle Zeile wird durch das Symbol . (Punkt) dargestellt, das immer an Stelle einer ganzzahligen Zeilennummer verwendet werden kann. Die "letzte Pufferzeile" ist ebenfalls bekannt; dafür steht das Zeichen $.

    .,$p

druckt alle Zeilen beginnend mit der aktuellen Zeile bis einschließlich dem Pufferende aus, während

    1,$p

den ganzen Puffer druckt und

    1,$d

den Inhalt des Puffers vollständig löscht.

Die Zeile, auf die der Punkt zeigt, wird durch viele Kommandos verändert. Insbesondere wird er auf die letzte Zeile eines zuvor ausgeführten Druckkommandos gesetzt, und auf die nächste nicht gelöschte Zeile nach Ausführung einer Löschanweisung, mit der Ausnahme, daß . nicht $ überschreitet. Daher löscht ein einfaches

```
    d
```

die aktuelle Zeile, der Punkt zeigt anschließend auf die Folgezeile, während

```
    .,$d
    p
```

alle Zeilen ab dieser Stelle bis zum Ende löscht und die letzte Zeile druckt.

Der Zweck von . und $ ist, die Notwendigkeit für Zeilennummern zu reduzieren. Dies wird weiter unterstützt durch eine Zeilennummern-Arithmetik. Um die letzten Zeilen des Puffers auszudrucken (etwa um festzustellen, wie weit man in der letzten Editiersitzung gekommen ist), genügt die Anweisung

```
    $-10,$p
```

Oder mit

```
    .-5,.+5p
```

läßt sich die Umgebung, in der Sie sich gerade befinden, ausdrucken.

Selbst mit der Erweiterung um ., $ und die Arithmetik bleibt das Editieren mit Zeilenbezeichnern immer noch unhandlich. Beim Editieren möchte man oftmals angeben: "Suche ein Vorkommen dieser Zeichenkette", um damit arbeiten zu können, ohne die Zeilennummer zu wissen. In **edit** können wir zu diesem Zweck eine Kontextsuche durchführen, indem wir das Muster einfach zwischen zwei Schrägstriche schreiben.

/abc/

bedeutet: Starte mit der Folgezeile der aktuellen Zeile und
suche die nächste Zeile, in der das Muster **abc** vorkommt. Ein
Muster kann aufgebaut sein wie in Kap.5 beschrieben; um dieses
zu garantieren, werden wir auch denselben Mustererkennungscode
wie dort verwenden. Falls nötig erstreckt sich die Suche über $
hinaus und fährt mit Zeile 1 fort. Somit würde durch

/abc/,$p

die nächste Zeile (nach der aktuellen Zeile), die **abc** enthält,
ermittelt und von dort bis zum Ende des Puffers ausgedruckt
werden. (Sollte die Kontextsuche nach einmaligem Durchlauf des
Puffers von .+1 bis . erfolglos bleiben, so wird ein Fehler
signalisiert.)

Durch umgekehrte Schrägstriche läßt sich sinngemäß die
Kontextsuche auch rückwärts durchführen. \def\ bedeutet: Suche
beginnend mit der Vorgängerzeile von . nach der nächsten Zeile,
die das Muster **def** enthält. Auch hier überschreitet die Suche
nötigenfalls die Zeile 1 und fährt mit $ fort. Bei Mißerfolg
wird ein Fehler angezeigt. Zum Editieren eines Ratforprogramms
läßt sich z.B. mit

\subroutine\,/end/p

die Subroutine ausdrucken, in der die aktuelle Zeile enthalten
ist.

Eine alleinstehende Zeilennummer wird als Druckanweisung für
diese Zeile aufgefaßt,

$

druckt also die letzte Zeile. Der allgemeine Fall von "Suche die
nächste Zeile mit **abc**" ist

/abc/

Hier wird die Zeile gesucht, gedruckt und zur aktuellen Zeile
gemacht. Sie können dann von hier aus weiterarbeiten. Ein
weiterer Spezialfall ist eine völlig leere Zeile (d.h. diese
enthält nur das Zeilenendesymbol), diese Anweisung druckt die

nächste Zeile und ermöglicht ein leichtes zeilenweises
Durchkämmen des Puffers.

Es ist schwer, die Bedeutung der Kontextsuche überzubewerten.
Meistens wird sie eingesetzt, um die nächste Stelle, an der Sie
editieren wollen, aufzusuchen. Selbst wenn die Zeilennummern
bekannt sind, empfiehlt sich die Kontextsuche, da sie auch
Fundstellen bestimmt, die Sie in Ihrem Listing vielleicht
übersehen haben. Die Kontextsuche ist somit geeignet, einige
potentielle Fehler zu vermeiden.

Es mag unnatürlich erscheinen, Zeilennummern vor statt hinter
das Kommando zu schreiben, aber Sie werden sich sicherlich bald
daran gewöhnt haben. Diese Wahl erlaubt nämlich <u>hinter</u> dem
Kommandokennzeichen die Angabe zusätzlicher wahlfreier
Parameter, ohne sich dabei auf die Bestimmung des Zeilenbereiches
auszuwirken.

Das wichtigste Kommando, welches solche Parameter braucht, ist
die <u>Ersetzung</u> **s** ("<u>substitute</u>"). Man braucht es für den Austausch
von Zeichen <u>innerhalb</u> einer Zeile.

        s/ofrmat/format/

ersetzt die <u>erste</u> Fundstelle von **ofrmat** durch **format** in der
aktuellen Zeile. Sollte der Fehler mehrfach in der Zeile
auftreten, so werden mit

        s/ofrmat/format/g

alle Fundstellen in der Zeile <u>global</u> ersetzt. Selbstverständlich
kann zur Zeilenidentifikation links von **s** ein beliebiges,
zulässiges Muster stehen, da der gleiche Mustererkennungscode
sowohl für Kontextsuche als auch für Ersetzung Verwendung
findet. Die rechte Seite kann auch ein Ergänzungszeichen (&)
enthalten, als Abkürzung für alles, was mit der linken Seite
übereinstimmte, genau wie auch bei dem **change**-Programm aus Kap.5.

Einem **s**-Kommando mit oder ohne **g** kann auch ein **p** folgen, um die
letzte betroffene Zeile auszudrucken. Damit kann man überprüfen,
ob die gewünschte Ersetzung durchgeführt wurde. Für keines der
Kommandos erfolgt ein automatisches Ausdrucken; es liegt also

bei Ihnen, wieviel Kontrollinformation Sie gedruckt haben
wollen. (Sie können auch jeder Löschanweisung ein **p** folgen
lassen; die erste nicht mehr gelöschte Zeile wird dann
ausgegeben.) Gehen dem **s**-Kommando eine oder zwei Zeilenkennzeich-
ner voran, so erstreckt sich die Ersetzung auf den ganzen
Zeilenbereich:

```
.+1s/ofrmat/format/
```

behebt den Fehler auf der nächsten Zeile und

```
1,$s/ofrmat/format/g
```

tut dies auf allen Zeilen und eignet sich zur Beseitigung
konsistenter Schreibfehler. Danach steht der Punkt auf der
letzten Zeile, in der eine Ersetzung durchgeführt wurde.

s ist wohl das nützlichste Kommando des Editors, denn es erlaubt
Änderungen in einer Zeile oder in einer Folge von Zeilen. Es
läßt sich auch verwenden, um neuen Text am Ende einer Zeile
hinzuzufügen:

```
s/$/neues Ende/
```

oder am Anfang:

```
s/%/neuer Anfang/
```

oder in der Mitte:

```
s/und/& desweiteren/p
```

Zur Begrenzung des Musters muß man nicht unbedingt den
Schrägstrich verwenden, jedes andere Zeichen ist auch zulässig,
z.B.

```
s:/::g
```

löscht alle Schrägstriche einer Zeile. Natürlich ließe sich der
gleiche Effekt mit dem Fluchtsymbol erreichen, nämlich durch

```
s/\///g
```

was allerdings etwas verwirrend aussieht.

edit merkt sich immer das zuletzt verwendete Muster; man kann
sich in späteren Anweisungen durch Angabe eines leeren Musters,
wie **//** oder **** darauf beziehen. Falls mit **/format/** eine
Formatanweisung gesucht werden soll, und die erste Fundstelle
nicht die gewünschte Zeile ist, so läßt sich mit **//** die nächste
ermitteln, oder mit **** die vorangehende. Das Merken des Musters
erspart einiges an unangenehmer und fehleranfälliger Tipparbeit.
Ein typisches Beispiel dafür ist

```
/ofrmat/s//format/p
//s//format/p
//s//format/p
...
```

zum (langsamen) Durchsuchen des Dokumentes und schrittweisen
Ersetzen der Schreibfehler. Versagt die Suche, so weiß man, daß
man alle verbessert hat. Das Gleiche läßt sich auch mit einer
einzigen Anweisung bewerkstelligen:

```
1,$s/ofrmat/format/gp
```

Beachten Sie jedoch, daß hier nur die letzte veränderte Zeile
gedruckt wird.

Wir wollen uns nun wieder den Operationen zuwenden, die ganze
Textzeilen betreffen. Sehr wichtig ist das Kommando **a** zum
<u>Anhängen</u> von Text, es fügt neue Textzeilen am Ende des Puffers
an. Es bildet den Grundmechanismus zum Erweitern von Text und
darüber hinaus auch zum Erzeugen einer neuen Datei. Das ganze
Buch einschließlich aller seiner Programme ist durch Anhängen
von Text im Puffer eines Editors ähnlich dem hier vorgestellten
entstanden.

Da es so häufig benutzt wird, sollte der Erweiterungsmechanismus
möglichst bequem anzuwenden sein. Bei Eingabe des Kommandos **a**
tritt der Editor in einen speziellen <u>Anhangmodus</u>. In diesem
Modus werden die folgenden Zeilen automatisch an der richtigen
Stelle in den Puffer eingefügt. Fluchtsymbole und andere
Funktionszeichen verlieren ihre Sonderbedeutung. Man verläßt
diesen Zustand durch eine Eingabe, die nur einen Punkt am

Zeilenbeginn enthält. Diese Zeile wird dann nicht mehr in den
Puffer übertragen und alle folgenden Zeilen werden wieder als
Kommandos interpretiert.

Um also Text in den Puffer einzutragen, muß man die Einfügestelle
spezifizieren und das **a**-Kommando angeben. Soll der neue Text an
das Ende gestellt werden, sieht die Anweisung folgendermaßen aus:

  $a
  beliebiger Text, ausgenommen
  einer Zeile, die nur einen .
  enthält wie die folgende

Hier werden drei neue Zeilen ans Pufferende geschrieben.
Anschließend erwartet der Editor wieder neue Kommandos. Der
Punkt in der zweiten Zeile beendet den Erweiterungsmodus nicht,
da auch noch andere Zeichen in der Zeile vorkommen; er benötigt
deshalb auch kein Fluchtsymbol. Das Einfügen von Zeilen am
Beginn des Puffers geschieht durch Verwendung der Zeilennummer
null, also **0a**. Wird keine Zeilennummer angegeben, so fügt der
Editor den Text hinter die aktuelle Zeile (Punkt).

Das <u>Einfüge</u>kommando **i** ist mit dem **a** identisch, außer daß der
neue Text vor statt hinter die spezifizierte Zeile geschrieben
wird. Das <u>Austausch</u>kommando **c** ersetzt eine oder mehrere Zeilen
durch einen neuen Text:

  *Zeile1,Zeile2***c**
  Text
  .

ersetzt den Bereich von <u>Zeile 1</u> bis <u>Zeile 2</u> durch die dem **c**
folgenden Zeilen. Fehlt eine Zeilenangabe, so greifen **i** und **c**
wieder auf die aktuelle Zeile zu.

Um es noch einmal klarzustellen: wenn die Kommandos **a** und **d**
verfügbar sind, kann man auf **c** und **i** verzichten. Ihre Existenz
bedeutet jedoch weiteren Benutzerkomfort. Der zusätzliche Platz,
den sie beanspruchen, ist nicht der Rede wert.

Auch während sich der Editor im Erweiterungsmodus befindet, wird

die aktuelle Zeile weitergeschaltet. So lassen sich während des
Eintippens Fehler sofort leicht verbessern, wie im folgenden
Beispiel. (Die Bemerkungen in Kursivschrift sollen kommentieren,
was bei der Eingabe geschieht.)

```
a                              Text anhängen
10    ofrmat(...)              Fehler!
.                              keinen Text mehr anhängen
s/ofr/for/                     richtigstellen
a                              direkt nach korrigierter
... weiterer Text ...            Zeile weiteren Text anhängen
vertippte Zeile                erneuter Fehler
.                              keinen Text mehr anhängen
c                              insgesamt ersetzen
... verbesserte Zeile ...      und mit Texteingabe fortfahren
```

Die Art der Fortschaltung des Punktes und relative Zeilennumerierung erscheinen vielleicht als ein nebensächliches Problem.
Tatsächlich ist aber die Wahl der Strategie entscheidend für die
Flüssigkeit des Editierens. Das obige Beispiel läuft in
natürlicher Weise ohne explizite Zeilenangaben, da der Punkt
stets "richtig" fortgeschaltet wird und für die fehlende
Zeilenangabe stets der "richtige" Wert eingesetzt wird. Wir
haben versucht, auch bei den anderen Kommandos mit ähnlicher
Sorgfalt vorzugehen.

Das <u>Verschiebe</u>kommando m ("<u>move</u>") erlaubt es, einen Block
bestehend aus einer oder mehreren Zeilen an eine andere Stelle
des Puffers zu übertragen, ähnlich dem manuellen Editieren mit
"Schere und Klebstoff". Die Anweisung

Zeile 1,Zeile 2 m *Zeile 3*

bewirkt das Verschieben des Blockes von <u>Zeile 1</u> bis <u>Zeile 2</u>
hinter die <u>Zeile 3</u>. Somit wird durch

`.,.+1m$`

die aktuelle Zeile und die darauffolgende an das Pufferende
verschoben, während durch

`$m0`

die letzte Pufferzeile an den Anfang ("nach Zeile null")
übertragen wird. Sind weder Zeile 1 noch Zeile 2 angegeben, so
wird die aktuelle Zeile verschoben. Die neue aktuelle Zeile ist
stets die letzte verschobene Zeile.

Mit dem Lesekommando r ("read") kann man den Inhalt einer
beliebigen Datei zum augenblicklichen Puffer hinzufügen:

    r Datei

liest die Datei und überträgt sie hinter die aktuelle Zeile,
wobei die letzte Zeile der Datei zur neuen aktuellen Zeile wird.
Wird eine Zeile bei dem r Kommando angegeben, wird der neue Text
hinter diese Zeile eingefügt.

Jedes beliebige Stück des Puffers kann mit dem Schreibkommando w
("write") auf Datei ausgeschrieben werden. Die laufende
Subroutine läßt sich zum Beispiel durch die Anweisung

    \subroutine\,/end/w test

auf eine Datei test kopieren. Bei fehlenden Zeilenangaben
schreibt w den gesamten Pufferinhalt aus. Fehlt auch der
Dateiname (ein parameterloses w-Kommando), so wird der
Pufferinhalt in die Datei übertragen, die im anfänglichen edit
Datei-Kommando angegeben wurde. Das Ausführen einer Schreibanwei-
sung führt weder zu irgendeiner Fortschaltung der aktuellen
Zeile noch zu sonstigen Veränderungen des Puffers.

Schließlich kann man mit dem Endekommando q den Editor
verlassen. Der Puffer, den Sie gerade editiert haben, wird nicht
automatisch auf die dazugehörende Datei zurückgeschrieben - soll
dies geschehen, so muß vor dem q das entsprechende w-Kommando
ausgeführt werden.

Allen Editoranweisungen mit Ausnahme von a,c,i und q kann ein
Globalpräfix vorangestellt werden. Dabei bedeutet

    g/Muster/Kommando

daß das Kommando auf jede Zeile angewendet werden soll, die das
Muster enthält. Das g kann selbst wieder durch eine Zeilenbe-

reichsangabe auf einen Teil des Puffers eingeschränkt werden.
Fehlt eine solche Angabe, so wird wie schon im Falle eines
w-Kommandos der ganze Puffer als Wirkungsbereich angenommen.
Eine häufige Anwendung des Globalpräfix besteht darin, alle
Zeilen, die ein interessierendes Muster enthalten, auszudrucken:

```
g/interessant/p
```

(das ist gerade die Funktion von **find**) oder alle Zeilen mit
einem nicht wünschenswerten Muster zu löschen:

```
g/unerwünscht/d
```

Mit der Anweisung

```
g/% *$/d
```

lassen sich daher leere Zeilen und solche, die <u>nur</u> aus
Leerzeichen bestehen, entfernen. Mit

```
g/ofrmat/s//format/gp
```

werden alle **ofrmat**-Stellen aufgesucht, verbessert und <u>jede</u>
korrigierte Zeile zur Kontrolle ausgedruckt. Die Umgebung
interessanter Zeilen läßt sich auf einfache Weise mit ausdrucken:

```
g/interessant/.-1,.+1p
```

Das Globalpräfix ist ganz gewiß ein fortgeschrittenes Merkmal,
das der Erstbenutzer besser noch nicht gebrauchen sollte. Es
stellt aber eine wertvolle Bereicherung des Editors dar.

Darüber hinaus gibt es noch ein weiteres Präfix **x**, es ist
identisch mit **g**, außer daß es gerade alle die Zeilen bezeichnet,
die das angegebene Muster <u>nicht</u> enthalten (**x** steht für
ausschließend):

```
x/% *$/p
```

druckt deshalb nur solche Zeilen, die Text enthalten.

Soviel zu den Kommandos. Bevor wir aber zur Realisierung kommen

wollen, werden wir noch einige Anmerkungen zu Zeilennummern
machen, da der Umgang mit Zeilen ein ganz wesentliches Element
des Editierens darstellt.

Anstelle eines Kommas kann zur Trennung von Zeilennummern auch
ein Semikolon verwendet werden. Dies bewirkt zusätzlich, daß der
Punkt auf die letzte zugegriffene Zeilennummer gesetzt wird,
bevor der nächste Parameter ausgewertet wird.

    /abc/;.+1p

sucht die nächste Zeile mit **abc** und druckt diese und die
folgende (.+1).

Ein Ausdruck zur Bestimmung der Zeilennummer kann beliebig
komplex sein, solange er einen Wert zwischen O und $ einschließ-
lich darstellt. Auch kann eine beliebige Anzahl solcher
Ausdrücke hintereinanderstehen, solange gewährleistet ist, daß
wenigstens der letzte oder die beiden letzten für das spezielle
Kommando zulässig sind.

Mit

    \function\;\\

findet man die vorletzte **function**-Deklaration und

    /#/;//;//;//p

druckt den Bereich von der dritten Zeile, die ein # enthält, bis
einschließlich der vierten Zeile mit #.

Die meisten Aufgaben lassen sich auch ohne Globalpräfix,
Semikolons und mehrfache Kontextsuche erledigen, ja diese werden
sogar nur recht selten auf derart komplizierte Art wie in den
obigen Beispielen gebraucht. Aber je vertrauter Sie mit dem
Editor werden, desto mehr werden Sie auch solche Beispiele als
ganz natürlich empfinden. Soll sich das Editieren schließlich
auf mehrere Dateien gleichzeitig erstrecken, so sind solche
Hilfsmittel unverzichtbar.

<u>Aufgabe 6-1</u>: Vergleichen Sie die Benutzungsmerkmale von **edit** mit denen des Editors, der Ihnen auf Ihrem Rechner zur Verfügung steht.

6.2 Implementierung

Eine Warnung vorweg: **edit** ist ein großes Programm. Es hat 900 Zeilen (ohne die Teile **translit**, **find** und **change**) und ist somit etwa um fünfzig Prozent länger als das nächstkleinere Programm dieses Buches. Obwohl wir uns besonders um eine gute Darstellung bemüht haben, bedarf es Ihrerseits eines gründlichen Studiums, um es voll aufzunehmen. Leiden Sie während der Lektüre mit uns und seien Sie gegebenenfalls bereit, einige schwierige Teile zu übergehen.

Die Editoreingabe besteht aus einer Folge von Kommandozeichen, jede hat folgende Gestalt

Zeile 1, Zeile 2 Kommando   Text

wobei <u>Zeile1</u>, <u>Zeile2</u> oder <u>Parameter</u> möglicherweise auch fehlen können. Somit ergibt sich die Hauptschleife des Editors.

```
while (getlin(lin, STDIN) ¬= EOF) {
    Liste der Zeilennummern von lin beschaffen
    if (Status ist OK)
        Anweisung ausführen
}
```


Wir hatten bereits festgestellt, daß **edit** zu denjenigen Programmen gehört, die absolut zuverlässig und robust sein <u>müssen</u>. Selbst wenn ein äußerst schwerwiegender Fehler auftritt, kann das Programm nicht einfach abbrechen, denn ein Programmabbruch macht eventuell die lange Arbeit des Benutzers zunichte. Ein derartig riskanter Editor würde von niemandem benutzt werden.

Demzufolge melden fast alle Programmteile einen Status, teilweise als Funktionswert, teilweise auch in Form des Parameters **status**. Es gibt drei Statuswerte: OK, falls alles in Ordnung ist, ERR bei Fehler, und EOF, falls ein Unterprogramm das Eingabeende erreicht hat (oder wenn weder OK noch ERR festgestellt werden kann).

"Kommando ausführen" ist eine Mehrwegeentscheidung mit je einem Eingang pro Kommando. Die meisten Kommandos werten Zeilennummern aus und sorgen für die richtige Vorbesetzung nicht angegebener Werte bevor sie ihre eigentliche Aufgabe durchführen (meistens durch Aufrufen entsprechender Subroutinen). All dem unterliegen schließlich noch Routinen, die den Text im Puffer verwalten.

Als erstes soll das Programm zur Bestimmung der Zeilennummern besprochen werden. Dies ist ein klar abgegrenztes Problem, das wir verstehen und zum Laufen bringen können, bevor wir uns mit anderen Dingen befassen müssen. Bei späteren Editorfunktionen können wir nach Belieben mit Zeilennummern jonglieren und brauchen nur auf dieses Programm zu verweisen.

Wir speichern die Kommandozeile in dem Feld **lin**, wobei in **lin(i)** das Zeichen steht, das als nächstes betrachtet werden muß. Die oberste Schicht für die Zeilennummernbehandlung ist **getlst**, das alle Zeilennummern, die in der Eingabezeile vorkommen, aufsammelt und **i** so fortschaltet, daß es auf das Zeichen hinter der letzten Nummer verweist und den Status weitergibt (OK oder ERR), und zwar sowohl als Funktionswert als auch in **status**.

getlst liest die Liste der Zeilennummern, indem es fortgesetzt **getone** aufruft. Die jeweils beiden letzten Nummern werden in **line1** und **line2** gespeichert. Außerdem wird garantiert, daß **line1** und **line2** bei fehlender Angabe auf **curln**, die aktuelle Zeile (Punkt), gesetzt werden. Ist eine Zahl angegeben, so werden **line1** und **line2** auf diesen Wert gesetzt. Schließlich wird die Anzahl der angegebenen Zeilennummern (null, eine oder zwei) in **nlines** gespeichert und **curln** fortgeschaltet, sobald ein Semikolon erkannt wird.

Die Zahl der Steuervariablen ist zu groß, um sie bei jedem Aufruf durchzureichen (obwohl ein solches Durchreichen oftmals die bevorzugte Lösung zur Kommunikation mit Unterprogrammen

ist). Wir wollen den Routinen daher solche Daten in **common**-Blök-
ken bereitstellen. Wie wir bereits an früherer Stelle erwähnten,
ist dies die einzige Möglichkeit, die Fortran bietet, um
<u>strukturierte</u> Daten zu definieren. Hierbei handelt es sich um
eine Zusammenfassung verwandter Daten von möglicherweise
unterschiedlichem Typ, die durch einen gemeinsamen Namen
angesprochen werden können. Alle Deklarationen für jede dieser
Gruppen werden in einer Datei gehalten und bei Bedarf an die
Routine übermittelt (mittels **include**). Solchen Dateien haben wir
immer den gleichen Namen gegeben wie dem **common**-Block, der diese
beherbergt. Die Zeilennummersteuerung steht zum Beispiel in
clines:

```
common /clines/ line1, line2, nlines, curln, lastln
   integer line1      #erste Zeilennummer
   integer line2      #zweite Zeilennummer
   integer nlines     #Anzahl angegebener Zeilennummern
   integer curln      #aktuelle Zeile: Wert des Punktes
   integer lastln     #letzte Zeile: Wert von $
```

Nun zu **getlst**, das die Zeilennummern liefert, die einem Kommando
vorangehen.

```
#getlst-Zeilennummern (so vorhanden) ab lin(i) sammeln;i fortschalten
      integer function getlst(lin, i, status)
      character lin(MAXLINE)
      integer getone, min
      integer i, num, status
      include clines

      line2 = 0
      for (nlines = 0; getone(lin, i, status) == OK; ) {
            line1 = line2
            line2 = num
            nlines = nlines + 1
            if (lin(i) ¬= COMMA & lin(i) ¬= SEMICOL)
                  break
            if (lin(i) == SEMICOL)
                  curln = num
            i = i + 1
            }
      nlines = min(nlines, 2)
      if (nlines == 0)
            line2 = curln
      if (nlines <= 1)
            line1 = line2
      if (status ¬= ERR)
            status = OK
      getlst = status
      return
      end
```

Die gesamte Arithmetik und die Gültigkeitsprüfung für
Zeilennummern ist in **getone** enthalten, das bei gültiger Nummer
OK zurückmeldet, bei Fehler **ERR** und möglicherweise **EOF**, wenn
nämlich eine Angabe nicht als Zeilennummer interpretierbar ist.

Weshalb haben wir **getlst** so und nicht anders aufgeteilt? Aus
einem ähnlichen Grund wie in Kap.5, wo wir Funktionen aus **match**
herleiteten – jede Ebene ist mit einem unterschiedlichen
Steuerungsaspekt betraut. Eine Vermischung der verschiedenen
Aspekte würde nur die Überschaubarkeit beeinträchtigen. In
diesem Fall hat **getlst** genug zu tun, zu verfolgen, wieviele
Zeilennummern verarbeitet wurden und ob ein Semikolon
aufgetreten ist. Das Problem, wie eine Zeilennummer erkannt
wird, delegieren wir an **getone**.

Eine Zeilennummer zu erkennen ist nicht so einfach, so daß
getone seinerseits einen Teil der Arbeit an das untergeordnete
getnum übertragen muß. **getnum** bearbeitet einen einzelnen Term
eines komplizierteren Nummernausdrucks. Zunächst aber **getone**:

```
#getone - einen Zeilennummernausdruck auswerten
      integer function getone(lin, i, num, status)
      character lin(MAXLINE)
      integer getnum
      integer i, istart, mul, num, pnum, status
      include clines

      istart = i
      num = 0
      call skipbl(lin, i)
      if (getnum(lin, i, num ,status) == OK)        #erster Term
            repeat {                                 #+ oder - Terme
                  call skipbl(lin, i)
                  if (lin(i) ¬= PLUS & lin(i) ¬= MINUS) {
                        status = EOF
                        break
                        }
                  if (lin(i) == PLUS)
                        mul = +1
                  else
                        mul = -1
                  i = i + 1
                  call skipbl(lin, i)
                  if (getnum(lin, i, pnum, status) == OK)
                        num = num + mul*pnum
                  if (status == EOF)
                        status = ERR
                  } until(status ¬= OK)
      if (num < 0 | num > lastln)
            status = ERR

      if (status == ERR)
            getone = ERR
      else if (i <= istart)
            getone = EOF
      else
            getone = OK

      status = getone
      return
      end
```

skipbl überspringt Zwischenräume und Tabulatorzeichen; dadurch
wird es möglich, daß Zwischenräume zwischen den Termen eines
Zeilennummernausdrucks auftreten dürfen. Diese Funktion hätten
wir schon in **otoi** (Kap.2) und **getwrd** (Kap.3) verwenden können.

Sie stellt eine häufig gebrauchte Operation dar und wird uns noch des öfteren begegnen.

```
#skipbl - Leerzeichen und Tabulatoren ab lin(i) übergehen
      subroutine skipbl(lin, i)
      character lin(ARB)
      integer i

      while (lin(i) == BLANK | lin(i) == TAB)
            i = i + 1
      return
      end
```

getnum bearbeitet einen Term eines Zeilennummernausdrucks, wobei ein Term eine ganze Zahl, ein Punkt (.), ein $ oder eine Kontextsuche ist.

```
#getnum - Term in Zeilennummer umwandeln
      integer function getnum(lin, i, pnum, status)
      character lin(MAXLINE)
      integer ctoi, index, optpat, ptscan
      integer i, pnum, status
      include clines
      include cpat
      string digits "0123456789"

      getnum = OK
      if (index(digits, lin(i) > 0) {
            pnum = ctoi(lin, i)
            i = i - 1    #rückschreiten; später wieder vor
            }
      else if (lin(i) == CURLINE)
            pnum = curln
      else if (lin(i) == LASTLINE)
            pnum = lastln
      else if (lin(i) == SCAN | lin(i) == BACKSCAN) {
            if (optpat(lin, i) == ERR) #Muster aufbauen
                  getnum = ERR
            else if (lin(i) == SCAN)
                  getnum = ptscan(FORWARD, pnum)
            else
                  getnum = ptscan(BACKWARD, pnum)
            }
      else
            getnum = EOF
      if (getnum == OK)
            i = i+1  #zeigt auf nächstes zu untersuchendes Zeichen
      status = getnum
      return
      end
```

otoi lernten wir schon im zweiten Kapitel kennen, es wandelt
eine Zeichenkette in eine Ganzzahl um.

index, ebenfalls aus Kapitel 2, liefert die Position eines
Zeichens innerhalb einer Kette, bzw. null, falls es dort nicht
enthalten ist.

optpat baut ein Suchmuster auf. Ist das Muster in **lin** leer, so
wird das vorangegangene verwendet. Die eigentliche Kontextsuche
wird von **ptscan** durchgeführt.

```
#optpat - falls angegeben, Muster ab lin(i) erzeugen
      integer function optpat(lin ,i)
      character lin(MAXLINE)
      integer makpat
      integer i
      include cpat

      if (lin(i) == EOS)
           i = ERR
      else if (lin(i + 1) == EOS)
           = ERR
      else if (lin(i + 1) == lin(i)) #wiederholter Begrenzer
           i = i + 1                 #existierendes Muster lassen
      else
           i = makpat(lin, i + 1, lin(i), pat)
      if (pat(1) == EOS)
           i = ERR
      if (i == ERR) {
           pat(1) = EOS
           optpat = ERR
           }
      else
           optpat = OK
      return
      end
```

Die **else-if**-Kette sorgt dafür, daß alle Tests in genau der
richtigen Reihenfolge ausgeführt werden. (Wir wollen schließlich
nicht **lin(i+1)** inspizieren, wenn **lin(1)** gleich **EOS** ist.) In
diesem Fall ist eine Kette von Tests einer **case**-Anweisung, wie
sie in einigen Programmiersprachen angeboten wird, überlegen,
weil in der Kette die einzelnen Tests von unterschiedlicher Art
sein können und darüber hinaus eine Auswertungsreihenfolge genau
festgelegt werden kann.

makpat mit allen verwendeten Unterprogrammen ist uns noch aus
Kap.5 bekannt. Dort ermöglicht **makpat** die Verwendung eines
beliebigen Begrenzungszeichens zur Beendigung des Suchvorgangs.
Nun haben wir in **optpat** eine erste Anwendung hierfür, denn der
Begrenzer für die Kontextsuche ist entweder \ oder / und steht
in **lin(i)**.

ptscan beginnt entweder bei .+1 oder .-1, je nach Suchrichtung. Die Suche erstreckt sich ringförmig über den Puffer, bis entweder das Muster aufgefunden oder **curln** erreicht ist. Die Suche beginnt eine Zeile von der aktuellen Zeile entfernt aufgrund der Annahme, daß die Bearbeitung der laufenden Zeile abgeschlossen ist und man zu einer weiteren Zeile fortschreiten möchte. Der Mustervergleich schließlich wird von **match** und seinen Unterprogrammen, die ebenfalls in Kap.5 besprochen wurden, durchgeführt.

```
#ptscan - nach nächstem Auftreten des Musters suchen
      integer function ptscan(way, num)
      integer gettxt, match, nextln, prevln
      integer k, num, way
      include clines
      include cpat
      include ctxt

      num = curln
      repeat {
            if (way == FORWARD)
                  num = nextln(num)
            else
                  num = prevln(num)
            k = gettxt(num)
            if (match(txt, pat) == YES) {
                  ptscan = OK
                  return
                  }
            } until (num == curln)
      ptscan = ERR
      return
      end
```

optpat und **ptscan** benötigen Information über das Musterfeld **pat**, das im **common**-Bereich **cpat** steht:

```
common /cpat/ pat(MAXPAT)
   character pat        #Muster
```

Darüber hinaus muß **ptscan** in der Lage sein, Textzeilen für **match** aufzunehmen. Dies geschieht durch **gettxt**, das die Zeile in den **common**-Block **ctxt** ablegt:

```
common /ctxt/ txt(MAXLINE)
   character txt         #Textzeile zum Absuchen und Ausgeben
```

Zusätzlich wird die Zeilennummer auf einen Index abgebildet, der von den Routinen benutzt wird, die Zeilen zu ordnen. Da **ptscan** diese Information nicht verwendet, wollen wir diese Diskussion auf einen späteren Zeitpunkt verschieben.

Die Funktionen für das zeilenweise Durchlaufen des Puffers sind **prevln** und **nextln**. Es stellt sich als vorteilhaft heraus, in jeden Puffer eine leere Zeile Nummer null' zu führen. Sie dient als gültige Zeilenangabe für Kommandos wie **a**, **m** und **r**, welche in der Lage sein müssen, Text an den Pufferanfang zu übertragen. Diese Zeile null ist ein typisches Beispiel für eine sehr nützliche Technik - durch die Einführung eines Pseudoelementes wird ein Programm vereinfacht und die Behandlung von Grenzfällen wesentlich erleichtert.

```
#nextln - Zeile nach line beschaffen
        integer function nextln(line)
        integer line
        include clines

        nextln = line + 1
        if (nextln > lastln)
                nextln = 0
        return
        end

#prevln - Zeile vor line beschaffen
        integer function prevln(line)
        integer line
        include clines

        prevln = line - 1
        if (prevln < 0)
                prevln = lastln
        return
        end
```

Als Zusammenfassung des Zeilennummerncodes wollen wir den Baum der Verschachtelungsstruktur der wesentlichen Programmteile aufschreiben.

```
edit
        getlst
                getone
                        getnum
                                optpat
                                        makpat
                                ptscan
                                        gettxt, match, nextln, prevln
```

Die Reihenfolge ist hier wieder in mehreren Stufen vom Allgemeinen (**getlst**) zum Speziellen (**optpat, ptscan**). Jede Hierarchiestufe behandelt ein zunehmend kleineres Stück des Gesamtproblems und kennt dabei immer nur die Details, die für die entsprechende Stufe relevant sind.

makpat und **match** ihrerseits rufen wieder weitere Unterprogramme auf, die in den Kapiteln 2 und 5 besprochen wurden. Natürlich erspart uns dies sehr viel Schreibarbeit, wichtiger jedoch ist die Konsistenz zwischen den Programmen, die wir auf diese Weise erhalten. **translit, find, change** und **edit** halten sich alle an die gleichen Konventionen für Muster. Dies erspart das Erlernen unterschiedlicher Formate und ermutigt die mit dem Programm vertrauten Benutzer, auch die anderen Programme anzuwenden.

<u>Aufgabe 6-2</u>: Schreiben Sie ein Hauptprogramm zum Einlesen von Kommandozeilen und Aufruf von **getlst**. Schreiben Sie weiter ein Pseudoprogramm **gettxt** und definieren Sie **buf** so, daß sie auf zwei oder drei vordefinierte Textzeilen zugreifen können. Überprüfen Sie **getlst** und dessen Unterprogramme anhand dieses Testrahmens.

6.3 Das Steuerprogramm

Wir wollen nun noch einmal auf die Behandlung der Kommandos zurückkommen. Der Editor ist im Grunde ein zyklisches Programm, wobei während eines Durchlaufs jeweils eine Kommandozeile gelesen, decodiert und ausgeführt wird. Wir wollen auf dieser hohen Stufe eine sehr gründliche Fehlerbehandlung betreiben, um somit die Gefahr, daß versehentlich irreparable Fehler verursacht werden, möglichst klein zu halten. Eine ähnliche Fehlerprüfung hatten wir schon in Kap.2 bei dem Programm **expand**.

edit akzeptiert jeweils nur eine Anweisung pro Zeile, lediglich ein zusätzliches Globalpräfix ist erlaubt. Die Behandlung von Globalpräfixen soll aber zunächst noch etwas zurückgestellt

werden. Hier nun die Grundversion der Hauptschleife des
Programms **edit**:


```
    while (getlin(lin, STDIN) ¬= EOF) {
        i = 1
        cursav = curln
        if (getlst(lin, i, status) == OK)
            if (ckglob(lin, i, status) == OK)
                status = doglob(lin,i,cursav,status)
            else if (status ¬= ERR)
                status = docmd(lin, i, NO, status)
            #sonst Fehler, nichts tun
            }
        if (status == ERR) {
            call remark("?.")
            curln = cursav
            }
        else if (status == EOF)
            break
        #sonst OK, schleifen
        }
    stop
```


ckglob schaut nach **g/.../** oder **x/.../**. Taucht eines dieser
beiden Muster auf, so markiert **ckglob** alle Zeilen, die sich für
eine Bearbeitung qualifizieren. **doglob** schließlich sorgt dafür,
daß das gewünschte Kommando auf alle markierten Zeilen angewandt
wird. Doch zunächst wollen wir für **ckglob** nur eine vorläufige
Routine einsetzen, die stets **EOF** (kein Globalpräfix vorhanden)
zurückmeldet. Falls weder Globalpräfix noch Fehler aufgetreten
sind, kann **docmd** das Kommando innerhalb des von **getlst**
ermittelten Bereiches ausführen. Die Angabe von **NO** besagt, daß
docmd nicht aus einer Globalpräfixbehandlung heraus aufgerufen
wurde.

Für Fehlerfälle muß sich das Hauptprogramm den Wert **curln**
merken, da dieser durch jedes von **getlst** gefundene Semikolon
oder von den Kommandos in **doglob** und **docmd** verändert werden kann.

Kurz und knapp wie der gesamte Dialog mit dem Editor ist auch
die Antwort auf einen Fehler, nämlich ein **?**. Dies genügt im
allgemeinen, denn Fehler beruhen meist darauf, daß ein Muster
nicht gefunden werden konnte, weil dieses entweder nicht

vorhanden oder falsch geschrieben ist. In solchen Fällen
behindern Fehlermeldungen nur die Arbeit des Benutzers. **edit** ist
jedoch so strukturiert, daß umfangreichere Meldungen jederzeit
eingebaut werden können; eine Übungsaufgabe befaßt sich
ausführlicher mit diesem Problem.

docmd besteht zum größten Teil aus einem langen **if...else
if...else if**, um herauszufinden, welches Kommando auszuführen
ist. Jedem Fall folgen einige Zeilen zur Durchführung der
gewünschten Aufgabe, oftmals durch den Aufruf eines Unterprogrammes.

Für <u>print</u>(p) sieht dies zum Beispiel folgendermaßen aus:

```
else if (lin(i) == PRINT) {
      if (lin(i + 1) == NEWLINE)
       andif (defalt(curln, curln, status) == OK)
          status = doprnt(line1, line2)
      }
```

Hier wird als erstes auf Zulässigkeit des Anweisungsformats
geprüft, dann wird festgestellt, ob der Zeilenbereich sinnvoll
ist, und schließlich wird das erforderliche Kommando ausgeführt.
andif ist gleichbedeutend mit **if**, es wurde verwendet, um
hervorzuheben, daß mehrere Tests <u>in der gegebenen Reihenfolge</u>
durchzuführen sind. Wir hatten bereits in Kapitel 2 erwähnt, daß
für Fortran, wie auch für viele andere Programmiersprachen, eine
solche Reihenfolge nicht immer garantiert ist. Desgleichen wird
nicht garantiert, daß die Auswertung eines logischen Ausdrucks
abgebrochen wird, sobald der Wahrheitswert fetsteht. Die
Schreibweise

```
if (lin(i+1) == NEWLINE & defalt(curln,curln,status) == OK)
```

kann nicht verwendet werden. Steht nämlich fest, daß **lin(i+1)**
kein **NEWLINE** ist, darf **defalt** nicht mehr aufgerufen werden. Für
ein **andif** gibt es nie einen **else**-Teil; wir müssen daher stets
darauf achten, ein **if...andif** in Klammern einzuschließen.

Eine p-Anweisung erwartet zwei Zeilennummern. Falls nur eine
angegeben ist, wird sie sowohl als Anfangs- als auch als
Endezeile interpretiert. Bei völlig fehlenden Zeilenangaben wird
die laufende Zeilennummer als Anfangs- und Endenummer

herangezogen. Unsere Schreibweise hierfür ist (.,.)p; die
Klammern geben an, daß die Zeilennummern wahlfrei sind, und die
beiden Punkte (laufende Zeile) werden bei fehlender Angabe
eingesetzt. Diese Einsetzung erfolgt durch die Prozedur **defalt**.

```
#defalt - Standardzeilennummern setzen
      integer function defalt(def1, def2, status)
      integer def1, def2, status
      include clines

      if (nlines == 0) {
            line1 = def1
            line2 = def2
            }
      if (line1 > line2 | line1 <= 0)
            status = ERR
      else
            status = OK
      defalt = status
      return
      end
```

Da es nicht zulässig ist, Zeile null oder über das Pufferende
hinaus zu drucken, zeigt **defalt** dies als Fehler an. Beachten
Sie, daß **defalt** daraufhin prüft, ob **line1<=0** ist, obwohl **getone**
schon sichergestellt hat, daß die Zahl nichtnegativ ist. Dies
ist wieder defensives Programmieren, denn man schützt sich
dadurch vor Fehlern, die zwischendurch im Programm auftreten
können.

Nun die eigentliche Druckprozedur:

```
#doprnt - Zeilen von from bis to drucken
      integer function doprint(from, to)
      integer gettxt
      integer from, i, j, to
      include clines
      include ctxt

      if (from <= 0)
            dpprnt = ERR
      else {
            for (i = from; i <= to; i = i + 1) {
                  j =  gettxt(i)
                  call putlin(txt, STDOUT)
                  }
            curln = to
            doprnt = OK
            }
      return
      end
```

Da **doprnt** an verschiedenen Stellen in **docmd** aufgerufen wird, ist
eine nochmalige Überprüfung erforderlich, ob die Zeilennummer
ungleich null ist. Um den auszudruckenden Text zu ermitteln,
gehen wir genauso vor wie in **ptscan**, indem wir durch **gettxt** die
gewünschte Zeile beschaffen. Der Index, den **gettxt** zurückgibt,
wird hier nicht weiter benötigt.

Beachten Sie, daß keine überflüssigen Kommentare, wie etwa
"Dateiende" beim Erreichen der Zeile $, ausgegeben werden.
Derartige Kommentare gibt es in **edit** so gut wie nicht. Ein
Nachteil von kommentarfreudigen Programmen besteht darin, daß
solche Zeilen nicht unterdrückt werden können; dies kann dann
äußerst hinderlich sein, wenn das Programm mit anderen
Programmen kombiniert werden soll. Daher wird nur dann etwas
ausgedruckt, wenn es ausdrücklich gewünscht wird. Das Ausdrucken
wird sehr oft benutzt. Wir führen daher noch spezielle
Konventionen zur Abkürzung ein. So kann einem **s-, m-** oder
d-Kommando ein p nachfolgen, wodurch die zuletzt manipulierte
Zeile ausgegeben wird. Eine Kommandozeile, die ausschließlich
Zeilenangaben enthält, bewirkt das Ausdrucken der letzten
bezeichneten Zeile. Im allgemeinen wird dies eine einzelne Zeile
sein wie 1, **$** oder **/abc/-2**, aber auch

        /abc/;//;//;//

kann vorkommen. Hier wird die vierte Fundstelle von **abc**
ausgedruckt, während durch ein abschließendes **p** alle Zeilen vom
dritten bis zum vierten **abc** ausgegeben würden. Eine völlig leere
Kommandozeile (nur **NEWLINE**) schließlich wird als .+1p
interpretiert, wodurch ein zeilenweises Inspizieren des Puffers
leicht möglich gemacht wird.

Die Routine **docmd** ist die erste in diesem Buch, die mehr als
eine Seite einnimmt. Man sollte aus Gründen der Überschaubarkeit
stets versuchen, die Programme wenn irgend möglich kürzer als
eine Seite zu halten (beim Übergang auf eine neue Seite verliert
man leicht die Übersicht über Einrückung). Die Mediangröße
unserer Routinen beträgt 20 Zeilen; die Durchschnittsgröße ist
15 Zeilen.

Aber auch unsere längeren Programme sind durchdacht und leicht
zu verstehen, da sie im wesentlichen aus einer Kette von
else-if's bestehen, deren Aufgabe es ist, eine von vielen
Alternativen auszuwählen. Das vollständige Programm **docmd** wird
etwas später vorgestellt; hier zunächst der Teil, der das
Ausdrucken steuert.

```
#docmd - alle Anweisungen außer globalen bearbeiten (unvollst.)
      integer function docmd(lin, i, glob, status)

      pflag = NO          #kann durch d,m,s gesetzt werden
      status = ERR
      if (lin(i) == APPENDCOM) {
            Kommando "anfügen" ausführen
            }
      #usw. für die anderen Kommandos
      else if (lin(i) == PRINT) {
            if (lin(i + 1) == NEWLINE
              andif (defalt(curln, curln, status) == OK)
                  status = doprnt(line1, line2)
            }
      else if (lin(i) == NEWLINE) {
            if (nlines == 0)
                  line2 = nextln(curln)
            status = doprnt(line1, line2)
            }
      else if (lin(i) == QUIT) {
            if (lin(i+1) == NEWLINE & nlines == 0 & glob == NO)
                  status = EOF
            }
      #else status = ERR
      if (status == OK & pflag == YES)
            status = doprnt(curln, curln)
      docmd = status
      return
      end
```

Hierin ist bereits die Bearbeitung des Endekommandos q
enthalten. Man beendet eine Editorsitzung durch eine Zeile, die
nur ein q enthält. Der Editor verhält sich so, als ob er ein **EOF**
statt eines Kommandos gelesen hätte. Auch hier wird wieder
nichts ausgedruckt.

Nach einer Endeanweisung erfolgt keinerlei Ausgabe auf eine
Datei. Anzumerken ist, daß es vielleicht besser wäre, am Ende
einer Sitzung den gesamten Puffer automatisch auszuschreiben
oder vor dem tatsächlichen Abbruch der Sitzung nach einer
Bestätigung zu fragen. Es ist manchmal nicht leicht zu
entscheiden, inwieweit man den Benutzer vor seinem eigenen
Verhalten schützen soll. Nach unserer Erfahrung sollte man dem
Benutzer möglichst wenige Vorschriften machen und annehmen, daß
er sich stets bewußt ist, was er tut. Häufig möchte man eine

Datei mit dem Editor untersuchen und eventuell ändern, ohne sie zurückschreiben zu wollen. Ein solcher Fall wäre bei einem Editor, der automatisch zurückschreibt, unnötigerweise ausgeschlossen. Wir halten es auch für aufdringlich, den Benutzer nach Absetzen eines **q**-Kommandos nochmals um eine Bestätigung zu bitten.

Sie erinnern sich vielleicht an das **archive**-Programm aus Kap.3. Dort verweigerte das Programm, sämtliche Dateien des Archivs zu löschen, wenn dies nur implizit angegeben war. Warum sind wir nun inkonsequent? Der Unterschied liegt in zwei Dingen. Erstens ist das Archivierungsprogramm ein sehr spezielles Werkzeug, das vom Anwender nicht ständig benutzt wird, und zweitens enthalten Archivdateien wertvolle Informationen, bei deren Löschen Vorsicht angebracht ist. Andererseits wird **edit** tagtäglich verwendet, so daß man darauf vertrauen kann, daß der Benutzer sich wirklich damit auskennt.

6.4 Puffer-Darstellung

Das zweite Kommando, auf welches wir schon in **docmd** hingewiesen haben, ist **append**. Dieses fügt Text in den Puffer ein. Dabei werden die hinzukommenden Zeilen im Puffer unmittelbar <u>hinter</u> der spezifizierten Zeile abgelegt, oder hinter der aktuellen Zeile, falls keine Zeilennummer angegeben wurde. Unsere Kurzschreibweise dafür ist **(.)a**. Es sollte einleuchten, weshalb wir großen Wert auf Kommandoformate legen. Falls Sie einmal vergessen sollten, in den Modus "Anfügen" zu gehen, bevor Sie Text eingeben, möchten Sie sicher sein, daß zufällig in einem Wort auftretende Buchstaben nicht als Kommandos interpretiert werden und unkontrollierte Änderungen hervorrufen. Stattdessen soll Sie ein **?** auf Ihren Fehler hinweisen.

docmd ruft **append** folgendermaßen auf:

```
            if (lin(i) == APPENDCOM) {
                if (lin(i + 1) == NEWLINE)
                    status = append(line1, global)
            }
```

und **append** sieht so aus:

```
    #append - Zeilen nach line anhängen
          integer function appendline(line, glob)
          character lin(MAXLINE)
          integer getlin, inject
          integer line, glob
          include clines

          if (glob == YES)
                append = ERR
          else {
                curln = line
                for (append = NOSTATUS; append == NOSTATUS; )
                    if (getlin(lin, STDIN) == EOF)
                        append = EOF
                    else if (lin(1) == PERIOD & lin(2) == NEWLINE)
                        append = OK
                    else if (inject(lin) == ERR)
                        append = ERR

          }
          return
          end
```

Der Wert von **NOSTATUS** muß von den Werten für **OK**, **ERR** und **EOF**
verschieden sein. Da das Einfügen von Text unter Steuerung eines
Globalpräfix zu Schwierigkeiten führen kann, entscheiden wir uns
zunächst dafür, dieses zu vermeiden, da die gleiche Wirkung auch
mit einem **r**-Kommando erreicht werden kann. Die vorliegende
Version von **append** verbietet daher globales Einfügen, die
Möglichkeit einer späteren Sonderbehandlung dafür bleibt jedoch
bestehen.

Die eigentliche Arbeit des Einfügens einer neuen Zeile und das
Fortschreiben von **curln** wird von der Routine **inject** besorgt. Um
diese zu verstehen, müssen wir aber noch einiges zur Organisation
des Puffers erklären.

Wir wollen imstande sein, Zeilen beliebig umzustellen. Außerdem wollen wir den Puffer in beiden Richtungen effizient absuchen können. Dazu könnten wir ein einfaches Feld von Zeigern auf Textzeilen einrichten, wobei beim Einfügen oder Löschen lediglich diese Zeiger abzuändern wären, ähnlich wie bei **sort** in Kap.4. Da aber sowohl das Einfügen, Löschen und Lesen die Anzahl der Zeilen verändern können, ist einiges an Buchführung erforderlich, um für die Zeiger eine kompakte Darstellung aufrechtzuerhalten. Aus diesem Grunde werden wir eine <u>doppelt verkettete Liste</u> aus Textzeilen verwenden, in der jede Zeile jeweils einen Zeiger auf den Vorgänger und den Nachfolger enthält. Diese Doppelverzeigerung wird deshalb gewählt, um sowohl Vorwärtssuche als auch Rückwärtssuche ohne Zeitverlust durchführen zu können. Durch einfache Zeigerveränderungen können nun Zeilen verschoben, eingefügt oder gelöscht werden.

Wo sollten nun die Zeilen gespeichert sein? Die einfachste Lösung wäre, sie alle im Hauptspeicher zu halten. Eine solche Vorgehensweise beschränkt uns jedoch auf eine maximale Größe der Dateien. Ein Kompromiß könnte nun darin bestehen, den eigentlichen Text auf Hintergrundspeicher zu halten, die Zugriffsinformationen aber im Hauptspeicher. Dies begrenzt zwar auch wieder die Zahl der Zeilen, erlaubt aber insgesamt weitaus längere Texte. Eine dritte Möglichkeit ist, die gesamte verkettete Liste auf Hintergrundspeicher zu halten und nur das, was benötigt wird, durch eine Art Fenster einzulesen.

Welche Lösung wir auch wählen, das wichtigste ist, daß wir die Implementierung der Pufferverwaltungsstrategie in einige wenige Routinen verstecken, ohne daß die übrige Programmumgebung davon in irgendeiner Weise betroffen wird. Dadurch können wir zu beliebigem Zeitpunkt leicht Optimierungen durch Änderung der Strategie vornehmen.

Wir können sogar <u>jede</u> der erwähnten Strategien durch Implementierung der folgenden sechs Funktionen realisieren:

setbuf initialisiert den Puffer. Die einzige gültige Zeile ist die leere Zeile null. Bei Bedarf wird eine Arbeitsdatei erzeugt.

clrbuf löscht eine Arbeitsdatei, falls vorhanden.

inject(lin) kopiert den Text in **lin** in den Puffer unmittelbar hinter die aktuelle Zeile, eröffnet eine neue Zeile nach jedem **NEWLINE** und setzt **curln** auf die letzte eingefügte Zeile.

getind(n) bildet die Zeilennummer **n** auf einen eindeutigen Index ab, der dazu benutzt wird, auf die Zeileninformation zuzugreifen.

gettxt(n) bewirkt die gleiche Abbildung wie **getind**, kopiert darüber hinaus aber noch den Zeileninhalt in das Feld **txt** im **common** block **ctxt**.

relink(k1,k2,k3,k4) erstellt eine Neuverzeigerung, wobei **k2** der Einstiegspunkt für eine Rückverzeigerung nach **k1** ist und **k3** für eine Vorverzeigerung nach **k4**. Die **k$\underline{i}$** stammen aus Aufrufen von **getind** oder **gettxt**.

Die **k**-Indizes werden zusätzlich zu den Zeilennummern benötigt, um konkrete Zeilen während des Umrangierens, bei dem sich der Bezug der Zeilennummern mehrfach ändert, zu adressieren.

Es ist nicht notwendig (und auch nicht möglich) zu wissen, ob ein Text oder die Zeiger im Hauptspeicher anwesend sind oder nicht. Alle Editorfunktionen können nämlich ausgeführt werden, solange eine Textzeile und vier Zeiger, die man durch Aufruf von **getind** und **gettxt** erhält, zur Verfügung stehen. Das heißt, daß die gesamte Datei im Hauptspeicher sein kann oder aber nur ein gewisser Ausschnitt davon. Dies haben wir der sorgfältigen Trennung von Editor und Pufferverwaltung zu verdanken.

Wir wollen uns noch einmal daran erinnern, daß wir nicht mit diesen sechs Unterprogrammen begonnen haben, sondern sie erst beim top-down Entwurf des Editors "entdeckt" haben. Da wir auf jeder Stufe stets die Operationen, die auf den Text Anwendung finden sollten, vor Augen hatten, waren wir in der Lage, diese Handvoll von Grundfunktionen zu abstrahieren. Es erwies sich ebenfalls als vorteilhaft, daß wir alle Implementationsentscheidungen soweit als möglich hinausgeschoben haben - dieses Ziel führte uns weg von einer Reihe restriktiverer Entwurfsalternativen. Mit den nun gegebenen Grundfunktionen und Auswertungen von Laufzeitmessungen können wir die Effizienz unseres Editors je nach Bedarf verbessern, ohne viel am Programm ändern zu müssen.

Unser vorrangiges Ziel aber bleibt, einen lauffähigen Editor zu
entwickeln. Deshalb soll die einfachste Form der Pufferverwaltung, mit Speicherung der kompletten Datei im Hauptspeicher im
Feld **buf**, realisiert werden. Es ergibt sich folgende Struktur
für ein Listenelement:

```
buf(k+0)     PREV        Index vorhergehende Zeile
buf(k+1)     NEXT        Index nächste Zeile
buf(k+2)     MARK        für Global-Markierung
buf(k+3)     TEXT        1. Zeichen einer Kette
buf(k+4)     ...         2. Zeichen, usw.
```

Jede Zeichenkette wird durch ein **EOS** abgeschlossen.

Der **common**-Block **cbuf** enthält:

```
common /cbuf/ buf(MAXBUF), lastbf
   character buf          #Puffer für Zeiger und Text
   integer lastbf         #letztes in buf benutztes Element
```

Die Textzeilen werden bei Bedarf in den Puffer **txt**, der im
common-Block **ctxt** gehalten wird, kopiert. Wir kennen **ctxt**
bereits im Zusammenhang mit **ptscan** und **doprnt**; hier der
Vollständigkeit halber nochmals:

```
common /ctxt/ txt(MAXLINE)
   character txt  #Textzeile für Mustererkennung und Ausgabe
```

Wir können jetzt die Hauptspeicherversion der Pufferverwaltung
schreiben. **clrbuf** ist die einfachste Routine, wenn keine
Arbeitsdatei besteht.

```
#clrbuf (im Hauptspeicher) - für neue Dateien initialisieren
     subroutine clrbuf

     return                 #nichts zu tun
     end
```

getind und **gettxt** ermitteln die angegebene Zeile durch Abwandern
der Zeigerketten. Dabei sucht **getind** lediglich den Index,
während **gettxt** unter Zuhilfenahme von **getind** auch den Text

selbst mit zurückgibt. Beide Funktionen sind sinnvoll, da viele
Editorkommandos nur den Zeilenindex, nicht aber die Zeile selbst
benötigen.

Wenn wir später eine Arbeitsdatei zur Aufnahme des Textes
benötigen, hilft uns diese Unterteilung unnötige Dateizugriffe
zu vermeiden.

```
#getind - Zeilenindex im Puffer lokalisieren
       integer function getind(line)
       integer j, k, line
       include cbuf

       k = LINE0
       for (j = 0; j < line; j = j + 1)
               k = buf(k + NEXT)
       getind = k
       return
       end
```

LINE0 ist hier mit 1 implementiert.

```
#gettxt (Hauptspeicher) - Text für line orten und bereitstellen
       integer function gettxt(line)
       integer getind
       integer line
       include cbuf
       include ctxt

       gettxt = getind(line)
       call scopy(buf, gettxt + TEXT, txt, 1)
       return
       end
```

gettxt verwendet zum Übertragen einer Zeile nach **txt** die
Prozedur **scopy** aus Kap.3.

relink verändert nur zwei Zeiger. Für viele Aufgaben muß es mehr
als einmal aufgerufen werden, es gibt aber auch Situationen, in
denen nur die einfache Funktion nötig ist.

```
#relink - zwei der Verzeigerungen abändern
        subroutine relink(a, x, y, b)
        integer a, b, x, y
        include cbuf

        buf(x + PREV) = a
        buf(y + NEXT) = b
        return
        end
```

setbuf sorgt für die Initialisierung des Puffers, indem es die
Zeile null erzeugt und mit sich selbst verkettet. Zeile null
besteht nur aus einem **EOS**, ihre Existenz vereinfacht die
Programmierung, so ist zum Beispiel ein Einfügen nach der Zeile
null kein Spezialfall mehr.

```
#setbuf (Hauptspeicher) - Zeilenpuffer initialisieren
        subroutine setbuf
        integer addset
        integer junk
        include cbuf
        include clines

        call relink(LINE0, LINE0, LINE0, LINE0)
        lastbf = LINE0 + TEXT
        junk = addset(EOS, buf, lastbf, MAXBUF)
        curln = 0
        lastln = 0
        return
        end
```

inject ist etwas komplizierter, da Zeilen auch eingebettete
NEWLINE´s enthalten dürfen. Wir hatten dies noch nicht erwähnt,
wenn Sie sich jedoch an die Besprechung von **change** in Kap.5
erinnern, werden Sie bemerken, daß es keinen Grund gibt,
irgendetwas in der Mitte einer Zeile nicht in ein **NEWLINE** zu
ändern. Um diese nützliche Eigenschaft für das **s**-Kommando zu
bewahren, muß **inject** eine "Zeile" mit eingebetteten **NEWLINE´s** in
separate Zeilen aufspalten und einzeln in den Puffer einfügen.
Darüber hinaus schreibt **inject** die Werte **curln** und **lastln** fort.

```
#inject(Hauptspeicher) - Text von lin hinter curln bringen
        integer function inject(lin)
        character lin(MAXLINE)
        integer addset, getind, nextln
        integer i, junk, k1, k2, k3
        include cbuf
        include clines

        for (i = 1; lin(i) ¬= EOS; ) {
            k3 = lastbf
            lastbf = lastbf + TEXT
            while (lin(i) ¬= EOS) {
                junk = addset(lin(i), buf, lastbf, MAXBUF)
                i = i + 1
                if (lin(i - 1) == NEWLINE)
                    break
                }
            if (addset(EOS, buf, lastbf, MAXBUF) == NO){
                inject = ERR
                break
                }
            k1 = getind(curln)
            k2 = getind(nextln(curln))
            call relink(k1, k3, k3, k2)
            call relink(k3, k2, k1, k3)
            curln = curln + 1
            lastln = lastln + 1
            inject = OK
            }
        return
        end
```

Hier nun die bisherige Prozedurhierarchie auf einen Blick.


```
        edit
            setbuf
                    relink
            getlst
            docmd
                    append
                            getlin
                            inject
                                    getind, nextln, relink
                        defalt
                        doprnt
                                gettxt, putlin
                clrbuf
```

Den meisten Zuwachs werden wir in **docmd** erhalten, wenn wir weitere Fälle berücksichtigen.

Aufgabe 6-3: Implementieren Sie den Texteditor mit diesen Speicherverwaltungsroutinen und den bisher gezeigten Teil von **edit** und testen sie diese. Sie benötigen Platzhalter für **ckglob** und **doglob**. Was sollten diese Prozeduren tun? Sie sollten in der Lage sein, Text einzufügen, verschiedene Zeilen auszudrucken, Kontextsuchen durchzuführen und eine Editorsitzung abzuschließen. Vergewissern Sie sich, daß Sie alle Ecken des Programms durchlaufen.

Aufgabe 6-4: Wie würden Sie eine Zeile, die nur einen Punkt enthält, in den Puffer bekommen?

Aufgabe 6-5: Was geschieht mit der aktuellen Zeile, wenn nichts eingefügt wird, d.h. folgende Anweisungsfolge gegeben wird?

```
a
.
```

Ist dies eine sinnvolle Reaktion?

Aufgabe 6-6: Kann die Kontextsuche Zeile null als Resultat ergeben?

6.5 Weitere Kommandos: Löschen, Einfügen, Ändern, Ausdrucken der Zeilennummer, Verschieben

Neben dem Anhängen neuer Zeilen ist das Löschen unerwünschten Textes eine weitere wichtige Aufgabe eines Editors. Dazu findet das **delete**-Kommando (.,.)d Anwendung. Wir hängen an **docmd** noch folgenden Code an:

```
else if (lin(i) == DELCOM) {
    if (ckp(lin, i + 1, pflag, status) == OK)
      andif (defalt(curln, curln, status) == OK)
      andif (delete(line1, line2, status) == OK)
      andif nextln(curln) ¬= 0)
          curln = nextln(curln)
    }
```

Die Löschanweisung entfernt die bezeichnete Zeile oder Zeilen, danach zeigt **curln** auf diejenige Zeile, die auf gelöschte Zeilen folgt oder, falls das Pufferende erreicht ist, auf **lastln**. Das mögliche **p** zum Kontrollausdruck dieser Zeile wird durch **ckp** abgeprüft und gegebenenfalls in **pflag** vermerkt.

```
#ckp - prüfen, ob "p" nach Kommando
      integer function ckp(lin, i, pflag, status)
      character lin(MAXLINE)
      integer i, j, pflag, status

      j = i
      if (lin(j) == PRINT) {
          j = j + 1
          pflag = YES
          }
      else
          pflag = NO
      if (lin(j) == NEWLINE)
          status = OK
      else
          status = ERR
      ckp = status
      return
      end
```

Die eigentliche Arbeit wird von der Funktion **delete** besorgt,
welche den Zeiger **curln** auf der Zeile <u>vor</u> den zu entfernenden
Zeilen beläßt und **lastln** auf die neue letzte Zeile setzt.

```
        #delete - Zeilen von from bis to löschen
                integer function delete(from, to, status)
                integer getind, nextln, prevln
                integer from, k1, k2, status, to
                include clines

                if (from <= 0)
                        status = ERR
                else {
                        k1 = getind(prevln(from))
                        k2 = getind(nextln(to))
                        lastln = lastln - (to - from + 1)
                        curln = prevln(from)
                        call relink(k1, k2, k1, k2)
                        status = OK
                        }
                delete = status
                return
                end
```

Mit Hilfe bereits bekannter Routinen lassen sich drei weitere
Kommandos leicht implementieren. Das <u>Einfügekommando</u> (.)i
("<u>insert</u>") fügt Text unmittelbar <u>vor</u> der angegebenen Zeilennummer
ein.

```
        else if (lin(i) == INSERT) {
                if (lin(i + 1) == NEWLINE)
                        status = append(prevln(line2), global)
                }
```

Das <u>Änderungskommando</u> (.,.)c ("<u>change</u>") überschreibt die Zeilen
des angegebenen Bereiches durch neuen Text.

```
        else if (lin(i) == CHANGE) {
                if (lin(i + 1) == NEWLINE)
                andif (defalt(curln, curln, status) == OK)
                andif (delete(line1, line2, status) == OK)
                        status = append(prevln(line1), glob)
                }
```

(.)= schließlich wird verwendet, den Wert eines Zeilennummernausdrucks (oder der aktuellen Zeile) auszugeben. Es wird oft in der
Form **$=** gebraucht, um festzustellen, wieviele Zeilen im Puffer

enthalten sind.

```
else if (lin(i) == PRINTCUR) {
     if (ckp(lin, i + 1, pflag, status) == OK) {
          call putdec(line2, 1)
          call putc(NEWLINE)
          }
     }
```

Mit   dem   <u>Verschiebekommando</u>   m   ("<u>move</u>")   werden   Textzeilen
verschoben:

    (.,.)m   *Zeile 3*

bewirkt, daß die spezifizierten Zeilen, von wo auch immer,
verschoben werden an die Stelle hinter <u>Zeile3</u>. Da man <u>Zeile3</u>
durch **getone** erhält, ist jeder gültige Ausdruck zulässig, wie
etwa

    /format/m/end/-1p

wodurch die nächste Textzeile, die **format** enthält, unmittelbar
vor die nächste Zeile, die ein **end** enthält, geschoben wird.
curln zeigt danach auf die letzte verschobene Zeile, also hier
auf die Zeile mit **format**. Das wahlfreie **p** druckt diese Zeile
aus. **docmd** wird ergänzt durch

```
else if (lin(i) == MOVECOM) {
     i = i + 1
     if (getone(lin, i, line3, status) == EOF)
          status = ERR
     if (status == OK)
      andif (ckp(lin, i, pflag, status) == OK)
      andif (defalt(curln, curln, status) == OK)
          status = move(line3)
     }
```

Die Arbeit wird von **move** ausgeführt:

```
#move - line1 bis line2 hinter line3 bringen
      integer function move(line3)
      integer getind, nextln, prevln
      integer k0, k1, k2, k3, k4, k5, line3
      include clines

      if (line1 <= 0 | (line2 <= line3 & line3 <= line2))
            move = ERR
      else {
            k0 = getind(prevln(line1))
            k3 = getind(nextln(line2))
            k1 = getind(line1)
            k2 = getind(line2)
            call relink(k0, k3, k0, k3)
            if (line3 > line1) {
                  curln = line3
                  line3 = line3 - (line2 - line1 + 1)
                  }
            else
                  curln = line3 + (line2 - line1 + 1)
            k4 = getind(line3)
            k5 = getind(nextln(line3))
            call relink(k4, k1, k2, k5)
            call relink(k2, k5, k4, k1)
            move = OK
            }
      return
      end
```

Aufgabe 6-7: Weshalb erfolgen die Aufrufe von **getind** und **relink** in **move** in dieser seltsamen Reihenfolge? Was kann passieren, wenn zuerst alle **getind**-Aufrufe erfolgen und dann erst die **relink**-Aufrufe? Was kann passieren, wenn **k3** <u>nach</u> **k1** und **k2** berechnet wird? Warum wurde **relink** nicht sofort nach Berechnung von **k3** gerufen?

Aufgabe 6-8: Erweitern Sie Ihr Editorgerüst um diese Kommandos und testen Sie. Richten Sie besonderes Augenmerk auf die "Grenzfälle" wie 0i, .m.-1 und 1,$d.

Aufgabe 6-9: Bisher wurde nicht versucht, den Speicherplatz von gelöschten Zeilen wiederzuverwenden. Welche Probleme können hierbei auftreten? Wie würden Sie eine <u>Freispeicher-</u><u>verwaltung</u> implementieren, so daß **delete** nur minimal geändert werden müßte? (**delete** ist das einzige Unterprogramm, durch das Platz frei wird; es wird von den Kommandos **c**, **d** und **s** aufgerufen.) Ist es besser, frei werdenden Speicher stets sofort oder erst bei Bedarf´ wiederzuverwenden? Welche Messungen würden Sie durchführen, um Ihr Vorurteil zu bestätigen?

<u>Aufgabe 6-10</u>: Implementieren Sie eine <u>Kopieranweisung</u> **k**

       (.,.)k *Zeile3*p

die eine Kopie eines Zeilenblockes hinter <u>Zeile3</u> einfügt, anstatt den Block zu verschieben.

6.6 Das Ersetzungskommando

Die Editorkommandos, die wir bisher kennengelernt haben, bezogen sich stets auf ganze Textzeilen. Nun wollen wir unter Verwendung des Programms **change** aus Kap.5 das Korrekturkommando **s** behandeln, mit welchem Textmuster selektiv ausgetauscht werden können. Dies ist weitaus benutzerfreundlicher als das Austauschen kompletter Zeilen oder Zeichen an bestimmten festen Spaltenpositionen.

Das Kommando hat das Format

       (.,.)s/*Muster*/*neu*/g

wobei das Begrenzungszeichen / auch durch irgendein anderes Zeichen außer **NEWLINE** dargestellt sein darf. Ist ein **g** angegeben, so werden wie bei change <u>alle</u> passenden Muster ersetzt; fehlt es, wird nur das am weitesten links stehende ausgetauscht.

Für die Erkennung einer Anweisung ergibt sich in **docmd**

```
else if (lin(i) == SUBSTITUTE) {
    i = i + 1
    if (optpat(lin, i) == OK)
     andif (getrhs(lin, i, sub, gflag) == OK)
     andif (ckp(lin, i + 1, pflag, status) == OK)
     andif (defalt(curln, curln, status) == OK)
         status = subst(sub, gflag)
}
```

Das aus der Besprechung von **getnum** her bekannte **optpat** wird hier
wieder zum Aufbau des Suchmusters verwandt. **getrhs** baut das
Austauschmuster auf und prüft, ob ein **g** angegeben ist. **getrhs**
wiederum bedient sich der Prozedur **maksub**, welche wir für **change**
geschrieben hatten und die die eigentliche Arbeit erledigt.
Sowohl **makpat** als auch **maksub** waren so konzipiert worden, daß
als Begrenzungszeichen jedes beliebige Zeichen fungieren kann.
Dies ist dann wichtig, wenn der Schrägstrich, den wir in unseren
Beispielen meist als Trennzeichen verwenden, selbst Teil des
Musters ist, und man sich die Verwendung des Fluchtsymbols
ersparen will. Mit **ckp** wird auf ein abschließendes **p** geprüft,
wodurch die betroffene Zeile ausgegeben wird. **defalt** schließlich
ergänzt eventuell fehlende Zeilenangaben.

```
#getrhs - Ersetzungszeichenkette für "s"-Anweisung beschaffen
        integer function getrhs(lin, i, sub, gflag)
        character lin(MAXLINE), sub(MAXPAT)
        integer maksub
        integer gflag, i

        getrhs = ERR
        if (lin(i) == EOS)
                return
        if (lin(i + 1) == EOS)
                return
        i = maksub(lin, i + 1, lin(i), sub)
        if (i == ERR)
                return
        if (lin(i + 1) == GLOBAL) {
                i = i + 1
                gflag = YES
                }
        else
                gflag = NO
        getrhs = OK
        return
        end
```

Was uns jetzt noch fehlt ist **subst**, das stark der Hauptroutine
von **change** aus Kap.5 ähnelt.

```
#subst - an Fundstellen eines Musters "sub" einsetzen
      integer function subst(sub, gflag)
      character new(MAXLINE), sub(MAXPAT)
      integer addset, amatch, gettxt, inject
      integer gflag, j, junk, k, lastm, line, m, status, subbed
      include clines
      include cpat
      include ctxt

      subst = ERR
      if (line1 <= 0)
            return
      for (line = line1; line <= line2; line = line + 1) {
            j = 1
            subbed = NO
            junk = gettxt(line)
            lastm = 0
            for (k = 1; txt(k) ¬= EOS; ) {
                  if (gflag == YES | subbed == NO)
                        m = amatch(txt, k, pat)
                  else
                        m = 0
                  if (m > 0 & lastm ¬= m) { #passenden Text ersetzen
                        subbed = YES
                        call catsub(txt, k, m, sub, new, j, MAXLINE)
                        lastm = m
                        }
                  if (m == 0 | m == k) {      #passt nicht
                        junk = addset(txt(k), new, j, MAXLINE)
                        k = k + 1
                        }
                  else                          #passenden Text übergehen
                        k = m
                  }
            if (subbed == YES) {
                  if (addset(EOS, new, j, MAXLINE) == NO) {
                        subst = ERR
                        break
                        }
                  call delete(line, line, status)  #merkt sich Punkt
                  subst = inject(new)
                  if (subst == ERR)
                        break
                  subst = OK
                  }
            }
      return
      end
```

Wir betrachten es als Fehler, wenn durch eine Korrekturanweisung
keinerlei Textersetzung bewirkt wird, denn dies läßt vermuten,
daß ein Schreibfehler beim Suchmuster oder dem Zeilenbereich
aufgetreten ist.

Aufgabe 6-11: Welche Bedeutung hat jedes // in

```
/abc/;//;//s///
```

Was bewirkt das Kommando?

Aufgabe 6-12: Was geschieht, wenn alle Zeichen einer Zeile
gelöscht werden, z.B. durch

```
s/?*//
```

und was passiert, wenn danach auch noch die Zeilenendemarkie-
rung (**NEWLINE**) durch

```
s/@n//
```

entfernt wird?
Welche Folgen hat das Löschen der Zeilenendemarke einer
nichtleeren Zeile? Was geschieht, falls durch Korrektur
zusätzliche Endemarken eingefügt werden? Geben Sie für diese
Verhaltensweise eine oder zwei prägnante Regeln an.

Aufgabe 6-13: Implementieren Sie ein <u>Transliterationskommando</u>
(.,.)t, das die Zeichen eines Zeichenvorrates in die eines
anderen überträgt, ähnlich dem Programm **translit** aus Kap.3.
Das heißt:

```
1,$t/a-z/A-Z/
```

würde alle vorkommenden Kleinbuchstaben in Großbuchstaben
umwandeln. Wofür kann ein solches Kommando zusätzlich zu
einem **translit**-Programm sinnvoll sein, und weshalb sollte
translit nach wie vor zur Verfügung stehen?

Aufgabe 6-14: Wie könnte ein <u>Irrtumkommando</u> u implementiert
werden, das den Effekt der letzten Korrektur wieder
rückgängig macht (d.h. die neue Zeile durch die alte
ersetzt)? Läßt es sich auf andere Kommandos ausdehnen?

6.7 Ein/Ausgabe

Würden wir an dieser Stelle abbrechen, hätten wir doch schon einen sehr umfassenden Texteditor. Mit ein wenig mehr Aufwand würden wir über ein Programm verfügen, das sich durch die Anweisung

    edit *Datei*

aufrufen ließe, wobei die <u>Datei</u> in den internen Puffer übertragen und nach Bearbeitung zurückgeschrieben würde.

Stattdessen wollen wir noch einige weitere Kommandos einführen, die es erlauben, explizit Dateien zu lesen oder zu schreiben. Dadurch können wir beliebig Dateien mischen, kombinieren oder mehrfach kopieren. Diese zusätzlichen Funktionen erlauben ein bequemes Editieren wie mit "Schere und Klebstoff". Wir haben alle diese Funktionen bei der Erstellung dieses Buches benutzt, um zum Beispiel die Programme zu Testzwecken zu isolieren und später verbessert einzufügen.

Mit dem <u>Einstiegskommando</u> **e** <u>Datei</u> wird zunächst der interne Puffer gelöscht und dann die Datei eingelesen. Mit dem <u>Lesekommando</u> **(.)r** <u>Datei</u> wird die <u>Datei</u> unmittelbar an die spezifizierte Zeile <u>angehängt</u>. Dies hat genau die gleiche Wirkung als wenn der Inhalt der <u>Datei</u> hinter einer **a**-Anweisung eingetippt worden wäre; der alte Pufferinhalt wird dadurch nicht beeinträchtigt. Das Erzeugen oder Überschreiben von Dateien geschieht mit der <u>Schreibanweisung</u> **(1,$)w** <u>Datei</u>, hiermit wird der angegebene Zeilenbereich auf die <u>Datei</u> geschrieben, wobei ihr alter Inhalt zerstört wird. Fehlen beide Zeilennummern, so wird der komplette Puffer ausgeschrieben; ist eine Nummer gegeben, so wird nur diese eine Zeile ausgeschrieben. Die letzte durch **e** oder **r** eingelesene wird jeweils auch zur neuen laufenden Zeile. Eine **w**-Anweisung dagegen führt zu keinerlei interner Veränderung, es können also nach Belieben inmitten einer Editorsitzung Kopien des Puffers erstellt werden.

Als Dateiname wird stets derjenige Name gemerkt, der entweder in **edit** _Datei_ genannt wurde oder in der ersten **r**- oder **w**-Anweisung oder in dem jüngsten **e**-Kommando. Eine Ein/Ausgabeanweisung verwendet, falls nicht explizit eine _Datei_ angegeben ist, stets den gemerkten Namen. Das _Dateinamekommando_ **f** bewirkt die Ausgabe des gegenwärtig gemerkten Namens. Es ändert diesen um, wenn durch **f** _Datei_ ein neuer Name genannt wird. Wir führen einen weiteren **common**-Block **cfile** ein, er enthält den gemerkten Namen.

```
      common /cfile/ savfil(MAXLINE)
        character savfil    #gemerkter Dateiname
```

docmd wird erweitert um:

```
            else if (lin(i) == ENTER) {
                if (nlines == 0)
                  andif (getfn(lin, i, file) == OK) {
                        call scopy(file, 1, savfil, 1)
                        call clrbuf
                        call setbuf
                        status = doread(0, file)
                        }
                }
            else if (lin(i) == PRINTFL) {
                if (nlines == 0)
                  andif (getfn(lin, i, file) == OK) {
                        call scopy(file, 1, savfil, 1)
                        call putlin(savfil, STDOUT)
                        call putc(NEWLINE)
                        status = OK
                        }
                }
            else if (lin(i) == READCOM) {
                if (getfn(lin, i, file) == OK)
                        status = doread(line2, file)
                }
            else if (lin(i) == WRITECOM) {
                if (getfn(lin, i, file) == OK)
                  andif (defalt(1, lastln, status) == OK)
                        status = dowrit(line1, line2, file)
                }
```

Die Vorgabe von (1,$) bei fehlenden Zeilennummern einer **w**-Anweisung wird, wie bereits beschrieben, durch **defalt** bewirkt.

Die Prozedur **getfn** ermittelt und prüft Dateinamen, wobei
entweder mindestens ein Leerzeichen gefolgt von einem Dateinamen
oder nur Leerzeichen auftreten dürfen.

```
#getfn - Dateinamen von lin(i)... beschaffen
     integer function getfn(lin, i, file)
     character lin(MAXLINE), file(MAXLINE)
     integer i, j, k
     include cfile

     getfn = ERR
     if (lin(i + 1) == BLANK) {
          j = i + 2   #neuen Dateinamen beschaffen
          call skipbl(lin, j)
          for (k = 1; lin(j) ¬= NEWLINE; k = k + 1) {
               file(k) = lin(j)
               j = j + 1
               }
          file(k) = EOS
          if (k > 1)
               getfn = OK
          }
     else if (lin(i + 1) == NEWLINE & savfil(1) ¬= EOS) {
          call scopy(savfil,1,file,1)   #oder alter Name
          getfn = OK
          }
     #sonst Fehler
     if (getfn == OK & savfil(1) == EOS)
          call scopy(file,1,savfil,1)   #sichern, falls kein alter
     return
     end
```

Die Prozeduren **doread** und **dowrit** geben zur Kontrolle für den
Benutzer jeweils die Anzahl der übertragenen Zeilen aus. Diese
Entscheidung erscheint inkonsistent in Bezug auf unsere
Philosophie, wonach ein Programm nur auf explizite Anforderung
etwas ausgeben sollte. Bei Anweisungen wie **r** oder **w**, die zu
erheblichen Statusänderungen des internen Puffers oder der
externen Datei führen, scheint eine Rückkopplungsmeldung für den
Benutzer jedoch angebracht. Meldungen dieser Art sollten niemals
blind vermieden werden, ihr Einsatz ist aber immer gut zu
bedenken.

```
#doread - file nach line lesen
        integer function doread(line, file)
        character file(MAXLINE), lin(MAXLINE)
        integer getlin, inject, open
        integer count, fd, line
        include clines

        fd = open(file, READ)
        if (fd == ERR)
                doread = ERR
        else {
                curln = line
                doread = OK
                for (count =  0;getlin(lin,fd) ¬=  EOF;count = count+1){
                        doread = inject(lin)
                        if (doread == ERR)
                                break
                        }
                call close(fd)
                call putdec(count, 1)
                call putc(NEWLINE)
                }
        return
        end




#dowrit - von from bis to in file schreiben
        integer function dowrit(from, to, file)
        character file(MAXLINE)
        integer create, gettxt
        integer fd, from, k, line, to
        include ctxt

        fd = create(file, WRITE)
        if (fd == ERR)
                dowrit = ERR
        else {
                for (line = from; line <= to; line = line + 1) {
                        k = gettxt(line)
                        call putlin(txt, fd)
                        }
                call close(fd)
                call putdec(to - from + 1, 1)
                call putc(NEWLINE)
                dowrit = OK
                }
        return
        end
```

Aufgabe 6-15: Erweitern Sie Ihren Editor um die Ein/Ausgabe-
funktionen und testen Sie. Sollte es in Ihrem Rechnersystem
nicht möglich sein, Dateien mit Namen zu benennen, so lesen
Sie nochmals in Kap.3 die Diskussion der Alternativen.

Aufgabe 6-16: Ändern Sie die **r**- und **w**-Kommandos derart, daß
die Ausgabe der Zeilenanzahl unterbleibt. Welches der beiden
Verfahren ist Ihnen lieber?

Aufgabe 6-17: Die Folge

    1,$d
    r *Datei*

unterscheidet sich von

     e *Datei*

in zwei wichtigen Punkten. In welchen? Lohnt es sich, das
d-Kommando so abzuändern, daß es einige der Vorteile von **e**
bietet?

6.8 Globale Anweisungen

Wir haben nun unseren Editor spezifiziert mit Ausnahme der
Behandlung des Globalpräfix **g**, welches, wie wir uns erinnern,
folgendes Format hat:

    (1,$)g/*Muster*/ *Kommando*

Wie bei einem **w**-Kommando gilt auch hier: Fehlen beide
Zeilennummern, wird der gesamte Puffer untersucht. Auf jede
Zeile, die das <u>Muster</u> enthält, wird das <u>Kommando</u> angewandt. Im
Gegensatz dazu möchte man gegebenenfalls umgekehrt vorgehen und
durch Angabe eines Musters genau solche Zeilen kennzeichnen, die
von einer Behandlung ausgeschlossen bleiben sollen. Das

Gegenstück zu **g** ist **x**:

    (1,$)x/Muster/Kommando

Das <u>Kommando</u> wird auf die Zeilen beschränkt, die das <u>Muster</u>
<u>nicht</u> enthalten. (Sollte Ihnen der Kennzeichner **x** oder auch die
anderen Kommandokennzeichner nicht zusagen, so können Sie sie
leicht gegen andere austauschen, da wir überall symbolische
Konstanten verwendet haben.)

Für <u>Kommando</u> kann jedes Editorkommando stehen mit Ausnahme von
a, **c** und **i**, deren Behandlung in globalen Anweisungen wir als
Übungsaufgabe offen lassen. Darüber hinaus dürfen Zeilennummern
mit Kontextsuche usw. vorangehen.

    `g/%#/p`

z.B. schreibt alle Zeilen, die mit # beginnen, wie etwa die
Kommentarzeilen, mit denen unsere Programme anfangen;

    `g/%#/.,.+1p`

schreibt die Kommentarzeile und ihre Folgezeile, die normalerweise eine **subroutine**- oder **function**-Deklaration enthält.

Da wir auch **d**, **m** und **r** nach einem Globalpräfix zulassen, kann
die Ausführung eines Kommandos zu den verschiedensten
Zeilenumstellungen im Puffer führen, weshalb wir genau festlegen
müssen, in welcher Reihenfolge die Zeilen zu untersuchen und
behandeln sind. Darüber hinaus müssen wir verhindern, daß der
Editor in Endlosschleifen läuft und dennoch mehr oder weniger
das macht, was wir von ihm verlangen.

Das Schema, das wir uns ausgedacht haben, mag nicht perfekt
sein, aber es ist einfach und funktionsfähig. Zuerst wird der
ganze Bereich abgesucht und alle Zeilen <u>markiert</u>, die das <u>Muster</u>
enthalten (**g**), bzw. dieses nicht enthalten (**x**). Dabei <u>löschen</u>
wir etwaige von früherem Suchen übriggebliebene Markierungen in
allen anderen Zeilen. All dies wird von der Routine **okglob**
besorgt, die auch das Vorhandensein von Globalpräfixen erkennt.

```
#ckglob - falls Globalpräfix, betroffene Zeilen markieren
      integer function ckglob(lin, i, status)
      character (lin(MAXLINE)
      integer defalt, getind, gettxt, match, nextln, optpat
      integer gflag, i, k, line, status
      include cbuf
      include clines
      include cpat
      include ctxt

      if (lin(i) ¬= GLOBAL & lin(i) ¬= EXCLUDE)
         status = EOF
      else {
         if (lin(i) == GLOBAL)
            gflag = YES
         else
            gflag = NO
         i = i + 1
         if (optpat(lin,i)==ERR | defalt(1,lastln,status)==ERR)
            status = ERR
         else {
            i = i + 1
            for (line = line1; line <= line2; line = line + 1) {
               k = gettxt(line)
               if (match(txt, pat) == gflag)
                  buf(k + MARK) = YES
               else
                  buf(k + MARK) = NO
               }
            for (line = nextln(line2); line ¬= line1;
              line = nextln(line)) {
               k = getind(line)
               buf(k + MARK) = NO
               }
            status = OK
            }
         }
      ckglob = status
      return
      end
```

Die verbleibende Arbeit wird von **doglob** erledigt, das vom
Hauptprogramm aufgerufen wird, falls von **ckglob** ein gültiges
Globalpräfix erkannt wurde. **doglob** sucht ab **line1** die Zeilen
nach einer Marke ab. Wird eine solche gefunden, wird sie
gelöscht, die Zeile zur aktuellen Zeile gemacht und das Kommando
über **docmd** ausgeführt. Ansonsten geht die Suche durch den
Puffer, wobei die Anzahl der Zeilen seit dem letzten Erfolg
gezählt wird. Nach einem vollständigen Pufferdurchlauf, während
dem keine Marke entdeckt wurde (**count > lastln**) ist die Prozedur
beendet.

```
#doglob - Anweisung von lin(i) für alle markierten Zeilen ausführen
      integer function doglob(lin, i, cursav, status)
      character lin(MAXLINE)
      integer docmd, getind, getlst, nextln
      integer count, cursav, i, istart, k, line, status
      include cbuf
      include clines

      status = OK
      count = 0
      line = line1
      istart = i
      repeat {
            k = getind(line)
            if (buf(k + MARK) == YES) {
                  buf(k + MARK) = NO
                  curln = line
                  cursav = curln
                  i = istart
                  if (getlst(lin ,i, status) == OK)
                   andif (docmd(lin, i, YES, status) == OK)
                        count = 0
                  }
            else {
                  line = nextln(line)
                  count = count + 1
                  }
            } until(count > lastln | status ¬= OK)
      doglob = status
      return
      end
```

Für markierte Zeilen wird das Kommando über **docmd** ausgeführt.
Der Parameter YES zeigt an, daß das Kommando unter Steuerung
eines Globalpräfix abläuft, dies ist aber nur von Bedeutung für
a-, **c-**, **1-** und **q**-Kommandos. Das Kommando selbst kann seinerseits
auch die laufende Zeichenposition verändern, mehrere Zeilen
bearbeiten und so fort.

```
g/subroutine/.,/[ @t]*end$/p
```

druckt zum Beispiel alle Unterprogamme - jedes Mal, wenn eine
Zeile mit **subroutine** gefunden wird, werden alle Zeilen von da an
bis zu der nächsten Zeile mit **end** ausgegeben.

Ein etwas komplizierteres Beispiel ist

```
g/%/m0
```

Hier wird _jede_ Zeile markiert, danach wird jede Zeile an den
Pufferanfang übertragen. Am Ende stehen die Zeilen in
umgekehrter Reihenfolge im Puffer. Ein weiteres Beispiel, das
sich auf die gleiche Operation bezieht, wird uns noch des
öfteren begegnen:

```
g/Sache/m0
0;\\=
```

schiebt alle Zeilen mit **Sache** an den Anfang, danach wird die
letzte dieser Zeilen gesucht. Das Nettoresultat ist das Zählen
der Zeichen mit **Sache** auf Kosten eines in Unordnung geratenen
Puffers. Die Anzahl läßt sich auch ermitteln mit

```
x/Sache/d
$=
```

falls es nichts ausmacht, daß Zeilen gelöscht werden.

Aufgabe 6-18: Mit dieser fehlerhaften Anweisung sollten
geradzahlige und ungeradzahlige Zeilen getrennt werden:

```
g/%/.+1m$
```

Was tut sie wirklich? Wie könnte **move** geändert werden, so
daß diese Anweisung die gewünschte Wirkung erzielt (und
keine andere sinnvolle Verwendungsmöglichkeit beeinträchtigt
wird)?

Aufgabe 6-19: Beweisen Sie, daß **doglob** nicht in eine
Endlosschleife geraten kann.

Aufgabe 6-20: Wie würden Sie die Effizienz der **g**-Verarbeitung
steigern? Lohnt sich der Aufwand?

Jetzt können wir das Hauptprogramm von **edit** angeben. Davor aber
zunächst das vollständige Programm **docmd** als Überblick und zur
Gedächtnisauffrischung. Obwohl es sehr lang ist, besteht es nur
aus einer **case**-Anweisung, die eine von vielen Alternativen
auswählt.

```
#docmd - alle Anweisungen außer globalen bearbeiten
      integer function docmd(lin, i, glob, status)
      character file(MAXLINE), lin(MAXLINE), sub(MAXPAT)
      integer append, delete, doprnt, doread, dowrit, move, subst
      integer ckp, defalt, getfn, getone, getrhs, nextln, optpat
      integer prevln, gflag, glob, i, line3, pflag, status
      include cfile
      include clines
      include cpat

      pflag = NO          #kann von d,m,s gesetzt werden
      status = ERR
      if (lin(i) == APPENDCOM) {
           if (lin(i + 1) == NEWLINE)
                status = append(line1, glob)
           }
      else if (lin(i) == CHANGE) {
           if (lin(i + 1) == NEWLINE)
             andif (defalt(curln, curln, status) == OK)
             andif (delete(line1, line2, status) == OK)
                 status = append(prevlin(line1), glob)
           }
      else if (lin(i) == DELCOM) {
           if (ckp(lin, i + 1, pflag, status) == OK)
             andif (defalt(curln, curln, status) == OK)
             andif (delete(line1, line2, status) == OK)
             andif nextln(curln) ¬= 0)
                 curln = nextln(curln)
           }
      else if (lin(i) == INSERT) {
           if (lin(i + 1) == NEWLINE)
                status = append(prevlin(line2), global)
           }
      else if (lin(i) == PRINTCUR) {
           if (ckp(lin, i + 1, pflag, status) == OK) {
                call putdec(line2, 1)
                call putc(NEWLINE)
                }
           }
```

```
else if (lin(i) == MOVECOM) {
    i = i + 1
    if (getone(lin, i, line3, status) == EOF)
        status = ERR
    if (status == OK)
     andif (ckp(lin, i, pflag, status) == OK)
     andif (defalt(curln, curln, status) == OK)
        status = move(line3)
    }
else if (lin(i) == SUBSTITUTE) {
    i = i + 1
    if (optpat(lin, i) == OK)
     andif (getrhs(lin, i, sub, gflag) == OK)
     andif (ckp(lin, i + 1, pflag, status) == OK)
     andif (defalt(curln, curln, status) == OK)
        status = subst(sub, gflag)
    }

else if (lin(i) == ENTER) {
    if (nlines == 0)
     andif (getfn(lin, i, file) == OK) {
        call scopy(file, 1, savfil, 1)
        call clrbuf
        call setbuf
        status = doread(0, file)
        }
    }
else if (lin(i) == PRINTFIL) {
    if (nlines == 0)
     andif (getfn(lin, i, file) == OK) {
        call scopy(file, 1, savfil, 1)
        call putlin(savfil, STDOUT)
        call putc(NEWLINE)
        status = OK
        }
    }
else if (lin(i) == READCOM) {
    if (getfn(lin, i, file) == OK)
        status = doread(line2, file)
    }
else if (lin(i) == WRITECOM) {
    if (getfn(lin, i, file) == OK)
     andif (defalt(1, lastln, status) == OK)
        status = dowrit(line1, line2, file)
    }
else if (lin(i) == PRINT) {
    if (lin(i + 1) == NEWLINE
     andif (defalt(curln, curln, status) == OK)
        status = doprnt(line1, line2)
    }

else if (lin(i) == NEWLINE) {
    if (nlines == 0)
        line2 = nextln(curln)
    status = doprnt(line1, line2)
    }
```

```
        else if (lin(i) == QUIT) {
            if (lin(i+1) == NEWLINE & nlines == 0 & glob == NO)
                status = EOF
            }
        #else status = ERR
        if (status == OK & pflag == YES)
            status = doprnt(curln, curln)
        docmd = status
        return
        end
```

Nun aber das Hauptprogramm von **edit** mit allen Deklarationen.
Dieser Code behandelt auch den wahlfreien Dateinamen in **edit**
<u>Datei</u>.

```
#edit - Hauptprogramm
        character lin(MAXLINE)
        integer ckglob, docmd, doglob, doread, getarg, getlin, getlst
        integer cursav, i, status
        include cfile
        include clines
        include cpat

        call setbuf
        pat(1) = EOS
        savfil(1) = EOS
        if (getarg(1, savfil, MAXLINE) ¬= EOF)
            if (doread(0, savfil) == ERR)
                call remark("?.")
        while (getlin(lin, STDIN) ¬= EOF) {
            i = 1
            cursav = curln
            if (getlst(lin, i, status) == OK) {
                if (ckglob(lin, i, status) == OK)
                    status = doglob(lin, i, cursav, status)
                else if (status ¬= ERR)
                    status = docmd(lin, i, NO, status)
                #sonst Fehler, nichts tun
                }
            if (status == ERR) {
                call remark("?.")
                curln = cursav
                }
            else if (status = EOF)
                break
            #sonst OK, schleifen
            }
        call clrbuf
        stop
        end
```

Schließlich geben wir noch eine Übersicht über die Programmhierarchie von **edit**. Auch hier wurde eine ganze Reihe kleinerer
Prozeduren aus Gründen der Übersichtlichkeit weggelassen.

```
        edit
            setbuf
                    relink
            doread
            getlst
                getone
                        getnum
                                optpat
                                        makpat
                                ptscan
                                        gettxt, match
            ckglob
                    optpat, match, gettxt, getind, defalt
            doglob
                    getlst, docmd, getind
            docmd
                    append
                            inject
                                    getind, relink
                    defalt
                    delete
                            getind, relink
                    ckp
                    getone
                    move
                            getind, relink
                    optpat
                    getrhs
                            maksub
                    subst
                            gettxt, amatch, delete, inject
                    getfn
                    doread
                            open, inject, close
                    dowrit
                            create, gettxt, putlin, close
                    doprnt
                            gettxt, putlin
            clrbuf
```

docmd hat sehr viele Unterprogramme, was aber nicht so schlimm
ist, da bei jedem Aufruf immer nur ein einziger Fall zu
betrachten ist. Unter diesem Aspekt erscheint die Hierarchie von
edit als unkompliziert.

Aufgabe 6-21: Vervollständigen Sie Ihren Editor und testen Sie ihn gründlich. Sollte er mehr Statusmeldungen ausgeben? Falls Sie dieser Meinung sind, so ändern Sie bitte **append** so ab, daß vor dem Einlesen einer Zeile zunächst ein * ausgegeben wird und erzwingen Sie bei jedem Kommando die Bildschirmausgabe. Probieren Sie beide Versionen eine Zeitlang aus und überlegen Sie sich, welche Ihnen besser gefällt. Erwägen Sie ein Kommando o, durch das Sie auf Wunsch Bildschirm-Kontrollmeldungen einschalten (durch Angabe von **ov**) oder ausschalten (**os**) können. Welcher der beiden Zustände sollte der Startzustand sein?

Aufgabe 6-22: Entwerfen Sie ein Kommando, das die Bedeutung der Zeichen ?, [ ] usw. als Steuerzeichen aufheben kann. Trotzdem sollte es möglich sein, durch Angabe eines vorangehenden Fluchtsymbols ihre Sonderbedeutung vorübergehend wiederherzustellen. Sollten solche Zeichen als Voreinstellung die Bedeutung als Steuerzeichen haben oder nicht?

Aufgabe 6-23: Entwerfen Sie ein <u>Ausgabekommando</u> l, das mit dem <u>Druckkommando</u> p im Normalfall identisch ist, darüber hinaus aber noch eine sichtbare Darstellung von sonst unsichtbaren Zeichen, wie z.B. für Tabulatorzeichen, mit ausgibt.

Aufgabe 6-24: Bei Erkennen eines Fehlers gibt der Editor nur ein einfaches ? aus. Entwerfen Sie ein Kommando ?, welches einen ausführlichen Kommentar zu dem zuletzt aufgetretenen Fehler ausgibt.

Aufgabe 6-25: Wie würden Sie eine umfassende Ergänzung spezifizieren, so daß der anzuhängende Text nur einmal einzugeben bzw. geändert oder eingefügt zu werden braucht? Wie würden Sie dies implementieren? Wie könnte eine beliebige Anzahl von Kommandos von einem Globalpräfix gesteuert werden? Wie würden Sie verschachtelte Globalpräfixe implementieren? Würde Rekursion diese Aufgabe vereinfachen?

Aufgabe 6-26: Falls für Ihren Rechner die Verwendung von fest zugeordneten Zeilennumern zwingend ist oder wenn Sie persönlich solche Nummern bevorzugen, ändern Sie den Editor

so, daß diese verwendet werden können. Diese "absoluten"
Zeilennummern müssen für alle Kommandos gültig sein, d.h.
sie müssen irgendwie durch a, c oder i erzeugt, von s und m
korrekt behandelt und von r und w verwendet werden.

6.10 Arbeitsdateien

Wir haben jetzt einen funktionstüchtigen Editor, nun wollen wir
uns überlegen, wie wir ihn noch verbessern können. Besonders
wichtig ist der Pufferspeicher, der in der gegenwärtigen Version
noch sehr unzulänglich organisiert ist. Wenn wir nur die Zeiger
im Hauptspeicher halten und den umfangreicheren Text auf
Hintergrundspeicher in einer Arbeitsdatei führen, erhalten wir
für den Editor eine weitaus höhere Kapazität.

Die wichtigste Änderung hierfür ist das Trennen des Textes von
der Zeigerinformation. Im allgemeinen wird nur ein Teil des
Textes im Hauptspeicher resident sein, während der Rest in einer
noch nicht besprochenen Weise in einer Arbeitsdatei ruht. Wir
müssen die im Hauptspeicher vorhandene Information so gestalten,
daß die Arbeitsdatei (mit Hilfe einiger Grundfunktionen) als
unbegrenzte Erweiterung des Hauptspeichers genutzt werden kann,
wenngleich dies mit einer längeren Zugriffszeit erkauft werden
muß.

Betrachten wir einmal das Korrekturkommando. Auf den Text der
Zeile muß zugegriffen werden, d.h. er muß in der Arbeitsdatei
aufgefunden werden, es sei denn, er befindet sich zufällig im
Hauptspeicher. Die gegenwärtige Version muß in der Arbeitsdatei
gelöscht werden, das kann dadurch geschehen, daß der Zeiger auf
diese Stelle gelöscht wird. Der Text steht dann zwar noch auf
der Datei, aber es gibt keinen Zeiger, über den er noch
erreichbar wäre. Danach wird die abgeänderte Zeile eingefügt, am
einfachsten ist ein Anfügen am Ende der Datei. Um es noch einmal
herauszustellen: wir brauchen hier wie auch bei der Hauptspeicherversion Zeigerinformation, und zwar um festzustellen, welche

Zeile auf welche andere folgt, des weiteren um die jeweils letzte Version einer Zeile zu lesen und um das Ende der Arbeitsdatei zu finden, damit eine abgeänderte Zeile angehängt werden kann.

Das Feld **buf** enthält nach wie vor die Zeiger **PREV** und **NEXT** sowie **MARK**. Da **getind** und **relink** nur diese Angaben benötigen, ist hier keine Abänderung nötig. In **buf** werden jedoch zwei neue Angaben gespeichert, und zwar die Adresse des Zeilenanfangs auf der Arbeitsdatei **SEEKADR** und die Zeilenlänge **LENG**.

Anstatt uns für die Arbeitsdatei auf ein Speichermedium wie Band oder Platte zu fixieren, wollen wir zwei weitere Grundfunktionen einführen und damit eine Standardschnittstelle definieren. Eine davon ist

    seek(offset, fildes)

Sie positioniert die spezifizierte Datei so, daß ein nachfolgender Schreib- oder Lesebefehl an der Stelle **offset** beginnt. (Zur zweiten Grundfunktion **readf** kommen wir später.) **fildes** ist der interne Dateiname wie er von **open** oder **create** rückgemeldet wird. Den Wert von **offset** erhalten wir, indem wir die Zeilenlängen aufsummieren. Das Fortschreiben der Summe erfolgt bei jedem Aufruf von **putlin**, somit positioniert **seek** durch die Verwendung von **offset** nach n Aufrufen von **putlin** unmittelbar auf die Stelle hinter der n-ten Textzeile. Die Vorgehensweise hier ist zeichenorientiert; in einer anderen Umgebung, wo statt Zeilen festlange Sätze gegeben sind, ließe sich die Anzahl der vorangehenden Sätze für die Positionierung heranziehen. Da **seek** sehr stark von den spezifischen Eigenheiten des verwendeten Rechnersystems abhängt, wollen wir hier darauf verzichten, eine Version anzugeben.

Auf jeden Fall besorgt **seek** das erforderliche Vor- oder Rückspulen (bei Bändern) oder Positionieren (bei Plattendateien), um auf früher geschriebene Zeilen oder das Dateiende positionieren zu können. Vom Programm her zeigt sich die Datei als stetiger Strom von Zeichen, eine Gliederung in Sätze und Blöcke bleibt den Grundfunktionen überlassen. So sollte es sein.

Für die Prozedur **inject** ergeben sich keine wesentlichen

Änderungen, außer daß ein Großteil der schmutzigen Arbeit an ein
neues Unterprogramm **maklin** übertragen wurde.

```
#inject(Arbeitsdatei) - lin nach curln einfügen; auf Arb.datei
        integer function inject(lin)
        character lin(MAXLINE)
        integer getind, maklin, nextln
        integer i, k1, k2, k3
        include clines

        for (i = 1; lin(i) ¬= EOS; ) {
            i = maklin(lin, i, k3)
            if (i == ERR) {
                    inject = ERR
                break
                }
            k1 = getind(curln)
            k2 = getind(nextln(curln))
            call relink(k1, k3, k3, k2)
            call relink(k3, k2, k1, k3)
            curln = curln + 1
            lastln = lastln + 1
            inject = OK
            }
        return
        end
```

In **maklin** befindet sich nun im wesentlichen die Schnittstelle zu
den neuen Prozeduren.

```
#maklin(Arbeitsdatei)-neuen Zeileneintrag erzeugen; Text nach scratch
      integer function maklin(lin, i, newind)
      character lin(MAXLINE)
      integer addset, length
      integer i, j, junk, newind, txtend
      include cbuf
      include csrat
      include ctxt

      maklin = ERR
      if (lastbf + BUFENT > MAXBUF)
           return                  #kein Platz für neuen Zeileneintrag
      txtend = 1
      for (j = i; lin(j) ¬= EOS; ) {
           junk = addset(lin(j), txt, txtend, MAXLINE)
           j = j + 1
           if (lin(j - 1) == NEWLINE)
                break
           }
      if (addset(EOS, txt, txtend, MAXLINE) == NO)
           return
      call seek(scrend,scr) #Zeile ans Ende der Arbeitsdatei
      buf(lastbf + SEEKADR) = scrend
      buf(lastbuf + LENG) = length(txt)
      call putlin(txt, scr)
      scrend = scrend + buf(lastbf + LENG)
      buf(lastbf + MARK) = NO
      newind = lastbf
      lastbf = lastbf + BUFENT
      maklin = j       #nächstes zu untersuchendes Zeichen in lin
      return
      end
```

scrend bezeichnet das Dateiende und **scr** bezeichnet den internen
Namen der Arbeitsdatei, wie er von **create** erzeugt wird. Beide
Variablen befinden sich im **common**-Block **cscrat**:

```
      common /cscrat/ scr, scrend
        integer scr      #Nummer der Arbeitsdatei
        integer scrend   #Arbeitsdateiende
```

lastbf ist das letzte benutzte Element von **buf**; BUFENT ist 5,
die Größe eines Zeileneintrags in **buf**. **buf** und **lastbf** stehen im
common-Block **cbuf**, welcher unverändert aus der vorangegangenen
Version übernommen werden kann, obwohl sich der Aufbau der
Zeileneinträge geändert hat.

```
      common /cbuf/ buf(MAXBUF), lastbf
         character buf  #Aufbau der Zeiger für alle Zeilen
            # buf(k + 0)  PREV      Vorgängerzeile
            # buf(k + 1)  NEXT      Nachfolgerzeile
            # buf(k + 2)  MARK      Marke für globale Anweisungen
            # buf(k + 3)  SEEKADR  Zeilennummer in der Arbeitsdatei
            # buf(k + 4)  LENG      Länge auf der Arbeitsdatei
      integer lastbf  #letzter benutzter Zeiger in buf
```

gettxt beschafft wieder eine Textzeile; in unserer Implementierung muß durch einen Aufruf von **seek** positioniert und
anschließend die Zeile gelesen und nach **txt** übertragen werden.
Das Lesen erfolgt durch die Grundfunktion

```
      read(buffer, count, fildes)
```

Sie liest **count** Zeichen von **fildes** nach **buffer**. Dies ist die
zweite unserer beiden zusätzlichen Grundfunktionen für
Arbeitsdateien (**seek** war die erste). Auch **readf** ist so
systemspezifisch, daß wir sie hier nicht wiedergeben.

```
   #gettxt (Arbeitsdatei) - Text für line orten, nach txt kopieren
         integer function gettxt(line)
         integer getbuf, getind
         integer j, k, line
         include cbuf
         include cscrat
         include ctxt

         k = getind(line)
         call seek(buf(k + SEEKADR), scr)
         call readf(txt, buf(k + LENG), scr)
         j = buf(k + LENG) +1
         txt(j) = EOS
         gettxt = k
         return
         end
```

Unsere Pufferorganisation funktioniert mit nur einer einzigen
Zeile im Hauptspeicher zu jeder Zeit. Dies ist nicht sehr
effizient; mit mehreren Zeilen im Hauptspeicher ließe sich das
Zugriffszeitverhalten erheblich verbessern. Eine der Aufgaben
beschäftigt sich mit diesem Problem.

Wir kennen jetzt die Zugriffsroutinen für die Arbeitsdatei, es
fehlen nun noch zwei Routinen zum Initialisieren und Abschließen
der Datei. Diese Vorgehensweise ist empfehlenswert, denn erst
nachdem die Zugriffsprozeduren fertiggestellt sind, hat man das
vollständige Verständnis für das, was durch die Initialisierung
und den Abschluß erledigt werden muß.

```
#setbuf (Arbeitsdatei) - Arbeitsdatei erzeugen; Zeile 0 einrichten
        subroutine setbuf
        integer create
        integer k
        include cbuf
        include clines
        include cscrat
        string scrfil "scratch"
        string null ""

        scr = create(scrfil, READWRITE)
        if (scr == ERR)
                call cant(scrfil)
        scrend = 0
        lastbf = LINE0
        call maklin(null, 1, k)        #leere LINE0 erzeugen
        call relink(k, k, k, k)        #Anfangsliste erzeugen
        curln = 0
        lastln = 0
        return
        end


#clrbuf (Arbeitsdatei) - Arbeitsdatei aufgeben
        subroutine clrbuf
        include cscrat
        string scrfil "scratch"

        call close(scr)
        call remove(scrfil)
        return
        end
```

Aufgabe 6-27: Ersetzen Sie die alten Grundfunktionen zur Puffersteuerung durch die neuen, auf der Arbeitsdateiorganisation aufbauenden (einschließlich **seek** und **readf**), und führen Sie Tests durch. Ermitteln Sie die mittlere Zeilenlänge Ihrer Textdateien (welche Werkzeuge lassen sich hierzu verwenden?) und benutzen Sie diesen Wert, um die relative Kapazität der beiden Editorversionen abzuschätzen.

Aufgabe 6-28: Zeigen Sie, daß sowohl der Eintrag LENG in **buf** überflüssig ist als auch die Grundfunktion **readf** durch **getlin** ersetzt werden kann, sobald man verbietet, ein **NEWLINE** am Ende einer Zeile zu löschen.

Aufgabe 6-29: Lohnt sich eine Freispeicherverwaltung für unbenutzte Zeigerblöcke in **buf**? Versuchen Sie es. Wie steht es mit einer Wiederverwendung aufgegebenen Textplatzes in der Arbeitsdatei?

Aufgabe 6-30: Auf den meisten Rechnern kann der Editor erheblich beschleunigt werden, wenn man versucht, im voraus abzuschätzen, welche Zeilen in der unmittelbaren Zukunft angefordert werden, und so bei Zugriff auf die Arbeitsdatei gleich mehrere Zeilen einliest. Ändern Sie **gettxt** oder einen seiner untergeordneten Programmteile so, daß jeweils eine Gruppe von Zeilen gelesen wird, es sei denn, die angeforderte Zeile befindet sich schon im Hauptspeicher. Die Herausforderung liegt darin, den Zugriff so zu organisieren, daß sich für zukünftige Editoroperationen die Zeile mit großer Wahrscheinlichkeit schon im Hauptspeicher befindet. Welches sind die häufigsten Funktionen, die eine Verbesserung wert sind? Wieviel von **edit** muß dafür verändert werden? Welche Beschleunigung ergibt sich?

Aufgabe 6-31: Zeigen Sie, daß bei der Funktion **inject** der Aufwand zum Einfügen von $\underline{n}$ Zeilen proportional zu $\underline{n}^2$ ist. Führen Sie Messungen am Editor durch, um festzustellen, ob dies stark ins Gewicht fällt. Falls ja, durch welche Änderungen ließe es sich in eine Prozedur mit linearer Abhängigkeit überführen?

Aufgabe 6-32: Ein Magnetband hat die unangenehme Eigenschaft, daß die Information hinter dem zuletzt geschriebenen Block

nicht gelesen werden kann (d.h., man muß sich davor hüten,
Korrekturen in der Mitte anbringen zu wollen). Funktioniert
unsere Arbeitsdateiorganisation auch mit Bändern korrekt?
Weshalb sollte man in der Lage sein können, ein Band für den
Editor zu verwenden? Was sind die Nachteile?

__Aufgabe 6-33__: Eine weitere Implementierungsmöglichkeit für
die Speicherverwaltung besteht darin, die Zeiger zu den
Textzeilen in einem fortlaufenden Feld zu führen.
Verkettungszeiger können dann entfallen, da die Daten zur
Zeile $\underline{n}$ stets an $\underline{n}$-ter Position in diesem Feld stehen.
Entwerfen Sie entsprechend dieser Organisation die
Speicherverwaltung neu. Welche Operationen sind hier
einfacher als bei verketteten Listen? Welche sind schwerer?

__Aufgabe 6-34__: Wie würden Sie einen Editor implementieren,
der __alle__ Informationen einschließlich der über die
Zeilenverkettung auf der Arbeitsdatei führt? Läßt sich hier
noch ein Magnetband einsetzen? Rentiert sich eine
Freispeicherverwaltung?

__Aufgabe 6-35__: Testen Sie die verschiedenen Versionen des
Editors anhand einer repräsentativen, für alle Versuche
gleichen Folge von Anweisungen; messen und vergleichen Sie
die Antwortzeiten. Bestimmen Sie anhand der gewonnenen
Information, wie ausgefeilt Ihr Puffermechanismus sein
sollte.

__Aufgabe 6-36__: Falls Ihr Rechner eine **run**-Funktion besitzt,
mit welcher Sie vom laufenden Programm heraus eine
Betriebssystemfunktion aufrufen können, implementieren Sie
ein "Fluchtkommando" ⓐ, das es Ihnen erlaubt, inmitten einer
Editorsitzung ein Betriebssystemkommando abzusetzen. So
würde beispielsweise

    ⓐedit *Datei*

eine neue Inkarnation von **edit** für __Datei__ bewirken; nachdem
der Editiervorgang für __Datei__ beendet ist, würde die
ursprüngliche Datei weiter editiert werden. Welche
Modifikationen sind für **setbuf** und **clrbuf** erforderlich,
damit verschachtelte Editorsitzungen korrekt durchgeführt
werden können?

Einen Aspekt der Systemumgebung haben wir bisher noch nicht erwähnt, nämlich die Behandlung von Signalen der Umgebung, hauptsächlich <u>Unterbrechungen</u>. Bei einem Editor ist es wünschenswert, daß der Benutzer in der Lage ist, ein laufendes Kommando zu stoppen, ohne jedoch Information zu verlieren, um z.B. eine lange Druckausgabe abzubrechen. Im allgemeinen kommen Unterbrechungen zu unberechenbaren und oft zu ungelegenen Zeitpunkten, daher muß der Editor stets bereit sein, seine Integrität zu sichern, wenn eine solche Unterbrechung auftritt. Bei einer Druckausgabe ist dies kein großes Problem, jedoch treten Schwierigkeiten auf, wenn sich der Editor z.B. gerade inmitten einer **move**-Anweisung unter Globalpräfix befindet. Die Herausforderung liegt darin, inmitten der laufenden Aktion so bald als möglich abzubrechen und dabei trotzdem einen sicheren Zustand zu erreichen, von dem aus weiteres Editieren später möglich ist.

<u>Aufgabe 6-37</u>: Falls Ihr Rechnersystem zuläßt, Unterbrechungen abzufangen, ändern Sie **edit** ab, so daß diese korrekt behandelt werden, ohne daß Information verloren geht oder der Puffer inkonsistent wird. Was läßt sich tun, wenn es keine Möglichkeit gibt, Unterbrechungen abzufangen?

Wenn eine Datei zu umfangreich geworden ist, werden einige Editorcharakteristiken sehr aufwendig, wie zum Beispiel globale Anweisungen oder die rückläufige Suche mit \\. Es ist aber trotzdem äußerst wichtig auch für große Dateien, die meisten Editieraufgaben durchführen zu können. Eine Möglichkeit besteht darin, **edit** zu einem "Stromeditor" zu verstümmeln, der die Standardeingabe auf die Standardausgabe kopiert und dabei einige editierende Transformationen durchführt. Dabei muß rückläufige oder wiederholte Suche ausgeschlossen werden, d.h. \\ und einige Aspekte des Globalpräfix, die **move**-Anweisung und das Minuszeichen in Zeilennummernausdrücken (**/abc/-3**) können nicht verwendet werden.

Die Anweisung

    /abc/,/def/ *Kommando*

würde von einem Stromeditor interpretiert als: "Versuche das
Kommando auf die erste Zeile anzuwenden, in der **abc** vorkommt,
dann auf alle folgenden Zeilen, solange bis in einer Zeile **def**
auftaucht, dann warte wieder, bis eine Zeile mit **abc** kommt". Die
Angabe nur eines Suchmusters bedeutet die Anwendung des
Kommandos auf jede Zeile, in der es vorkommt. Bei fehlender
Zeilenidentifikation wird ein Kommando auf jede Zeile angewandt.
Mehrfachkommandos sollten zulässig sein.

find und **change** sind Spezialfälle eines Stromeditors, nämlich

       sedit */Muster/*p

bzw.

       sedit */Muster/*s*//Ersetzung/*gp

Sollten **find** und **change** trotzdem als eigenständige Programme
beibehalten werden?

   <u>Aufgabe 6-38</u>: Entwerfen und implementieren Sie einen
Stromeditor entsprechend den obigen Grundsätzen.

6.11 Zusammenfassung

Es ist nicht ganz einfach, einen guten Überblick über den
Entwurf oder die Programmierung von etwas so umfangreichem wie
einem Texteditor zu erhalten, besonders dann, wenn noch keine
praktischen Erfahrungen mit seinem Umgang vorliegen.

Ein sinnvoller Weg ist der, einfach eine Liste häufiger
Editoraufgaben zusammenzustellen und dann zu sehen, wie diese
für verschiedene Editoren ausgedrückt werden müssen. Hier ist
ein Beispiel einer Aufgabe, die wir regelmäßig durchführen
müssen und die die Möglichkeiten vieler Editoren übersteigt. Der
Text für dieses Buch ist auf über hundert Dateien abgespeichert.

Von Zeit zu Zeit wird es nötig, den Text des ganzen Buches durchzugehen und gewisse Änderungen in allen Dateien konsistent vorzunehmen. Dies manuell auszuführen wäre unverantwortlich langsam und fehleranfällig, deshalb wollen wir **edit** folgendermaßen dafür einsetzen.

Zunächst stellen wir einen <u>Plan</u> auf. Er enthält alle Kommandos, die wir auf jede der Dateien ausführen möchten. (Natürlich machen wir dies mit **edit!**) Beispielsweise besorgte einer unserer Pläne eine globale Umwandlung des Wortes **ERROR** in **ERRL**, um eine Verwechslung mit dem Wort **error** auszuschließen. Hier der Plan

```
f
g/ERROR/s//ERR/gp
w
```

Das **f**-Kommando gibt zur Kontrolle, falls irgend etwas schief geht, den Namen der bearbeiteten Datei aus; mit der **s**-Anweisung wird die Ersetzung global durchgeführt und alle betroffenen Zeilen ausgedruckt; die **w**-Anweisung schließlich bewirkt das Zurückschreiben der abgeänderten Datei.

Dann starteten wir ein Programm **listcat** ("Liste Katalog"), um eine Liste von allen unseren Dateien zu erstellen, ein Dateiname pro Zeile:

```
listcat >filelist
```

überträgt diese Liste in eine Datei **filelist**. (Die >-Operation wurde im dritten Kapitel beschrieben.)

Als nächstes wird **filelist** editiert. Alle Dateien für unser Buch enthalten die Buchstaben **Buch** als Teil des Namens, deshalb löschen wir zuerst alle Dateinamen, die nicht zum Buch gehören, mit einem **x**-Kommando

```
x/Buch/d
```

Dann wandeln wir jeden Dateinamen in ein **e**-Kommando mittels folgender **s**-Anweisung um:

```
1,$s/?*/e &/
```

Daraufhin hat jede Zeile des Puffers die Gestalt

        e *Dateiname*

Dann <u>schreiben</u> wir eine Kopie des Planes hinter jeden Dateinamen
mit:

        g/?/.r script

An   diesem Punkt ist jeder der usprünglichen Namen in eine Gruppe
von Editorkommandos umgewandelt, bestehend aus e <u>Dateiname</u> und
aus dem, was in **script** spezifiziert ist.

Das Ganze kommt schließlich in eine Datei namens **command**:

        w command
        q

Mit dem einfachen Kommando

        edit <command

rufen wir den Editor auf, wobei die Eingabe aus der Datei
command stammt. **edit** führt den Plan, ganz gleich wie dieser
aussieht, für alle Dateien aus.

In der Praxis läuft dies weitaus schneller als wir es
beschreiben können. Natürlich können wir auch noch weiter gehen
und alle Operationen zum Aufbau der **command**-Datei selbst in eine
Datei, etwa **commandmaker**, schreiben. Dieser Prozeß kann dann
immer laufen, wenn eine neue Kommandodatei benötigt wird. Ein
guter Test für einen Editor ist es, festzustellen, ob er die
gleiche Funktion mit ähnlich wenig Aufwand durchführen kann.

Wir   geben   Ihnen   nun   eine Übersicht über Kommandos und
Möglichkeiten von **edit**. Textmuster, wie sie für Kontextsuchen
verwendet werden, das **s**-Kommando und die **g**- und **x**-Präfixe,
wurden schon am Ende des fünften Kapitels zusammenfassend
vorgestellt.

Zeilennummern setzen sich aus folgenden Komponenten zusammen:

17	eine Dezimalzahl
.	die aktuelle Zeile
$	die letzte Zeile
/*Muster*/	eine vorwärts gerichtete Kontextsuche
Muster\\	eine rückwärts gerichtete Kontextsuche

Die Komponenten können mit + oder - verbunden werden:

.+1	Summe von . und 1
.-1	Differenz von . und 1

Zeilennummern werden durch Komma oder Semikolon getrennt; ein Semikolon bewirkt, daß die zuletzt angesprochene Zeile zur aktuellen Zeile wird, bevor das nächste Argument ausgewertet wird.

Den Kommandos darf eine beliebige Anzahl von Zeilennummern vorangehen (außer bei **e**, **f** und **q**, die keine Zeilenangaben haben dürfen). Verwendet werden nur die letzten beiden, bzw. die letzte, je nach Art des Kommandos. Werden zwei Zeilennummern benötigt und ist nur eine angegeben, wird diese für beide Angaben genommen. Fehlen Zeilennummern, so werden die Standardwerte eingesetzt:

(.)	nimm die aktuelle Zeile
(.+1)	nimm die nächste Zeile
(.,.)	nimm die aktuelle Zeile für beide Zeilennummern
(1,$)	nimm alle Zeilen

Hier in alphabetischer Reihenfolge die Kommandos und ihre
Standardwerte für Zeilennummern:

(.)	a	hänge Text hinter Zeile an (Text folgt)
(.,.)	c	ändere Text (Text folgt)
(.,.)	dp	lösche Text
	e *Datei*	steige mit <u>Datei</u> ein, gib vorangegange-nen Text auf und merke den Dateinamen
	f *Datei*	drucke <u>Dateinamen</u> und merke ihn
(.)	i	füge Text vor der Zeile ein (Text folgt)
(.,.)	m *Zeile3* p	füge Text an die Stelle hinter <u>Zeile 3</u>
(.,.)	p	drucke Text
	q	schließe Datei ab
(.)	r *Datei*	lies <u>Datei</u> ein und hänge sie hinter Zeile an
(.,.)	s / *alt* / *neu* / gp	korrigiere erstes Auftreten von <u>alt</u> in <u>neu</u> (**g** impliziert Wieder-holung über Zeilengrenzen hinweg)
(1,$)	w *Datei*	schreibe <u>Datei</u> (ohne die aktuelle Zeile zu verändern)
(.)	=p	drucke Zeilennummer
(.+1)		drucke eine Zeile

Ein abschließendes **p**, welches wahlfrei ist, bewirkt die Ausgabe
der letzten bearbeiteten Zeile.

Ein Globalpräfix bewirkt die wiederholte Ausführung eines
Kommandos, einmal für jede Zeile, auf die das Muster paßt (**g**),
bzw. nicht paßt (**x**):

(1,$)g/ *Muster* / *Kommando*
(1,$)x/ *Muster* / *Kommando*

wobei für <u>Kommando</u> alles außer **a**, **c**, **i** oder **q**, und wobei dem
Kommando die üblichen Zeilenangaben vorausgehen können. Der
Punkt wird auf die das Muster enthaltende Zeile gesetzt bevor
das <u>Kommando</u> ausgeführt wird.

<u>Literaturhinweise</u>

Die älteste bekannte Version des hier vorgestellten Editors ist TECO, geschrieben für das erste PDP-1 Mehrbenutzerbetriebssystem am MIT. Später wurde er als "quick editor" QED von L.P.Deutsch und B.W.Lampson auf einer SDS-940 implementiert; siehe "An online editor", CACM, Dezember 1967. K.L.Thompson übertrug QED auf das CTSS der IBM 7090 am MIT und später schrieb D.M.Ritchie eine Version für die GE-635 (jetzt HIS-6070) bei Bell Labs.

Die neueste Version ist **ed**, eine vereinfachte Form von QED für die PDP-11, geschrieben von Ritchie und Thompson. Unser Editor ähnelt sehr stark dem **ed**, zumindest von außen her gesehen.

Der Artikel "On-line text editing: a survey" von A.van Dam und D.E.Rice (<u>Computing Surveys</u>, September 1971) behandelt eine Reihe weiterer Editoren.

7. Formatieren

Als nächstes wollen wir einen Textformatierer schreiben, ein
Programm, das einen Eingabetext schön formatiert auf einen
geeigneten Drucker ausgibt. Was hierbei "schön", "formatiert"
und "geeignet" bedeutet, hängt von Ihren jeweiligen Ansprüchen
und dem finanziellem Spielraum ab. Unser Formatierer stellt
lediglich ein Minimum von Formatieranweisungen bereit und zwar
solche, die nach unserer Beobachtung bei der Erstellung von
Textdokumenten tatsächlich benötigt werden. Das Formatierprogramm
erzeugt eine Ausgabe für Terminals und Zeilendrucker, mit
automatischem Randausgleich, Seitenumbruch (indem die
Perforation bei Endlospapier übersprungen wird), Seitennumerierung und Überschriften, Zentrierung, Unterstreichung, Einrückung
und beliebig vielen Leerzeilen.

Ein Formatierprogramm stellt bei der Texteingabe ein wichtiges
Werkzeug dar und dient auch Programmierern zur Beschreibung
ihrer Programme, da der Text nie ein zweites Mal geschrieben
werden muß. Dies bringt ganz offensichtlich Vorteile mit sich,
außerdem läßt sich mit der Zeit die Anzahl der Fehler
einschränken. Das maschinelle Formatieren erleichtert die
Schreibarbeit im wesentlichen dadurch, daß Randausgleich,
Zentrierung, Unterstreichung und ähnliche lästige Operationen
vom Rechner ausgeführt werden, nicht von der Schreibkraft.
Weiterhin ist es möglich, ohne textuelle Änderungen das Format
eines Textes zu variieren. Aber vielleicht ist es am wichtigsten,
daß es Autoren leicht gemacht wird, beliebige Korrekturen mit
geringem Aufwand durchzuführen und stets eine auch vom äußeren
Erscheinungsbild ansprechende Form zur Verfügung zu haben.

Ein häufiger Beweggrund für den Einsatz eines Formatierers ist
eine fehlerfreie Textausgabe. Beispielsweise wurden die

Photosatzvorlagen zu diesem Buch auf entsprechendem Drucker mit
Hilfe einer sehr viel höher entwickelten Version des im
folgenden vorgestellten Formatierprogramms erstellt, wobei die
Programme Teil des Textes sind. Um z.B. ein Programm zu testen,
isolieren wir es mit Hilfe eines Editors, wie wir ihn in Kap.6
erstellten, übersetzen das Programm und lassen es anschließend
laufen, ohne auch nur das geringste daran geändert zu haben.

Das in diesem Kapitel beschriebene Programm **format** hat eine
recht konventionelle Form; es akzeptiert zu formatierenden Text
mit eingestreuten Formatierkommandos. Ein Kommando besteht aus
einem Punkt, einem Namen aus zwei Buchstaben, und eventuell
Parametern. Jedes Kommando - und seine Parameter - muß am
Zeilenanfang auftreten und benötigt eine Zeile für sich allein.
Beispielsweise wird mit dem Kommando

    .ce

("<u>ce</u>nter") die nachfolgende Ausgabezeile zentriert;

    .sp 3

("<u>sp</u>aces") erzeugt drei Leerzeilen.

In den meisten Fällen braucht der Benutzer von **format** nur
geringe Kenntnis von Kommandos und Parametern zu haben; die
Formatierung wird größtenteils automatisch ausgeführt, was sehr
benutzerfreundlich ist. Idealerweise sollte auch ein Eingabetext,
der <u>keinerlei</u> Formatieranweisungen enthält, richtig ausgegeben
werden können. Standardparameter und Formatiertätigkeiten
sollten angemessen und frei von Überraschungen sein. Beispielsweise sollen dabei Ausgabezeilen so weit wie möglich aufgefüllt
werden, unabhängig von der Länge der Eingabezeilen. Leerzeilen
implizieren den Beginn eines neuen Abschnitts. Seitenbegrenzungen
werden berücksichtigt, sowie oberer und unterer Rand einbezogen.

Gleichzeitig muß der Entwurf so flexibel gestaltet sein, daß das
Programm für anspruchsvolle Benutzer durch kompliziertere
Funktionen erweitert werden kann. Geschulte Anwender sollten
außerdem die Möglichkeit haben, die Parameter wunschgemäß zu
ändern. Schließlich muß es dem Benutzer erlaubt sein, neue
Formatoperationen in Übereinstimmung mit der Form der bereits

vorhandenen zu definieren. Anhand der Aufgaben am Ende dieses
Kapitels werden wir diese Möglichkeiten untersuchen.

7.1 Kommandos

Wie schon erwähnt, wird eine Kommandozeile durch einen Punkt in
der 1. Spalte eingeleitet (was im Text selbst wahrscheinlich
kaum vorkommt) und besteht aus zwei nachfolgenden Buchstaben.
Erfahrungsgemäß ziehen Anwender kurze Kommandos in den meisten
Sprachen vor, deshalb erschien uns diese Art als sinnvoller
Kompromiß zwischen Kürze und mnemotechnischem Wert. Für alle
Fälle ist das Programm so ausgelegt, daß die Kommandos wahlweise
mit minimalem Aufwand geändert werden können.

Standardmäßig _füllt_ **format** die Zeilen auf, indem es in die
Ausgabezeile so viele Eingabeworte wie nur möglich setzt. Auch
werden die Zeilen rechts _justiert_ (d.h. der rechte Rand wird
gleichmäßig ausgerichtet), indem die aufgefüllte Zeile vor der
Ausgabe durch zusätzliche Leerzeichen gestreckt wird. Im
Normalfall möchte der Benutzer den Text im Blocksatz ausgegeben
haben, weshalb dies hier standardmäßig vorgesehen ist. Mit dem
Kommando

    .nf

("_no_ _fill_") kann diese Standardanweisung ausgeschaltet werden;
dann werden die Eingabezeilen ohne jegliche Umordnung auf die
Ausgabe kopiert. **.nf** kann mit dem Kommando

    .fi

("_fill_") wieder zurückgesetzt werden.

Beim Entdecken eines **.nf** kann es vorkommen, daß eine Zeile noch nicht voll und daher auch nicht ausgegeben ist. In diesem Fall wird als erstes die Ausgabe dieser Zeile erzwungen. Dieser Vorgang wird _Abbrechen_ ("_break_") genannt.

Das Konzept, eine Zeile abzubrechen, setzt **format** außer Kraft; viele Kommandos verursachen implizit einen solchen Abbruch. Um dies explizit zu erreichen, z.B. um zwei Absätze zu trennen, verwenden wir

        .br

Zum Einfügen einer Leerzeile zwischen zwei Abschnitten dient das Kommando ("_space_")

        .sp

Es bewirkt den Abbruch der Zeile und setzt danach eine Leerzeile. Um $\underline{n}$ Leerzeilen zu erhalten, schreiben wir

        .sp n

(Zwischen Kommando und Parameter muß stets ein Leerzeichen stehen.) Falls der untere Rand einer Seite vor Ausgabe aller Leerzeilen erreicht ist, werden die überflüssigen Leerzeilen ignoriert, so daß alle Seiten üblicherweise auf der gleichen ersten Zeile beginnen.

Standardmäßig ist die Ausgabe einzeilig, jedoch kann der Zeilenabstand jederzeit geändert werden. Die Anweisung

        .ls n

("_linespace_") setzt den Zeilenabstand auf $\underline{n}$ (z.B. ist $\underline{n}$=2 doppelter Zeilenabstand). Das Kommando **.ls** bewirkt keinen Zeilenabbruch.

Mit dem Kommando **.bp** (für "_begin page_") kann man eine neue Seite anfangen unter gleichzeitigem Zeilenabbruch. Bei Verwendung von

       .bp *n*

wird die nächste Ausgabeseite mit n numeriert sein. Ein **.bp**,
das am Ende einer Seite auftritt, bleibt wirkungslos, es sei
denn, man möchte die nächste Seite numerieren; jedenfalls wird
keine leere Seite erzeugt. Die aktuelle Seitenlänge
("pagelength") kann (ohne Zeilenabbruch) anhand von

       .pl *n*

geändert werden.
Zum Zentrieren der nächsten Ausgabezeile dient die Anweisung
("center")

       .ce
       zu zentrierende Zeile

Dieses Kommando impliziert auch den Zeilenabbruch. n Zeilen
können mit

       .ce *n*

zentriert werden; wenn Sie jedoch das Zählen von Zeilen umgehen
wollen, kann folgende Option angegeben werden:

       .ce 1000
       viele Zeilen,
       die zentriert werden sollen
       .ce 0

In diesem Fall werden alle Zeilen zwischen den beiden **.ce**
Kommandos zentriert, es erfolgt jedoch kein Randausgleich.

In ähnlicher Weise wird die Unterstreichung ausgeführt: Mit

       .ul *n*

("underline") wird der gesamte Text der nächsten n Zeilen bei
der Ausgabe unterstrichen. Jedoch schließt **.ul** keinen

Zeilenabbruch ein, Wörter in formatiertem Text können somit auf
folgende Weise unterstrichen werden:

    Wörter und Wörter und
    .ul
    viele weitere
    Wörter.

wird so ausgegeben:

    Wörter und Wörter und <u>viele weitere</u> Wörter.

Zentrierung und Unterstreichung können in beliebiger Reihenfolge
zusammen angegeben werden. So ergibt die Kommandofolge

    .ce
    .ul
    Titel

eine zentrierte und unterstrichene Überschrift.

Das Kommando zur Einrückung positioniert den linken Rand.
Durch

    .in n

("<u>in</u>dent") werden alle nachfolgenden Ausgabezeilen auf die n-te
Position eingerückt. (Standardmäßig sind sie auf 0 positioniert.)
Das Kommando

    .rm n

("<u>r</u>ight <u>m</u>argin") setzt den rechten Rand auf n. Daraus ergibt
sich die Länge formatierter Zeilen aus der Differenz zwischen
rechtem Rand und dem Wert der Einrückung. **.in** und **.rm** bewirken
keinen Zeilenabbruch.

Die herkömmliche Paragrapheneinrückung wird mit dem Kommando

    .ti n

("<u>t</u>emporary <u>indent</u>") für temporäre Einrückung ausgeführt. Dieses

Kommando bricht die Zeile ab und rückt eine einzige Ausgabezeile auf die n-te Position ein. Falls n geringer als die aktuelle Einrückung sein sollte, wird die Einrückung zurückgesetzt (die sog. "hängende Einrückung").

Für laufenden Kopf- und Fußtext auf jeder Seite verwenden wir **.he** ("head") und **.fo** ("foot"):

```
.he dies wird die Kopfzeile (header)
.fo das wird die Fußzeile (footer)
```

Der Anfang des Titels ist definiert durch das erste nichtleere Zeichen nach dem Kommando, jedoch wird ein evtl. vorhandenes Anführungszeichen ignoriert, so daß ein Titel auch mit Leerzeichen beginnen darf. Ist in einem Titel ein Nummernzeichen # enthalten, wird dies bei jedem Ausdruck des Titels durch die aktuelle Seitennummer ersetzt. Die Kommandos **.he** und **.fo** bewirken keinen Zeilenabbruch.

Da absolute Werte oft unhandlich sind, läßt **format** relative Werte als Kommandoparameter zu. Wenn ein numerischer Parameter n bei Kommandos zulässig ist, kann dieser auch durch **+n** oder **-n** ersetzt werden, um eine Änderung des aktuellen Wertes anzuzeigen. Beispielsweise wird durch die Kommandos

```
.rm -10
.in +10
```

der rechte Rand um 10 Zeichen gegenüber dem bisher aktuellen Wert zurückgesetzt bzw. rückt der Rand um 10 Stellen nach rechts. Somit besteht ein wesentlicher Unterschied zwischen

```
.rm 10
```

und

```
.rm +10
```

Besonders nützlich sind solche relativen Werte in Verbindung mit **.ti**, um relativ zum aktuellen Wert eine temporäre Einrückung auszuführen. Mit den Kommandos

```
.in +5
.ti +5
```

verschieben wir den rechten Rand um 5 Zeichen nach rechts, wobei
die erste Zeile zusätzlich um weitere fünf Stellen eingerückt
wird.

Die Kommandos

```
.in +5
.ti -5
```

bewirken eine hängende Einrückung, wie sie bei numerierten
Abschnitten notwendig ist:

1. Nun ist es Zeit für alle,
   sich der Party anzuschließen.

Eine mit Leerzeichen beginnende Zeile stellt einen Sonderfall
dar. Enthält die Zeile überhaupt keinen Text, verursacht sie
einen Abbruch, wobei eine Anzahl von Leerzeilen erzeugt wird,
die dem aktuellen Zeilenabstand entspricht. Diese Zeilen werden
nie weggeworfen, wo immer sie auch erscheinen; sie bieten eine
Möglichkeit, am Seitenanfang Leerzeilen einzufügen. Wenn eine
Textzeile mit n Leerzeichen beginnt, bricht die vorhergehende
Zeile ab und die aktuelle Zeile wird um n Zeichen eingerückt.
Diese besondere Behandlung dient dazu, einen Text auch ohne
Formatieranweisungen in eine vernünftige Form zu bringen.

Es folgt nun eine Zusammenfassung der Kommandos. Steht vor einem
numerischen Parameter das Zeichen + oder -, wird der vorher
gültige Wert entsprechend dieser Angabe geändert; andernfalls
stellt der Parameter den neuen Wert dar. Fehlt der Parameter,
wird der Standardwert angenommen.

<u>Kommando</u>   <u>Abbruch?</u>   <u>Standardwert</u>   <u>Funktion</u>

Kommando	Abbruch?	Standardwert	Funktion
.bp n	ja	$n=n+1$	beginnt mit Seite Nr. <u>n</u>
.br	ja		bricht Zeile ab
.ce n	ja	$n=1$	zentriert die nächsten <u>n</u> Zeilen
.fi	ja		ab hier werden die Zeilen aufgefüllt
.fo	nein	leer	Fußtext
.he	nein	leer	Kopftext
.in n	nein	$n=0$	Einrückung um <u>n</u> Zeichen
.ls n	nein	$n=1$	Zeilenabstand ist <u>n</u>
.nf	ja		beendet Auffüllen der Zeile
.pl n	nein	$n=66$	Seitenlänge <u>n</u>
.rm n	nein	$n=60$	Rechter Rand auf Spalte <u>n</u>
.sp n	ja	$n=1$	<u>n</u> Leerzeilen
.ti n	ja	$n=0$	temporäre Einrückung um <u>n</u> Zeichen
.ul n	nein	$n=1$	die Wörter der nächsten <u>n</u> Zeilen werden unterstrichen

Dies ist zwar eine ansehnliche Auswahl, doch könnte man zweifellos noch viele andere Kommandos hinzufügen. Im Verlauf dieses Kapitels werden wir weitere Möglichkeiten vorschlagen.

<u>Aufgabe 7-1</u>: Überlegen Sie sich Kriterien, nach denen ein Zeilenabbruch erfolgen soll oder nicht. Eine andere Möglichkeit des Entwurfs wäre, zur Einleitung der Kommandos zwei verschiedene Zeichen statt einem vorzusehen, so daß beispielsweise .**sp** einen Zeilenabbruch bewirkt, während ,**sp** dies nicht einschließt. Diskutieren Sie diesen Entwurf.

<u>Aufgabe 7-2</u>: Schreiben Sie eine Anweisungsfolge, um in einem Text die Worte, jedoch nicht die Formatierkommandos zu zählen.

7.2 Konstruktion

Es ist von großem Vorteil, ein Programm schrittweise aufzubauen
- nämlich indem man zunächst eine minimale Anzahl nützlicher
Funktionen erstellt und dann auf diesem Skelett von Funktionen
Stück für Stück aufbaut. Auf diese Weise teilt sich eine
umfangreiche Aufgabe in viele kleine, die vermutlich leichter zu
handhaben sind. Der erste Teil wird aufgrund seines minimalen
Umfangs immer leichter zu testen sein, und wenn der Entwurf gut
ist, sollten die später erstellten Programmteile die vorhergehenden nicht so stark beeinflussen, so daß sie zum größten Teil
unabhängig voneinander getestet werden können. Außerdem gibt ein
Erfolgserlebnis, nämlich wenn ein kleiner Teil schon am Anfang
funktioniert, dem Programmierer moralischen Auftrieb.

Bei größeren Projekten ist es sinnvoll, evtl. von befreundeten
Benutzern ein Teilprogramm mit einer beschränkten Anzahl von
Funktionen testen zu lassen. Deren Reaktion stellt eine
wesentliche Rückwirkung in Form einer Auswertung der bereits
existierenden Fähigkeiten und der noch zu erzielenden dar.
Häufig werden Sie erkennen, daß der Benutzer weniger "Beiwerk"
wünscht als Sie zunächst dachten, so daß ein Teil des Aufwandes
auf unbestimmte Zeit verschoben werden kann. Möglich wäre auch
die Erkenntnis, daß die Benutzerwünsche ganz verschieden von
Ihren Vorstellungen sind. Deshalb ist es unsinnig, das gesamte
Werk in Klausur zu erstellen, ohne auch nur einen Teil davon zu
enthüllen. (Unvoreingenommene Benutzer erweisen sich häufig als
besonders begabt für die Fehlersuche, weil sie an Programme auf
ganz unkonventionelle Art herangehen.)

Der Textformatierer kann als Präzedenzfall betrachtet werden,
denn sobald er über ein Minimum von Fähigkeiten verfügt, kann
man ihn weiter ausbauen, ohne die bereits vorhandenen Teile
wesentlich zu beeinflussen.

Wir wollen im folgenden die Entwurfschritte in groben Zügen
schildern, ausgehend von den geforderten Fähigkeiten.

Von verschiedenen Organisationsmöglichkeiten erscheinen uns zwei
vielversprechend: die erste wäre, die Eingabe Wort für Wort zu

verarbeiten, wobei die Worte zu Zeilen verbunden werden, um
zeilenorientierte Funktionen, wie z.B. das Nichtauffüllen von
Zeilen und die Zentrierung, auszuführen. Als zweite Möglichkeit
böte sich an, die Eingabe zeilenweise durchzuführen, wobei die
Zeilen für die Verarbeitung von aufzufüllendem Text in Worte
zerlegt werden. Wenn wir all jene Formatieroperationen
berücksichtigen, die zeilenorientiert sind - wie etwa der
nofill-Modus, Zentrierung, Unterstreichung und die Kommandos
selbst - scheint die Orientierung an Zeilen leichter zu sein.
Jedoch ist es eine gute Übung, den Entwurf der wortweisen
Eingabe im Detail auszuarbeiten. Danach werden Sie erkennen, daß
keine der beiden Lösungen sich als ideal erweist, sondern jede
kritische Punkte hat.

7.3 Entschlüsselung von Kommandos

Das Hauptprogramm liest die Eingabe zeilenweise und zerlegt
diese in Text und Formatierkommandos. Dieser Teil kann also
zuallererst geschrieben werden.

```
#format - Hauptprogramm Tetformatierer
        character inbuf(INSIZE)
        integer getlin

        call init
        while (getlin(inbuf, STDIN) ¬= EOF)
            if (inbuf(1) == COMMAND)     #eine Anweisung
                call command(inbuf)
            else                         #ein Text
                call text(inbuf)
        stop
        end
```

COMMAND repräsentiert die Kommandoidentifikation (.);
selbstverständlich können Sie auch ein anderes Zeichen wählen.
Mit **init** werden alle Parameter auf ihre anfänglichen Standardwerte gesetzt, es erübrigt sich jedoch, hier näher darauf

einzugehen.

Wir beginnen mit der Routine **comand**, die die Art eines Kommandos erkennt, da der größte Teil der Interpretation der Kommandos geschrieben werden kann, ohne daß andere Programmteile existieren müssen. **text** dient vorläufig nur zum Kopieren von Textzeilen aus **inbuf** auf die Standardausgabe mittels **putlin**.

Der Aufbau von **comand** ist eine Verzweigung auf die auf verschiedenen Kommandoarten; wir beschreiben ihn hier schrittweise, wobei wir uns auch mit den jeweils auftretenden Details befassen werden.

```
#comand - Formatieranweisung ausführen
      subroutine command(buf)
      character buf(MAXLINE)
      integer comtyp, getval, max
      integer argtyp, ct, spval, val
      include cpage
      include cparam

      ct = comtyp(buf)
      if (ct == UNKNOWN)    #unbekannte Anweisungen ignorieren
           return
      val = getval(buf, argtyp)
      if (ct == FI) {
           call brk
           fill = YES
           }
      else if (ct == NF) {
           call brk
           fill = NO
           }
      else if (ct == BR)
           call brk
      else if (ct == LS)
           call set(lsval, val, argtyp, 1, 1, HUGE)
      #...
      #usw.
      #...
      return
      end
```

Die meisten Kommandos ordnen einem Parameter einfach nur einen neuen Wert zu, eventuell nachdem sie einen Zeilenabbruch herbeigeführt haben. Falls dies nötig ist, wird die **brk**-Funktion aufgerufen, um teilweise aufgefüllte Zeilen auszugeben. Zum

jetzigen Zeitpunkt genügt uns eine Scheinversion, die keine
brk-Funktion ausführt; da wir augenblicklich nur nicht
aufzufüllenden Text verarbeiten, werden sowieso keine teilweise
aufgefüllten Zeilen auftreten.

Die Mehrzahl der Parameter werden in einem **common**-Block **cparam**
gespeichert, da sie im Verlauf des gesamten Programms gebraucht
werden und einfach zu zahlreich sind, um als aktuelle Parameter
übergeben zu werden. Die restlichen Parameter sind in **cpage**
gespeichert, worauf wir später zurückkommen werden.

```
common /cparam/ fil, lsval, inval, rmval, tival, ceval, ulval
   integer fill     #falls YES füllen; init. = YES
   integer lsval    #laufende Zeile Leerzeile; init. = 1
   integer inval    #laufende Einrückung; >= 0; init. = 0
   integer rmval    #laufender rechter Rand; init. = PAGEWIDTH = 60
   integer tival    #laufende temporäre Einrückung; init. = 0
   integer ceval    #Anzahl zu zentrierender Zeilen; init. = 0
   integer ulval    #Anzahl zu unterstreichender Zeilen; init. = 0
```

oomand ruft **comtyp** auf, um die Kommandobezeichnung zu
entschlüsseln, des weiteren **getval**, um etwaige Kommandoparameter
auszuwerten. **comtyp** ist so gleichförmig aufgebaut, daß wir hier
nur einen Teil zu zeigen brauchen.

```
#comtyp - Anweisungstyp entschlüsseln
      integer function comtyp(buf)
      character buf(MAXLINE)

      if (buf(2) == LETF & buf(3) == LETI)
            comtyp = FI
      else if (buf(2) == LETN & buf(3) == LETF)
            comtyp = NF
      else if (buf(2) == LETB & lub(3) == LETR)
            comtyp = BR
      #...
      #usw.
      #...
      else
            comtyp = UNKNOWN
      return
      end
```

Gibt es relativ wenige Kommandos, wäre eine unmittelbare Suche
mit einer Reihe expliziter Tests sicher die einfachste und

völlig adäquate Lösung. Letztlich wäre es allerdings wünschenswert, die Tests durch ein allgemeineres Suchschema zu ersetzen.

Beachten Sie, daß **comtyp** ein Kommando nicht auf seine Länge hin
überprüft (etwa: genau zwei Buchstaben), sondern nur auf
Übereinstimmung der ersten beiden Buchstaben mit einem bekannten
Kommando. Deshalb ist auch die Schreibweise **.fill**, **.break**, etc.
zulässig. Der Nachteil dieser Organisation ist, daß jegliche neu
eingeführten Kommandos sich in ihren ersten zwei Buchstaben von
allen anderen unterscheiden müssen, was u.U. eine erhebliche
Gedächtnisbelastung darstellen kann. Es wäre daher zu überlegen,
ob man **comtyp** nicht derart ändern sollte, daß es die vollständigen Namen überprüft.

Da fast alle Kommandos einen numerischen Parameter mit eventuell
einem Vorzeichen erlauben, bietet sich für die Suche nach
Parameter und Vorzeichen eine separate Routine als beste Lösung
an. **getval** überspringt das Kommando und registriert, ob
Vorzeichen und Ziffern in **argtyp** vorhanden sind oder nicht; mit
Hilfe von **ctoi** wird dann ein numerischer Parameter in eine ganze
Zahl umgewandelt.

```
#getval - wahlfreien numerischen Parameter auswerten
      integer function getval(buf, argtyp)
      character buf(MAXLINE)
      integer ctoi
      integer argtyp, i

      i = 1                       #Anweisungsnamen übergehen
      while (buf(i) ¬= BLANK & buf(i) ¬= TAB & buf(i) ¬= NEWLINE)
            i = i + 1
      call skipbl(buf, i)    #Parameter suchen
      argtyp = buf(i)
      if (argtyp == PLUS | argtyp == MINUS)
            i = i + 1
      getval = ctoi(buf, i)
      return
      end
```

Zwar bestehen im Augenblick alle Kommandos aus einem Punkt
gefolgt von zwei Buchstaben, dennoch wurde **getval** geschrieben,
um ein beliebiges Kommando, das durch ein Leerzeichen, ein
Tabulatorzeichen oder ein **NEWLINE** abgeschlossen ist, zu

übergehen. (Sie werden sich an **skipbl** aus Kap.6 erinnern,
welches Leer- und Tabulatorzeichen überspringt.) Die separate
Routine **comtyp** entschlüsselt den Kommandotyp auf ähnliche Weise.
Diese Organisation erleichtert es, falls später notwendig, das
Programm zu ändern. Nur wenige Programme sind in ihrer
ursprünglichen Form beständig; deshalb ist Vorausplanung
angebracht, so daß unvermeidbare Änderungen nicht zu einem
Alptraum werden.

Darüber hinaus kann **getval** für alle Kommandos aufgerufen werden,
auch für solche wie .he und .fo, die nie einen numerischen
Parameter haben. Es lohnt sich nicht, diese als Ausnahmefall zu
behandeln; der Formatierer mag zwar in solchen Fällen nur wenig
mehr Aufwand haben, doch wollen wir das Programm nicht unnötig
komplizieren.

set ist eine allgemeine Routine für die Aktualisierung eines
Parameters: relativ, absolut oder auf einen Standardwert.
Außerdem stellt sie sicher, daß der sich ergebende Wert
innerhalb der spezifizierten Grenzen liegt. Der Zeilenabstand
beispielsweise wird mit dem Code in **comand** folgendermaßen
gesetzt:

```
else if (ct == LS)
     call set(lsval, val, argtyp, 1, 1, HUGE)
```

Dieser Aufruf von **set** setzt **lsval** auf **val**, wenn das .ls-Kommando
kein Vorzeichen enthält, wie z.B. .ls.2, oder aber auf
lsval+val, wenn ein Vorzeichen angegeben ist wie bei **.ls.-1**,
oder auf 1 wenn ein Parameter fehlt. In jedem Fall muß das
Ergebnis zwischen den beiden letzten Parametern, 1 und **HUGE**
(d.h. einer großen Zahl), liegen.

```
#set - Parameter setzen und Bereich prüfen
      subroutine set(param, val, argtyp, defval, minval, maxval)
      integer max, min
      integer argtyp, defval, maxval, minval, param, val

      if (argtyp == NEWLINE)          #Standardvorgabe
            param = defval
      else if (argtyp == PLUS)        #relativ +
            param = param + val
      else if (argtyp == MINUS)       #relativ -
            param = param - val
      else                            #absolut
            param = val
      param = min(param, maxval)
      param = max(param, minval)
      return
      end
```

Wir verfügen nun über genügend Programm, um das Entschlüsseln
der Kommandos zu testen; wir können es also ohne weiteres
benutzen, während wir am restlichen Programm arbeiten.

Aufgabe 7-3: **format** ignoriert unbekannte Kommandos. Es
könnte sie ebensogut als normalen, auszugebenen Text oder
als zu meldende Fehler interpretieren. Diskutieren Sie
eventuelle Vorteile dieser Alternativen.

Aufgabe 7-4: Kommandos werden durch einen führenden Punkt
(in Spalte 1) eingeleitet, da dieser im normalen Text selten
am Anfang einer Zeile auftritt. Schlagen Sie andere
einleuchtende Möglichkeiten vor. Was würden Sie tun, wenn
Sie eine mit einem Punkt beginnende Zeile ausdrucken
wollten? Angenommen Sie möchten Kommandos und Text in ein
und derselben Zeile mischen. Wäre dies von Vorteil? Schlagen
Sie eine Syntax vor, die leicht einzugeben und zu editieren
ist.

Der nächste Schritt besteht darin, Text angemessen aufzuteilen. Ohne Berücksichtigung von Formatieranweisungen wie Auffüllen, Zentrieren oder nicht, Unterstreichen oder nicht, muß **format** pro Seite eine bestimmte Anzahl von Zeilen ausgeben. Das Ziel dieses Kapitels ist es, Textzeilen von der Eingabe auf die Ausgabe zu kopieren, jedoch mit entsprechendem Zeilenabstand, Titel und Seitenzahlen. Damit erübrigt sich fast der **nofill**-Modus. Der Aufbau gleicht dem von **print** in Kap.3, so daß wir einige der dort gewonnenen Erfahrungen nutzen können. Am wichtigsten sind dabei die Grenzfälle – nämlich die richtige Anzahl von Zeilen an die richtige Stelle jeder Seite zu setzen und die Ausgabe nicht erforderlicher Seiten zu verhindern.

Die vertikalen Ausmaße einer Seite werden durch folgende Parameter beschrieben: die Seitenlänge **plval**; der obere Rand vor und nach der Kopfzeile, **m1val** und **m2val** (**m1val** schließt die Kopfzeile ein); entsprechend der untere Rand **m3val** und **m4val**; **bottom** gibt die letztmögliche Textzeile an. Es gilt die folgende Beziehung:

```
bottom = plval - m3val - m4val
```

Für ein Blatt Papier von 27 cm Länge und standardmäßig sechs Zeilen auf 2,5 cm hat **plval** den Wert 66. Nehmen wir für jeden Rand 2 Zeilen, enthält jede Seite 58 Zeilen Text, wobei **bottom** den Wert 62 hat.

lineno ist die nächste auf die Ausgabeseite zu druckende Zeile; ein Nullwert bezeichnet den Seitenanfang, und ein Wert, der größer als **bottom** ist, das Seitenende. Falls **lineno** den Wert von **bottom** übersteigt, wird es Zeit, die laufende Seite abzubrechen. **curpag** bestimmt die Nummer der aktuellen Seite; **newpag** bezeichnet die Nummer der nachfolgenden Seite. Alle Werte stehen im **common**-Block **cpage**, der auch die jeweiligen Kopf- und Fußtexte enthält.

```
common /cpage/ curpag,newpag,lineno,plval,m1val,m2val,m3val,m4val
               bottom, header(MAXLINE), footer(MAXLINE)
   integer curpag      #laufende Seitennummer; init. = 0
   integer newpag      #nächste Seitennummer; init. = 0
   integer lineno      #nächste Zeile; init. = 1
   integer plval       #Seitenlänge in Zeilen; init. = PAGELEN = 66
   integer m1val       #oberer Rand einschließlich Kopfzeile
   integer m2val       #Rand nach Kopfzeile
   integer m3val       #Rand nach letzter Textzeile
   integer m4val       #unterer Rand einschließlich Fußzeile
   integer bottom      #letzte Zeile der Seite, = plval-m3val-m4val
   character header    #Kopfzeile; init. = NEWLINE
   character footer    #Fußzeile; init. = NEWLINE
```

Da wir uns nun nicht mehr mit dem einfachen Kopieren von
Textzeilen auf eine Standardausgabe begnügen wollen, nehmen wir
eine geringfügige Änderung in **text** vor, wobei eine neue Routine
put anstelle von **putlin** aufgerufen wird:

```
#text - Textzeilen verarbeiten (vorläufige Version 1)
      subroutine text(inbuf)
      character inbuf(INSIZE)

      call put(inbuf)
      return
      end
```

Außer Kopf- und Fußtext und durch **.sp**-Kommandos produzierte
Leerzeilen wird jede ausgegebene Textzeile von **put** gesteuert.
put und alle Unterfunktionen steuern den oberen und unteren
Rand, den Zeilenabstand, setzen die Zeilennummer und die
Einrückungen; letztere werden in Kürze eingehender behandelt.

Hier ein Überblick von **put**:

    if (oben oder nach der Fußzeile)
            oberen Rand ausrichten und Kopfzeile drucken
    falls Einrückung, diese berücksichtigen
    Zeile drucken
    Zeilennummer fortschalten
    if (nach der Fußzeile)
            unteren Rand ausrichten und Fußzeile drucken

Daraus ergibt sich folgendes Programm:


```
#put - Zeile mit richtigen Zwischenräumen und Einrückung ausgeben
       subroutine put(buf)
       character buf(MAXLINE)
       integer min
       integer i
       include cpage
       include cparam

       if (lineno == 0 | lineno > bottom)
            call phead
       for (i = 1; i <= tival; i = i + 1)        #einrücken
            call putc(BLANK)
       tival = inval
       call putlin(buf, STDOUT)
       call skip(min(lsval - 1, bottom - lineno))
       lineno = lineno + lsval
       if (lineno > bottom)
            call pfoot
       return
       end
```


skip(n) erzeugt **n** leere Zeilen (bestehend aus **NEWLINE**͵s) falls n
positiv ist, bewirkt dagegen nichts, falls **n** kleiner 1 ist. Wir
schrieben diese Routine für **print** in Kap.3. In **put** ist auch die
Bearbeitung der Einrückung enthalten; damit werden lediglich die
entsprechende Anzahl von Leerzeichen ausgegeben und temporäre
Einrückungen zurückgesetzt, wir wollen darauf vorläufig nicht
weiter eingehen.

put muß sich auch bei Auftreten grotesker Parameter vernünftig
verhalten; insbesondere wäre denkbar, daß der Zeilenabstand
lsval größer als die Werte des unteren Randes ist, so daß nach
Erzeugung einer Zeile das nachfolgende **skip** höchstens bis auf
bottom+1 springt. (**put** überspringt **lsval-1**, da durch **putlin**

bereits eine Zeile erzeugt wurde.) Da jede Seite mit der
obersten Zeile beginnt, wird es stets mindestens eine
Ausgabezeile pro Seite geben, egal welcher Zeilenabstand
vorgegeben ist, und wir können immer sicher sein, daß **format**
ohne Rücksicht auf eventuelle seltsame Parameter das gesamte
Dokument verarbeitet.

phead und **pfoot** drucken den oberen und unteren Rand. **phead** ist
auch verantwortlich für die Aktualisierung der laufenden und
neuen Seitennummern in **curpag** und **newpag**.

```
    #phead - Seitenkopf ausgeben
          subroutine phead
          include cpage

          curpag = newpag
          newpag = newpag + 1
          if (m1val > 0) {
                  call skip(m1val - 1)
                  call puttl(header, curpag)
                  }
          call skip(m2val)
          lineno = m1val + m2val + 1
          return
          end




    #pfoot - Seitenfuß ausgeben
          subroutine pfoot
          include cpage

          call skip(m3val)
          if (m4val > 0) {
                  call puttl(footer, curpag)
                  call skip(m4val - 1)
                  }
          return
          end
```

Die Kopfzeile stellt im Randparameter **m1val** die letzte Zeile
dar, die Fußzeile die erste in **m4val**; somit können Kopf- und
Fußzeile, und damit die gesamte Seitennumerierung, eliminiert
werden, indem man die entsprechenden Randparameter auf Null
setzt. Zwar ist dies ein Nebeneffekt, jedoch erübrigt es sich,

dies als Sonderfall zu behandeln.

phead und **pfoot** rufen **puttl** auf, um die Kopf- oder Fußzeile als
einzelne Zeile auszugeben, und gegebenenfalls die Zeilennummer
mit Hilfe von **putdec** einzufügen.

```
#puttl - Titelzeile mit wahlfreier Seitennummer ausgeben
        subroutine puttl(buf, pageno)
        character buf(MAXLINE)
        integer pageno
        integer i

        for (i = 1; buf(i) ¬= EOS; i = i + 1)
            if (buf(i) == PAGENUM)
                    call putdec(pageno, 1)
            else
                    call putc(buf(i))
        return
        end
```

PAGENUM bezeichnet dasjenige Zeichen, das in der Kopf- oder
Fußzeile durch die Seitennummer ersetzt wird; wir verwenden hier
das Zeichen #, da es einen gewissen mnemotechnischen Wert hat.
Im Programm selbst hat es einen eigenen Namen, um seine Funktion
klar herauszustellen und Änderungen zu erleichtern.

Kopf- und Fußzeilen werden anfangs durch **gettl** gewonnen, das von
comand aufgerufen wird mit

```
        else if (ct == HE)
            call gettl(buf, header)
        else if (ct == FO)
            call gettl(buf, footer)
```

gettl selbst sieht so aus:

```
#gettl - Titel von buf nach ttl übertragen
      subroutine gettl(buf, ttl)
      character buf(MAXLINE), ttl(MAXLINE)
      integer i

      i = 1                                 #Anweisungsnamen übergehen
      while (buf(i) ¬= BLANK & buf(i) ¬= TAB & buf(i) ¬= NEWLINE)
          i = i + 1
      call skipbl(buf, i)            #Parameter suchen
      if (buf(i) == SQUOTE | buf(i) == DQUOTE) #ggfs. Anführungs-
          i = i + 1                           #zeichen übergehen
      call scopy(buf, i, ttl, 1)
      return
      end
```

Der Kopf- und Fußtext soll mit dem ersten nichtleeren Zeichen
beginnen, jedoch wird ein führender Apostroph oder ein
Anführungszeichen abgezogen, um Leerzeichen als Beginn des Kopf-
oder Fußtextes zuzulassen.

Beachten Sie, daß die Aufrufe von **gettl** als

```
    call gettl(buf, header)
    call gettl(buf, footer)
```

geschrieben wurden, anstatt den Kommandotyp an **gettl** zu
übergeben und damit auch die Entscheidung, wohin der Kopf- oder
Fußtext zu setzen ist. Bei der zuletzt genannten Vorgehensweise
müßte **gettl** Kenntnis über das Format der Variablen in **cpage**
haben, was die Datenverbindungen im Programm vermehren würde.
Sie sollten wann immer möglich Details von Routinen fernhalten,
soweit sie nicht unbedingt notwendig sind.

space wird direkt von **comand** aufgerufen, wenn ein **.sp** erkannt
ist; wird kein Parameter angegeben, erzeugt es eine einzelne
Leerzeile. **.sp 0** ist durchaus zulässig, es bewirkt einen
Zeilenabbruch.

```
else if (ct == SP) {
        call set(spval, val, argtyp, 1, 0, HUGE)
        call space(spval)
        }
```

space wird auch für das Kommando **.bp** aufgerufen, um das Ende der
aktuellen Seite zu erzeugen.

```
else if (ct == BP) {
        if (lineno > 0)
               call space(HUGE)
        call set(curpag, val, argtyp, curpag + 1, -HUGE, HUGE)
        newpag = curpag
        }
```

Um unliebsame Überraschungen zu vermeiden, muß die Bearbeitung
von **.bp** überaus sorgfältig geschrieben sein. Zunächst muß **.bp**
entsprechend der Spezifikation mit .bp.+1 gleichwertig sein. Ein
.bp-Kommando am Ende einer Seite (und sei es die letzte Seite)
sollte keine andere Wirkung haben außer dem Fortschreiben der
normalen Seitennummer. Außerdem müssen Sie sicherstellen, daß
falls ein Dokument mit einem der Kommandos **.bp**, **.bp 1**, **.bp +1**
oder auch nur mit Text beginnt, eine erste Seite mit der Nummer
1 erzeugt wird. Schließlich ermöglicht das **.bp**-Kommando auch
negative Seitennummern, obwohl es unwahrscheinlich ist, daß sie
je gebraucht werden; jedoch können sie keinen Schaden anrichten.
Möglicherweise würden beliebige Einschränkungen irgendwann
jemandem die Arbeit erschweren.

Wenn **put** einmal funktioniert, können wir analog dazu **space**
schreiben. **space(n)** zeigt keine Wirkung, wenn es am Ende der
Seite auftritt (**lineno>bottom**). Andernfalls überspringt es **n**
Zeilen oder jedenfalls genügend Zeilen, um das Seitenende zu
erreichen, je nachdem welches die kleinere Anzahl von Zeilen
darstellt. Nach Erreichen des Seitenendes wird der untere Rand
erzeugt.


```
```

```
#space - n Leerzeilen oder Übergang auf neue Seite
        subroutine space(n)
        integer min
        integer n
        include cpage

        call brk
        if (lineno > bottom)
                return
        if (lineno == 0)
                call phead
        call skip(min(n, bottom + 1 - lineno))
        lineno = lineno + n
        if (lineno > bottom)
                call pfoot
        return
        end
```

Wichtig ist die Unterscheidung zwischen "Ende der aktuellen
Seite" und "Anfang der nächsten Seite" - es ist durchaus nicht
dasselbe. Tritt am Anfang einer Seite ein **.sp** auf, wird der
Zwischenraum auch ausgegeben, wobei dies allerdings normalerweise
nur am Anfang eines Dokumentes vorkommt. Übrige Leerzeilen am
Ende einer Seite werden gemäß den üblichen Erwartungen
ignoriert. Sollten am Anfang einer Seite tatsächlich Leerzeilen
benötigt werden, kann man dies mit Hilfe von aus Leerzeichen
bestehenden Zeilen erreichen; wir werden darauf zurückkommen.

Die Routinen **space** und **put** sind ziemlich ähnlich, es wäre also
möglich **space** derart zu modifizieren, daß es **put** aufruft. Das
würde die Ausgabe auf <u>eine</u> Stelle reduzieren - eine wünschenswerte Eigenschaft. Dabei ist das Hauptproblem, wie man vermeiden
könnte, daß bei jedem Aufruf von **put** aus der vorgeschlagenen
neuen **space**-Routine **lsval** Leerzeilen ausgegeben würden. Mit
Sicherheit wollen wir nicht vor jedem Aufruf von **put lsval** in
space ändern, um es danach wieder auf den alten Wert zurückzuset-
zen - dies wäre die schlimmste Art pathologischer Datenbeziehun-
gen, zudem überhaupt nicht einleuchtend. Weiterhin wollen wir
nicht jeden Aufruf von **put** mit einem Parameter für Zeilenabstand
belasten, noch halten wir führende Leerzeichen in jeder
Leerzeile für wünschenswert, die bei Texteinrückung durch **space**
erzeugt werden. Trotz der offensichtlichen Wiederholung des

Aufbaus ist diese Form vorzuziehen.

Unser Programmgerüst ist nun ausreichend groß, um alle Verschiebungen des Zeilenabstands, der Leerzeilen, neuer Seiten etc. zu testen. Dabei erweist sich das **.pl**-Kommando als besonders nützlich, weil damit die Seite soweit gekürzt werden kann, daß man die Ausgabezeilen leicht überblicken kann. Dazu enthält **comand**:

```
else if (ct == PL) {
     call set(plval, val, argtyp, PAGELEN,
             m1val + m2val + m3val + m4val + 1, HUGE)
     bottom = plval - m3val - m4val
     }
```

Ebenso angenehm wäre vielleicht eine temporäre Modifikation von **skip**, um jede übersprungene Zeile mit einem sichtbaren Zeichen zu kennzeichnen; dies erleichtert die Auswertung der Ausgabe.

Nun haben wir uns noch einige besonders unschöne Grenzfälle überlegt, bei denen Fehler auftreten könnten. Zumindest tritt ein Fehler auf, wenn die letzte Ausgabeseite nicht die ganze Seite füllt und eine Einfügung zusätzlich erforderlicher Leerzeichen bis zum unteren Ende der Seite nicht vorgesehen ist. Um diesen Fehler zu beseitigen, muß das Hauptprogramm eine große Anzahl von Leerzeilen bereitstellen, und zwar nachdem das Ende der Eingabe angezeigt wurde. Die Wirkung ist dann die gleiche wie beim **.bp**-Kommando. Hier nun die revidierte Version von **format**:

```
#format - Hauptprogramm Textformatierer (Endversion)
     character inbuf(INSIZE)
     integer getlin
     include cpage

     call init
     while (getlin(inbuf, STDIN) ⌐= EOF)
          if (inbuf(1) == COMMAND)        #eine Anweisung
               call command(inbuf)
          else                            #Text
               call text(inbuf)
     if (lineno > 0)
          call space(HUGE)               #Abschluß
     stop
     end
```

Dies funktioniert korrekt (d.h. es zeigt keinerlei Wirkung), wenn man bereits am Ende der letzten Seite angelangt ist, in diesem Fall werden keine weiteren Zwischenräume erzeugt. Es funktioniert auch in einem ungewöhnlicheren Fall, nämlich am Anfang einer Seite; insbesondere wird bei leerer Eingabe keine Ausgabe erzeugt.

Nàtürlich hätten wir auch für das Problem der letzten Seite eine gesonderte Routine schreiben können, jedoch ist es wiederum viel besser, auf vorhandene Mechanismen soweit wie möglich zurückzugreifen. Dadurch vermeiden wir, zwei nur geringfügig verschiedene Vorgehensweisen für dieselbe Aufgabe zu entwickeln (wobei die eine bei einer Verbesserung der anderen übersehen würde). Außerdem wird damit gewährleistet, daß der Standardmechanismus für einen wichtigen Grenzfall gut durchdacht ist.

Inzwischen ist der grundsätzliche Aufbau von **format** einigermaßen festgelegt, so daß wir dem aktuellen Stand gemäß die folgende Hierarchie aufstellen können:

```
format
     init
     getlin
     comand
          comtyp, getval, brk, set, gettl, space
     text
          put
                phead (pfoot)
                     skip
                          putc
                     puttl
                          putc, putdec
          putc
          putlin
          skip
        space
                brk, phead, pfoot, skip
     space
```

phead und **pfoot** rufen die gleichen Routinen auf; obwohl in der Hierarchie nur einmal aufgeführt, gilt sie für beide. Die meisten der im weiteren Verlauf hinzugefügten, neuen Unterprogramme werden durch **text** aufgerufen.

Aufgabe 7-5: Sind zur Fortschreibung der Seitennummern
wirklich _zwei_ Variable notwendig, nämlich **curpag** und **newpag**?
Versuchen Sie, das Programm mit nur einer Variablen
umzuschreiben. Dabei müssen aber **.bp** und **.bp +1** unbedingt
gleichwertig bleiben.

7.5 Einrückung

Der nächste Schritt ist die Implementierung von einstellbarem
linken und rechten Rand; dies ist die Voraussetzung für die
korrekte Auffüllung des Textes. Jede Ausgabezeile muß also die
Werte für die Einrückung **inval**, den rechten Rand **rmval** und die
temporäre Einrückung **tival** einschließen. **tival** repräsentiert die
einer Ausgabezeile vorangehende Anzahl von Leerzeichen. Der für
die Kommandos **.in**, **.rm** und **.ti** verantwortliche Teil in **comand**
lautet wie folgt:

```
else if (ct == IN) {
    call set(inval, val, argtyp, 0, 0, rmval - 1)
    tival = inval
    }
else if (ct == RM)
    call set(rmval, val, argtyp, PAGEWIDTH, tival + 1, HUGE)
else if (ct == TI) {
    call brk
    call set(tival, val, argtyp, 0, 0, rmval)
    }
```

Jeder durch **put** erzeugten Zeile gehen die in **tival** definierten
Leerzeichen voraus; temporäre Einrückung einer einzigen Zeile
bedeutet, daß **tival** nach jeder Ausgabezeile auf den Wert von
inval zurückgesetzt werden muß. Der entsprechende Teil in **put**
lautet:

```
    for (i = 1; i <= tival; i = i + 1)        #einrücken
        call putc(BLANK)
tival = inval
```

Führende Leerzeichen sowie leere Zeilen stellen Sonderfälle dar
und werden in **text** ermittelt; zu diesem Zweck müssen wir vor dem
Aufruf von **put** den folgenden Text hinzufügen:

```
    if (inbuf(i) == BLANK | inbuf(1) == NEWLINE)
        call leadb(inbuf)    #nach links, tival setzen
```

leadbl befaßt sich mit den führenden Leerzeichen:

```
#leadbl - führende Leerzeichen löschen, tival setzen
    subroutine leadb(buf)
    character buf(MAXLINE)
    integer max
    integer i, j
    include cparam

    call brk
    for (i = 1; buf(i) == BLANK; i = i + 1) { #erstes Nicht-Leer-
        ;                             #zeichen suchen
    if (buf(i) ¬= NEWLINE)
        tival = i - 1
    for (j = 1; buf(i) ¬= EOS; j = j + 1) {   #Zeile nach links
        buf(j) = buf(i)
        i = i + 1
        }
    buf(j) = EOS
    return
    end
```

Durch **leadbl** wird die gesamte Zeile nach links gerückt, so daß
das erste nichtleere Zeichen auf Spalte 1 steht. Damit ist
sichergestellt, daß im **nofill**-Modus eingegebene führende
Leerzeichen nicht doppelt eingerückt werden, nämlich erstens
durch die temporäre Einrückung und zweitens durch die führenden
Leerzeichen selbst.

7.6 Auffüllen von Text

Da nun die Formatierung von unverändert auszugebendem
Eingabetext mit den erforderlichen Rändern funktioniert, können
wir zur Bearbeitung von aufzufüllendem Text übergehen, was wohl
auch am häufigsten gewünscht wird. Die Arbeitsweise ist so: die
zwei Routinen **getwrd** und **putwrd** bilden schon fast eine
Koroutine, indem **getwrd** eine Eingabezeile in Worte zerlegt und
diese an **putwrd** weitergibt. **putwrd** bündelt sie und gibt in
regelmäßigen Abständen die aufgefüllten Zeilen aus. **text** sieht
jetzt so aus:

```
#text - Textzeilen verarbeiten (vorläufige Version 2)
     subroutine text(inbuf)
     character inbuf(INSIZE), wrdbuf(INSIZE)
     integer getwrd
     integer i
     include cparam

     if (inbuf(1) == BLANK | inbuf(1) == NEWLINE)
          call leadbl(inbuf)         #nach links, tival setzen
     if (inbuf(1) == NEWLINE)        #Leerzeile
          call put(inbuf)
     else if (fill == NO)            #ungefüllter Text
          call put(inbuf)
     else                            #gefüllter Text
          for (i = 1; getwrd(inbuf, i, wrdbuf) > 0; )
               call putwrd(wrdbuf)
     return
     end
```

getwrd wurde schon für das **include**-Programm in Kap.3 geschrieben;
es isoliert die Worte, d.h. Ketten bestehend aus nichtleeren
Zeichen. Der Index in **inbuf** bezeichnet die Stelle, ab welcher
nach einem Wort gesucht werden soll; das gesuchte Wort wird
zurückgegeben, wobei der Index genau nach dem Wort wieder
gesetzt wird, um für den nächsten Aufruf bereit zu sein. Am Ende
einer Zeile gibt **getwrd** null zurück und positive Wortlänge in
der Mitte.

Das andere Ende bildet **putwrd**. Sollte das neue Wort nicht mehr auf die aktuelle Zeile passen, bricht **putwrd** die Zeile mit einem Aufruf von **brk** ab und setzt den Wert für eine neue Zeile. Auf jeden Fall folgt das Wort direkt auf das Zeilenende. **putwrd** fügt nach dem Wort ein Leerzeichen ein, so daß das folgende durch den üblichen Abstand getrennt ist.

Der Aufruf von **space** nach **EOF** im Hauptprogramm erfüllt nun gleich zwei Funktionen. Da es einen Zeilenabbruch bewirkt, wird die Ausgabe jeder von **putwrd** erfaßten Zeile, und sei sie auch nur teilweise gefüllt, erzwungen, bevor zum Ende der letzten Seite gesprungen wird. Dies ist ein zusätzlicher Vorteil der Verwendung der höheren Funktion **space** anstelle einer expliziten Routine zur Ausgabe der letzten Seite.

```
#putwrd - ein Wort nach outbuf bringen
      subroutine putwrd(wrdbuf)
      character wrdbuf(INSIZE)
      integer length, width
      integer last, llval, w
      include cout
      include cparam

      w = width(wrdbuf)
      last = length(wrdbuf) + outp + 1    #neues Ende von outbuf
      llval = rmval - tival
      if (output > 0 & (outw+w > llval | last >= MAXOUT)) {#zu groß
           last = last - outp          #Ende von wrdbuf merken
           call brk                     #vorangehende Zeile übergehen
           }
      call scopy(wrdbuf, 1, outbuf, outp + 1)
      outp = last
      outbuf(outp) = BLANK              #Leerzeichen zwischen Wörtern
      outw = outw + w + 1               # 1 für Leerzeichen
      outwds = outwds + 1
      return
      end
```

Die Ausgabezeile wird in **outbuf** erfaßt. **outp** stellt die letzte Zeichenposition dar, **outw** die Zeilenbreite und **outwds** die Anzahl der Worte. Diese sind definiert in einem **common**-Block **cout**, der auch von **brk** benutzt wird.

```
common /cout/ outp, outw, outwds, outbuf(MAXOUT)
  integer outp      #letzte Zeichenposition in outbuf; init. = 0
  integer outw      #Breite des Textes in outbuf; init. = 0
  integer outwds    #Anzahl Wörter in outbuf; init. = 0
  character outbuf  #Sammelstelle für zu füllende Zeilen
```

Die "Breite" oder Zeichenanzahl der aktuellen Zeile **outw** ist
nicht identisch mit **outp**, welches das letzte Zeichen der Zeile
angibt. Warum? Was geschieht im Fall, daß ein völlig unbefangener
Benutzer ein Rücksetzzeichen in einer Zeile eingibt, etwa um ein
Zeichen zu unterstreichen? (Noch haben wir die Unterstreichung
nicht eingeführt.) Natürlich ist die Breite von

    a BACKSPACE b

definiert mit 1, da es in der Ausgabe nur eine Spalte
beansprucht, jedoch beträgt seine Länge im Speicher 3 (Zeichen).
Die zwei Maße unterscheiden sich also.

Wir unterscheiden deshalb (auch im Hinblick auf die Unterstreichung) zwischen "Länge und "Zeichenanzahl" und führen die
Breitenberechnung in einer eigenen Funktion durch.

```
#width - Breite einer Zeichenkette bestimmen
      integer function width(buf)
      character buf(MAXLINE)
      integer i

      width = 0
      for (i = i; buf(i) ¬= EOS; i = i + 1)
          if (buf(i) == BACKSPACE)
                width = width - 1
          else if (buf(i) ¬= NEWLINE)
                width = width + 1
      return
      end
```

Für **width** sind zwei besondere Zeichen relevant: BACKSPACE hat
die Breite **-1** und **NEWLINE** die Länge null. Alles andere hat die
Breite **+1**.

Nun sind wir in der Lage, **brk** zu spezifizieren, was keinen
großen Aufwand bedeutet – es gibt jeden Text in **outbuf** mit Hilfe
von **put** aus und setzt den Ausgabezeiger, die Länge und den
Wortzähler auf Null zurück.

```
#brk - laufende Zeilenfüllung beenden
        subroutine brk
        includ cout

        if (outp > 0) {
                outbuf(outp) = NEWLINE
                outbuf(outp + 1) = EOS
                call put(outbuf)
                }
        outp = 0
        outw = 0
        outwds = 0
        return
        end
```

Aufgabe 7-6: Welche Zeichen in Ihrem System haben außer
Rücksetzzeichen und **NEWLINE**s die Breite Null? Fallen Ihnen
irgendwelche Zeichen von nicht-konstanter Breite ein?

Aufgabe 7-7: Wie würden Sie dem Benutzer von **format** ein
Rücksetzzeichen bereitstellen, falls Ihr Zeichenvorrat kein
solches einschließt?

Die noch verbleibende Aufgabe ist die Justierung von Ausgabezeilen, d.h. die Ausrichtung des rechten Randes. Am günstigsten wäre dies in **putwrd** anzusiedeln, und zwar genau vor dem Aufruf von **brk**; zu diesem Zeitpunkt ist die Zeile bereits vollständig und das Programm weiß, ob der Text aufgefüllt oder von der Eingabe unverändert übernommen werden soll, und außerdem Kenntnis von der Anzahl der Worte in der Zeile und deren Breite hat. Auf diese Weise wird **putwrd** durch den Aufruf einer separaten Routine modifiziert, um durch Einschieben zusätzlicher Zwischenräume die Zeile zu strecken.

```
#putwrd - Wort nach outbuf; einschließlich Randausrichtung
      subroutine putwrd(wrdbuf)
      character wrdbuf(INSIZE)
      integer length, width
      integer last, llval, nextra, w
      include cout
      include cparam

      w = width(wrdbuf)
      last = length(wrdbuf) + outp + 1     #neues Ende von outbuf
      llval = rmval - tival
      if (output > 0 & (outw+w > llval | last >= MAXOUT)) {#zu groß
            last = last - outp        #Ende von wrdbuf merken
            nextra = llval - outw + 1
            call spread(outbuf, outp, nextra, outwds)
            if (nextra > 0 & outwds > 1)
                  outp = outp + nextra
            call brk                  #vorangehende Zeile übergehen
            }
      call scopy(wrdbuf, 1, outbuf, outp + 1)
      outp = last
      outbuf(outp) = BLANK            #Leerzeichen zwischen Wörtern
      outw = outw + w + 1             # 1 für Leerzeichen
      outwds = outwds + 1
      return
      end
```

spread verschiebt die Worte in der Zeile nach rechts, wobei es von dem am weitesten rechts stehenden Wort ausgeht. Mit jeder Verschiebung werden einige zusätzliche Leerzeichen so gleichmäßig wie möglich zugeteilt, bis keine mehr übrig sind.

nextra gibt die Anzahl der zur Ausrichtung der Zeile benötigten zusätzlichen Leerzeichen an. Vorsicht ist angebracht, falls **nextra** aufgrund eines langen Eingabewortes negativ sein sollte oder für den Fall, daß die Zeile nur aus einem Wort besteht.

Falls sich zusätzliche Leerzeichen nicht gleichmäßig verteilen lassen, werden die überschüssigen aus optischen Gründen in aufeinanderfolgenden Zeilen abwechselnd von rechts oder links auf die Zeile verteilt, um einen "Fluß" von leeren Stellen entlang des rechten oder linken Randes zu vermeiden. **dir** wechselt zwischen null und eins und wählt damit die Seite aus, der die zusätzlichen Leerzeichen zugeordnet werden.

```
#spread - Wörter verrücken um rechten Rand auszurichten
        subroutine spread(buf, outp, nextra, outwds)
        character buf(MAXOUT)
        integer min
        integer dir, i, j, nb, ne, nextra, nholes, outp, outwds
        data dir /0/

        if (nextra <= 0 | outwds <= 1)
                return
        dir = 1 - dir               #vorige Richtung umkehren
        ne = nextra
        nholes = outwds - 1
        i = outp - 1
        j = min(MAXOUT - 2, i + ne)   #Platz für NEWLINE, EOS lassen
        while (i < j) {
                buf(j) = buf(i)
                if (buf(i) == BLANK) {
                        if (dir == 0)
                                nb = (ne - 1) / nholes + 1
                        else
                                nb = ne / nholes
                        ne = ne - nb
                        nholes = nholes - 1
                        for ( ; nb > 0; nb = nb - 1) {
                                j = j - 1
                                buf(j) = BLANK
                                }
                        }
                i = i - 1
                j = j - 1
                }
        return
        end
```

Dieses Programm ist recht verzwickt (nicht unbedingt ein

Kompliment), erfüllt aber eine komplizierte Funktion korrekt.
Verzwickt ist vor allem die Berechnung von **nb**, das die
Leerzeichen so gleichmäßig wie möglich verteilt, während es die
überschüssigen vom einen zum anderen Ende aus anordnet. Es kommt
auf keinen Fall vor, daß durch null geteilt wird, obwohl **nholes**
fortwährend dekrementiert wird, da dieser Teil nur dann
ausgeführt wird, wenn **nextra>0** und **outwds>1** ist, und die
Schleife verlassen wird, wenn **nholes** 1 erreicht.

Nebenbei ist anzumerken, daß wir die Bedingung

```
    if (nextra <= 0 | outwds <= 1)
```

in **spread** getestet haben, und dann die äquivalente Abfrage

```
    if (nextra > 0 & outwds> 1)
```

in **putwrd**. Die Frage ist, warum wir nicht gleich in **putwrd**

```
    if (nextra > 0 & outwds > 1) {
        call spread(outbuf, outp, nextra, outwds)
        outp = outp + nextra
        }
```

abfragen, und die damit überflüssige Abfrage aus **spread**
entfernen?

Der Grund dafür ist, daß in dem letzteren Fall das aufrufende
Programm von den Einschränkungen bzgl. der Parameter des
aufgerufenen Programms Kenntnis haben müßte. Dies würde eine
versteckte Abhängigkeit der Programme untereinander hervorrufen.
Im Hinblick auf langfristige Wartung wäre diese Vorgehensweise
deshalb gefährlich, weil früher oder später jemand das
aufrufende Programm ändern und dabei die genannten Einschränkungen überschreiten wird, woraus sich wiederum Fehlerquellen
ergeben könnten. **spread** wurde zur Überprüfung seiner eigenen
Parameter geschrieben, so müssen wir uns nicht auf **putwrd**
verlassen. Natürlich kann man es auch übertreiben, doch ist hier
der Aufwand unbedeutend und damit die zusätzliche Überprüfung
durchaus sinnvoll.

Aufgabe 7-8: Demonstrieren Sie, daß **spread** die Verteilung von zusätzlichen Leerzeichen rechts oder links korrekt ausführt. Beweisen Sie, daß es selbst bei Extremwerten von **outwds**, **nextra** und **outp** sinnvoll reagiert. Wie könnte man **format** anders organisieren, um **spread** zu vereinfachen?

Aufgabe 7-9: Fügen Sie die Kommandos **.ju** (für justieren) und **.nj** (für nicht justieren) hinzu, damit unabhängig von der Zeilenauffüllung die Justierung an- und abgeschaltet werden kann. Sollte bei unverändert auszugebenden Zeilen überhaupt Justierung zugelassen werden?

7.8 Zentrierung und Unterstreichung

.Unser Formatierer ist nun schon so gut ausgearbeitet, daß wir mit der "Ausschmückung" beginnen können.

Zentrierung erweist sich als sehr nützliche Zusatzfunktion, da es eine mühsame und fehleranfällige Tätigkeit mechanisiert, die manuell auszuführen eigentlich unzumutbar ist. Glücklicherweise ist sie ganz einfach: wenn nämlich ein .ce-Kommando erkannt wird, berechnet **comand** die Anzahl der Zeilen und übergibt sie an **ceval** mit dem Programmteil

```
else if (ct == CE) {
     call brk
     call set(ceval, val, argtyp, 1, 0, HUGE)
     }
```

Immer wenn eine zentrierte Zeile ausgegeben wurde, setzt **text** **ceval** um eins zurück; wird der Wert null erreicht, ist die Zentrierung abgeschlossen. Das Folgende wird in **text** hinzugefügt:

```
if (cval > 0) {           #zentrieren
    call center(inbuf)
    call put(inbuf)
    ceval = ceval - 1
    }
```

Schließlich muß die Zeile selbst vor der Ausgabe zentriert
werden. Dies geschieht mit Hilfe einer temporären Einrückung,
wodurch die Zeile entsprechend weit nach rechts verschoben wird;
bei der Ausgabe wird sie damit korrekt positioniert. Obwohl sie
nur aus einer einzigen Zeile besteht, haben wir eine separate
Routine dafür erstellt, weil **text** auf diese Weise weniger
verwirrend erscheint, man kann aber auch die andere Lösung für
vernünftig halten.

```
#center - Zeile zentrieren durch Setzen von tival
    subroutine center(buf)
    character buf(ARB)
    integer max, width
    include cparam

    tival = max((rmval + tival - width(buf)) / 2, 0)
    return
    end
```

Ebenso mühsam ist die manuelle Unterstreichung; es empfiehlt
sich deshalb, sie wie die Zentrierung zu mechanisieren. Die
Folge der Aktionen bei Unterstreichungen ist im wesentlichen
gleich wie bei der Zentrierung. **comand** setzt den Wert von **ulval**:

```
else if (ct == UL)
    call set(ulval, val, argtyp, 0, 1, HUGE)
```

text setzt **ulval** um jede unterstrichene Eingabezeile zurück:

```
if (ulval > 0) {           #unterstreichen
    call underl(inbuf, wrdbuf, INSIZE)
    ulval = ulval - 1
    }
```

Schließlich verarbeitet die separate Routine **underl** die zu

unterstreichenden Worte derart, daß sie alle Zeichen, die keine
Leerzeichen, Tabulatorzeichen oder Rücksetzzeichen darstellen,
umwandelt in

      Zeichen **BACKSPACE UNDERLINE**

text wird dann die Zeile für die Ausgabe zentrieren, unverändert
lassen oder auffüllen.

```
#underl - Zeile unterstreichen
      subroutine underl(buf, tbuf, size)
      integer i, j, size
      character buf(size), tbuf(size)

      j = 1                #in tbuf expandieren
      for (j = 1; buf(i) ¬= NEWLINE & j < size - 1; i = i + 1) {
          tbuf(j) = buf(i)
          j = j + 1
          if (buf(i)¬=BLANK & buf(i)¬=TAB & buf(i)¬=BACKSPACE) {
               tbuf(j) = BACKSPACE
               tbuf(j + 1) = UNDERLINE
               j = j + 2
               }
          }
      tbuf(j) = NEWLINE
      tbuf(j + 1) = EOS
      call scopy(tbuf, 1, buf, 1)  #nach buf zurückübertragen
      return
      end
```

Rücksetzzeichen und Unterstreichungen werden beim Kopieren der
Zeile in ein temporäres Feld eingefügt, welches dann wieder an
den ursprünglichen Ort zurückkopiert wird. Man könnte dies auch
an der ursprünglichen Stelle tun, jedoch ist das Programm dann
undurchsichtiger.

Wichtig ist, all diese Funktionen in **text** in der richtigen
Reihenfolge auszuführen. Unterstreichung und Überprüfung auf
führende Leerzeichen stehen an erster Stelle, da alle anderen
Funktionen eine Ausgabe erzwingen. Zentrierung muß vor dem Test
auf **NEWLINE** auftreten, damit eine zentrierte Leerzeile **ceval**
dekrementiert. Alle Funktionen zusammengenommen ergeben die
endgültige Version von **text**:

```
#text - Textzeilen verarbeiten (Endversion)
      subroutine text(inbuf)
      character inbuf(INSIZE), wrdbuf(INSIZE)
      integer getwrd
      integer i
      include cparam

      if (inbuf(1) == BLANK | inbuf(1) == NEWLINE)
            call leadbl(inbuf)         #nach links, tival setzen
      if (ulval > 0) {                 #unterstreichen
          call underl(inbuf, wrdbuf, INSIZE)
          ulval = ulval - 1
          }
      if (ceval > 0) {                 #zentrieren
          call center(inbuf)
          call put(inbuf)
          ceval = ceval - 1
          }
      else if (inbuf(1) == NEWLINE) #Leerzeile
          call put(inbuf)
      else if (fill == NO)             #ungefüllter Text
          call put(inbuf)
      else                             #gefüllter Text
          for (i = 1; getwrd(inbuf, i, wrdbuf) > 0; )
                call putwrd(wrdbuf)
      return
      end
```

Hier nun die endgültige Hierarchie der Unterprogramme von
format, die alle Zusatzfunktionen noch einmal wiedergibt:

```
format
        init
        getlin
        comand
                comtyp
                getval
                set
                gettl
                space
                brk
                        put
        text
                leadbl
                        brk
                underl
                center
                        width
                put
                        phead (pfoot)
                                skip
                                        putc
                                puttl
                                        putc, putdec
                        putc
                        putlin
                        skip
                getwrd
                putwrd
                        width, spread, brk
                space
                        brk, phead, pfoot, skip
        space
```

<u>Aufgabe 7-10</u>: Untersuchen Sie das Verhalten von **format**, wenn
ein Benutzer durch Rücksetzzeichen und Unterstreichungssymbol
unterstreicht. Was geschieht bei aufgefülltem Text mit einem
Rücksetzzeichen nach einem Leerzeichen? Kann man ein ein
Rücksetzzeichen enthaltendes Wort unterstreichen?

<u>Aufgabe 7-11</u>: Unterstrichene Satzzeichen sind oft schwer
lesbar. Modifizieren Sie **underl** derart, daß nur Buchstaben
und Ziffern unterstrichen werden.

<u>Aufgabe 7-12</u>: An einigen Bildschirmgeräten wird durch die
Unterstreichung eines Wortes dasselbe gelöscht, die
Reihenfolge

    UNDERLINE BACKSPACE *Zeichen*

wäre deshalb vorzuziehen. Auf diese Weise sehen Sie
wenigstens das Zeichen, wenn auch nicht die Unterstreichung.
Ändern Sie **underl** entsprechend.

<u>Aufgabe 7-13</u>: Die Unterstreichung jedes einzelnen Zeichens
ist das schlimmste, was man **overstrike** aus Kap.2 zufügen
kann. (Es könnte auch zur Zerstörung mancher Drucker
führen.) Sollte **underl** erweitert oder **overstrike** verbessert
werden?

<u>Aufgabe 7-14</u>: Eine andere Möglichkeit der Unterstreichung
wäre die Klammerung jeder zu unterstreichenden Zeichenkette
mit Symbolen für "Beginn Unterstreichung" und "Ende
Unterstreichung" der Länge null. Diskutieren Sie die Vor-
und Nachteile einer solchen Organisation.

7.9 Einige Meßwerte

Wir haben einige umfangreiche Texte mit **format** bearbeitet und
den zeitlichen Aufwand gemessen. Hier stellen wir Ihnen die
Meßwerte für dieses Kapitel vor, das zur Zeit der Messungen aus
2300 Zeilen oder 9200 Worten bestand, wovon 640 Zeilen von
Formatierkommandos beansprucht wurden; das Ergebnis waren 27
Seiten einzeiliger Ausgabe auf einem Zeilendrucker.

Wie immer schlägt die Verarbeitung der Ein- und Ausgabe mit dem
größten Teil der CPU-Zeit zu Buche: 70% wurden allein für **getlin**
und insbesondere dessen untergeordnete Funktionen, 17% für
putlin und dessen Unterprogramme, und 2% für **putch** verbraucht.
(Gemessen wurde auf einer Honeywell 6070.) Diese Zahlen
beherrschen die Laufzeit derart, daß alle anderen Programmteile
uninteressant sind, solange die oben erwähnten nicht verbessert
werden. Nehmen wir jedoch an, daß sie auf einen angemessenen
Wert reduziert werden können, indem man die Standard-Fortran
Ein/Ausgabe durch "maßgeschneiderte" Routinen für effiziente
Zeichen-Ein/Ausgabe ersetzt. Wie sieht dann die zeitliche

Inanspruchnahme aus?

Die verbleibenden wichtigen Routinen sind:

```
    getwrd        3,1%
    putwrd        2,3
    width         1,7
    text          1,6
    spread        1,0
    put           0,4
```

Nachdem also die Ein-/Ausgabezeit abgezogen wurde, sind diese
Routinen für die vom Formatierer im wesentlichen beanspruchte
Zeit verantwortlich. Die Erfahrung ist dieselbe wie oben, doch
lohnt sich eine Wiederholung! Um ein effizientes Programm zu
erhalten, erwies sich als beste Vorgehensweise, einen guten
Algorithmus auszuwählen, ein Programm für dessen saubere
Implementierung zu schreiben, und die Ausführungszeiten dann zu
messen. Die Meßwerte werden Ihnen zeigen, welche Routinen
zugunsten der Effizienz verbessert werden sollten - wenn sie
übersichtlich geschrieben sind und die Informationen ordnungsgemäß enthalten, wird eine Änderung keine Schwierigkeiten
bereiten. Es lohnt sich nicht, Effizienz auf Kosten der
Lesbarkeit anzustreben - dies wäre nicht nur verschwendete Mühe,
sondern würde auch zu einem schwer verständlichen, und damit
verbesserungsfeindlichen Programm führen.

7.10 Erweiterungen

Wie schon erwähnt, ist dies kein perfekter Formatierer, und es
könnte noch vieles hinzugefügt werden, ohne ihn für ungeschulte
Benutzer unnötig zu komplizieren. Erweiterungen, die dem
Benutzer das Setzen mehrerer Parameter ermöglichen, sind so
einfach, daß sie nicht einmal eine Übungsaufgabe rechtfertigen.
Umfassender, aber sehr nützlich, sind die folgenden funktionellen
Verbesserungen:

<u>Mehrfachdateien</u>

Unseren Entwurfsprinzipien gemäß sollte **format** entweder von einer Dateienliste einlesen oder, falls keine spezifiziert wurde, von seiner Standardeingabe, wie das Programm **print** in Kap.3. Auch sollte es möglich sein, den Inhalt einer Datei mit Hilfe eines Formatierkommandos einzubeziehen.

<u>Aufgabe 7-15</u>: Implementieren Sie Mehrfachdateien als Argumente, sowie ein Kommando zum Dateieinschluß. Nehmen wir z.B. die Bezeichnung **.so** für "Quelle" (<u>source</u>); das Kommando

   .so *Dateiname*

wird dann den Inhalt von <u>Dateiname</u> in der Eingabe an die genannte Stelle einschieben. Sollten Sie sich für die Bezeichnung **.include** als die bessere entscheiden, welche Änderungen wären dann in **comand** und **comtyp** erforderlich? Ist **.so** erst einmal eingeführt, kann **format** für die gleiche Art des Formatierens wie bei **print** in Kap.3 verwendet werden. Lohnt es sich, **print** trotzdem beizubehalten?

<u>Aufgabe 7-16</u>: Fügen Sie als Parameter die Optionen <u>+m</u> und <u>-n</u> hinzu, um eine Ausgabe mit Seite <u>m</u> beginnen und mit Seite <u>n</u> enden zu lassen. Dann druckt

   format +10 -20

die Seiten 10 bis 20 incl. Wie müßte sich das Programm verhalten, wenn <u>m</u> oder <u>n</u> einen Wert außerhalb der Seitenanzahl eines Textes hätte?

<u>**Verbesserung des Kopf- und Fußtextes**</u>

Die Handhabung unseres Kommandos zur Ausgabe von Kopf- und Fußtext ist manchmal recht umständlich. Die Syntax

   .he */ links/ Mitte/ rechts/*

bedeutet, daß der Kopf einer Seite aus drei durch beliebigen Bezeichner (/) getrennten Teilen besteht. Der <u>**linke**</u> Teil soll nach links ausgerichtet werden, der **rechte** Teil nach rechts, und der **mittlere** Teil soll zentriert werden. Wie zuvor soll jedes auftretende Nummernzeichen # im Titel durch die aktuelle Seitennummer ersetzt werden.

Aufgabe 7-17: Implementieren Sie die erweiterten Kommandos `.he` und `.fo`. Welche Werte für den rechten Rand und die Einrückung bestimmen die Position der einzelnen Teile? Was müßte bei Überlappen der Teile passieren? Wie würden Sie mehrzeilige Titel behandeln? Fügen Sie die Kommandos

    .eh .ef .oh .of

hinzu, um für gerade (even) und ungerade (odd) numerierte Seiten jeweils verschiedene Titel zuzulassen.

Zeichenersetzung

Häufig erweist es sich als sehr nützlich, bei der Ausgabe ein Zeichen durch ein anderes ersetzen zu können. Hier zwei eindeutige Beispiele: erstens die Ersetzung irgendeines Zeichens durch ein Leerzeichen, so daß beim Auffüllen der Zeilen Worte nicht durch Zeilenwechsel getrennt werden; zweitens die Ersetzung eines Zeichens in Spalte 1 durch einen Punkt mit dem Ziel, die Formatierung selbst zu beschreiben.

Aufgabe 7-18: Implementieren Sie das Kommando `.tr` zur Umwandlung:

    .tr ab cd

ersetzt **a** durch **c** und **b** durch **d** während der Ausgabe;

    .tr a-z A-Z

ersetzt Kleinbuchstaben durch Großbuchstaben;

    .tr x

ersetzt **x** durch ein Leerzeichen. Was geschieht in Ihrem Programm mit den Variationen

```
.tr a b
.tr b c
```

Könnte man Routinen oder Entwurf von **translit** entlehnen?

Kommando zur Steuerung des Seitenvorschubs

Manchmal wünscht man sich, daß eine Tabelle oder ein Programm
vollständig auf einer Seite erscheint, wie es in diesem Buch
gehandhabt wurde. Irgendwie müßte ein Kommando beginne Seite
am Anfang der Tabelle simuliert werden, wobei ein Seitenvorschub
nur ausgeführt werden soll, wenn die Tabelle tatsächlich durch
das Seitenende geteilt würde. Das Kommando

```
.ne n
```

besagt: "Ich brauche (need) n Zeilen; sind diese n Zeilen auf
der Seite nicht vorhanden, springe vor auf nächste Seite."

> **Aufgabe 7-19**: Implementieren Sie das .ne-Kommando. Wie
> würden Sie dieses Kommando gebrauchen, um am Anfang oder
> Ende einer Seite auftretende, isolierte Zeilen zu
> unterdrücken?

> **Aufgabe 7-20**: Wenig benutzerfreundlich ist es, wenn man für
> die Anwendung des .ne-Kommandos erst die Zeilen zählen muß.
> Entwerfen und implementieren Sie einen Mechanismus, der eine
> Gruppe von Zeilen ohne die Notwendigkeit, sie zu zählen,
> zusammenhalten kann. Erweitern Sie dies für die Kommandos
> .ce und .ul, die denselben Mangel aufweisen.

Zusätzlicher Zwischenraum nach Satzende

Viele Benutzer würden nach dem Punkt am Satzende aus optischen
Gründen einen größeren Zwischenraum vorziehen.

> **Aufgabe 7-21**: Implementieren Sie diese Möglichkeit und
> berücksichtigen Sie dabei auch den Fall, daß ein Punkt auf
> das Zeilenende fällt. Welche Zeichen und Zeichenfolgen außer
> dem Punkt können noch Sätze beenden? Gibt es einen
> akzeptablen Algorithmus, der einen solchen zusätzlichen
> Zwischenraum <u>nicht</u> nach Initialen, Abkürzungen etc. einfügt?

<u>Automatische Großschreibung</u>

Einige Rechenzentren verfügen über Zeilendrucker mit Groß- und Kleinschreibung, jedoch selten über Bildschirmgeräte oder Locher mit dieser Ausstattung. Das braucht jedoch niemanden zu entmutigen, eine sauber formatierte Ausgabe ist trotzdem möglich.

    <u>Aufgabe 7-22</u>: Modifizieren Sie **format** derart, daß es das Ende eines Satzes erkennt, beispielsweise durch einen Punkt am Ende der Zeile oder einen Punkt gefolgt von zwei oder mehreren Leerzeichen, und daraufhin den nächsten Buchstaben groß schreibt. Dazu werden Sie auch "Fluchtsymbole" benötigen, nämlich um die Standardfunktion außer Kraft zu setzen und ein Zeichen explizit groß oder klein ausgeben zu können. Wenn Sie jedoch den Satz so gut definieren, daß **format** ihn auch sicher erkennt, werden diese Fluchtsymbole kaum nötig sein. Welche Zeichenlänge ordnet man Fluchtsymbolen zu?

<u>7.11 Komplexere Erweiterungen</u>

Unsere abschließenden Vorschläge bedeuten zwar bei sorgfältiger Ausführung erheblichen Aufwand, jedoch sollen sie andeuten, wie die Mächtigkeit eines Formatierers erhöht werden kann. Der für dieses Buch verwendete Formatierer verfügte über die meisten Fähigkeiten.

<u>Silbentrennung</u>

format füllt die Zeilen auf, indem es soviele Worte wie nur möglich in eine Zeile packt. Durch Silbentrennung kann man die durchschnittliche Anzahl von Worten pro Zeile erhöhen und damit auch den optischen Eindruck eines Ausdrucks verbessern. Ein entsprechend korrektes Schema für die Silbentrennung durch das Programm zu entwerfen ist allerdings problematisch.

Stellen Sie zunächst eine Liste derjenigen Nachsilben auf, die
sich gut zur Trennung eignen, z.B. -ung, -lich etc. Eine solche
Abtrennung ist schon sehr nützlich. Sie können es auch mit
Vorsilben probieren, doch zeigt dies nach unseren Erfahrungen
nicht immer den gewünschten Erfolg. Weiterhin gibt es bestimmte
Buchstabenpaare wie qu und ch, die nie getrennt werden dürfen,
während andere Buchstabenpaare wie ss geradezu ideal dafür sind.
Entwerfen Sie ein Feld mit den Maßen 26x26 (Einzelbits genügen),
dessen Einträge anzeigen, welche Buchstabenpaare getrennt werden
dürfen.

Probieren Sie diese Möglichkeit aus. Können Sie sich andere
Ansätze zur Lösung dieses Problems vorstellen? Welche Programme
würden Sie als Hilfsmittel schreiben? Welche Hilfsmittel dafür
sind bereits in diesem Buch vorhanden?

Makros

Obwohl das nächste Kapitel sich mit Makroverarbeitung befaßt,
wollen wir hier die Möglichkeit kurz anschneiden, dem
Formatierer wenn auch nur eingeschränkt Makros hinzuzufügen. Als
ersten Schritt könnte man die Definition von Kürzeln für häufig
vorkommende Kommandofolgen zulassen. Beispielsweise würde die
Anweisungsfolge

```
.de pp
.sp
.ti +5
.en
```

ein neues Kommando .pp definieren (für "Absatz" (paragraph)).
Wenn also von nun an das "Kommando"

```
.pp
```

auftritt, wird es durch den definierenden Text ersetzt, nämlich
durch alle Kommandos, die zwischen .de und .en vorkommen. In dem
obigen Fall bewirkt es einen Zwischenraum und eine Einrückung.
Natürlich sollte es auch möglich sein, jede der eingegliederten
Bezeichnungen wie .sp neu zu definieren.

Soweit gibt es keine Probleme. Der nächste Schritt wären Makros
mit Parametern, die dementsprechend unterschiedliche Ergebnisse
haben. Beispielsweise könnte man ein Makro für den Titel
definieren:

```
.de tl
.he 'Kapitel $1'''
.en
```

Das Symbol $1 besagt, daß bei Aufruf des Makros der erste
Parameter das $1 ersetzten soll. Mit dem Kommando

```
.tl 7
```

erhält man dann den Seitentitel "Kapitel 7".

Diese Syntax beschränkt sich auf neun Parameter, was wahrscheinlich adäquat ist. Zugunsten der Benutzerfreundlichkeit sollten
fehlende Parameter durch eine leere Kette ersetzt werden;
unzulässige Parameter sollten ignoriert werden. Ähnliche Fälle
werden wir in Kap.8 behandeln.

<u>Bedingungen</u>

Ein wirklich mächtiger Formatierer muß in der Lage sein,
Formatiertätigkeiten an bei einem Programmlauf auftretende
Umstände anzupassen. Denkbar wäre das Kommando

```
.if (Bedingung) irgend etwas
```

das die dynamische Überprüfung irgendeiner Bedingung ermöglicht
und bei Übereinstimmung die entsprechende Tätigkeit ausführt.
Dies kann beliebig kompliziert werden, doch möchte man zumindest
in der Lage sein, Parameterwerte wie Seitennummer, Zeilen- und
Seitenlänge, aktuelle Position auf einer Seite, und den
gegenwärtigen Modus zu testen. Weiterhin gehören dazu
Arithmetik, Text- und arithmetische Variablen, Operationen zum
Vergleich von Zeichenketten. Z.B. wurden sowohl die Abschnitte
und die Aufgaben in diesem Buch vom Formatierer automatisch
durchnumeriert unter Verwendung von arithmetischen Variablen und
Operationen.

Die Konstruktion eines allgemeinen Fußnoten-Mechanismus zeigt am besten, ob Ihre Formatierer über genügend Werkzeuge verfügt. Dieser Fußnoten-Mechanismus müßte pro Seite mehrfache Fußnoten zulassen und auch deren Fortsetzung auf beliebig viele nachfolgende Seiten vorsehen.

Ein weiterer Test ist die mehrspaltige Ausgabe. Können all diese Aufgaben erfüllt werden, sind Sie den meisten Formatieranforderungen gewachsen.

Unsere obigen Vorschläge sind absichtlich vage, da wir Sie nicht unbedingt in eine bestimmte Richtung lenken wollen. Sie sollten sich jedoch wie immer bei einem Entwurf der Integrität des Konzepts vergewissern - schließlich möchten Sie ja keine Sammlung unzusammenhängender Funktionen. Außerdem sollte der Aufbau schrittweise erfolgen.

<u>Literaturhinweise</u>

format lehnt sich entfernt an J.Saltzers´s "Runoff"-Programm auf dem CTSS-System an. Von den zahlreichen Versionen von "Runoff" gleicht die unsere am meisten "Roff" von M.D.McIlroy. Es gibt viele kommerzielle Formatierprogramme, die meistens Teil eines "Textverarbeitungssystems" sind. Es könnte interessant für Sie sein, einige der angebotenen Programme mit **format** zu vergleichen.

Das amerikanische Original dieses Buches wurde mittels eines Progamms namens Troff, geschrieben von J.F.Ossanna für das UNIX-System, gesetzt. Eine Setzanlage erlaubt viele weitere Freiheitsgrade gegenüber einem Zeilendrucker - mehrfache Schriftsätze, mehrere Zeichengrößen und einen wesentlich umfangreicheren Zeilenvorrat. Es bedeutet eine große Herausforderung, eine Sprache zu entwickeln, die von all diesen Fähigkeiten Gebrauch machen kann, ohne dabei den einfachen Benutzer unnötig zu belasten. Die Möglichkeit der Makrodefinition haben wir bei Troff ausgiebig ausgenutzt, um Details der Formatierung in Makroanweisungen zu verbergen, die ihrerseits bei Bedarf leicht veränderbar waren, ohne daß dabei der Text selbst betroffen wurde.

8. Makro-Verarbeitung

Makros werden eingesetzt, um eine bereits vorhandene Sprache zu erweitern - sie bewirken die Übersetzung von einer Sprache in eine andere. Viele unserer Programme enthalten zum Beispiel Zeilen wie die folgende

```
while getlin(buf, infile) ¬= EOF)
```

wobei **EOF** einen nicht näher spezifizierten Wert bezeichnet, der das Dateiende anzeigt. Symbolische Konstanten erklären die Bedeutung eines Wertes besser als ihr numerisches Äquivalent; hätten wir stattdessen irgendeine magische Zahl wie -1 verwendet, so wäre ohne Kenntnis des Kontextes nicht ersichtlich, wofür sie steht. Darüber hinaus kann der Wert für **EOF** von Maschine zu Maschine unterschiedlich sein. Es ist wesentlich einfacher und ungefährlicher, die Belegung von **EOF** an einer einzigen Stelle neu zu definieren als durch das ganze Programm zu gehen und genau all diejenigen Werte -1 auszutauschen, die für Dateiende stehen.

Wir wünschen uns daher ein Programm, das uns die Definition symbolischer Konstanten ermöglicht und das alle nachfolgenden Fundstellen des Namens durch die definierende Zeichenkette ersetzt. Eine solche Definition heißt <u>Makro</u>, der Ersetzungsvorgang heißt <u>Makroexpansion</u> und das ausführende Programm ist ein <u>Makroprozessor</u>. Ein Makroprozessor liest ein Quellprogramm aus einer Datei, löscht die Makrodefinitionen, nimmt die Textersetzungen vor und ·schreibt eine neue Datei. Dies erlaubt es uns, symbolische Konstanten auch dort zu verwenden, wo ein Übersetzer Zahlen erwartet, wie etwa bei Feldgrößenvereinbarungen.

Wir werden als ersten Schritt in diesem Kapitel ein Programm

define entwickeln, das eine Zeichenkette durch eine andere ersetzt. Dies ist die einfachste Form der Makroverarbeitung. Es erlaubt uns zum Beispiel die Schreibweise

```
define(EOF, -1)
```

Dadurch wird jedes **EOF** durch -1 ersetzt. Obwohl dies noch nicht viel mit "Sprachübersetzung" zu tun hat, bewirkt es, daß Programme leichter zu lesen und zu korrigieren sind. Diese Stufe der Makroverarbeitung reichte uns schon für alle Programme dieses Buches, sie ist etwas mächtiger als die "Parameter"-Anweisung, wie sie in einigen Fortranversionen zur Verfügung steht. Viel mehr war nicht notwendig, außerdem wollten wir ja auch möglichst nahe an Fortran bleiben, um die Programme verständlich zu halten.

Der zweite Schritt ist schon ungleich aufwendiger, denn unser Ziel ist ein Prozessor, der parametrisierte Makros verarbeiten kann. Wir können dann nämlich zum Beispiel

```
define(putc(c), putch(c, STDOUT))
```

schreiben und bewirken, daß alle Vorkommen von **putc(x)** durch **putch(x,STDOUT)** ersetzt werden, unabhängig davon, welcher konkrete Wert für den Parameter **x** auftritt.

In der dritten Stufe wollen wir den Makroprozessor um eine Handvoll integrierter Funktionen erweitern, die das Schreiben komplizierterer Makros wesentlich erleichtert. Am wichtigsten davon ist eine Möglichkeit für bedingtes Ersetzen. Die beiden letzten Stufen sind sehr komfortabel. Darüber zu verfügen ist bequem, außerdem ist es lehrreich, die Implementierung zu betrachten, aber man kann auch schon ohne sie sehr viel erreichen.

Wir sollten an dieser Stelle darauf hinweisen, daß unsere Art Makros zu spezifizieren nicht die einzig mögliche ist. Wir haben eine <u>funktionale</u> Schreibweise gewählt, d.h. sie ähnelt der Schreibweise von Funktionen, wie sie bei den meisten Programmiersprachen angetroffen wird. Unsere Makronotation verträgt sich daher gut mit solchen Sprachen. Stattdessen hätten wir auch folgende Syntax einführen können:

    define EOF -1

Diese ließe sich jedoch weniger einfach verwenden für
mehrzeilige Definitionen oder für Makros mit Parametern oder die
anderen Funktionen, die wir noch integrieren wollen. In Kapitel
7 hatten wir das folgende Format vorgeschlagen:

    define *Name*
    Schleifenkörper
    endmarker

Dieses Format ist dort angebracht, wo die Eingabe zeilenweise
erfolgt. Eine weitere Möglichkeit ist ein <u>Schablonen</u>-Makroprozes-
sor. Hier entsprechen die Makros Operatoren (wie die Zeichen +
und - in arithmetischen Ausdrücken) und deren Parameter den
Operanden. Die Prozessoren für Schablonenmakros sind manchmal
einfacher in der Anwendung, ihre Implementierung ist allerdings
substantiell schwieriger. In den Literaturhinweisen am Ende des
Kapitels ist weitere Lektüre zu diesem Punkt angegeben.

8.1 Einfache Textersetzung

Wir wollen mit dem einfachsten Fall beginnen. Hier soll die
Eingabe auf die Ausgabe kopiert werden, dabei sollen jedoch
bestimmte Zeichenketten der Eingabe durch zuvor definierten
Ersetzungstext ausgetauscht werden. Die natürliche Einheit für
die Textersetzung ist in Programmiersprachen wie Fortran oder
PL/I wohl der Bezeichner, d.h. eine alphanumerische Zeichenkette,
die durch nicht-alphanumerische Zeichen begrenzt ist. In dem Text

    while (getlin(buf, infile) ¬= EOF)

ist **EOF** von nicht-alphanumerischen Zeichen umgeben und ist daher

ein Austauschkandidat. Natürlich kämen auch **while**, **getlin**, **buf**
und **infile** in Frage, da sie aber vermutlich (für den Makroprozessor) nicht definiert sind, werden sie wohl unverändert kopiert.

Die Ersetzungseinheit heißt Symbol (token). In anderen Fällen
kann ein Symbol irgendetwas zwischen zwei "weißen Stellen"
(Leerzeichen, Tabulatorzeichen, neue Zeile) sein, wie es bei
format der Fall war, oder irgendetwas zwischen einem gegebenen
Paar von Anfangs- und Endemarkierung. Auf jeden Fall enthält der
Prozessor eine Routine, die die Eingabe liest und nach
bestimmten Regeln in Symbole unterteilt.

Wie sollten die Definitionen aussehen? Die oben vorgeschlagene
Syntax ist vorteilhaft:

```
define(name, Ersetzungstext)
```

definiert den Ersetzungstext für **name** durch die bis zur
schließenden Klammer auftretenden Anweisungen; dadurch kann der
Ersetzungstext länger als eine Zeile sein. Wir benötigen Module,
die Namen und Ersetzungstext aufsammeln und neue Namen und
Definitionen anzeigen, sobald diese auftreten.

Einige der Implementierungsdetails sind kritisch, da die
Reihenfolge, in der die Operationen ausgeführt werden, in hohem
Maße die Mächtigkeit und Bedienungsfreundlichkeit eines
Makroprozessors bestimmt. Der Fall, daß ein Name durch einen
anderen definiert ist, erfordert eine wichtige Entscheidung.
Soll in folgendem Beispiel nach den Definitionen

```
define(x, 1)
define(y, x)
```

ein **y** durch ein **x** oder eine **1** ersetzt werden? Was geschieht mit
y bei umgekehrter Reihenfolge der Definitionen?

```
define(y, x)
define(x, 1)
```

Das sind keineswegs akademische Fragen. Das Programm **archive** aus
Kapitel 3 enthält zum Beispiel zwei Definitionen

```
define(DEL, LETD)
define(LETD, 100)
```

wobei 100 gerade der interne Code des Buchstaben d im
ASCII-Zeichensatz ist. Es ist besser, **DEL** mittels **LETD** zu
definieren anstatt die interne Darstellung eines **d** in das
Programm hineinzuziehen. Wie schon mehrfach erwähnt, läßt sich
ein Programm umso leichter von einem System auf ein anderes
übertragen, je weniger explizite Systemabhängigkeiten es
enthält, und desto besser wird es laufende Programmänderungen
überleben. Auf der anderen Seite wollen wir natürlich vermeiden,
daß sich der Benutzer von **define** zu sehr um die Reihenfolge, in
der die Definitionen auftreten, kümmern muß. Dementsprechend
wird **define** so aufgebaut, daß Beispiele wie oben auf die
gewünschte Weise funktionieren. Nach der Auswertung eines Makros
wird der Austauschtext <u>nochmals</u> <u>untersucht</u>. Enthält dieser
weitere Makros, so werden auch diese ersetzt. (Dadurch besteht
die Möglichkeit unendlicher Schleifen, wir müssen diesen Fall
abfangen.)

Es gibt mehrere Möglichkeiten, <u>wann</u> Makroaufrufe ausgewertet
werden sollen. Falls durch

```
define(x, 1)
```

das **x** bereits definiert wurde und ein

```
define(y, x)
```

auftaucht, können wir das **x** entweder sofort durch die **1**
ersetzen, oder wir ignorieren die Tatsache, daß **x** ein Makro ist
und nehmen die Ersetzung erst bei Aufruf von **y** vor. Im obigen
Beispiel reagierten beide Methoden gleich; sollte das **x**
allerdings später umdefiniert werden, ergäbe sich ein
Unterschied. Hier führen zwei Alternativen zu unterschiedlichen,
aber gleich nützlichen Prozessoren. In unserem **define**-Prozessor
werden die Definitionen beim Übertragen in die Definitionstabelle
<u>nicht</u> auf Makroaufrufe geprüft; die Interpretation als Makro
erfolgt so spät wie möglich.

Hier nun das Gerüst unseres Prozessors für parameterfreie Makros.

```
while (gettok(token) ¬= EOF) {
    Symbol aufsuchen
    if (token == "define")
            neues Symbol und Wert einrichten
    else if (Symbol in der Tabelle vorhanden)
            Eingabe auf Definition des Symbols umschalten
    else
            Symbol auf Ausgabe schreiben
    }
```

Da die Eingabe verschachtelt sein kann, haben wir hier einen vom Prinzip her rekursiven Prozeß. In **define** behandeln wir die Rekursion auf andere Weise als mit den aus früheren Programmen bekannten Kellern und verketteten Listen. Auf diesen Punkt kommen wir später noch einmal zurück.

gettok entspricht der Routine **getwrd** aus den Kapiteln 3 und 7, es unterscheidet sich nur in der hier etwas komplizierteren Art der Behandlung von nicht-alphanumerischen Zeichen. Hier sind die Leerzeichen zum Beispiel wichtig und dürfen nicht ignoriert werden. Durch den Aufruf

```
    t = gettok(token,maxtok)
```

wird das nächste Symbol von der Standardeingabe nach **token** übertragen. Der von **gettok** zurückgegebene Funktionswert ist entweder **ALPHA** für ein alphanumerisches Symbol oder das aufgefundene Einzelzeichen selbst, wenn dies nicht alphanumerisch ist. (Daraus folgt, daß **ALPHA** von jedem nicht-alphanumerischen Zeichen wohlunterschieden sein muß.) Um festzustellen, ob ein Zeichen ein Buchstabe, eine Zahl oder ein sonstiges Symbol ist, verwendet **gettok** die Routine **type** aus Kapitel 4. Wir erinnern daran, daß bei nicht-alphanumerischen Zeichen **type** das Zeichen selbst zurückgibt.

```
#gettok - alphanumerische Zeichenkette oder nichtalphabetisches
#        Einzelzeichen für define beschaffen
      character function gettok(token, toksiz)
      character ngetc, type
      integer i, toksiz
      character token(toksiz)

      for (i = 1; i < toksiz; i = i + 1) {
            gettok = type(ngetc(token(i)))
            if (gettok ¬= LETTER & gettok ¬= DIGIT)
                  break
            }
      if (i >= toksiz)
            call error("Symbol zu lang.")
      if (i > 1) {          #ein alphabetisches Zeichen entdeckt
            call putbak(token(i))
            i = i - 1
            gettok = ALPHA
            }
      #sonst ein Zeichen langes Symbol
      token(i + 1) = EOS
      return
      end
```

Das zeichenweise Aufsuchen der Symbole bewirkt, daß wir das Ende
eines Symbols erst dann feststellen, wenn wir schon ein Zeichen
zu weit sind. Dies ist ein klassisches Beispiel für einen
unerwünschten Nebeneffekt; falls wir ihn nicht beseitigen, kann
er das Programm erheblich komplizieren. Jedesmal, wenn ein
weiteres Zeichen benötigt wird, muß geprüft werden, ob ein neues
Zeichen eingelesen oder das schon vorhandene verwendet werden
muß. Das macht aus der Logik dessen, was eigentlich mit dem
Zeichen getan werden muß, ein unlesbares Durcheinander.

Stattdessen verbergen wir diese Komplikation durch Einführung
eines Paares kooperierender Routinen. **ngeto** liefert das nächste
Eingabezeichen sowohl als Parameter als auch als Funktionswert.
putbak gibt ein Zeichen zurück an die Eingabe, damit es durch
den nächsten Aufruf von **ngetc** nochmals angefordert werden kann.

Wenn nun **gettok** ein Zeichen zuviel liest, kann es dies wieder
zurückgeben, wodurch dieses Problem dem Rest des Programms
verborgen bleibt.

Im Idealfall sollte **putbak** eine Grundfunktion sein, dann wäre
ngetc gleich **getc**. Da dies im allgemeinen aber nicht der Fall
ist, werden wir hier die Implementierung behandeln. **putbak**
überträgt die zurückgegebenen Zeichen in einen Zwischenspeicher.
Von dort liest **ngetc** ein, falls etwas darin enthalten ist; ist
der Zwischenspeicher dagegen leer, erfolgt ein Aufruf von **getc**.

```
#putbak - Zeichen an Eingabe zurückgeben
      subroutine putbak(c)
      character c
      include cdefio

      bp = bp + 1
      if (bp > BUFSIZE)
            call error("zuviele Zeichen zurückgegeben.")
      buf(bp) = c
      return
      end


#ngetc - ein (möglicherweise zurückgegebenes) Zeichen beschaffen
      character function ngetc(c)
      character getc
      character c
      include cdefio

      if (bp > 0)
            c = buf(bp)
      else {
            bp = 1
            buf(bp) = getc(c)
            }
      if (c ¬= EOF)
            bp = bp - 1
      ngetc = c
      return
      end
```

bp ist ein Zeiger auf das nächste Zeichen, das als nächstes aus
dem Zwischenspeicher rückübertragen werden muß. Ist **bp** gleich
null, so muß ein neues Zeichen durch **getc** gelesen werden. (bp
muß mit null initialisiert werden.) Der von **ngetc** und **putbak**
benutzte Zwischenspeicher und dessen Zeiger werden in dem
common-Block **cdefio** untergebracht:

```
common /cdefio/ bp, buf(BUFSIZE)
  integer bp        #nächstes verfügbares Zeichen; init.= 0
  character buf     #zurückgeschobene Zeichen
```

gettok gibt zwischen zwei Aufrufen von **ngetc** niemals mehr als ein Zeichen zurück, daher könnte statt des Feldes **buf** eine einfache skalare Variable Verwendung finden. Der hier implementierte Mechanismus ist allgemeiner. Er läßt auch eine Routine **pbstr** zu, welche durch wiederholte Aufrufe von **putbak** ganze Zeichenketten zurückgibt.

```
#pbstr - Zeichenkette an die Eingabe zurückgeben
      subroutine pbstr(in)
      character in(MAXLINE)
      integer length
      integer i

      for (i = length(in); i > 0; i = i - 1)
          call putbak(in(i))
      return
      end
```

Natürlich müssen Zeichenketten in umgekehrter Reihenfolge zwischengespeichert werden.

Der **common**-Block **cdefio** wird ausschließlich von **ngetc** und **putbak** verwendet. **pbstr** wäre schneller, wenn es ebenfalls **cdefio** benutzte, der Umweg über **putbak** könnte dann vermieden werden. Wir wollen jedoch Datenverbindungen zwischen Routinen weitestgehend minimieren. Dies ist nämlich eine der besten uns bekannten Methoden, leicht austauschbare Programmteile zu schreiben. Sollte sich später herausstellen, daß **pbstr** ein Engpaß ist, so läßt sich die Optimierung immer noch leicht vornehmen. Ein guter Entwurf ist als Ausgangspunkt äußerst wichtig. Die Spielregeln für gut strukturierte Programme aufzulockern, ist wesentlich leichter als sie für schlecht geschriebene Programme zu verschärfen.

Sie haben wahrscheinlich schon gemerkt, daß man mit **putbak** etwas anderes zurückgeben kann als tatsächlich gelesen wurde, und daß hier ein eleganter Mechanismus für die Lösung der Makrotextersetzung vorliegt. Angenommen, wir würden dann, wenn ein definierter Name gefunden wird, dessen <u>Ersetzungstext</u> zurückschreiben. Wird

jener nun gelesen und enthält er wiederum einen definierten
Namen, so wird der letztere genauso aufgesucht und übersetzt als
wäre er in der Originaleingabe aufgetreten. Durch dieses
Zurückschreiben behandeln wir die Rekursion implizit anstatt
über geschachtelte Eingabequellen.

Jetzt sind wir in der Lage, das Hauptprogramm **define** anzugeben:

```
#define - einfacher Makroprozessor für Zeichenkettenaustausch
      character gettok
      character defn(MAXDEF), t, token(MAXTOK)
      integer lookup
      string defnam "define"
      integer deftyp(2)
      data deftyp(1) /DEFTYPE/, deftyp(2) /EOS/

      call instal (defnam, deftyp)
      for (t=gettok(token,MAXTOK); t¬=EOF; t=gettok(token,MAXTOK))
         if (t ¬= ALPHA)                  #nicht-alpha Symbol ausgeben
            call putlin(token, STDOUT)
         else if (lookup(token, defn) == NO)  #und nicht definiert
            call putlin(token, STDOUT)
         else if (defn(1) == DEFTYPE) {        #Definition holen
            call getdef(token, MAXTOK, defn, MAXDEF)
            call instal (token, defn)
            }
         else
            call pbstr(defn)                     #Ersetzung nach Eingabe
      stop
      end
```

Falls das von **gettok** gelieferte Symbol nicht vom Typ **ALPHA** ist,
kann es auch kein definiertes Symbol sein. Wenn wir dies sofort
abprüfen, können wir uns das überflüssige Suchen von nicht-alphanumerischen Symbolen in der Tabelle ersparen.

Das Aufsuchen von Symbolen geschieht mit Hilfe von **lookup**,
welches bei Auffinden des Namens auch den definierten Text
liefert. Wenn der Name durch **lookup** nicht gefunden wird, hat er
keine besondere Bedeutung und kann unmittelbar ausgegeben
werden. Ist der Name <u>define</u>, so wird der folgende Name und sein
Ersetzungstext durch die Prozedur **getdef** isoliert und durch
instal in eine Tabelle eingetragen. Ist der Name nicht <u>define</u>,
jedoch in der Tabelle enthalten, so wird der ihm zugeordnete
Text auf die Eingabe zurückgeschrieben.

Die Prozedur **instal** wurde hier verwendet, um das Schlüsselwort
<u>define</u> zusammen mit der symbolischen Konstante **DEFTYPE** als
Übersetzung an die erste Position der Tabelle zu plazieren.
Diese Vorgehensweise ist einer **data**-Anweisung vorzuziehen, denn
das Programm braucht nichts über das Format der Tabelleneinträge
zu wissen. Es ist auch <u>viel</u> einfacher, eine leere Tabelle zu
initialisieren. **lookup** gibt die Übersetzung, wenn es **define**
findet; so läßt sich schnell ermitteln, ob ein Name **define** ist.
Natürlich muß **DEFTYPE** von allen anderen Zeichen verschieden
sein. **lookup** und **instal** sind die beiden einzigen sichtbaren
Teile der Tabellenbehandlung, die im nächsten Abschnitt
besprochen wird.

getdef sieht so aus:

```
#getdef(parameterlos) - Name und Definition beschaffen
      subroutine getdef(token, toksiz, defn, defsiz)
      character gettok, ngetc
      integer getsiz, i, nlpar, toksiz
      character c, defn(defsiz), token(toksiz)

      if (ngetc(c) ¬= LPAREN)
          call error("Linke Klammer fehlt.")
      else if (gettok(token, toksiz) ¬= ALPHA)
          call error("nicht-alphanumerischer Name.")
      else if (ngetc(c) ¬= COMMA)
          call error("in define fehlt das Komma.")
      #sonst ein Name
      nlpar = 0
      for (i = 1; nlpar >= 0; i = i + 1)
          if (i > defsiz)
              call error("Definition zu lang.")
          else if (ngetc(defn(i) == EOF)
              call error("fehlende rechte Klammer.")
          else if(defn(i) == LPAREN)
              nlpar = nlpar + 1
          else if (defn(i) == RPAREN)
              nlpar = nlpar - 1
          #sonst normales Zeichen in defn(i)
      defn(i - 1) = EOS
      return ,
      end
```

Die Behandlung von Klammerpaaren und ungültiger Eingabe macht
den größten Teil der Arbeit aus.

Beachten Sie, daß wir auf die meisten **else** hätten verzichten
können, denn **error** verursacht den Abbruch der Prozedur. Wir
haben sie trotzdem verwendet, um so herauszustreichen, daß
höchstens eine aus einer Reihe von Aktionen ausgeführt wird. Ein
Leser, der nicht mit dem Programm vertraut ist, kann ihn viel
schneller verstehen, wenn er in Standardform geschrieben ist.
Die **else-if**-Kette ist eine wichtige Standardform.

Die spezielle Verwendung von **else if** ähnelt stark der des **andif**
aus Kapitel 6. Dort wollten wir eine Reihe von Schritten
ausführen. Nach jedem Schritt wurde der Status abgeprüft,
solange bis ein Kriterium <u>nicht</u> erfüllt war. Auch hier
durchlaufen wir eine Reihe von Schritten, jedoch solange bis ein
Kriterium <u>erfüllt</u> ist. Aus diesem Grunde könnten wir diese
Verwendungsweise auch **orif** nennen.

Es ist wichtig zu erkennen, daß jeder Test der Reihe irgendeine
Operation als Nebeneffekt bewirken kann, daß die Tests in
bestimmter Reihenfolge durchlaufen werden müssen und daß wir
genau eine aus einer Reihe von Endaktionen ausführen wollen, je
nachdem wie weit wir in der Reihe der Tests kommen. Diese
Konstruktion begegnet uns häufiger in unseren Programmen.

<u>Aufgabe 8-1</u>: Was geschieht durch

```
define(d, define)
d(a, b)
a
```

und durch

```
define(define, x)
define(a, b)
```

<u>Aufgabe 8-2</u>: Was geschieht, wenn Sie

```
define(x, x)
```

oder

```
define(x, y)
define(y, x)
```

schreiben und dann nach **x** fragen? Was sollte Ihrer Meinung nach geschehen?

Aufgabe 8-3: Falls eine Zeile nur eine Definition enthält und sonst nur Leerzeichen, führt das zur Ausgabe einer Leerzeile, obwohl es natürlicher wäre, die Zeile ganz zu eliminieren. Ändern Sie **getdef** oder einen anderen Programmteil so, daß die Ausgabe derartiger Leerzeilen unterbleibt. Ist dies eine angemessene Behandlung, wenn die Ausgabe für einen Übersetzer bestimmt ist, der Zeilennummern für seine Fehlermeldungen heranzieht?

Aufgabe 8-4: Implementieren Sie als alternative und allgemeinere Lösung des obigen Problems eine Funktion **dnl** (für "Unterdrücke Leerzeile"), die alle Zeichen von ihrem Auftreten an bis einschließlich dem nächsten Zeilenendezeichen löscht. In der Eingabe

```
define(x, 1)dnl
```

bewirkt das **dnl** die Löschung allen Textes nach der Definition und es erfolgt keine Ausgabe.

8.2 Tabellenbearbeitung

Wir wollen uns nun den Routinen zur Tabellenbehandlung, **lookup** und **instal**, zuwenden. Eine wichtige Entwurfsentscheidung wurde schon getroffen, nämlich daß <u>jegliche</u> Information über das Tabellenformat, die Suchstrategie, usw. nur den Prozeduren **lookup** und **instal** bekannt sein darf. Alle anderen Programmteile müssen zum Tabellenzugriff diese beiden Routinen verwenden. Das Verbergen von Information ist sehr wichtig für guten Programmentwurf: Routinen, die den inneren Aufbau von Datenstrukturen nicht kennen müssen, sollen ihn auch nicht kennen. Dies schützt nicht nur vor versehentlicher Veränderung, sondern - was noch wichtiger ist - es gliedert das Programm in unabhängige Stücke,

wodurch jedes einzelne geändert werden kann ohne Beeinflussung
der anderen. Jedes Teil ist ein "schwarzer Kasten", das sich der
Umwelt nur über eine wohldefinierte Schnittstelle zeigt. Das
heißt in unserem Fall: wenn wir irgendeinen Aspekt der
Tabellenmanipulation - ob wir zum Beispiel die Namen sortieren
oder eine Hashabbildung wählen - ändern, so können wir das ohne
jegliche Befürchtung tun, denn keine andere Routine besitzt
Kenntnis von der Tabelle. Natürlich muß die Notwendigkeit, zu
Repräsentationsdetails Information zu besitzen, begründet sein.
Es ist nämlich nur allzu leicht, Routinen zu entwerfen, deren
Benutzer Informationen über den Datenaufbau haben "müssen", wenn
mit etwas größerer Sorgfalt die Struktur verdeckt werden könnte.

Innerhalb der Zugriffsroutinen bestimmt die Zugriffsstrategie
die Tabellenstruktur. Fürs erste ist Einfachheit die wichtigste
Überlegung. Wir nehmen an, daß im allgemeinen die Definitionen
zu unvorhersagbaren Zeiten eintreffen und nicht alle auf einmal.
Dies erschwert die Sortierung der Einträge und die Durchführung
einer Binärsuche. Hash- und Baumstrategien sind für den Anfang
zu kompliziert. Deshalb fügen wir neue Einträge einfach in der
Reihenfolge ihres Eintreffens am Ende an und suchen die Tabelle,
wenn ein Eintrag nachgeschlagen werden muß, von oben bis unten
linear ab. In frühen Programmstadien rentieren sich ausgeklügelte
Suchverfahren noch nicht. Die lineare Suche ist nicht immer
angebracht, sie ist jedoch für den Anfang ideal. Sollte sie sich
später als Engpaß erweisen, kann sie ohne Schaden immer noch
durch einen schnelleren Algorithmus ersetzt werden.

Eine lineare Tabelle wird wie folgt organisiert. In einer großen
Tabelle stehen Namen und Ersetzungstext hintereinander:

```
    name EOS definition EOS   name EOS definiton EOS ...
```

Ein Hilfsfeld enthält die Zeiger zu den Namenseinträgen der
ersten Tabelle.

```
    common /clook/ lastp, lastt, namptr(MAXPTR), table(MAXTBL)
       integer lastp        #letztes Benutztes in namptr; init = 0
       integer last         #letztes Benutztes in table; init = 0
       integer namptr       #Namenzeiger
       character table      #eigentlicher Text der Namen und defns
```

lastp und **lastt** zeigen auf die letzten benutzten Positionen in
namptr und **table**; sie müssen zu null initialisiert werden. Wir
müssen diese Variablen in einem **common**-Block unterbringen, da
sie sowohl der Routine **lookup** als auch der Routine **instal**
bekannt sein müssen.

lookup liefert **YES** und extrahiert die Definition, falls das
Symbol gefunden wurde, ansonsten den Wert **NO**.

```
#lookup - Namen lokalisieren, Definition aus Tabelle ziehen
      integer function lookup(name, defn)
      character defn(MAXDEF), name(MAXTOK)
      integer i, j, k
      include clook

      for (i = lastp; i > 0; i = i - 1) {
           j = namptr(i)
           for (k = 1;name(k) == table(j) & name(k) ¬= EOS;k = k+1)
                j = j + 1
           if (name(k) == table(j)) {      #einen gefunden
                call scopy(table, j + 1, defn, 1)
                lookup = YES
                return
                }
           }
      lookup = NO
      return
      end
```

scopy ist die Routine zum Kopieren von Zeichenketten aus Kap.3.

Durch **instal** werden ein neuer Name und dessen Definition am
Tabellenende eingetragen. Diese Prozedur wird beim Auffinden
eines **define** aufgerufen. Dabei prüft **instal** nicht, ob der Name
bereits in der Tabelle vorhanden ist. Namen können einfach durch
eine neue Definition umdefiniert werden, da **lookup** die Tabelle
von hinten her absucht und so den jeweils letzten Eintrag
auffindet.

```
#instal - Name und Definition in Tabelle eintragen
      subroutine instal(name, defn)
      character defn(MAXTOK), name(MAXDEF)
      integer length
      integer dlen, nlen
      include clook

      nlen = length(name) + 1
      dlen = length(defn) + 1
      if (lastt + nlen + dlen > MAXTBL | lastp >= MAXPTR) {
            call putlin(name, ERROUT)
            call remark("zu viele Definitionen.")
            }
      lastp = lastp + 1
      namptr(lastp) = lastt + 1
      call scopy(name, 1, table, lastt + 1)
      call scopy(defn, 1, table, lastt + nlen + 1)
      lastt = lastt + nlen + dlen
      return
      end
```

Aufgabe 8-5: Verifizieren Sie das korrekte Verhalten von
getdef und **instal** im Falle einer leeren Definition:

```
    define(nichts,)
```

Diese Anweisung definiert eine Zeichenkette ohne Ersetzungstext. Weshalb könnte man so etwas wünschen? Was bewirkt der
Makroaufruf

```
    nichts(dies ist eine Textzeile)
```

Aufgabe 8-6: Häufiges Umdefinieren von Namen ist ohne
Wiederbelegen des alten Platzes offensichtlich
verschwenderisch. Entwerfen Sie ein Kommando **undefine**

```
    undefine(name)
```

das die jüngste Definition von **name** wieder aufhebt. Was
sollte geschehen, wenn der Name des **undefine** unbekannt ist?

Aufgabe 8-7: Messen Sie, an welchen Stellen **define** wieviel
Zeit verbraucht. Lohnt sich eine Verbesserung der

Tabellenbearbeitung? Eine Möglichkeit hierzu bestünde in einem Einsortieren der Namen in **table** bei jeder neuen Definition. (Tatsächlich würden Sie wohl die Zeiger in **namptr** sortieren, wie bei **sort** aus Kap. 4.) Dann ändern Sie **lookup** in ein Binärsuchverfahren. Um wieviel schneller ist das Programm? Wie leicht ist es, diese und die vorangegangene Aufgabe gleichzeitig zu bearbeiten?

Aufgabe 8-8: Entwerfen Sie eine Version, die das Zurückgeben von Eingabezeichen nicht auf unsere Weise löst, sondern einen Kellermechanismus der laufenden Eingabequellen verwendet und dementsprechend umschaltet. Welche Version ist leichter? Welche ist schneller?

Aufgabe 8-9: Wie geht define mit den Kommentarkonventionen üblicher Programmiersprachen um? Sollte **define** die Bedeutung apostrophierter Zeichenketten kennen? D.h., sollten definierte Namen, die innerhalb von Apostrophen auftreten, ersetzt werden?

Aufgabe 8-10: Sehr häufig ist selbst eine nur rudimentär entwickelte, bedingte Ersetzung praktisch. Nehmen wir einmal an, die Zeile

    ifdef(name, text)

hätte die Bedeutung: "falls **name** definiert ist, gib **text** an die Eingabe zurück, ansonsten fahre fort". Damit ließe sich ein Programm für verschiedene Anlagen parameterisieren durch Definitionen wie

    ifdef(machine1,define(wordsize, 32) define(charsize, 8))
    ifdef(machine2,define(wordsize, 36) define(charsize, 6))

und so weiter. Wenn dann **machine1** durch die (leere) Definition

    define(machine1,)

definiert wird, werden die Parameter wie **wordsize** korrekt für **machine1** gesetzt, sobald die **ifdef**-Zeilen erreicht werden. Der Austausch dieser einzigen Definition und ein neuer Durchlauf präparieren das Programm für **maohine2**. Implementieren Sie diese Möglichkeit der bedingten Ersetzung.

8.3 Einige Messungen

Wir haben den Zeitverbrauch von **define** an einigen "typischen" Ratforprogrammen (aus diesem Kapitel) gemessen. Hier nun einige Ergebnisse der Zeitstudie.

	Anzahl Aufrufe	CPU-Zeit
(read)	472	40,4%
(write)	9199	14,4
lookup	1636	13,3
gettok	5263	9,0
getc	9902	6,3
ngetc	12149	4,7
putlin	5092	4,5
define	1	3,6
type	11868	2,7
putbak	2247	0,4
getdef	42	0,2
pbstr	86	0,2
scopy	214	0,2
instal	43	0,1
length	172	0,1

Die Routine (**read**) liest einzelne Zeilen formatierter Fortran-Ein/ausgabe. (**write**) ist im Prinzip **putc** aus Kap. 1.

Bevor wir nun die Laufzeitverteilung betrachten, wollen wir anmerken, daß in einer so einfachen Messung wie der Bestimmung der Anzahl der Aufrufe pro Prozedur sehr viel Information steckt, insbesondere wenn das Programm so sorgfältig modulari- siert ist, daß jede Routine nur eine einzige Aufgabe bewältigt.

Die Daten in unserem Beispiel zeigen, daß die Eingabe aus 472 Zeilen mit 9902 Zeichen (eines davon war **EOF**) bestand, daß 9199 Zeichen ausgegeben wurden, daß 42 von 1636 insgesamt aufgetretenen Symbolen definierte Namen waren (was bedeutet, daß **lookup** die meiste Zeit mit Durchsuchen der Tabelle verbringt, um dann Nichtvorhandensein anzuzeigen), etc. Ein Teil der Daten erlaubt eine Konsistenzprüfung des Programmablaufs. So erwarten wir, daß **instal** einmal mehr als **getdef** aufgerufen wird (wegen des Eintrags des Schlüsselwortes **define** an der ersten Listenposition); ist dies nicht der Fall, so steckt irgendwo ein Fehler. Wir können aber auch feststellen, daß das Aufsuchen von nicht alphanumerischen Symbolen die Zahl der Aufrufe von **lookup** fast vervierfachen und die CPU-Zeit dadurch wesentlich vergrößern würde. Unsere Entscheidung, diesen Fall extra abzuprüfen, war also gerechtfertigt.

Im Idealfall sollte diese Art von Information bei Bedarf automatisch zur Verfügung gestellt werden können, oft müssen Sie sich aber selber darum kümmern. Im letzten Kapitel geben wir einige Hinweise dazu.

Ein Blick auf die CPU-Zeit bestätigt wieder einmal, daß in Fortran die Ein/Ausgabe mit hier etwa 65% der dominierende Faktor ist. Von der verbleibenden Zeit verbraucht die Tabellenverarbeitung den größten, aber nicht den überwiegenden Anteil. Natürlich steigt dieser mit Anwachsen der Tabelle, deshalb kann er, wenn sehr viel mehr Einträge erforderlich werden, den Anteil der Ein/Ausgabe eventuell übertreffen. Der Aufwand der Eingaberückgabe ist gering, er wird gerechtfertigt durch die Übersichtlichkeit, die das Programm dadurch erhält. Unsere Entscheidung, **pbstr** mittels **putbak** zu realisieren, ist ebenfalls gerechtfertigt.

Es gibt einen sehr guten Grund, weshalb Entscheidungen, die im Namen der Effizienz getroffen werden, der Rechtfertigung bedürfen. Die meisten Programmierer haben nämlich keine richtige Vorstellung, an welchen Stellen ein Programm Zeit verbraucht. Die Folge davon ist, daß die für "Effizienz" aufgebrachten Bemühungen (und die dafür geopferte Übersichtlichkeit) häufig vergeudet sind. Wir haben herausgefunden, daß der beste Weg, verfrühte Optimierungen zu vermeiden, im häufigen Messen eines Programms besteht. Nur aus derartigen Erfahrungen kann man lernen, Prioritäten sinnvoll zu setzen.

8.4 Makros mit Parametern

Parameterisierte Makros erhöhen die Mächtigkeit eines
Makroprozessors ganz wesentlich. Wir haben zum Beispiel gesagt,
daß **getc** bzw. **putc** äquivalent zu **getch(c,STDIN)** und
putch(c,STDOUT) sind. Indem wir **getc** und **putc** als Makros
definieren, die durch Aufrufe von **getch** und **putch** ersetzt
werden, garantieren wir die Äquivalenz. Außerdem beseitigen wir
einen Unterprogrammaufruf, was die Effizienz verbessern kann.
Diese Ersetzung ist ohne den Parametermechanismus nicht möglich.

Ein größeres Beispiel findet sich im sechsten Kapitel. Dort
entwickelten wir ein Unterprogramm **skipbl(s,i)**, dessen Rumpf so
aussah:

```
while (s(i) == BLANK | s(i) == TAB)
      i = i + 1
```

Diese Routine ist so kurz, daß sie besser als Makro statt als
Subroutine realisiert werden sollte. Das Einkopieren des Rumpfes
würde das Aufrufen eines Unterprogrammes ersetzen. (Dies kann
sich dann rentieren, wenn Messungen zeigen, daß eine Subroutine
übermäßig viel Platz oder Zeit verbraucht.) Es ließe sich ein
Makro

```
skipbl(s, i)
```

definieren, dessen Aufrufe durch die obigen beiden Zeilen
ersetzt würden, wobei die formalen Parameter **s** und **i** jeweils
durch die aktuellen Parameter bei Makroaufruf ausgetauscht
werden müßte. Für den Benutzer wäre der einzige Unterschied der
Wegfall der **call**-Anweisung.

Die Syntax für die Spezifikation parametrisierter Makros ist
eine Erweiterung dessen, was uns schon bekannt ist:

```
define(name, Ersetzungstext)
```

definiert **name**. Dieses Mal bedeutet jedoch $n im Ersetzungstext, mit n zwischen 1 und 9, daß hier bei Makroaufruf der n-te Parameter eingetragen werden muß. Somit wird durch

```
define(skipbl,while($1($2) == BLANK | $1($2) == TAB) $2 = $2 + 1)
```

der **skipbl**-Makro definiert.

Parameter mit $n zu spezifizieren ist weniger angenehm als mit Hilfe von Platzhalternamen wie in

```
define(skipbl(s,i), while(s(i) == BLANK | s(i) == TAB) i = i + 1)
```

jedoch leichter zu realisieren. Unser Grundsatz ist der folgende: Schreibe etwas Klares und Akzeptables, das funktioniert, dann schmücke es später bei Bedarf aus.

Die Beschränkung auf neun Parameter ist ein weiteres Beispiel derselben Philosophie. Es ist Unsinn, sich mit einer hohen Parameterzahl abzugeben, bevor der Rest des Prozessors funktioniert. Sie werden sehen, daß in der Praxis selten Bedarf nach mehr Parametern besteht. Die schwierigen Fälle können warten, bis man die einfachen im Griff hat.

Ein weiteres Beispiel: Viele unserer Programme zur Dateibearbeitung enthalten Zeilen wie

```
fd = open(name, READ)
if (fd == ERR)
     call cant(name)
```

Durch Definition eines Makros **copen** könnte man diese Operationen in einer Zeile ausdrücken

```
copen(name, READ, fd)
```

und damit eine häufige Konstruktion klarer gestalten. Die Definition lautet

```
define(copen, {$3 = open($1,$2)
            if($3 == ERR)
                 call cant($1)})
```

Wenn

    copen(name, READ, fd)

auftritt, wird $1 durch **name**, $2 durch **READ** und $3 durch **fd**
ersetzt. Da die geschweiften Klammern Teil der Definition sind,
können wir

    if (getarg(1, name, size) ¬= EOF)
            copen(name, READ, fd)

schreiben und haben trotzdem die Anweisungen zusammen, aus denen
sich **copen** ergibt.

Es ist schwerer, einen Makroprozessor zu bauen, welcher
Parameter zuläßt, als einen, der keine erlaubt. Darüber hinaus
beabsichtigen wir, neben **define** eine weitere kleine Anzahl
integrierter Funktionen mit aufzunehmen, und zwar eine
Bedingungsanweisung, einige arithmetische Funktionen und eine
Teilzeichenketten-Funktion. Außerdem wollen wir dies mit
möglichst wenig Aufwand tun. Das Hauptproblem besteht darin
sicherzustellen, daß jede Operation - Makroaufruf, Makrodefinition, andere Funktion - inmitten jeder anderen auftreten kann.
Ist das gewährleistet, so kann der Makroprozessor im Prinzip
jede Berechnung durchführen, wenngleich dies auch nicht immer
leicht auszudrücken ist.

Solange keine Makroaufrufe auftreten (bzw. keine integrierte
Funktionen, da diese identisch behandelt werden), wird die
Eingabe direkt auf die Ausgabe kopiert. Bei Makroaufruf jedoch
werden dessen Name, Definition und Parameter (falls vorhanden)
aufgesammelt. Nach Abschluß des Parameteraufsammelns wird der
Makro wie folgt ausgewertet. Wenn es sich um eine integrierte
Funktion wie **define** handelt, wird eine entsprechende Routine
aufgerufen, die dann die Parameter auswertet. Ist der Makro
keine integrierte Funktion, so wird der Definitionstext an die
Eingabe zurückgegeben. Während dieser Rückgabe werden alle
vorkommenden $n´s durch die entsprechenden, gerade aufgesammelten
Parameter ersetzt.

Die Sache wird kompliziert, wenn einer der Parameter den Aufruf
eines anderen Makros oder einer integrierten Funktion enthält.

Es gibt zwar eine Reihe verschiedener Lösungsmöglichkeiten, eine
der einfachsten für eine nicht-rekursive Sprache besteht jedoch
darin, die Parameter gleich während ihres Aufsammelns zu
interpretieren und danach an die Eingabe zurückzugeben.

Bei der Entwicklung eines Makros werden der Name und die
Definition zunächst einmal in einen Auswertungsbereich, der als
Keller ausgelegt ist, abgespeichert. Alle folgenden Parameter
werden ebenfalls dorthin übertragen, mit Ausnahme solcher
Parameter, die einen weiteren (geschachtelten) Makroaufruf
enthalten. Hierfür wird ein neuer Kellerrahmen erzeugt, der
innere Makro wird <u>vollständig</u> ausgewertet und dessen Übersetzung
wird an die Eingabe zurückgegeben, bevor der oberste Kellereintrag wieder aufgegeben wird. Jetzt kann der äußere Makro weiter
abgearbeitet werden. Dieser erhält niemals Kenntnis vom inneren,
nur von dessen Übersetzung. (Natürlich kann auch der innere
Makro wiederum Makros aufrufen; dieser Vorgang ist rekursiv.)

Das Prinzip, das man stets im Auge haben sollte, besteht darin,
die Parameter gleich beim Aufsammeln vollständig auszuwerten.
Diese Vorgehensweise unterscheidet sich vom Zeichenkettenaus-
tausch am Anfang des Kapitels.

Beide Methoden erzeugen aber für die gebräuchlichsten
Anwendungen, wie etwa das Ersetzen symbolischer Parameter in
Programmen, das gleiche Resultat. (Wir werden ebenfalls eine
verzögerte Auswertung anbieten, um bei Bedarf die Vorzüge der
ersteren Methode nutzen zu können.) Bevor wir mit dem
Programmieren beginnen, wollen wir noch einige Beispiele
erläutern.

Angenommen wir haben

    define(EOS, 0)

Beim Erkennen von **define** werden **DEFTYPE** und **define** in den
Auswertungskeller an die Stellen 1 und 2 geschrieben. (Die
Reihenfolge erklären wir später.) Jetzt sammeln wir die
Parameter. Zu diesem Zeitpunkt hat EOS keine besondere
Bedeutung, ebensowenig 0, daher werden sie auf die Positionen 3
und 4 des Kellers gebracht. Am Ende des **define** kann die
Auswertung erfolgen. Hier bewirkt es den Aufruf einer Prozedur

zum Eintragen des Namens und der Definition, also der Parameter
auf den Positionen 3 und 4. Nun können die vier obersten
Kellereinträge gelöscht werden.

Folgt in der Eingabe anschließend ein **EOS**, wird es mit seiner
Definition und ohne Parameter in den Keller gebracht. Die
Definition O wird an die Eingabe zurückgegeben und der oberste
Kellereintrag gelöscht.

Hier ein etwas komplizierteres Beispiel mit Parametern:

    define(bump, $1 = $1 + 1)

definiert einen Makro **bump**, das den Wert des Parameters um 1
erhöht. Die Eingabe

    bump(x)

bewirkt das Kopieren von **bump** und **$1=$1+1** in den Auswertungskeller. **x** wird als Parameter aufgesammelt; falls es kein
definierter Name ist, erreichen wir das Ende des Aufrufs von
bump ohne Schwierigkeiten. Die Definition wird an die Eingabe
zurückgegeben, wobei jede Fundstelle von **$1** durch **x** ersetzt
wird, um **x=x+1** zu ergeben.

Nehmen wir für einen Augenblick aber an, **x** wäre früher als etwas
anderes, etwa **y**, definiert worden. Dann wäre **x** ein Makroaufruf,
ein neuer Kellerrahmen wäre zu erzeugen und in diesen **x** und
seine Definition zu übertragen. Schließlich würde die Definition
y an die Eingabe zurückgegeben und der oberste Kellerrahmen
wieder aufgegeben werden. Wenn das Parameteraufsammeln auf der
vorangegangenen Stufe (**bump**) weitermacht, ist aus der ehemaligen
Eingabe **x** ein **y** geworden, das nun den aktuellen Parameter von
bump bildet. Was **bump** anbelangt, so wurde es mit **y** als Parameter
aufgerufen und ergibt somit **y=y+1**.

<u>Aufgabe 8-11</u>: Durchlaufen Sie den Ersetzungsprozeß für die Eingabe

    putc(getc(c))

manuell unter der Annahme, **getc** und **putc** seien durch **getch** und **putch** definiert. Beachten Sie die Verarbeitung der Werte für **STDIN** und **STDOUT**.

<u>8.5 Implementierung</u>

Nun kommen wir zu den Details des Prozessors.

```
while (gettok(token, maxtok) ¬= EOF)
    if (type == ALPHA)
        if (lookup(token) == NO)
            Symbol in aktuellen Auswertungskellerrahmen
            oder direkt in die Ausgabe übertragen
        else
            neuen Kellerrahmen erzeugen
            Namen und Definition in aktuellen Kellerrahmen
    else if (Keller leer)        #keine Parameter zu sichern
        direkt in die Ausgabe übertragen
    else if (am Ende der Parameterliste)
        if (integrierte Funktion)
            entsprechende Funktion ausführen
        else
            Definition zurück zur Eingabe
               dabei $n's durch Parameter ersetzen
        auskellern
    else    #Parameter sichern
        Symbol in aktuellen Kellerrahmen übertragen
```

Dieses Gerüst übergeht natürlich einige Einzelheiten, wie etwa das präzise Erkennen des Endes der Parameterliste und den Aufbau des Kellers. Wir behandeln dies der Reihe nach.

Als erstes der Auswertungskeller. Dieser besteht einfach aus einem langen Feld **evalst**. Die erste freie Position wird in **ep** vermerkt, das mit 1 initialisiert wird. Während der Abarbeitung eines Makros enthält **evalst** die Zeichenketten vom Namen, der

Definition und den Parametern. Das Feld **argstk** enthält diejenigen Stellen, an denen diese Zeichenketten anfangen: **argstk(i)** bezeichnet den Anfang der i-ten Zeichenkette in **evalst**. Die erste freie Stelle in **argstk**, anfänglich gleich 1, wird in **ap** geführt.

Da Makros verschachtelt sein können, gehören die Zeichenketten in **evalst**, auf die **argstk** verweist, im allgemeinen zu verschiedenen Stufen der Makros. Zur Buchhaltung jedes Kellerrahmens dient das Feld **callst**: **callst(i)** zeigt auf die Position in **argstk**, welche wiederum auf den definierenden Text des i-ten Makros verweist. **cp** enthält den **laufenden** Zeiger für den Aufrufkeller. Ist **cp** gleich null, sind wir außerhalb eines Makros. Innerhalb eines einstufigen Makroaufrufes ist **cp** gleich 1, und so weiter. Um den ersten Parameter der dritten Stufe eines Makroaufrufs aufzufinden, setzen wir zuerst i=callst(3). Dann ist argstk(i) der definierende Text des Makros, argstk(i+1) der Name und **argstk(i+2)** der erste Parameter.

Das Aufsammeln der Parameter erfordert eine Buchführung der Klammernpaare unabhängig für jede Stufe des Makros, dafür benötigen wir parallel zu **callst** ein weiteres Feld **plev**, um die Klammern für den entsprechenden Kellerrahmen zu zählen.

Mehrere Routinen brauchen Zugriff auf **cp** und den Ausgabepuffer, daher stecken wir sie in den **common**-Block **cmacro**:

```
      common /cmacro/ cp, ep, evalst(EVALSIZE)
         integer cp           #aktueller Kellerzeiger
         integer ep           #nächste freie Position in evalst
         character evalst     #Auswertungskeller
```

Die anderen Variablen **callst**, **argstk**, **ap** und **plev** werden nur vom Hauptprogramm benötigt, deshalb haben wir sie aus dem **common**-Bereich herausgehalten.

Es gibt noch eine letzte Komplikation. Alle Makros, die während des Parametereinsammelns entdeckt werden, werden unmittelbar übersetzt. Es gibt jedoch Situationen, bei denen wir die Auswertung auf später verschieben müssen, z.B. wenn wir versuchen wollen, einen neuen Makro **d** synonym zu **define** zu machen durch:

```
define(d, define($1, $2))
```

Auf den ersten Blick scheint dies zu funktionieren, denn der Austauschtext von **d** sieht aus wie **define($1,$2)**. Jedoch werden Makros und integrierte Funktionen abgearbeitet, <u>sobald sie erkannt werden</u>. Dadurch wird das innere **define** vor dem äußeren ausgewertet. Da ein **define** aber keinen Ersetzungstext besitzt, ist der Endeffekt der, daß **d** leer ist, was wohl kaum unsere Absicht war. Um das Problem voreiliger Auswertung zu umgehen, bedarf es einer Markierungskonvention, damit eine Eingabe bei Bedarf als Literal behandelt werden kann. Dies wird in unserer Konvention durch das Klammerpaar Ü und Ä dargestellt. Eine Stufe tiefer wird es abgestreift. Mit dieser Möglichkeit können wir nun den Makro **d** schreiben:

```
define(d, [define($1, $2)])
```

Der durch Klammern geschützte Ersetzungstext ist **define($1,$2)**. Wenn wir nun

```
d(a, bc)
```

schreiben, klappt alles und **a** wird zu **bc** definiert.

Klammerung muß ebenfalls verwendet werden, wenn man einen Bezeichner neu definieren möchte:

```
define(x, y)
define(x, z)
```

würde **y** in der zweiten Zeile definieren anstatt **x** neu zu definieren. (Die erste Definition ist jedoch immer noch gültig und **x** wird letztlich zu **y**.) Falls eine Neudefinition von **y** nicht erwünscht ist, muß der Vorgang durch

```
define(x, y)
define([x], z)
```

ausgedrückt werden, damit der erwartete Effekt eintritt.

Alle Beispiele sehen konstruiert aus, da nach Kommas keine
Leerzeichen erscheinen. Die Leerzeichen wirken in diesem
Makroprozessor als Trennsymbole und müssen daher herausgehalten
werden.

Faßt man alle diese Überlegungen zusammen, ergibt sich ein
ziemlich langes Hauptprogramm, jedoch ist es nicht wirklich
kompliziert. Es folgt dem oben angegebenen Gerüst mit Ausnahme
der zusätzlichen eckigen Klammern. Trotz der offensichtlichen
Komplexität besteht es einfach aus einer siebenteiligen
case-Anweisung, wobei jeder Programmteil ausgeschrieben wurde,
anstatt in einer separaten Routine zu stehen. Wir nannten es
nicht **define**, sondern **macro**, da dies besser seinen Sinn
wiedergibt.

Wir wollen die Eigenschaft von **define**, nämlich daß Makroaufrufe
ohne Parameter (wie **EOF** oder **EOS**) auch keine Klammerung
brauchen, auch hier beibehalten. Wenn ein Symbol ein definierter
Name ist, dem keine linke Klammer folgt, geben wir ein leeres
Klammernpaar an die Eingabe zurück, so daß parameterlose
Makroaufrufe für den Rest des Programms keinen Sonderfall
darstellen. Dies ist ein weiteres Beispiel dafür, wie durch eine
kleine Änderung in der Datendarstellung eine größere Programmkom-
plexität vermieden werden kann.

Vielleicht ist Ihnen aufgefallen, daß eckige Klammern selbst
außerhalb von Makrodefinitionen entfernt werden. Obwohl dies wie
eine für den Makroprozessor überflüssige Arbeit aussieht, gibt
es gute Gründe dafür. Nehmen wir als einfachstes Beispiel an,
man wollte, daß **define** wörtlich im Programmtext vorkommt. Es
müßte von Klammern umgeben sein, sonst würde es als oder würde
es als Aufruf an die eingebaute Funktion **define** interpretiert.
In Kürze werden uns noch wichtigere Beispiele hierfür begegnen.

```
#macro - Makros mit Parametern expandieren
        character gettok
        character defn(MAXDEF), t, token(MAXTOK)
        integer lookup, push, ap, nlb
        integer argstk(ARGSIZE), callst(CALLSIZE), plev(CALLSIZE)
        include cmacro
        string balp "()"
        string defname "define"
        integer deftyp(2)
        data deftyp(1) /DEFTYPE/,deftyp(2) /EOS/


        call instal(defnam, deftyp)
        cp = 0
        ap = 1
        ep = 1
        for (t=gettok(token,MAXTOK);t¬=EOF;t=gettok(token,MAXTOK)) {
            if (t == ALPHA)
                if (lookup(token, defn) == NO)
                    call puttok(token)
                else {              #definiert; nach evalst
                    cp = cp + 1
                    if (cp > CALLSIZE)
                        call error("Kellerüberlauf.")
                    callst(cp) = ap
                    ap = push(ep, argstk, ap)
                    call puttok(defn)   #Definition kellern
                    call putchr(EOS)
                    ap = push(ep, argstk, ap)
                    call puttok(token) #Namen kellern
                    call putchr(EOS)
                    ap = push(ep, argstk, ap)
                    t = gettok(token, MAXTOK) #weiterschauen
                    call pbstr(token)
                    if (t ¬= LPAREN) #ggfs. () hinzufügen
                        call pbstr(balp)
                    plev(cp) = 0
                    }
                }
            else if (t == LBRACK) {   #eine Stufe von [] abstreifen
                nlb = 1
                repeat {
                    t = gettok(token, MAXTOK)
                    if (t == LBRACK)
                        nlb = nlb + 1
                    else if (t == RBRACK) {
                        nlb = nlb - 1
                        if (nlb == 0)
                            break
                        }
```

```
                        else if(t == EOF)
                                call error("EOF in Zeichenkette.")
                        call puttok(token)
                        }
                }
        else if (cp == 0)          #gar kein Makroaufruf
                call puttok(token)
        else if (t == LPAREN) {
                if (plev(cp) > 0)
                        call puttok(token)
                plev(cp) = plev(cp) + 1
                }
        else if (t == RPAREN) {
                plev(cp) = plev(cp) - 1
                if (plev(cp) > 0)
                        call puttok(token)
                else {                  #Ende der Parameterliste
                        call putchr(EOS)
                        call eval(argstk, callst(cp), ap - 1)
                        ap = callst(cp)  #evalst entkellern
                        ep = argstk(ap)
                        cp = cp - 1
                        }
                }
        else if (t == COMMA & plev(cp) == 1) { #neuer Parameter
                call putchr(EOS)
                ap = push(ep, argstk, ap)
                }
        else
                call puttok(token)      #einfach einkellern
        }
if (cp ¬= 0)
        call error("unerwartetes EOF.")
stop
end
```

puttok und **putchr** übertragen Zeichenketten bzw. Zeichen entweder
nach **evalst** (falls wir innerhalb eines Makros sind) oder mittels
putc direkt an die Ausgabe (falls außerhalb). Der Test zur
Bestimmung des Zielortes   erscheint an einer einzigen Stelle in
putchr anstatt über das ganze Programm verstreut.


```
#puttok - Symbol entweder nach Ausgabe oder in Auswertungskeller
        subroutine puttok(str)
        character str(MAXTOK)
        integer i

        for (i = 1; str(i)     ¬= EOS; i = i + 1)
            call putchr(str(i))
        return
        end
```

```
#putchr - Einzelzeichen nach Ausgabe oder in Auswertungskeller
      subroutine putchr(c)
      character c
      include cmacro

      if (cp == 0)
            call putc(c)
      else {
            if (ep > EVALSIZE)
                  call error("Überlauf Auswertungskeller")
            evalst(ep) = c
            ep = ep + 1
            }
      return
      end
```

Wenn ein neuer Parameter in **evalst** einzutragen ist, muß der
laufende Wert des Zeigers **ep** aufgezeichnet und **ap** weitergezählt
werden; dies erledigt **push**:

```
#push - ep in argstk einkellern, neuen Zeiger ap zurückgeben
      integer function push(ep, argstk, ap)
      integer ap, argstk(ARGSIZE), ep

      if (ap > ARGSIZE)
            call error("Überlauf Parameterkeller.")
      argstk(ap) = ep
      push = ap + 1
      return
      end
```

Nach der Identifikation eines Makros und dem Einsammeln der
Parameter in **evalst** (angezeigt durch Erreichen der Klammerungs-
stufe null) erfolgt ein Aufruf von **eval**, um eine integrierte
Funktion zu bearbeiten oder eine Definition mit den ersetzten
Parametern zurückzuschieben.

Da **macro** die Definition vor dem Namen in **evalst** einträgt, zeigt
args(i) bei Aufruf von **eval** auf den Definitionstext des Makros
und **args(i+1)** auf den Namen. Die Parameter stehen zwischen
args(i+2) und **args(j)**, wovon es die Anzahl **j-i-1** gibt. Diese
Organisation bewirkt, daß $0 der Name des Makros selbst ist.
Obgleich dies wahrscheinlich selten benutzt werden wird, ist es
doch eine schöne Regelmäßigkeit.

```
#eval - Parameter von i bis j expandieren: integrierte
#        Funktionen auswerten oder defn zurückschieben
       subroutine eval(argstk, i, j)
       integer index, length
       integer argno, argst(ARGSIZE), i, j, k, m, n, t, td
       include cmacro
       strings digits   "0123456789"

       t = argstk(i)
       td = evalst(t)
       if (td == DEFTYPE)
            call dodef(argstk, i, j)
       else {
            for (k = t + length(evalst(t) - 1; k > t; k = k - 1)
                 if (evalst(k - 1) ¬= ARGFLAG
                      call putbak(evalst(k))
                 else {
                      argno = index(digits, evalst(k)) - 1
                      if (argno >= 0 & argno < j-1) {
                           n = i + argno + 1
                           m = argstk(n)
                           call pbstr(evalst(m))
                           }
                      k = k - 1        #$ überspringen
                      }
            if (k == t)                    #letztes Zeichen bearbeiten
                 call putbak(evalst(k))
            }
       return
       end
```

Die meisten Zeiger auf **evalst** sind eigentlich Verweise auf
Unterfelder, wie sie in Kap. 4 besprochen wurden. Die
PL/I-Benutzer sollten diese Diskussion nochmals nachvollziehen,
da sich mehrere Unterprogramme dieses Kapitels dieser
Fortran-Eigenheit bedienen müssen.

Ist der Typ **define**, wird **dodef** aufgerufen, ansonsten wird die
Definition an die Eingabe zurückgegeben, wobei jedes $n durch
den entsprechenden Parameter ersetzt wird. Die symbolische
Konstante **ARGFLAG** ist ein **$**, das natürlich durch

```
       define(ARGFLAG, DOLLAR)
```

im Ratfor Quellprogramm für **macro** definiert wird.

Wir haben uns noch nicht dazu geäußert, wie der Prozessor

reagieren soll, wenn eine Makrodefinition einen Parameter
benötigt, der nicht angegeben wurde. Die harmloseste Reaktion
besteht darin, diese Tatsache zu ignorieren - letztlich wird $n
durch die leere Zeichenkette ersetzt - und genau das tut **eval**.
Dies geschieht auch, wenn überhaupt keine Parameter angegeben
sind. Falls somit **x** durch

```
define(x, a$1b)
```

definiert wurde, erzeugen alle diese Eingaben

```
x(+)
x(-,+)
x()
x
```

etwas vernünftiges: **a+b**, **a-b**, **ab** und **ba**.

dodef ist nun leicht, denn die meiste Arbeit ist bereits getan.

```
#dodef - Definition in Tabelle eintragen
      subroutine dodef(arstk, i, j)
      integer a2, a3, argstk(ARGSIZE), i, j
      include cmacro

      if (j - i > 2) {
            a2 = argstk(i + 2)
            a3 = argstk(i + 3)
            call instal (evalst(a2), evalst(a3))  #Unterfelder
            }
      return
      end
```

Eine der ersten Aufgaben des Makroprozessors ist die Erweiterung
der Syntax unserer Programmiersprache. In gewisser Weise haben
wir dies schon ausgenutzt, indem wir **character** geschrieben, aber
integer gemeint haben. Ein etwas anspruchsvolleres Beispiel ist

```
define(proc, [integer function $1 $2 define(procname, $1)])
```

Die Zeile

    proc(equal, (str1, str2))

erzeugt die Ausgabe

    integer function equal(str1, str2)

(Wir haben die Definition geklammert, um eine verfrühte
Auswertung des **define** zu verhindern. Das Einklammern des
definierenden Textes ist fast immer von Vorteil.) Der Aufruf von
proc hat einen Nebeneffekt - der Funktionsname **equal** wird
"gemerkt", indem **procname** zu **equal** definiert wird. Dieser Wert
kann somit auch von anderen Makros verwendet werden. Wenn wir
beispielsweise **return** definieren als

    define(return, [{procname = $1; [return]}])

können wir Zeilen wie die folgende schreiben

    return(YES)

um in Fortran eine **return**-Anweisung, die wie in PL/I einen Wert
zurückgibt, zu simulieren. (Die zusätzlichen Klammern um das
innere **return** schützen es davor, als weiterer Aufruf des
return-Makros interpretiert zu werden, was eine ziemlich lange
Schleife erzeugen würde. Sie sollten dieses Beispiel sorgfältig
nachvollziehen, um jeweils die Bedeutung der gesetzten Klammern
zu verstehen.) Die Tatsache, daß eine **return**-Anweisung einen
Wert zurückgeben kann, dient häufig einer übersichtlicheren
Programmgestaltung, wie zum Beispiel in der vorliegenden Version
von **equal** im Vergleich zur Version in Kap. 3.

```
#equal - str1 und str2 vergleichen; bei Gleichheit YES, sonst NO
        proc(equal, (str1, str2))
        character str1(ARB), str2(ARB)
        integer i

        for (i = 1; str(i) == str2(i); i = i + 1)
            if (str1(i) == EOS)
                    return(YES)
        return(NO)
        end
```

Aufgabe 8-12: Schreiben Sie die Funktion **filarg** aus Kap. 3
unter Verwendung des **return**-Makros um.

Aufgabe 8-13: Angenommen, Sie haben den oben beschriebenen
Makro **skipbl** verwendet, dann jedoch Ihre Meinung dahingehend
geändert, lieber eine Subroutine einzusetzen. Müssen Sie
dann alle Aufrufe neu schreiben, um das Wort **call** einzufügen?

Aufgabe 8-14: Schreiben Sie Makros, die **getc** und **putc** in
Aufrufe von **getch** und **putch**, wie bereits früher in diesem
Kapitel gezeigt, umwandeln. Welche Probleme ergeben sich bei
getc?

Aufgabe 8-15: Die Definition

    define(sq, $1 * $2)

definiert einen Makro, der einen Ausdruck quadriert. Oder
etwa nicht? Was ist **sq(x+1)**? Wie kann Abhilfe geschaffen
werden? Was sollte ein Makroprozessor über die Sprache(n)
wissen, in deren Kontext er aufgerufen wird?

Aufgabe 8-16: Entwerfen Sie eine Syntax, die für Makros auch
mehr als neun Parameter zuläßt. Machen Sie diese kompatibel
mit der $n Syntax, falls n<10 ist. Wie schwer ist ihre
Implementierung?

Aufgabe 8-17: Erweitern Sie **define** so, daß die Parameter
einer Makrodefinition durch Platzhalternamen statt $n
spezifiziert werden können. D.h., wenn m durch

    define(m(x, y), Ersetzungstext, der Symbole x und y enthält)

definiert ist, sollte der Aufruf **m(a,b)** alle Fundstellen von
x und **y** im Ersetzungstext durch **a** bzw. **b** ersetzen. Was läßt
sich von dem bisher entwickelten Instrumentarium verwenden?

8.6 Bedingte Ersetzung und andere integrierte Funktionen

macro wurde so entworfen, daß neue integrierte Funktionen bei
Bedarf leicht eingefügt werden können. Der nächste Entwicklungs-
schritt ist die Aufnahme einer Bedingungsabfrage mittels der
integrierten Abfrage **ifelse**. Die Eingabe

```
ifelse(a, b, c, d)
```

verursacht den Vergleich der beiden Zeichenketten **a** und **b**. Sind
sie gleich, so wird **c** an die Eingabe zurückgegeben; differieren
sie, wird **d** zurückgeschoben. In dem einfachen Beispiel

```
define(compare, [ifelse($1, $2, yes, no)])
```

wird **compare** als Makro mit zwei Parametern definiert, wobei **yes**
gemeldet wird, wenn beide Parameter gleich sind und no bei
Ungleichheit. Wie üblich schützen die eckigen Klammern vor einer
verfrühten Auswertung.

Ein besseres Beispiel ist die Verbesserung unseres Makros
return, um festzustellen, ob Parameter angegeben sind oder nicht:

```
define(return,[ifelse($1,,[[return]],{procname=$1;[[return]]})])
```

Wird **return** mit Parameter aufgerufen wie in

```
return(a + b)
```

ist $1 nicht leer, daher ergibt sich

    {procname=a+b; return}

Fehlt ein Parameter, so ist $1 leer, d.h., die zweite
Alternative des **ifelse** paßt und es wird ein einfaches **return**
erzeugt. Dieses Mal benötigen wir doppelte Klammerung, um die
literale **return**-Anweisung zweimal zu schützen. Die erste
Schutzklammerung verhindert die Auswertung während der Expansion
des **ifelse**. Die zweite ist nötig - wir erwähnten dies bereits -,
damit es als literales **return** in der endgültigen Ausgabe
erscheinen kann.

Da wir gerade dabei sind, werden wir noch zwei weitere
integrierte Funktionen hinzufügen.

    incr(x)

wandelt die Zeichenkette $\underline{x}$ in eine Zahl um, addiert eins dazu
und gibt diese (als Zeichenkette) als Austauschtext zurück. $\underline{x}$
sollte numerisch sein, ansonsten könnte das Resultat unerwünscht
sein.

incr läßt sich etwa für Aufgaben wie

    define(MAXCARD, 80)
    define(MAXLINE, [incr(MAXCARD)])

verwenden; hier werden zwei Parameter mit Wert 80 und 81
erzeugt. Das ist dann sinnvoll, wenn der eine Parameter gerade
etwas größer sein muß als der andere, wie bei **getc** und **putc** im
ersten Kapitel. Anstatt zwei Definitionen zu schreiben und daran
zu denken, beide im Falle einer Änderung fortzuschreiben, ist es
besser, die eine in Abhängigkeit der anderen auszudrücken. **incr**
stellt auch eine einfache arithmetische Fähigkeit zur Verfügung,
um etwas komplexere Makros schreiben zu können.

Die letzte integrierte Funktion erlaubt das Herausgreifen von
Teilzeichenketten aus Zeichenketten.

    substr(s, m, n)

erzeugt die Teilzeichenkette von <u>s</u> beginnend an der Stelle <u>m</u> (mit Ursprung 1) der Länge <u>n</u>. Falls <u>n</u> fehlt oder zu groß ist, wird die Restkette genommen, die leere Zeichenkette hingegen, falls <u>m</u> außerhalb des Bereichs liegt.

```
substr(abc, 2, 1)
```

ist b

```
substr(abc, 2)
```

ist bc und

```
substr(abc, 4)
```

ist leer.

Die notwendigen Änderungen für die Aufnahme von **ifelse**, **incr** und **substr** sind gering. Wir modifizieren **macro**, um die neuen Schlüsselwörter und ihre Werte (**IFTYPE**, **INCTYPE** bzw. SUBTYPE1 alle Werte müssen verschieden sein) festzulegen und ändern **eval** so, daß nach diesen wie auch nach **DEFTYPE** gesucht wird. In **eval** müssen nur noch die zusätzlichen Abfragen und Unterprogrammaufrufe eingehen.

```
...
t = argstk(i)
td = evalst(t)
if (td == DEFTYPE)
      call dodef(argstk, i, j)
else if (td == INCTYPE)
      call doincr(argstk, i, j)
else if (td == SUBTYPE)
      call dosub(argstk, i, j)
else if (td == IFTYPE)
      call doif(argstk, i, j)
else {
      Makro wie zuvor weiterverarbeiten
      }
...
```

doif vergleicht die beiden ersten Parameter und gibt den
richtigen an die Eingabe zurück.

```
#doif - einen von zwei Parametern auswählen
        subroutine doif(argstk, i, j)
        integer equal
        integer a2, a3, a4, a5, argstk(ARGSIZE), i, j
        include cmacro

        if (j - i < 5)
                return
        a2 = argstk(i + 2)
        a3 = argstk(i + 3)
        a4 = argstk(i + 4)
        a5 = argstk(i + 5)
        if (equal(evalst(a2), evalst(a3)) == YES)  #Unterfelder
                call pbstr(evalst(a4))
        else
                call pbstr(evalst(a5))
        return
        end
```

doinc konvertiert die Zahl, führt die Berechnung aus und schiebt
das Ergebnis als Zeichenkette mit **pbnum** zurück. Da die Zeichen
von rechts nach links abgearbeitet werden, ist eine Umkehrung
nicht nötig.

```
#doincr - Parameter um 1 erhöhen
        subroutine doincr(argstk, i, j)
        integer ctoi
        integer argstk(ARGSIZE), i, j, k
        include cmacro

        k = argstk(i + 2)
        call pbnum(ctoi(evalst, k) + 1)
        return
        end
```

```
#pbnum - Zahl in Zeichenkette umwandeln, zurück an Eingabe
        subroutine pbnum(n)
        integer mod
        integer m, n, num
        string digits "0123456789"

        num = n
        repeat {
                m = mod(num, 10)
                call putbak(digits(m + 1))
                num = num / 10
                } until (num == 0)
        return
        end
```

Schließlich führt **dosub** die **substr**-Funktion aus; es ist gänzlich
damit beschäftigt, die Indizes zu bearbeiten, insbesondere die
Grenzfälle, bei denen die angeforderte Teilzeichenkette
irgendwie außerhalb des zulässigen Bereichs liegt.

```
#dosub - Teilkette auswählen
        subroutine dosub(argstk, i, j)
        integer ctoi, length, max, min
        integer ap, argstk(ARGSIZE), fc, i, j, k, nc
        include cmacro

        if (j - i < 3)
                return
        if (j - i < 4)
                nc = MAXTOK
        else {
                k = argstk(i + 4)
                nc = ctoi(evalst, k)      #Zeichenanzahl
                }
        k = argstk(i + 3)                 #Ursprung
        ap = argstk(i + 2)                #Zielzeichenkette
        fc = ap + ctoi(evalst, k) - 1 #erstes Zeichen der Unterkette
        if (fc >= ap & fc < ap + length(evalst(ap))) { #Unterfelder
                k = fc + min(nc, length(evalst(fc))) - 1
                for ( ; k >= fc; k = k - 1)
                        call putbak(evalst(k))
                }
        return
        end
```

<u>Aufgabe 8-18</u>: Ändern Sie **doincr** zur Auswertung anderer Zahlentypen.

<u>Aufgabe 8-19</u>: Integrieren Sie folgende arithmetische Funktion:

```
arith(operand1, op, operand2)
```

führt die durch **op** spezifizierte Operation über zwei (numerischen) Operanden aus. Sorgen Sie mindestens für die Operatoren + und -. Multiplikation, Division und Vergleiche sind ebenso nützlich und einfach. Was muß geändert werden, um negative Zahlen korrekt zu bearbeiten? Wandeln Sie **arith** für andere Zahlentypen ab.

<u>Aufgabe 8-20</u>: Definieren Sie einen Makro **assert**, der die bedingte Übersetzung von Annahmen über Programmvariablen bewirkt. Ist die Berücksichtigung der Annahmen eingeschaltet, so sollte

```
assert(i < j)
```

etwa folgendermaßen expandiert werden:

```
if (¬(i < j))
        call error("falsche Annahme in ...: i < j.")
```

wobei "..." ein Prozedurnamen ist, der durch den Makro **proc** bereitgestellt wird. Außerdem sind Makros wünschenswert, mit denen sich die Einbindung von Überprüfungen der Annahmen an den gewünschten Stellen ein- und ausschalten läßt.

<u>8.7 Anwendungen</u>

Nun wollen wir Makros schreiben, die eine Variante der in
unseren Programmen verwendeten Zeichenkettendeklaration
handhaben können. Angenommen

    string(name, "text")

sei eine Kurzschreibweise für

    integer name(5)
    data name(1) /LETt/
    data name(2) /LETe/
    data name(3) /LETx/
    data name(4) /LETt/
    data name(5) /EOS/

Hier besteht die Aufgabe darin, die **string**-Deklaration in ihre
ausgedehnte Form zu überführen.

Benötigt wird die Länge des **text**-Teils, deshalb beginnen wir mit
einem Makro **len**, der der Bestimmung der Länge einer Zeichenkette
dient. Das heißt, der Wert des Makroaufrufs **len(abc)** ist gleich
3, der Länge des Parameters.

Was ist allgemein die Länge einer Zeichenkette **s**? Bei leerem **s**
ist die Länge gleich null. Ansonsten ist sie um 1 größer als die
Länge der Teilzeichenkette von **s**, die man durch Abschneiden
eines Zeichens erhält. Dies ist eine rekursive Definition; eine
natürliche Form, wenn man eine rekursive Sprache zur Verfügung
hat - und wir haben dies. Lassen Sie es uns in Makros ausdrücken:

    define(len,[ifelse($1,,0,[incr(len(substr($1,2)))])])

Der Ausdruck sieht sicherlich kompliziert aus. Er ist jedoch
unter dem Aspekt der obigen rekursiven Definition leicht zu
verstehen. Es ist erlaubt und tatsächlich manchmal notwendig,
Makros durch sich selbst zu definieren. Dies funktioniert, da
die Abfrage zur Vermeidung endloser Schleifen herangezogen

werden kann. Hier wird durch den Test geprüft, ob bereits alle
Zeichen von der Zeichenkette abgetrennt wurden.

Das äußere Klammernpaar verhindert jegliche Auswertung während
des Eintragens der Definition in die Tabelle. Die innere Schicht
schützt die **incr**-Konstruktion während der Aufsammlung der
Parameter für das **ifelse**.

Nun können wir uns **string** selbst zuwenden. Es besteht aus drei
Zeilen. Zunächst berechnen wir die richtige Länge und erzeugen

    integer *Name(Länge)*

Dann folgt eine Schleife über die Zeichen zwischen den
Anführungszeichen, wobei Zeilen der folgenden Form erzeugt
werden:

    data *Name(i)* /LET*c*/

wobei <u>c</u> das <u>i</u>te Zeichen der Kette ist. Schließlich beenden wir
die Prozedur mit

    data *Name(Länge)* /EOS/

string ergibt sich als

```
define(string,[integer $1(len(substr($2,2)))
str($1,substr($2,2),0)
data $1(len(substr($2,2)))/EOS/
])
```

Die tatsächliche Länge der Kette (ohne die Anführungszeichen,
aber mit **EOS**) wird durch Aufrufe **len(substr($2,2))** bestimmt. **str**
erzeugt die **data**-Anweisungen:

```
define(str,[ifelse($2,"",,data $1(incr($3))/[LET]substr($2,1,1)/
[str($1,substr($2,2),incr($3))])])
```

Es isoliert ein Zeichen, schaltet den Index fort, erzeugt eine
Zeile und ruft sich selbst rekursiv so lange auf, bis das
abschließende Anführungszeichen erkannt ist. (Warum ist **LET**
geklammert?)

Wie Sie sehen können, ist dies nicht gerade die transparenteste
Sprache! Es bedarf einiger Übung im Umgang mit rekursiven
Schleifen. Seien Sie aber auf der Hut vor zu ausgeklügelten
Makros. Prinzipiell läßt sich mit **macro** jede Rechenaufgabe
bewerkstelligen, jedoch ist es nur zu leicht, unlesbare Makros
zu schreiben, die eher zu Kummer als zu Arbeitsersparnis führen.

Ebenso können komplizierte rekursive Makrooperationen wie **string**
äußerst langsam werden. Hier zum Beispiel eine Statistik zur
Verarbeitung zweier kurzer Zeichenketten der Länge drei und neun:

	Anzahl Aufrufe	CPU-Zeit
gettok	2793	21,7%
macro	1	11,6
puttok	1999	11,6
(gesamte E/A)	...	9,1
putchr	7700	7,5
ngetc	5977	6,4
type	5977	6,1
eval	211	5,4
lookup	648	5,0
putbak	5677	4,8
pbstr	431	3,4

Es sind recht viele Unterprogrammaufrufe nötig für so wenig
Eingabe; würden sie lediglich **string**-Makros bearbeiten, wären
sie wohl kaum akzeptabel. Glücklicherweise wird **macro** als ein
dem Sprachübersetzer vorgeschaltetes Programm hauptsächlich zum
Ersetzen eines Textes durch einen anderen, wie im Falle von
define, benutzt werden. Diese Aufgabe ist viel weniger aufwendig
und das Bearbeiten eines gelegentlich auftretenden **string**-Makros
daher noch praktikabel. Die zusätzliche Komplexität von **macro**
kostet für diese Art der Anwendung kaum mehr; **macro** braucht
weniger als 5 Prozent mehr Zeit als **define** für die gleiche
Eingabe.

Die obigen Messungen zeigen uns, an welcher Stelle es sinnvoll

wäre anzusetzen, um **macro** zu beschleunigen. Eine Möglichkeit
bestünde darin, Aufrufe von **gettok** durch **ngetc** zu ersetzen, wenn
nur ein einziges Zeichen vorkommt (beim Bearbeiten geklammerten
Textes zum Beispiel). Etwas allgemeiner: es gibt eine Reihe
kleinerer Routinen, die wir zur besseren Modularisierung
eingeführt haben. Ein Teil des Aufwandes von **macro** steckt
nämlich in den Mechanismen zum Unterprogrammaufruf, der bei
einigen Rechnern recht hoch sein kann. Ein guter Teil davon ist
vermeidbar, wenn Unterprogrammaufrufe durch Einkopieren der
Routinenkörper an den entsprechenden Stellen ersetzt werden (wir
würden das mit Hilfe von Makros tun und nicht die Körper
explizit ausschreiben!). Ganz konkret ausgedrückt: da **putchr**
praktisch nur in **puttok** aufgerufen wird, können wir **putchr** mit
geringfügigen Änderungen in **puttok** hineinverlegen. Falls Zeichen
generell aus kleinen positiven ganzen Zahlen bestehen, kann **type**
durch einen anstelle des Aufrufs verwendeten Verweis auf ein
Feld, das den Typ des entsprechenden Zeichens enthält, ersetzt
werden; dies senkt ganz erheblich die Zeit zu Bestimmen des
Zeichentyps. Und falls der **common-Block** **cdefio** allgemeiner
bekannt gemacht wird, können auch **ngetc** und **putbak** durch
einkopierte Operationen ersetzt werden.

Obwohl es großer Sorgfalt bedarf, die Klarheit des Programms zu
wahren, lohnt sich der Aufwand. Die ursprüngliche Version von
macro, geschrieben in der Programmiersprache C, wurde dadurch um
den Faktor vier beschleunigt. Ähnliche Resultate dürften auf
vielen Maschinen auch mit Fortran zu erzielen sein. Die
Vorgehensweise sollte aber stets, wie schon mehrfach erwähnt,
immer so ablaufen: Schreiben Sie ein klares Programm, das einen
angemessenen Algorithmus implementiert; messen Sie es dann, um
die Schwachstellen zu erkennen; verbessern Sie diese dann so
sauber als möglich. Anders zu beginnen, schafft mit Sicherheit
ein schwer handhabbares Durcheinander

Eine Möglichkeit, Makros schneller und verständlicher zu machen,
besteht darin, die Menge der integrierten Funktionen zu
erweitern, so daß Berechnungen wie **len** nicht in voller
Ausführlichkeit ausgeschrieben werden müssen. Hier einige
Vorschläge.

    <u>Aufgabe 8-21</u>: Integrieren Sie **len**.

Aufgabe 8-22: Integrieren Sie eine Funktion **index** analog zur
index-Funktion aus Kap.2: **index(s,c)** bezeichnet die Position
von **c** in der Zeichenkette **s** oder ist null, wenn **c** nicht in **s**
enthalten ist. Können Sie **index** mit den vorhandenen Mitteln
ausdrücken? Sollten Sie?

Aufgabe 8-23: Die Implementierung von **string** verlangt Zahlen
und Ziffern als Eingabe. Führen Sie eine Verallgemeinerung
durch, damit auch nicht-alphanumerische Zeichen auftreten
können.

Aufgabe 8-24: Schreiben Sie einen Makro **err**, der Aufrufe der
Form

```
    err("Meldung")
```

in reines Fortran

```
    call err(7, 7hMeldung)
```

umwandelt. Zusätzlich soll es möglich sein, den Namen der
aufzurufenden Routine mit der Meldung auszugeben.

Aufgabe 8-25: Ein weiterer Makro **count**, der die Auftretenshäufigkeit eines Unterprogramms zählt, soll dessen Namen bei
jedem Auftreffen auf eine vordefinierte Datei schreiben. Mit
welchen vorhandenen Werkzeugen lassen sich die Ergebnisse
eines solchen Laufs ausdrücken?

Aufgabe 8-26: Welche Änderungen wären für **macro** erforderlich,
um es in das **format**-Programm aus Kap. 7 mit aufzunehmen,
damit dieses auch über eine Makrofähigkeit verfügt?

Literaturhinweise

Man könnte noch manches mehr über Makros schreiben, als es uns hier der Platz erlaubt. <u>An Introduction to Macros</u> von M. Campbell-Kelly (American Elsevier, 1973) gibt eine kurze Diskussion mehrerer Makroprozessoren wieder. Etwas detaillierter wird die Makroverarbeitung in <u>Macro Processors and Techniques for Portable Software</u> von P.J.Brown (Wiley, 1974) besprochen.

Der PL/I Makrovorübersetzer ist ein Versuch, eine Makrosprache zu entwickeln, die grundsätzlich aussieht wie eine Übersetzersprache. Eine Diskussion darüber findet sich in verschiedenen PL/I-Lehrbüchern und Handbüchern der Hersteller. Ein Beispiel dafür ist <u>IBM System/360 PL/I Language Specification</u>, Form Y33-6003 oder auch <u>Student Text: An Introduction to the Compile-Time Facilities of PL/I</u>, Form C20-1689.

Makros sind ein wertvolles Hilfsmittel beim Erstellen "portabler" Software - das sind Programme, die sich mit weniger Mühe, als es ein komplettes Neuschreiben verursachen würde, von einer Anlage auf eine andere übertragen lassen. Ein Programm wird unter Verwendung einer bescheidenen Anzahl von Makros geschrieben, und nichts außer den Makros muß auf die spezielle Konfiguration ausgerichtet werden. Snobol ist hier wahrscheinlich das bekannteste Beispiel einer auf diese Weise implementierten Sprache. Siehe hierzu R.E.Griswold, J.F.Poage und I.P.Polonsky, <u>The Snobol4 Programming Language</u>, Prentice-Hall, 1969 oder R.E.Griswold, <u>The Macro Implementation of Snobol4</u>, Freeman, 1972. Das Buch von Brown diskutiert weitere Arbeiten aus diesem Gebiet.

Eine große Zahl von Büchern über Datenstrukturen beschäftigt sich mit der Bearbeitung von Tabellen. Wie in vielen Fällen ist eine Standard-Referenz hier D.D.Knuth´s <u>The Art of Computer Programming</u> (Addison-Wesley). Band 1 (1969) behandelt Datenstrukturen, während Band 3 (1973) Suchverfahren in großer Ausführlichkeit bespricht.

Der in diesem Kapitel behandelte Makroprozessor wurde ursprünglich von D.M.Ritchie entworfen und in der Programmiersprache C implementiert. Ihm sind wir dankbar, daß er uns hat abschreiben lassen.

9. Ein Ratfor-Fortran-Übersetzer

Alle in diesem Buch enthaltenen Programme sind in **Ratfor** geschrieben. Wir wollen Ihnen nun die Entwicklung eines Programms zur Übersetzung von Ratfor in Fortran zeigen. Außerdem möchten wir damit ein von uns ausgiebig benutztes Werkzeug beschreiben, das nach unserer Meinung von großem Wert für jeden Fortran-Benutzer ist. Wie schon in der Einleitung erwähnt, ist Fortran durchaus keine tote Sprache; sie ist weitverbreitet und hat mancherlei Vorzüge, die ihre vielfältigen Nachteile aufwiegen. Wenn man Fortran verwendet, sollte man die Sprache so wirkungsvoll wie möglich ausschöpfen.

Ein weiterer Gegenstand dieses Kapitels ist die Beschreibung eines Vorübersetzers von erheblichem Umfang. Der wesentliche Vorteil eines Vorübersetzers ist, daß eine Sprache verbessert werden kann, ohne daß ein Compiler geschrieben werden muß; man baut stattdessen auf der Arbeit anderer auf. Auch wenn Sie vielleicht Ratfor selbst nicht brauchen, ist es wichtig zu beachten, daß es oft möglich ist, eine komfortable Schnittstelle zu irgendeinem Teil der Software zu erstellen oder fehlende Merkmale hinzuzufügen, indem man ein relativ kleines Zwischenprogramm entwickelt. Entwurf und Aufbau von Ratfor sollten Anregungen für ähnliche Werkzeuge geben.

Ratfor soll in der Hauptsache Fortran als Programmiersprache verbessern sowohl bezüglich der Schreibweise als auch der Kommentare, indem es gut lesbare und strukturierte Programme zuläßt und dazu ermutigt. Dies wird durch in einfachem Fortran nicht verfügbare Kontrollstrukturen ermöglicht, wie auch durch "kosmetische" Verbesserungen der Sprache.

Die hier behandelten Kontrollflußstrukturen sind **if-else, while,**

do, **break**, **next** sowie geklammerte Anweisungsfolgen. Die Anweisungen **for** und **repeat-until** heben wir für die Übungsaufgaben auf. Diese Strukturen sind für die Programmierung ohne **goto**'s völlig adäquat und ausreichend komfortabel. Sie werden bemerkt haben, daß in keinem unserer Ratfor-Programme ein **goto** auftritt - wir wollen dies jedoch nicht zum Dogma machen. Wir fühlten uns durch dieses Prinzip in keiner Weise eingeschränkt; man benötigt bei einer vernünftigen Sprache und etwas Sorgfalt beim Programmieren kaum **goto**'s.

Beim Entwurf von Ratfor wurde auch Wert darauf gelegt, daß es auf den ersten Blick knapp und ansprechend wirkt. Es ist nicht an eine bestimmte Form gebunden, d.h., Anweisungen dürfen an beliebiger Position einer Eingabezeile stehen. Die Zeilenende-Markierung bedeutet i.a. auch das Ende einer Anweisung, jedoch werden offensichtlich nicht abgeschlossene Zeilen wie z.B. erweiterte Bedingungen innerhalb einer **if**- oder **while**-Anweisung sowie durch ein Komma beendete Zeilen automatisch in der nächsten Zeile fortgesetzt. Mehrfachanweisungen können, durch Semikolon getrennt, in einer Zeile stehen, obwohl wir Sie zu dieser Praxis nicht ermutigen. Die Kommentareinleitung #, die in der Zeile den Beginn eines Kommentars anzeigt, unterstützt die Möglichkeit von nicht allzu ausschweifenden Randbemerkungen. In Hochkommas eingeschlossene Zeichenketten werden für altmodische Fortran-Compiler in n h's umgewandelt, so daß der Programmierer sich nicht mit dem Zählen von Zeichen abgeben muß. Notationen wie > übermitteln die Bedeutung einer Anweisung schneller als eine entsprechende Bezeichnung wie **.gt.**

Sicher ist Fortran auch in manch anderer Hinsicht unzulänglich - nicht nur was die Kontrollanweisungen und die äußere Form betrifft. Wie Sie am Beispiel unserer Programme sehen, können die verfügbaren (bzw. nicht verfügbaren) Datenstrukturen den Programmiervorgang ernsthaft komplizieren. Unser Vorübersetzer versucht nicht, diese Schwachstellen auszugleichen, wenngleich eine kompliziertere Version dies könnte. Jedoch soll ja Ratfor keine vollständige neue Programmiersprache darstellen, sondern lediglich die schlimmsten Unzulänglichkeiten von Fortran überwinden helfen, indem es Fortran in eine zur Erläuterung und Programmierung geeignete Sprache umwandelt.

Es existieren einige andere weit verbreitete Fortran-Vorüberset-

zer. Obwohl sie oberflächlich Unterschiede aufweisen, besitzen
sie doch meistens die Fähigkeiten, die Ratfor bietet. Sollten
Sie einen solchen Vorübersetzer zur Verfügung haben, gebrauchen
Sie ihn auf jeden Fall - der Nutzen eines jeden Vorübersetzers
ist ungeheuer.

9.1 Organisation

Eine geeignete Lösung zur Beschreibung einer Programmiersprache
ist die Backus-Naur-Form (BNF); sie besteht in der formalen
Spezifikation der Grammatik einer Sprache, d.h. der Menge der
Regeln, nach denen ein syntaktisch korrektes Programm in einer
Sprache geschrieben bzw. erkannt wird. Die Beschreibung einer
Sprache mit Hilfe einer Grammatik anstatt einer nicht-formalen
Beschreibung weist verschiedene Vorteile auf. Die Sprachspezifi-
kation kann auf diese Weise ziemlich präzise durchgeführt
werden, da die Unbestimmtheit und Uneindeutigkeit einer
natürlichsprachlichen Beschreibung vermieden wird. Darüberhinaus
kann ein Programm, ein sog. Compiler-Compiler, eine gegebene
Grammatik verwenden, um ein Programm zu erstellen, das in dieser
Sprache geschriebene Programme analysiert. Eine solche
Automation ist bei umfangreichen, komplizierten Sprachen zur
Generierung zuverlässiger und leicht modifizierbarer Zerteiler
unabdingbar. Dadurch erhöht sich die Qualität eines Übersetzers,
denn der Zerteiler ist das Herz eines jeden Übersetzers.

Glücklicherweise ist die Ratfor-Grammatik klein und einfach
genug, so daß sich ein Compiler-Compiler tatsächlich erübrigt,
obwohl Ratfor anfangs mit einem solchen implementiert wurde. Auf
jeden Fall werden wir die folgende Grammatik zur Spezifikation
von Ratfor verwenden.

```
Programm    : Anweisung
            | Programm Anweisung
Anweisung   : if (Bedingung) Anweisung
            | if (Bedingung) Anweisung else Anweisung
            | while (Bedingung) Anweisung
            | for (initialisieren;Bedingung;Fortschalten)Anweisung
            | repeat Anweisung
            | repeat Anweisung until (Bedingung)
            | do Laufgrenzen Anweisung
            | Ziffern Anweisung
            | break
            | next
            | {Programm}
            | other
```

Die ersten beiden Zeilen besagen, daß ein <u>Programm</u> eine <u>Anweisung</u> ist bzw. ein <u>Programm</u> gefolgt von einer <u>Anweisung</u>. I.a.W. ein Programm besteht aus einer oder mehreren Anweisungen. Eine <u>Anweisung</u> wiederum ist eines aus einer Reihe von Sprachelementen; der Längsstrich | leitet eine Auswahl von Alternativen ein. Die meisten Anweisungen sind einfach, indem sie für ein bestimmtes Schlüsselwort stehen.

Eine Anweisung kann beispielsweise aus dem Schlüsselwort **if**, gefolgt von einer geklammerten <u>Bedingung</u> und einer <u>Anweisung</u>, bestehen. (Die Definition ist rekursiv wie in der Definition von <u>Programm</u>.) Wo immer eine einzelne Anweisung stehen kann, darf auch eine Gruppe von Anweisungen in Klammern verwendet werden, aufgrund der Regel

```
Anweisung   : {Programm}
```

Wir bevorzugen Klammern, da diese benutzerfreundlicher als die gebräuchlicheren Bezeichnungen **begin-end** oder **do-end** sind. Einrückungen verdeutlichen die Struktur eher als lange Schlüsselwörter. Falls Sie jedoch über einen beschränkten Zeichensatz verfügen, würden Sie vielleicht eine andere Wahl treffen; die Übungsaufgaben schlagen einige andere Möglichkeiten vor.

<u>digits</u> bezeichnet eine Kette von <u>Ziffern</u>, welche die Nummer oder Marke einer Standard Fortran-Anweisung darstellt. Obwohl diese verhältnismäßig selten in Ratfor-Programmen vorkommen, muß die

Grammatik sie vorsehen.

next ist eine von keinem unserer Programme benutzten Anweisungen,
obwohl sie für andere Anwendungen nützlich ist. Im Gegensatz zur
break-Anweisung verläßt **next** die Schleife nicht, sondern bewirkt
die nächste Iteration der Schleife zum Anfang. In einer **while-**,
repeat- oder **do**-Anweisung springt sie sofort zum Bedingungsteil,
in einer **for**-Anweisung zur Fortschaltungs-Stufe.

Der letzte Grammatik-Typ ist **other**, das alles bezeichnet, was
als keiner der bisherigen Typen erkannt wurde. Diese Kategorie
schließt tatsächlich den größten Teil von Fortran ein. Z.B. ist
die Anweisung

    i = 1

kein **if** oder **else** und auch nichts anderes, was Ratfor erkennen
kann, und fällt somit unter **other**.

Der Typ **other** ist eine wichtige Vereinfachung dahingehend, daß
Ratfor nicht viel Kenntnis von Fortran haben muß. Tritt eine
Anweisung auf, die nicht mit einem der Schlüsselwörter beginnt
(oder einer Ziffer, einer öffnenden Klammer), muß sie vom Typ
other sein; eine Verarbeitung ist dann nicht notwendig. Diese
Vereinfachung geht allerdings auf Kosten der Fehlerentdeckung
von Ratfor, die mit einer umfangreicheren Grammatik besser sein
könnte. Jedoch ist dies kein schwerwiegender Mangel, da wir ja
nach Fortran übersetzen und Fortran-Übersetzer durchaus in der
Lage sind, Syntaxfehler zu entdecken, die dem Vorübersetzer
entgangen sind.

Grundsätzlich ist jede grammatikalische Regel mit einer
semantischen Tätigkeit verbunden, die bei Erkennung einer
bestimmten Konstruktion in dem zu übersetzenden Programm die
Ausführung einer Tätigkeit bestimmt. In Ratfor sind diese
semantischen Tätigkeiten normalerweise sehr einfach, sie
bewirken die Neuformatierung des ankommenden Textes und fügen
gelegentlich **if-**, **goto-** und **continue**-Anweisungen ein, um die
Kontrollflußanweisungen zu übersetzen.

Der Vorübersetzer ist wie folgt organisiert. Die oberste Ebene besteht aus einer Steuerroutine, genannt <u>Zerteiler</u> (engl.: parser), da sie durch Analysieren der grammatikalischen Struktur der jeweiligen Eingabe den Programmfluß steuert.

Wenn beispielsweise ein **if** erkannt wird, ruft der Zerteiler die für **if**-Anweisungen zuständige Routine auf. Diese Routine wiederum isoliert den Bedingungsteil und leitet den Test ein, eine semantische Tätigkeit. Der Zerteiler muß sich das Auftreten eines **if** auch merken, so daß bei Erreichen des Anweisungsteils das korrekte Programm zur Beendigung von **if** erzeugt werden kann. Das kann auch die Verarbeitung eines evtl. vorhandenen **else** einschließen. Außerdem ist der ganze Vorgang rekursiv, wie das in BNF durch eine verschachtelte Konstruktion wie die folgende ausgedrückt wird:

```
for(i = 1; i >= n; i = i + 1)
     for (j = 1; j >= n; j = j + 1)
          if (m(i,j) < 0)
               m(i,j) = -1
```

Am Anfang jeder Anweisung ruft der Zerteiler eine Routine für "lexikalische Analyse" auf, um die Anweisung in einen in der Grammatik spezifizierten Typ zu klassifizieren. Die lexikalische Analyse ruft wiederum ein Unterprogramm auf, um das erste Symbol der Anweisung zu ermitteln, welches den Anweisungstyp bestimmt. Sobald die Anweisung klassifiziert ist, ruft der Zerteiler die entsprechende Routine zur Codeerzeugung auf. Einige solcher Routinen gebrauchen auch die Routine zur Auffindung der Symbole, um weitere Teile der zu verarbeitenden Anweisung zu lesen.

Wir beginnen mit der Beschreibung der Programme für die lexikalische Analyse und Symbolbehandlung, da diese im wesentlichen von allen anderen unabhängig sind. Dies erleichtert die Erklärung des Zerteilers und der Codeerzeugung.

Die Symbole in Ratfor entsprechen denen von **define** und **macro** aus
Kap. 8, zuzüglich von in Hochkommas gesetzten Zeichenketten.
gettok zerlegt die Eingabe in alphanumerische Ketten, in
Hochkommas eingeschlossene Zeichenketten sowie einzelne
nicht-alphanumerische Zeichen; es zieht ferner Leerzeichen,
Tabulatorzeichen und Kommentare heraus, die die Symbole
voneinander trennen. (Leerzeichen sind vernachlässigbar, da in
Fortran-Progammen ohne Bedeutung. Dies ist einer der Fälle, wo
sich die Großzügigkeit, die Fortran-Programme bieten, als
Vorteil und Erleichterung auf Ratfor-Aufgaben auswirkt.) **gettok**
gibt ein **ALPHA** zurück, falls eine alphanumerische Kette erkannt
wurde; sonst wird ein einzelnes nicht-alphanumerisches Zeichen
zurückgegeben.

```
#gettok- Symbol für Rator beschaffen
   character function gettok(lexstr, toksiz)
   character ngetc, type
   integer i, toksiz
   character c, lexstr(toksiz)
   include cline

   while (ngetc(c) ¬= EOF)
      if (c ¬= BLANK & c ¬= TAB)
         break
   call putbak(c)
   for (i = 1; i < toksiz-1; i = i+1) {
      gettok = type(ngetc(lexstr(i)))
      if (gettok ¬= LETTER & gettok ¬= DIGIT)
         break
      }
   if (i >= toksiz-1)
      call synerr("Symbol zu lang.")
   if (i > 1) {                    #alphb. Zeichen entdeckt
      call putbak(lexstr(i)) #eins zu weit gegangen
      lexstr(i) = EOS
      gettok = ALPHA
      }
   else if (lexstr(1) == SQUOTE | lexstr(1) == DQUOTE) {
      for (i=2; ngetc(lexstr(i)) ¬= lexstr(1); i = i+1)
         if (lexstr(i) == NEWLINE | i >= toksiz-1) {
            call synerr("Anführungszeichen fehlt.")
            lexstr(i) = lexstr(1)
            call putbak(NEWLINE)
            break
            }
      }
   else if (lexstr(1) == SHARP) { #Kommentare weglassen
         while (ngetc(lexstr(1)) ¬= NEWLINE)
            ;
         gettok = NEWLINE
         }
   lexstr(i+1) = EOS
   if (lexstr(1) == NEWLINE)
         linect = linect + 1
   return
   end
```

Auch **gettok** verwendet dieselben Ein/Ausgabe-Routinen wie sie
schon für **define** und **macro** in Kap. 8 geschrieben wurden: **putbak**
gibt ein Zeichen zurück an die Eingabe; **ngetc** liest ein Zeichen
von der Eingabe, einschließlich der zurückgeschobenen Zeichen.
type kennen wir aus Kap. 4; es gibt entweder LETTER oder DIGIT
zurück, je nachdem ob sein Parameter aus einem Buchstaben oder
einer Ziffer besteht, oder aber bei einem nicht-alphanumerischen
Parameter das betreffende Zeichen.

Aus Sicherheitsgründen dürfen in Hochkommas gesetzte Zeichenketten eine Zeilenbegrenzung nicht überschreiten. Wird innerhalb von Hochkommas ein Zeilenende erkannt, wird dies fast immer als Fehler interpretiert; wird dieser Fehler nicht behoben, kann dadurch das gesamte Programm auf den Kopf gestellt werden. Würden wir **NEWLINE**'s innerhalb solcher Zeichenketten zulassen, könnte zwar **gettok** weniger kompliziert sein, jedoch verschwände damit eine wertvolle Fehlerprüfung, und andere Programmteile müßten bei der Überprüfung _ihrer_ Daten viel sorgfältiger vorgehen. Es ist am besten, potentielle Fehlerquellen so früh wie möglich auszuschalten.

Da **gettok** zur Unterteilung der Symbole Leerzeichen verwendet, muß die Bedeutung von Leerzeichen in Ratfor im Gegensatz zu Fortran beachtet werden. Schlüsselwörter wie **if** dürfen keine Leerzeichen enthalten, da sie sonst nicht erkannt werden. Obwohl Fortran Leerzeichen im wesentlichen überall ignoriert, wird diese Freiheit häufiger mißbraucht als genutzt. Sicher können wir auf die zusätzliche Komplexität durch eingebettete Leerzeichen in Ratfor-Schlüsselwörtern verzichten.

synerr wird an verschiedenen Stellen zur Meldung von syntaktischen Fehlern aufgerufen; in **gettok** trat es zweimal auf. **gettok** und **synerr** haben ein Datenelement gemeinsam, nämlich **linect** zum Zählen der Zeilen, so daß in der Eingabe die Position von fehlerhaften Zeilen ermittelt werden kann. **linect** wird über den **common**-Block **cline** übergeben. Auch wenn **gettok** und **synerr** die einzigen Routinen sind, die auf diesen Datenbereich zugreifen, ist ein **common**-Block nötig, da sonst fast jede Routine von der Zeilennummer Kenntnis haben müßte, damit diese jederzeit zur Verfügung steht. In diesem Fall erweist sich hinsichtlich der Reduzierung des gesamten Datenzugriffs in einem Programm eine verborgene Datenkommunikation als Vorteil.

```
    common /cline/ linect
      integer linect    #Zeilenzähler für Eingabedatei; init = 1
```

synerr sieht folgendermaßen aus:

```
#synerr - Ratfor Syntaxfehler melden
      subroutine synerr(msg)
      character lc(MAXLINE), msg(MAXLINE)
      integer itoc
      integer junk
      include cline

      call remark("Fehler in Zeile.")
      junk = itoc(linect, lc, MAXLINE)
      call putlin(lc, ERROUT)
      call putch(COLON, ERROUT)
      call remark(msg)
      return
      end
```

Die Routine **itoc** wandelt die Zeilennummer in eine für die Ausgabe geeignete Zeichenkette um.

In Fortran ist die lexikalische Analyse schwierig, in Ratfor hingegen leicht. Zu identifizieren sind nur die folgenden Typen: Literale wie Strichpunkte und geschweifte Klammern, Schlüsselwörter wie **if** und **else**, Marken (alle Ziffern), oder nicht erkannte Symbole. Für diese Identifikation sorgt **lex**:

```
#lex - lexikalischen Typ des Symbols bestimmen
      integer function lex(lexstr)
      character gettok
      character lexstr(MAXTOK)
      integer alldig, lookup
      integer ltype(2)

      while (gettok(lexstr, MAXTOK) == NEWLINE)
            ;
      lex = lexstr(1)
      if (lex ==EOF | lex ==SEMICOL | lex ==LBRACE | lex ==RBRACE)
          return
      if (alldig(lexstr) == YES)
          lex = LEXDIGITS
      else if (lookup(lexstr, ltype) == YES)
          lex = ltype(1)
      else
          lex = LEXOTHER
      return
      end
```

Zunächst werden Leerzeilen eliminiert. Ist das erste Symbol ein Semikolon, eine Klammer oder **EOF**, so wird es selbst als lexikalischer Wert zurückgegeben. Falls das Symbol nur Ziffern

enthält, muß es eine Fortran-Marke sein, da es in der Anweisung
das _erste_ auftretende Symbol ist. Bei typischen Ratfor-Programmen
erscheinen Marken nur in **format**-Anweisungen, obwohl sie bei
jeder Anweisung akzeptiert werden. Der für eine Marke
zurückgegebene Wert ist **LEXDIGITS**.

Besteht das Symbol nicht aus einer Marke, wird die Schlüsselwort-
Tabelle mit **if**, **else** etc. danach durchsucht. Wird es gefunden,
gibt **lex** den entsprechenden Schlüsselwort-Typ zurück,
andernfalls den Wert **LEXOTHER**. Die Routine **lookup** zum
Durchsuchen der Tabelle kennen wir aus Kap. 8. Der Zerteiler
initialisiert die Symboltabelle mit den Namen der Schlüsselwörter
und Typwerten, die von **lex** zurückgegeben werden. Die Typen
bestehen aus Ketten von Einzelzeichen mit den Werten **LEXIF**,
LEXDO etc. und werden in **ltype** ausgegeben (**ltype** muß ein
zweielementiges Feld sein, um den Typ und ein **EOS** aufzunehmen).
Die Typen müssen von **EOF**, Semikolon und Klammern wohlunterschieden sein, da diese auch von **lex** zurückgegeben werden; ansonsten
gibt es keine Beschränkungen.

alldig prüft, ob eine Zeichenkette nur Ziffern enthält:

```
#alldig - ergibt YES, wenn str nur aus Ziffern besteht
        integer function alldig(str)
        character type
        character str(ARB)
        integer i

        alldig = NO
        if (str(1) == EOS)
                return
        for (i = 1; str(i) ¬= EOS; i = i + 1)
                if (type(str(i)) ¬= DIGIT)
                        return
        alldig = YES
        return
        end
```

<u>9.3 Regeln zur Codeerzeugung</u>

In Kap. 1 haben wir angedeutet, wie die Ratfor Kontrollflußanweisungen mechanisch in Fortran übersetzt werden könnten. Hier wollen wir dies genauer beschreiben.

if-<u>Anweisung</u>:

Die Übersetzung von

    if *(Bedingung) Anweisung*

wird zu

    if *(Bedingung* nicht wahr*)* umgehe *Anweisung*

Wenn also ein **if** erkannt wird, müssen wir

    den <u>Bedingungsteil</u> isolieren
    eine eindeutige Marke L generieren und festschreiben
    "**if** (.**not.** (Bedingung)) **goto** L" ausgeben.

(In Fortran kehrt die Konstruktion

    .not. *(Bedingung)*

den Wahrheitswert der Bedingung um.) Ist das Ende der auf das **if** folgenden Anweisung erreicht, gibt es zwei Möglichkeiten. Folgt kein **else,** so brauchen wir nur

    L   continue

auszugeben. Tritt jedoch ein **else** auf, muß eine neue Marke L1 erzeugt werden und

        goto L1
    L   continue

ausgegeben werden, um den **else**-Teil zu überspringen. Nach den folgenden Anweisungen des **else**-Teils muß

    L1   continue

ausgegeben werden, um die **if-else-**Konstruktion zu beenden.
Zusammengefaßt sieht die Codeerzeugung für

```
    if (Bedingung) Anweisung
```

so aus:

```
        if (.not.(Bedingung)) goto L
            Anweisung
    L       continue
```

Für

```
    if (Bedingung) Anweisung 1 else Anweisung 2
```

lautet der Code:

```
        if (.not.(Bedingung )) goto L
            Anweisung 1
            goto L1
    L       continue
            Anweisung 2
    L1      continue
```

Da Marken in dem Sinne frei sind, als zulässige Anweisungsnummern
in keinem Programm je ausgehen, ist die einfachste Lösung, <u>immer</u>
zwei aufeinanderfolgende Bezeichnungen bei Auftreten eines **if** zu
generieren: **L1** ergibt sich einfach aus **L+1**. Sollte sich eine der
beiden Marken als unnötig herausstellen, da kein **else** existiert,
macht das gar nichts. Aufgrund der Kenntnis, daß die Marken
immer **L** und **L+1** sind, brauchen wir uns nur die eine Marke zu
merken; die andere Marke ergibt sich durch Erhöhung um 1.

do-<u>Anweisung</u>:

Die Ratfor **do-**Anweisung ist ein Fortran **do** ohne Marke. Beim
Erkennen von **do,**

    isolieren wir die Laufgrenzen
    erzeugen eine Marke **L**
    und geben **"do L Laufgrenzen"** aus.

Nach der letzten zu **do** gehörenden Anweisung geben wir

```
    L       continue
```

aus.

Somit wird die Ratfor-Anweisung

    do *Laufgrenzen   Anweisung*

übersetzt in:

        do L *Laufgrenzen*
            Anweisung
    L   continue
    L+1   continue

Das zweite **continue** wird erzeugt im Fall, daß die Schleife eine
break-Anweisung enthält; **break** erzeugt

    goto L+1

während **next**

    goto L

erzeugt. In diesem Fall erzeugen wir das zweite **continue**, ohne
darauf zu achten, ob ein **break** auftritt; der Aufwand der
Überprüfung ist zu groß. Um die Codeerzeugung zu erleichtern,
nutzen wir die Tatsache aus, daß Fortran-Übersetzer normalerweise
im Umgang it **continue**´s, auf die nicht Bezug genommen wird,
korrekt reagieren.

while-<u>Anweisung</u>:

Die **while**-Anweisung ist eine offensichtliche Verbindung von **if**
und **do**. Der Code für

    while (*Bedingung*) *Anweisung*

ist

            continue
    L   if (.not.(*Bedingung*)) goto L+1
                Anweisung
                goto L
    L+1   continue

L+1 dient auch als Marke für **break**; **next**-Anweisungen gehen nur
nach **L**. Das **continue** vor dem **if** steht für den unwahrscheinlichen
Fall, daß **while** mit einer Marke versehen ist, z.B. bei

    10   while (i > 0) ...

In diesem Fall setzt Ratfor die Ziffer 10 als Anweisungsnummer der ersten für **while** erzeugten Anweisung, in diesem Fall **continue**. Eine solche Marke sollte in Ratfor selten vorkommen, doch ist es das Prinzip guten Entwurfs, daß alles, was sinnvoll ist, auch zulässig sein muß.

Marken und andere Symbole:

Wird eine Marke erkannt (lexikalischer Typ **LEXDIGITS**), wird sie, beginnend mit Spalte 1, ausgegeben, wobei genügend Leerzeichen folgen, so daß das nächste Zeichen in Spalte 7, der Standard-Anfangsposition einer Fortran-Anweisung, auftritt. Eingabe vom Typ **LEXOTHER** wird nur von der Eingabe auf die Ausgabe kopiert - mit entsprechender Formatierung, um den Forderungen von Fortran nachzukommen; normalerweise steht der Text zwischen den Spalten 7 und 72.

Wie Sie sehen, erfolgt die Codeerzeugung für Ratfor schrittweise; es wird keine Optimierung der Sonderfälle vorgenommen. Ein gutes Beispiel dafür ist die **if**-Anweisung.

Der für

```
if (Bedingung) Anweisung
```

(ohne **else**) generierte Code ist <u>immer</u>

```
        if (.not.(Bedingung )) goto L
            Anweisung
L       continue
```

Dies gilt auch für den Fall, daß <u>Anweisung</u> eine einzelne Fortran-Konstruktion ist, die nicht übersetzt werden muß, wie z.B.

```
if (Bedingung) return
```

Dies ist eine sinnvolle Vorgehensweise, da sich gezeigt hat, daß unter den meisten Umständen eine "Optimierung" vernachlässigbar ist. Für alle von uns verwendeten Compiler bestand der ganze zusätzliche Aufwand in einem unnötigen **goto**, was sich auf die Laufzeit unerheblich auswirkte. Denn das Herumbasteln am Code

rentiert sich in den seltensten Fällen. (Bevor Sie etwas
erweitern, messen Sie es!) Die weitaus wirkungsvollste Art und
Weise der Leistungsverbesserung sind Änderungen an Algorithmus
und Datenstruktur.

Wir wollen jedoch nicht verschweigen, daß diese höchst einfache
Codeerzeugung eine Schattenseite hat. Einige wenige Konstruktio-
nen können Warnmeldungen vom Fortran-Compiler verursachen. Der
Code für

```
if (Bedingung)
      return
else
      a = b
```

ist

```
      if (.not.(Bedingung )) goto L
      return
            goto L+1
L     continue
            a = b
L+1   continue
```

Einige Compiler sind so gründlich, die Erreichbarkeit aller
Anweisungen zu prüfen, wobei im obigen Beispiel das **goto** L+1
nicht erreichbar ist und deshalb eine Warnung erzeugt wird.
Dieselbe Meldung würde ausgegeben, wenn man **return** durch **break**,
next, goto oder **stop** ersetzt.

Es gibt eine eifache Lösung: Lassen Sie **else** weg. Streng
genommen ist es unnötig und verantwortlich für die Erzeugung von
nicht erreichbarem Code. Trotzdem ist dies bedauerlich, denn
damit ist der Gebrauch einer wichtigen Standardform nicht mehr
möglich, außerdem wird die Lesbarkeit beeinträchtigt. Immer wenn
ein **else** vorkommt, <u>wissen</u> wir, daß von zwei Anweisungen nur eine
ausgeführt wird. Hingegen bewirkt ein **if**, gefolgt von einer
zweiten Anweisung, daß diese zweite Anweisung ausgeführt <u>wird</u>.
Im Kontext sieht es vielleicht gar nicht so aus, doch täuscht in
diesem Fall die äußere Form.

Wann immer möglich, gebrauchten wir im ganzen Buch **else**- und
else if-Anweisungen, um zu betonen, daß nur eine aus einer Menge

von Anweisungen ausgeführt werden soll. Aber wir haben die
else-Anweisung in solchen Situationen vermieden, wo nicht
erreichbarer Code erzeugt werden könnte, um die Programme
möglichst portabel zu halten.

<u>Aufgabe 9-1</u>: Warum ist es nicht korrekt, jeder Marke ein
continue folgen zu lassen?
(Hinweis: Welche Fortran-Anweisung hat immer eine Marke   und
ist doch nicht ausführbar?)

9.4 Zerteilen

Der Vorgang des Zerteilens soll sicherstellen, daß die
Operationen zur Codeerzeugung zum richtigen Zeitpunkt mit den
richtigen Werten ausgeführt werden. Dieser Vorgang ist
folgendermaßen organisiert: Ist der Anfang einer Anweisung (**if**,
else, **while**, **do**, öffnende Klammer, Ziffer) erkannt, wird der
entsprechende Typ auf einen Keller geschoben und die Generie-
rungsroutine für diesen Typ aufgerufen, falls vorhanden (z.B.
wird bei Erkennen eines **if** die Routine **ifcode** aufgerufen). Die
Routinen für die Schlüsselwörter **if**, **do** und **while** erzeugen eine
einheitliche Marke und geben diese zurück; die Marke wird
außerdem auf einen parallelen Keller von Markenwerten geschoben.

Trifft der Zerteiler auf das Ende einer Anweisung (die Typen
other, **break**, **next**, schließende Klammer und Semikolon), wird
wiederum, falls vorhanden, eine entsprechende Routine zur
Codeerzeugung aufgerufen. Nachdem der Zerteiler das Ende einer
Anweisung gefunden hat, lassen sich eventuell ein oder mehrere
Einträge aus dem Keller entfernen. Im Beispiel

```
    if (a)
        if (b)
            i = i + 1
    j = j + 1
```

wurde **i=i+1** erreicht (vom Typ **other**), so können beide
gekellerten **if**´s entfernt werden; da kein **else** folgt, sind beide
if-Anweisungen abgeschlossen.

Zwar ist die Zerteilerroutine der weitaus schwierigste Teil des
Programms, die allgemeine Struktur ist jedoch sehr einfach.

```
while (Symbol ¬= EOF)
        if (Symbol == if, else, while, do, linke Klammer, digits) {
                entsprechende Codegenerierung durchführen
                Symboltyp und von Generierung erhaltene Marke kellern
                }
        else {
                Codegenerierung für entsprechenden Typ durchführen
                  (muß other, break, next, Semicolon oder
                   rechte Klammer sein)
                while (Keller nicht leer) {
                        if (stack == linke Klammer)
                                break
                        if (stack == IF & nächstes Symbol == ELSE)
                                break
                        Codegenerierung für Rest des gekellerten Typs
                        auskellern
                        }
                }
```

Abgesehen von einigen Maßnahmen gegen ungültige Eingabe besteht
die Hauptschwierigkeit darin, daß wir ein Symbol voraussehen
müssen, um zu prüfen, ob mit einem **if** ein **else** verbunden ist.
Betrachten Sie die folgende Konstruktion

```
if (a)
        if (b)
                c
        else
                d
```

Zu welchem **if** gehört hier das **else**? Wie in vielen anderen
Sprachen ist dies auch in Ratfor uneindeutig; logisch wären
beide Möglichkeiten. Wir wählten die weitgehend gebräuchliche
und nützlichere Interpretation, **else** dem letzten vorausgehenden
if "ohne **else**" zuzuordnen. Wenn also ein **if** oben auf dem Keller
liegt und der nächste Eintrag ein **else** ist, darf der Zerteiler
den Keller nicht weiter entleeren, sondern vielmehr das **else**
kellern und später **if** und **else** zusammen entfernen.

Als Beispiel für den Zerteilvorgang übersetzen wir die Eingabe

```
if (a) {
        if (b)
               c
        while (d)
               e
        }
else
        f
g
```

Zunächst wird

```
        if (.not.(a)) goto L1
```

erzeugt, wobei ein **if** auf Kellerposition 1 zusammen mit der erzeugten Marke **L1** geschoben wird; die öffnende Klammer wird auf Position 2 gekellert, ein weiteres **if** auf Position 3 und

```
        if (.not.(b)) goto L2
```

erzeugt. **c** wird gefunden; nach der Erzeugung von **c**

```
        c
```

ist oben auf dem Keller ein **if**, das nächste Symbol ist ein **while**, so daß **if** entfernt werden kann und

```
    L2      continue
```

erzeugt wird. Nun sind wir bei Kellerposition 2, oben steht eine öffnende Klammer. **while** wird auf Position 3 gekellert und der Code für den Beginn von **while** wird ausgegeben:

```
        continue
    L3      if (.not.(d)) goto L3+1
```

Sobald **e** gefunden ist, wird auch dieses ausgegeben:

```
        e
```

Danach kann **while** aus dem Keller entfernt und der Code für die Beendigung der Fallunterscheidung

```
        goto L3
    L3+1    continue
```

erzeugt werden. Damit bleibt eine öffnende Klammer auf
Kellerposition 2 und die schließende Klammer als nächste
Eingabe. Die öffnende Klammer wird vom Keller entfernt. Dann
existiert noch ein **if** auf Kellerposition 1 und das **else** wird von
der Eingabe auf Kellerposition 2 geschoben, woraus sich der Code

```
        goto L1+1
    L1    continue
```

ergibt. Nachdem **f** ausgegeben wurde

```
        f
```

enthält der Keller noch ein **else**, so daß zwei Elemente — **else**
und **if** — entkellert werden und schließlich

```
    L1+1    continue
```

ausgegeben wird. Zuletzt wird

```
        g
```

erzeugt.

Es ist wichtig, einige solcher manuellen Simulationen
durchzuführen, um sicher zu sein, daß der Mechanismus im Prinzip
seine Funktion erfüllt, und um darüberhinaus das eigene
Verständnis dieser Funktion zu gewährleisten.

Nun sind wir in der Lage, das Programm **parse** für den Zerteiler
vorzustellen. Auf den ersten Blick ist dies eine umfangreiche
Routine, hält sich jedoch eng an den oben beschriebenen Entwurf.

```
#parse - Ratfor Quellprogramm für Zerteiler
      subroutine parse
      character lexstr(MAXTOK)
      integer lex
      integer lab, labval(MAXSTACK); lextyp(MAXSTACK), sp, token

      call initkw      #Schlüsselwörter in Tabelle eintragen
      sp = 1
      lextyp(1) = EOF
      for (token = lex(lexstr); token ¬= EOF; token = lex(lexstr)) {
         if (token == LEXIF)
              call ifcode(lab)
         else if (token == LEXDO)
              call docode(lab)
         else if (token == LEXWHILE)
              call whilec(lab)
         else if (token == LEXDIGITS)
              call labelc(lexstr)
         else if (token == LEXELSE)
              if (lextyp(sp) == LEXIF)
                   call elseif(labval(sp))
              else
                   call synerr("unzulässiges else.")
              }
         if (token == LEXIF | token == LEXELSE | token == LEXWHILE
           | token == LEXDO | token == LEXDIGITS | token == LBRACE){
            sp = sp + 1              #Anfang der Anweisung
            if (sp > MAXSTACK)
                 call error("Kellerüberlauf im Zerteiler.")
            lextyp(sp) = token    #Typ und Wert kellern
            labval(sp) = lab
            }
         else {    #Ende der Anweisung - vorbereiten zum Auskellern
            if (token == RBRACE) {
                 if (lextyp(sp) == LBRACE)
                     sp = sp - 1
                 else
                     call synerr("unzulässige rechte Klammer.")
                 }
            else if (token == LEXOTHER)
                 call otherc(lexstr)
            else if (token == LEXBREAK | token == LEXNEXT)
                 call brknxt(sp, lextyp, labval, token)
            token = lex(lexstr)  #nächstes Symbol ansehen
            call pbstr(lexstr)
            call unstak(sp, lextyp, labval, token)
            }
         }
      if (sp ¬= 1)
         call synerr("unerwartetes EOF.")
      return
      end
```

initkw trägt die Schlüsselwörter - unter Verwendung von **instal**
wie bei **define** - in eine Tabelle ein, wo sie später nachgeschlagen werden können.

Falls das von **lex** zurückgegebene Symbol den Anfang einer
Anweisung bezeichnet, wird – wie schon erwähnt – die entsprechende Routine zur Codeerzeugung aufgerufen. Der Typ und evtl.
erzeugte Marken werden gekellert. Wir werden in Kürze auf die
Routinen zur Codeerzeugung zurückkommen.

Bezeichnet das Eingabesymbol das Ende einer Anweisung, wird der
entsprechende Code ausgegeben und danach soweit wie möglich
entkellert. Dafür ist **unstak** zuständig.

```
#unstak – am Anweisungsende auskellern
      subroutine unstak(sp, lextyp, labval, token)
      integer labval(MAXSTACK), lextyp(MAXSTACK), sp, token

      for ( ; sp > 1; sp = sp - 1) {
            if (lextyp(sp) == LBRACE)
                  break
            if (lextyp(sp) == LEXIF & token == LEXELSE)
                  break
            if (lextyp(sp) == LEXIF)
                  call outcon(labval(sp))
            else if (lextyp(sp) == LEXELSE) {
                  if (sp > 2)
                        sp = sp - 1
                  call outcon(labval(sp) + 1)
                  }
            else if (lextyp(sp) == LEXDO)
                  call dostat(labval(sp))
            else if (lextyp(sp) == LEXWHILE)
                  call whiles(labval(sp))
            }
      return
      end
```

Nach dem Aufruf der richtigen Routine zur Codeerzeugung leert
unstak den Keller. Enthält der Keller oben ein **else**, muß sowohl
das **else** als auch das zugeordnete **if** entfernt werden.

Das Hauptprogramm für Ratfor ruft nun **parse** auf. Je nach
Systemumgebung kann das Hauptprogramm den im System verfügbaren
Fortran Compiler aufrufen, um die Übersetzung zu vollenden.
Unser Programm bricht einfach ab.

```
#ratfor – Hauptprogramm für Ratfor
      call parse
      stop
      end
```

Eines der Hauptprobleme beim Entwurf eines Sprachübersetzers ist
die Entscheidung, was mit den unzähligen syntaktischen Fehlern
zu tun ist, die in der Eingabe auftreten können. Es wird kaum
genügen, lediglich den ersten Fehler zu melden und dann
abzubrechen; selbst wenn die Ausgabe nicht verwendbar sein kann,
ist es doch wünschenswert, während eines Durchlaufs so viele
Fehler wie möglich zu entdecken. Dazu muß sich der Übersetzer
von jedem Fehler schnell wieder erholen, indem er während des
neuen Anlaufs möglichst wenige oberflächliche Fehler meldet.

Dies ist recht schwierig, denn obwohl **parse** und **unstak** einige
Maßnahmen gegen syntaktisch unzulässige Eingabe, wie z.B.
fehlende **if´s** oder Klammern, enthalten, sind sie längst nicht
vollkommen. Insbesondere kann es vorkommen, daß ein Fehler den
Zerteiler in einen Zustand versetzt, in dem aufeinanderfolgende
Eingaben fälschlicherweise ungültig erscheinen, und dadurch eine
Unzahl von Meldungen ausgegeben werden. Zwar haben viele
Zerteiler diese Eigenart, dennoch ist es sehr lästig. Eine der
Aufgaben befaßt sich mit der Verbesserung der Fehlerbehebung.

Man muß sich darüber im Klaren sein, daß unser Zerteiler in
keiner Weise repräsentativ ist. Obwohl für ganz wesentliche
Sprachen Zerteiler manuell erstellt werden können, ist dies
keine leichte Aufgabe; außerdem sind solche Zerteiler oft schwer
zu verändern und auch anfällig für schwerwiegende Fehler und
Unregelmäßigkeiten. Glücklicherweise ist die Ratfor Grammatik so
klein.

Wenn eine Sprache mit Hilfe einer Grammatik formal spezifiziert
ist (wie es meist der Fall sein sollte), ist die Konstruktion
eines Zerteilers im wesentlichen eine mechanische Tätigkeit. Wie
schon erwähnt, ist dies die Aufgabe eines Compiler-Compilers -
ein Werkzeug, das aufgrund seines Umfangs und seiner Technik
hier nicht besprochen werden kann (siehe dazu die Literaturhinweise am Ende dieses Kapitels). Die ursprüngliche Version
unseres Zerteilers wurde mit einem Compiler-Compiler entwickelt;
der hier vorgestellte Zerteiler ist daraus abgeleitet, nachdem
uns der Sprachentwurf zufriedenstellend erschien.

Aufgabe 9-2: Modifizieren Sie **parse** so, daß es schwerwiegende
syntaktische Fehler besser handhaben kann. Zu erwägen wäre,
die Eingabe bis zu einer für den Wiederanlauf sicheren

Stelle zu überlesen. (Wo könnte das sein?) Oder aber Sie
versuchen, Symbole _einzufügen_ an Stellen, wo sie möglicherweise ausgelassen wurden. Welche Gefahren birgt dieser
Ansatz?

Aufgabe 9-3: Eine interessante Möglichkeit des Wiederaufset-
zens nach Fehler wäre in Form eines Editiervorgangs, der
unzulässige Eingabe durch Einfügen, Ersetzen und Löschen in
gültige Eingabe umwandelt. Ein Denkansatz dabei geht davon
aus, daß die beste Fehlerbehebung durch ein Minimum von
Editierschritten ausgeführt werden muß. Diskutieren Sie die
Folgerungen einer solchen Vorgehensweise. Spezifizieren Sie
ein Minimum an Editierschritten für die in **parse** entdeckten
Fehler.

9.5 Codeerzeugung

Die Programme **parse** und **unstak** greifen auf eine ganze Reihe von
Routinen zur Codeerzeugung zu; diese Routinen wollen wir hier
beschreiben.

if-Anweisung:

Wird ein **if** gefunden, müssen wir den Bedingungsteil erfassen
(eine Kette in einem Paar runder Klammern), ein Paar aufeinanderfolgender Marken L und L+1 erzeugen; es folgt die Ausgabe von

    if (.not.(_Bedingung_)) goto L

und **L** wird zurückgegeben. Dies wird ausgeführt durch **ifcode**:

```
#ifcode - initialen Code für if generieren
        subroutine ifcode(lab)
        integer labgen
        integer lab

        lab = labgen(2)
        call ifgo(lab)
        return
        end
```

labgen erzeugt die Marken - wir werden darauf in Kürze zurückkommen.

ifgo erzeugt den Ausdruck

    if (.not. (*Bedingung*)) goto lab

Es gebraucht die meisten unserer Ausgaberoutinen; vorläufig sollten ihre Bezeichnungen und kurzen Kommentare zur Erklärung genügen.

```
#ifgo - "if(.not.(...)) goto lab" generieren
        subroutine ifgo(lab)
        integer lab
        string ifnot "if(.not."

        call outtab              #Spalte 7 positionieren
        call outstr(ifnot)       #"if(.not."
        call balpar              #Bedingung aufsammeln und ausgeben
        call outch(RPAREN)       #")"
        call outgo(lab)          #"goto lab"
        return
        end
```

balpar ist für die Erfassung und Ausgabe des Bedingungsteils einer **if**-Anweisung verantwortlich, der aus einer in runde Klammern gesetzten Kette besteht. Sollte die Bedingung mehrere Zeilen in Anspruch nehmen, löst **balpar** die Weiterführung, indem es das **NEWLINE**-Symbol ignoriert.

```
#balpar - Zeichenkette zwischen Klammernpaar kopieren
     subroutine balpar
     character gettok
     character t, token(MAXTOK)
     integer nlpar

     if (gettok(token, MAXTOK) ¬= LPAREN) {
          call synerr("linke Klammer fehlt.")
          return
          }
     call outstr(token)
     nlpar = 1
     repeat {
          t = gettok(token, MAXTOK)
          if (t ==SEMICOL | t ==LBRACE | t ==RBRACE | t ==EOF) {
               call pbstr(token)
               break
               }
          if (t == NEWLINE)        #NEWLINE's löschen
               token(1) = EOS
          else if (t == LPAREN)
               nlpar = nlpar + 1
          else if (t == RPAREN)
               nlpar = nlpar - 1
          #sonst nichts besonderes
          call outstr(token)
          } until (nlpar <= 0)
     if (nlpar ¬= 0)
          call synerr("fehlende Klammer in Bedingung.")
     return
     end
```

Wie schon erwähnt, hat Ratfor wenig Kenntnis von Fortran. **balpar**
erfaßt <u>nur</u> die Zeichenketten; es führt keine syntaktische
Überprüfung aus, außer einigen grundlegenden, aber wirkungsvollen
Vorsichtsmaßnahmen gegen einen häufig auftretenden Fehler - die
ungleiche Anzahl von Klammern.

Die Tätigkeiten für den Anfang eines **else** und das Ende eines **if**
oder **else** umfassen jeweils nur wenige Zeilen. Wird ein **else**
gefunden und ist das erste Element im Keller ein **if**, ruft der
Zerteiler **elseif** auf, um die Ausgabe

```
     goto L+1
L    continue
```

zu erzeugen, wobei L den Wert im Keller bezeichnet.

Hier nun **elseif**:

```
#elseif - Code für Ende von if vor else generieren
      subroutine elseif(lab)
      integer lab

      call outgo(lab+1)
      call outcon(lab)
      return
      end
```

outcon generiert eine mit einer Marke versehene **continue**-Anweisung; **outgo** generiert ein **goto** auf eine Marke.

Am Ende eines **else** oder eines **if** ohne **else** wird die Ausgabe durch folgende Zeilen aus **unstak** erzeugt:

```
if (lextyp(sp) == LEXIF)
        call outcon(labval(sp))
else if (lextyp(sp) == LEXELSE) {
      if (sp > 2)
              sp = sp - 1
      call outcon(labval(sp) + 1)
      }
```

Auch damit wird ein mit Marke versehenes **continue** erzeugt; die entsprechende Marke wird aus dem Keller entnommen. Der Test auf **sp** gehört zur Fehlerbehebung; dadurch verhindern wir, daß der Keller zu weit geleert wird, falls ein **else** ohne **if** vorkommt.

labgen generiert eine Reihe eindeutiger, fortlaufend numerierter Marken und gibt die erste als Funktionswert zurück. Die generierten Marken beginnen mit einer beliebigen Zahl, hier mit 23000, ein Wert, bei dem ein Zusammentreffen mit einer in anderen Ratfor-Programmen verwendeten Marke unwahrscheinlich ist.

```
#labgen - n aufeinanderfolgende Marken generieren, erste zurückgeben
      integer function labgen(n)
      integer label, n
      data label /23000/

      labgen = label
      label = label + n
      return
      end
```


Marken:

Wird eine Marke gefunden (lexikalischer Typ **LEXDIGITS**), wird sie
mit genügend Leerzeichen ausgegeben, um auf Spalte 7 vorzurücken.

```
#labelc - Anweisungsnummer ausgeben
      subroutine labelc(lexstr)
      character lexstr(ARB)
      integer length

      if (length(lexstr) == 5)    #Warnung bezügl. 23xxx Marken
          if (lexstr(1) == DIG2 & lexstr(2) == DIG3)
              call synerr("Warnung: möglicher Markenkonflikt.")
      call outstr(lexstr)
      call outtab
      return
      end
```


Da außer für **format**-Anweisungen in Ratfor-Programmen keine
Marken erforderlich sind, wird eine Marke beginnend mit 23000
wahrscheinlich nirgendwo auftreten. Jedoch warnt **labelc**, für
alle Fälle, vor Eingabemarken im Bereich von 23000. Einerseits
können wir einen solchen fehlerhaften Fall nicht stillschweigend
ignorieren, andererseits würde die sorgfältige Überprüfung jeder
Eingabemarke auf Übereinstimmung mit einer generierten Marke den
Vorübersetzer viel komplizierter, aber nicht viel besser machen.
Die Warnung ist daher ein angemessener Kompromiß.

Beachten Sie, daß nur **labgen** und **labelc** vom Bereich der zu
generierenden Markenwerte Kenntnis haben, es besteht kein
sichtbarer Grund, die anderen Teile des Vorübersetzers damit zu
belasten.

do-<u>Anweisung</u>:

Die Codeerzeugung für **do** ist sehr einfach. Wir erfassen den
Bereich von **do**, generieren ein Paar aufeinanderfolgender Marken
L und **L+1**, geben

    do L *Laufgrenzen*

aus und **L** zurück.

Der <u>Laufgrenzen</u>teil kann jede für Ihre Fortran-Version zulässige
Struktur haben, eine typische Konstruktion wäre **i=1,n**. Sollte
aus irgendeinem Grund dieser Teil doch unzulässig sein, wird der
Fehler vom Fortran Compiler entdeckt.

Am Ende der mit **do** verbundenen Anweisung sieht unsere Ausgabe so
aus:

    L   continue
    L+1   continue

Die **continue**-Anweisung mit der Marke **L+1** ist Zielobjekt eines
jeden **break**, das innerhalb der **do**-Anweisung auftreten sollte. (**L**
dient als Zielobjekt für **next**).

docode wird bei Auffinden von **do** aufgerufen:

```
#docode - Code für Anfang von do generieren
        subroutine docode(lab)
        integer labgen
        integer lab
        string dostr "do"

        call outtab
        call outstr(dostr)
        lab = labgen(2)
        call outnum(lab)
        call eatup
        call outdon
        return
        end
```


eatup verarbeitet den Rest der Eingabeanweisung - nämlich den

Teil, der auf das von **lex** isolierte Symbol folgt. **eatup** befaßt
sich auch mit der Konvention für Fortsetzungszeilen bei
gewöhnlichen Anweisungen - eine mit Komma abgeschlossene Zeile
wird fortgesetzt. Wie **balpar** prüft es auch auf die richtige
Anzahl der Klammern, dies jedoch nicht über Mehrfachzeilen
hinweg - in einer normalen Anweisung ist es eher wahrscheinlich,
daß eine fehlende Klammer als Fehler und nicht als Fortsetzungs-
zeile interpretiert wird.

```
#eatup - Rest der Anweisung bearbeiten; Fortsetzungen interpretieren
      subroutine eatup
      character gettok
      character ptoken(MAXTOK), t, token(MAXTOK)
      integer nlpar

      nlpar = 0
      repeat {
           t = gettok(token, MAXTOK)
           if (t == SEMICOL | t == NEWLINE)
                break
           if (t == RBRACE) {
                call pbstr(token)
                break
                }
           if (t == LBRACE | t == EOF) {
                call synerr("unerwartete Klammer oder EOF.")
                call pbstr(token)
                break
                }
           if  t == COMMA) {
                if (gettok(ptoken, MAXTOK) ¬= NEWLINE)
                     call pbstr(ptoken)
                }
           else if (t == LPAREN)
                nlpar = nlpar + 1
           else if (t == RPAREN)
                nlpar = nlpar - 1
           call outstr(token)
           } until (nlpar < 0)
      if (nlpar ¬= 0)
           call synerr("unausgeglichene Klammern.")
      return
      end
```

dostat wird am Ende eines **do** aufgerufen, um zwei mit entsprechenden Marken versehene **continue** auszugeben.

```
#dostat - Code für Ende der do-Anweisung generieren
      subroutine dostat(lab)
      integer lab

      call outcon(lab)
      call outcon(lab + 1)
      return
      end
```

while-<u>Anweisung</u>:

Tritt ein **while** auf, wird die Bedingung durch **ifgo** isoliert sowie Marken für **next´**s und **break´**s erzeugt. Sie werden sich an den Ausgabecode erinnern:

```
          continue
L         if(.not.(Bedingung) goto L+1
              Anweisung
            goto L
L+1       continue
```

Dieser wird von den Routinen **whilec** und **whiles** erzeugt.

```
#whilec - Code für Anfang von while generieren
      subroutine whilec(lab)
      integer labgen
      integer lab

      call outcon(0)  #continue ohne Marke, falls schon Marke da war
      lab = labgen(2)
      call outnum(lab)
      call ifgo(lab + 1)
      return
      end
```

whiles wird nach dem Ende eines **while-**Anweisungsteils ausgeführt:

```
#whiles - Code für Ende von while generieren
      subroutine whiles(lab)
      integer lab

      call outgo(lab)
      call outcon(lab + 1)
      return
      end
```

break- und **next-**Anweisungen:

Die Codeerzeugung für **break** und **next** ist gewissermaßen abhängig davon, daß **do** und **while** die richtigen Marken sorgfältig gekellert haben - der im Keller vermerkte Wert ist immer die **next-**Marke, die **break-**Marke um 1 höher. **brknxt** durchsucht den Keller, bis es die (zusammengehörenden) **do-** oder **while-**Anweisungen findet und gibt dann

        goto L

mit der korrekten Marke aus.

```
#brknxt - Code für break und next generieren
      subroutine brknxt(sp, lextyp, labval, token)
      integer i, labval(MAXSTACK), lextyp(MAXSTACK), sp, token

      for (i = sp; i > 0; i = i - 1)
          if (lextyp(i) == LEXWHILE | lextyp(i) == LEXDO) {
              if (token == LEXBREAK)
                      call outgo(labval(i) + 1)
              else
                      call outgo(labval(i))
              return
              }
      if (token == LEXBREAK)
          call synerr("ungültiges break.")
      else
          call synerr("ungültiges next.")
      return
      end
```

<u>Typ</u> **other**:

otherc gibt den Code für eine Anweisung aus, die unter keinen
der anderen Typen fällt, wobei **eatup** die Übertragung durchführt.

```
#otherc - normale Fortrananweisung ausgeben
      subroutine otherc(lexstr)
      character lexstr(ARB)

      call outtab
      call outstr(lexstr)
      call eatup
      call outdon
      return
      end
```

<u>Aufgabe 9-4</u>: **eatup** stellt die Fortsetzung einer mit Komma
endenden Zeile sicher. Fügen Sie die Konvention hinzu, eine
Zeile auch mit Unterstreichung am Ende fortzusetzen, wobei
jedoch die Unterstreichung gelöscht werden soll. Damit hätte
man die Möglichkeit, jede Zeile an beliebiger Stelle
fortzusetzen. Wäre es auch wünschenswert, Zeilen nach
Operatoren wie +, - etc. automatisch fortzusetzen? Wie steht
es dabei mit /?

<u>Aufgabe 9-5</u>: Existiert in einer **do**-Schleife kein **break**,
erübrigt sich die zweite **continue** Anweisung, die von **dostat**
erzeugt wurde. Wie würden Sie die unnötigen **continue**´s
entfernen? Lohnt sich dies überhaupt? Wie reagiert Ihr
Fortran-Compiler auf überschüssige **continue**´s? Was macht er
bei solchen ohne Marken?

9.6 Ausgaberoutinen

Die Ausgabezeilen werden in einem Feld **outbuf** zeichenweise
gesammelt; dabei zeigt **outp** auf das letzte Zeichen in **outbuf**.
Diese Daten werden in einem **common**-Block gespeichert, den wir
coutln nennen.

```
common /coutln/ outp, outbuf(MAXLINE)
  integer outp          #letzte besetzte Position inoutbuf; init = 0
  character outbuf   #hier werden Ausgabezeilen gesammelt
```

outdon gibt **outbuf** aus und setzt **outp** auf Null zurück. Es wird
am Ende verschiedener Anweisungen aufgerufen, außerdem von der
Routine **outch**, wenn eine gefüllte Zeile ausgegeben werden muß,
bevor die Fortsetzung begonnen werden kann. Als einzige
Ratfor-Routine erzeugt **outdon** tatsächlich eine Ausgabe.

```
    #outdon - Ausgabezeile abschliessen
         subroutine outdon
         include coutln

         outbuf(outp + 1) = NEWLINE
         outbuf(outp + 2) = EOS
         call putlin(outbuf, STDOUT)
         outp = 0
         return
         end
```

outch trägt Zeichen in **outbuf** ein und ist verantwortlich für die
korrekte Handhabung von Fortsetzungszeilen - nämlich gemäß den
Konventionen eines Systems. Wie bei Standard Fortran üblich,
enthält eine Zeile 72 Zeichen. Ein in Spalte 6 einer Zeile
auftretendes Zeichen, das weder ein Leerzeichen noch Null ist,
zeigt die Fortsetzung der vorhergehenden Zeile an; wir verwenden
dafür den Stern.

```
#outch - ein Zeichen in Ausgabepuffer übertragen
        subroutine outch(c)
        character c
        integer i
        include coutln

        if (outp >= 72) {    #Fortsetzungszeile
            call outdon
            for (i = 1; i < 6; i = i + 1)
                outbuf(i) = BLANK
            outbuf(6) = STAR
            outp = 6
            }
        outp = outp + 1
        outbuf(outp) = c
        return
        end
```

outtab wird von mehreren Routinen verwendet, es stellt sicher, daß kein Text vor Spalte 6 beginnt.

```
#outtab - auf Spalte 7 positionieren
        subroutine outtab
        include coutln

        while (outp < 6)
                call outch(BLANK)
        return
        end
```

Es gibt eine Menge anderer Ausgaberoutinen für die Erzeugung allgemeiner Konstruktionen, doch verwenden sie alle **outtab** für den Beginn einer neuen Anweisung, **outch** für den Aufbau sowie **outdon**, um sie zu beenden. <u>Nur</u> diese drei Programme müssen das spezifische Format von Fortran-Anweisungen kennen, so daß Nummern von Bedeutung, wie 6 und 72, nur hier enthalten sein müssen. Sogar **outtab** ruft **outch** auf, obwohl es Leerzeichen unmittelbar in **outbuf** speichern könnte.

Nun zu den restlichen Ausgaberoutinen: **outstr** gibt durch den wiederholten Aufruf von **outch** eine Zeichenkette aus. Es wandelt auch die in Hochkomma gesetzten Zeichenketten in <u>n</u>h-Konstruktionen für Standard Fortran um, obwohl dies für manche Fortran-Übersetzer nicht nötig wäre. Alle weiteren erforderlichen

Zeichenumwandlungen müssen ebenfalls in **outstr** vorgenommen
werden, wie etwa die Umwandlung von > in .gt. etc.; doch dies
ist Gegenstand der Aufgaben.

```
#outstr - Zeichenkette ausgeben
      subroutine outstr(str)
      character c, str(ARB)
      integer i, j

      for (i = 1; str(i) ¬= EOS; i = i + 1) {
          c = str(i)
          if (c ¬= SQUOTE & c ¬= DQUOTE)
              call outch(c)
          else {
              i = i + 1
              for (j = i; str(j) ¬= c; j = j + 1) #Ende suchen
                  ;
              call outnum(j - 1)
              call outch(LETH)
              for ( ; i < j; i = i + 1)
                  call outch(str(i))
              }
          }
      return
      end
```

outnum setzt mit Hilfe von itoc Zahlen von ihrer internen
Darstellung in Zeichen um und gibt sie mit **outch** aus.

```
#outnum - Dezimalzahl ausgeben
      subroutine outnum(n)
      character chars(MAXCHARS)
      integer itoc
      integer i, len, n

      len = itoc(n, chars, MAXCHARS)
      for (i = 1; i <= len; i = i + 1)
          call outch(chars(i))
      return
      end
```

Schließlich geben **outcon** und **outgo** noch L continue bzw. goto L
aus, um danach **outdon** zur Beeendigung der Zeile in outbuf
aufzurufen.

```
#outcon - "n   continue" ausgeben
    subroutine outcon(n)
    integer n
    string contin "continue"

    if (n > 0)
        call outnum(n)
    call outtab
    call outstr(contin)
    call outdon
    return
    end




#outgo - "goto n" ausgeben
    subroutine outgo(n)
    integer n
    string goto "goto"

    call outtab
    call outstr(goto)
    call outnum(n)
    call outdon
    return
    end
```

Die Hierarchie der Ratfor-Unterprogramme ist nicht besonders
kompliziert. Wir führen hier die wesentlichen Teile auf, wobei
alle Ausgaberoutinen weggelassen wurden, da diese nicht die
Komplexität erhöhen.

```
ratfor
    parse
        initkw
            instal
        lex
            gettok
                ngetc
                    getc
                putbak
            alldig
            lookup
        ifcode
            labgen
            ifgo
                balpar
                    gettok
        elseif
        docode
            labgen
            eatup
                gettok
        whilec
            labgen, ifgo
        labelc
        otherc
            eatup
        brknxt
        unstak
            dostat, whiles
```

<u>9.7 Erweiterungen</u>

Ist erst einmal ein Grundwerkzeug vorhanden, kann es offensichtlich vielfältig erweitert werden. Nicht jede Erweiterung lohnt
den Aufwand, jedoch wollen wir hier in Form von Aufgaben eine
Reihe von Erweiterungsmöglichkeiten angeben. Die meisten sind so
einfach, daß sie nur dem Grundprogramm hinzugefügt zu werden
brauchen.

Aufgabe 9-6: Erweitern Sie das Grundprogramm um einen
Übersetzer für die folgenden Operatoren:

```
    >        .gt.
    >=       .ge.
    <        .lt.
    <=       .le.
    ==       .eq.
    ¬=       .ne.
    ¬        .not.
    &        .and.
    |        .or.
```

Aufgabe 9-7: Falls Ihr Zeichenvorrat den Gebrauch
geschweifter oder eckiger Klammern für Anweisungsfolgen
nicht erlaubt, ändern Sie Ratfor derart, daß es ein anderes
Zeichen dafür einsetzt. Ausdrücke wie **begin-end, do-end** und
do-od wurden in anderen Sprachen gebraucht. Zu erwägen wären
auch kürzere Zeichenketten wie etwa **<<** und **>>** oder **$(** und **$)**.

Aufgabe 9-8: Integrieren Sie in dieses Programm die
Prozessoren **include** und **define** oder **macro**. Nennen Sie ein
paar gute Gründe dafür; spricht auch etwas dagegen?

Aufgabe 9-9: Fügen Sie die Anweisungen **for** und **repeat-until**
hinzu. Eine **repeat**-Anweisung ohne **until** müßte eine
unendliche Schleife sein. Bedenken Sie, daß **repeat-until**
ebenso vieldeutig wie **if-else** ist, da nämlich **until** wahlfrei
ist. Lösen Sie es deshalb auf die gleiche Art.

Aufgabe 9-10: In einigen unserer Programme wäre es
zweckmäßig, wenn man verschiedene Schleifen gleichzeitig
verlassen könnte (z.B. **expand** aus Kap. 2). Entwerfen Sie
eine Syntax für eine vielschichtige **break-** und **next**-Anweisung
und implementieren Sie diese. Welches sind die Vor- und
Nachteile Ihrer Anweisungen im Hinblick auf die Lesbarkeit
und Modifizierbarkeit der Programme?

Aufgabe 9-11: In Kap. 6 erwähnten wir den logischen Operator
andif, den entsprechenden Operator **orif** in Kap. 8. Damit
werden die logischen Ausdrücke von links nach rechts
ausgewertet und mit Sicherheit beendet, sobald der Wert wahr
ist. Implementieren Sie **andif** und **orif.** (**&&** und **||** sind
geeignete Abkürzungen.)

Aufgabe 9-12: Erweitern Sie um die **string**-Deklaration. ANSI Fortran verlangt die **data**-Anweisungen hinter allen Deklarationen. In welcher Weise kompliziert dies ein Programm?

Aufgabe 9-13: Wie bei Fortran ist auch bei Ratfor der schwerwiegendste Mangel eine beschränkte Anzahl von Datentypen. Wie würden Sie Zeichenvariable, Zeichenketten, Strukturen und Zeiger hinzufügen?

Aufgabe 9-14: Viele unserer Bezeichner sind überbeansprucht, da wir uns an die bei Fortran vorgeschriebene Beschränkung auf sechs Zeichen gehalten haben. Ändern Sie Ratfor derart, daß alle längeren Namen auf sechs Zeichen gekürzt werden. Muß Ratfor in diesem Fall Kenntnis über Fortran-Schlüsselwörter haben? Aufwendiger, aber sicherer ist die Modifizierung von Ratfor, indem Sie eindeutige interne Namen für diejenigen verkürzten Bezeichner erzeugen, die in ihren ersten sechs Zeichen identisch sind.

Aufgabe 9-15: Untersuchen Sie einige Programme daraufhin, wie häuig Kontrollanweisungen wie **return, goto, break, next** und **stop** nach einem **if** auftreten. Finden Sie anhand von Messungen an laufenden Programmen heraus, wie oft diese Anweisungen ausgeführt werden. Schreiben Sie zur Optimierung dieser Sonderfälle den Zerteiler um, falls dies aufgrund Ihrer Messungen lohnend erscheint. Sollte man diese Änderung Ihrer Meinung nach auf jeden Fall durchführen, um unerreichbare Anweisungen zu vermeiden? Welche Punkte Ihres Fortran-Übersetzers würden Sie untersuchen, bevor Sie irgendetwas umschreiben? Warum sind Ausdrücke wie

```
if (Bedingung)
     i = 0
```

schwieriger? Hatten Sie das erwartet? Lohnt es sich, diese anzugehen?

Aufgabe 9-16: Verbessern Sie den Ratfor <u>Wiederaufsetzmechanismus</u> nach Fehlern, indem Sie den Zerteiler so ändern, daß er mit **else** ohne **if**, fehlenden oder überzähligen Klammern, usw. fertig wird. Verbessern Sie die Fähigkeiten zur

Fehler<u>auffindung</u>, indem Sie die Ratfor-Quellprogramme sorgfältig auf offensichtliche Schnitzer wie die ungleiche Anzahl von Klammern, benachbarte Operatorsymbole etc. überprüfen. Verbessern sie die Fehler<u>meldung</u>, indem Sie jede Ausgabezeile mit einer Information versehen, die bestimmt ist durch die Eingabezeile, so daß vom Fortran-Übersetzer ausgegebene Meldungen leichter mit dem Ratfor-Quellprogramm in Verbindung gebracht werden können. (Beachten Sie, daß dies von vornherein systemabhängig ist, wenn auch die Spalten 73-80 von Fortran Quellprogrammzeilen auf Karten häufig verfügbar sind.) Angenommen, Sie integrieren den Prozessor **include** in Ihre Version, wie melden Sie dann die Zeilennummern für Fehler, die innerhalb der einkopierten Dateien auftreten?

<u>Aufgabe 9-17</u>: Verbessern Sie die Lesbarkeit des erzeugten Programms, indem Sie an geeigneten Stellen einrücken, Leerzeichen erhalten, unnötige **continue**´s entfernen und Ratfor-Kommentare in Fortran-Kommentare umwandeln. Lohnt sich das?

<u>Aufgabe 9-18</u>: Formatieren Sie Ihr Programm zur "Verschöne-rung" so, daß es ordentlich eingerückt und aufgeteilt ist. Ist es sinnvoller, dafür ein Programm zu verwenden, oder es selbst in diese "verschönerte" Form zu bringen? Sollte Ratfor selbst von vornherein das Quellprogramm sauber formatiert ausgeben? Welchen Einfluß hat hierbei Ihre Systemumgebung?

<u>Aufgabe 9-19</u>: Viel schwieriger als die Entwicklung eines Vorübersetzers ist es, einen Strukturierer zu erstellen - ein Programm zur Übertragung eines vorhandenen Fortran-Pro-gramms in eine strukturierte Sprache wie Ratfor. Führen Sie den Entwurf eines solchen Programms für verschiedene Perfektionsgrade aus. Wie perfekt sollte ein Strukturierer sein?

<u>Aufgabe 9-20</u>: Andere Programmiersprachen können aus einer Vorübersetzung Vorteile ziehen. (Sollten Ihnen keine Beispiele dafür einfallen, denken Sie an verschiedene Versionen von Algol, APL, Assemblersprache, Basic, Cobol, PL/I, Snobol und Ihre eigene Kommandosprache.) Ermöglicht

Ihr Betriebssystem überhaupt einen Vorübersetzer für Ihre Sprache? Definieren und implementieren Sie einen Vorübersetzer für einige sinnvolle Verbesserungen unter dem Aspekt, daß man besser einen Teil der Aufgabe gut ausführen sollte anstatt die gesamte Aufgabe schlecht (bzw. nicht rechtzeitig).

<u>Aufgabe 9-21</u>: Falls Ihr System es zuläßt, schreiben Sie einen Vorübersetzer zum Lesen der hier benutzten Kommandosprache - Dateisteuerung mit < und > sowie Kopplungen - und erzeugen Sie eine Datei aus der Kommandosprache, die in einem weiteren Schritt ausgeführt werden soll. Implementieren Sie eine Reihe von Hilfsdateien. In welchem Maß sind Sie auf die Hilfe Ihres Betriebssystems angewiesen? Wieviele Änderungen müßten an dem Vorübersetzer vorgenommen werden, um daraus einen Kommandoübersetzer für interaktiven Betrieb zu machen?

9.8 Einige Messungen

Der Gebrauch des Ratfor-Vorübersetzers erhöht den Aufwand bei der Übersetzung von Programmen. Wieviel, hängt von Ihrem System ab, jedoch wird sich der Aufwand jeder Übersetzung, grob geschätzt, verdoppeln, allein durch das zweifache Lesen des Programms - jeweils einmal in Ratfor und Fortran, anstatt nur einmal in Fortran.

Wir sind der Meinung, daß dieser Aufwand im Vergleich zu den Vorteilen eines Vorübersetzers absolut nebensächlich ist. Auch wenn eine einzige Übersetzung doppelt soviel Kosten verursacht, haben wir die Erfahrung gemacht, daß dafür viel weniger übersetzt werden muß, da das Programm früher <u>funktioniert</u>. Wenn man zum Auffinden eines Fehlers statt Stunden nur Minuten braucht, zahlt sich der Übersetzungsaufwand längst aus. Eine weitere Ersparnis besteht darin, daß der Aufwand für Änderungen an einem Programm, das bereits eine Zeitlang benutzt wurde,

stark verringert ist. Jedes Programm in diesem Buch wurde schon
mehrere Male umfassend revidiert. Wir sind ganz sicher, daß in
Standard Fortran derartig umfassende Änderungen nicht möglich
gewesen wären.

Dennoch sollte man feststellen, womit der Vorübersetzer soviel
Zeit verbringt und ob er nicht beschleunigt werden kann. Wir
haben die Ratfor-Programme aus diesem Kapitel für unsere
Messungen herangezogen, da sie 900 zu kompilierende Zeilen
umfassen. 65% der Zeit wurde mit Ein- und Ausgabe auf der
untersten Ebene - unterhalb von **getc** bzw. **putlin** - verbraucht.
Wir verwenden in unserem System Fortran Ein-/Ausgabe, die für
ihre Langsamkeit allgemein bekannt ist.

Die restlichen 35% der Laufzeit von Ratfor verteilen sich wie
folgt:

gettok	11,1%
ngetc	5,2
outstr	3,2
getc	2,5
type	2,4
outch	2,0
eatup	1,5
putbak	1,4
lookup	1,1

Alles andere belief sich auf weniger als 1%. Welche Erkenntnis
ziehen wir daraus? Wir stellen wiederum fest, daß man ein
Programm besser so sauber wie möglich schreiben sollte, denn es
kommt nur auf eine schnelle Ein-/Ausgabe an. Danach sollte man
auf die Symbolroutine achten.

Wir haben außerdem eine Version der Ratfor-Erstellung gemessen,
die **define, include** und Zeichenumsetzungen enthielt. Hier wurden
60% der Zeit mit Ein-/Ausgabe verbracht und 15% für die Suche
nach Symbolen in der Definitionstabelle (sie enthielt 60
symbolische Konstanten). Das stützt unsere Folgerung, daß die
Zeit für Ein- und Ausgabe dominiert und bestärkt uns auch in der
Behauptung, daß eine lineare Tabellensuche häufig angemessen ist.

Allgemein kann man beobachten, daß viele Programme im Vergleich
zu dem nur für die Zeichenein-/ausgabe anfallenden Arbeitsaufwand

nicht viel verbrauchen. Selbst bei leistungsfähigen Ein-/Ausgabe-
Routinen verbringen die meisten hier vorgestellten Werkzeuge den
größten Teil der Zeit mit Ein-/Ausgabe (einige Anwendungen von
find und **macro** ausgenommen).

Zeitmessungen sind oft gar nicht so leicht durchzuführen, meist
muß man das Betriebssystem regelrecht anflehen. Ein wertvolles
Meßwerkzeug, das dem System nicht so viel abverlangt, ist ein
"Profilierer" - er zählt, wie oft jede Anweisung in dem Programm
ausgeführt wird, indem es vor der Kompilierung den Quellanweisungen jeweils eine Zählanweisung hinzufügt; die angesammelten
Informationen werden entlang dem ursprünglichen Quellprogramm
sauber aufgeführt, nachdem das geänderte Programm gelaufen ist.
Allein die Kenntnis darüber, wie häufig jede Anweisung
ausgeführt wurde, sagt aus, welche Teile des Programms am
häufigsten benutzt werden und deshalb höchstwahrscheinlich die
Verarbeitungszeit dominieren. Weiterhin erkennt man, welche
Programmteile nie ausgeführt wurden, was auf nutzlose Programme,
ungenügende Tests oder einfach auf Fehler schließen läßt.
Darüberhinaus können Sie Schwächen in der Durchführung
entdecken, nämlich wenn manche Teile zu häufig ausgeführt
werden, wie z.B. Berechnungen innerhalb von Schleifen, wo sie
unnötig sind.

>   <u>Aufgabe 9-22</u>: Mit dem Vorübersetzer für eine Sprache
>   verfügen Sie bereits über die meisten der für einen
>   Profilierer benötigten Werkzeuge. Erstellen Sie einen
>   möglichst einfachen Profilierer. Für welche Sprache ist dies
>   leichter - für Ratfor oder für Fortran?

<u>9.9 Einige statistische Angaben</u>

Gemessen wurde außerdem, in welchem Ausmaß Ratfor tatsächlich
Anwendung findet. Dazu zählten wir die Vorkommen der verschiedenen Anweisungstypen in 5400 Zeilen Ratfor (den Programmen in
diesem Buch), um deren Häufigkeit zu bestimmen und festzustellen,
ob sich der Aufwand eines Vorübersetzers lohnt. Hier unsere
Ergebnisse.

	insgesamt	gefolgt von {}	
if	556	161	
else	229	81	(132 else if's)
for	154	55	
while	45	15	
repeat	22	21	
until	14		
do	0		
break	55		
next	0		

Natürlich machten wir für diese Zahlen von unseren Werkzeugen
Gebrauch - **find** suchte die betreffenden Zeilen heraus und
verschiedene Kombinationen von **translit, charcount, linecount**
und **edit** filterten und zählten sie.

Zusammengefaßt betragen die Steueranweisungen nur 20% der
Zeilen; alles übrige besteht aus Fortran. Dennoch wird der Leser
bestätigen können, daß Ratfor viel leichter zu lesen ist als
Fortran, diese 20% sind also wesentlich. Die Anzahl der
Schleifen und zusammengesetzten Anweisungen lassen ermessen,
wieviele **goto´s** und Anweisungsnummern vermieden wurden.

Die meisten unserer Schleifen testen auf der obersten Ebene -
for und **while** treten gegenüber **repeat** im Verhältnis 9:1 auf.
(Sie stellen sicher, daß "nichts zu tun" auch angebracht ist!)
break scheint notwendig zu sein, dagegen ist **next** weniger
wichtig; obwohl wir anfangs davon eine ganze Menge gebrauchten,
verschwanden sie nach und nach mit der Verfeinerung der
Programme von selbst.

Wie Sie sehen, ist die **do**-Anweisung zumindest für uns kaum von Bedeutung. Tatsächlich überprüften wir **for**, **while** und **repeat** daraufhin, ob sie nicht teilweise durch **do**´s ersetzt werden könnten, als es solche noch nicht gab. Es stellte sich heraus, daß ungefähr ein Viertel aller **for**´s hätten ersetzt werden können; allerdings wäre es dann erforderlich gewesen, stellenweise Anweisungen zur Eingrenzung des Bereichs hinzuzufügen <u>und</u> - in den meisten Fällen - zusätzlich sicherzustellen, daß die Schleife auch Null mal durchlaufen werden könnte. Ein weiteres Viertel aller **for**-Anweisungen könnte vermutlich in **do**´s zusammengezogen werden, doch ginge dies auf Kosten der Klarheit. Die restlichen **for**´s und im wesentlichen alle **while**- und **repeat**-Anweisungen sind einfach keine **do**´s. Sie stellen zwar Schleifen dar, gehen aber nicht arithmetisch vor.

Daraus folgt, daß in unseren Programmen nur wenige Schleifen mit **do**-Anweisungen am besten ausgedrückt werden (die einzige Fortran-Schleifenkonstruktion). Sollten Sie auf **do**´s bestehen, werden Sie die meiste Zeit Ihre Logik verdrehen müssen, um den Einschränkungen des **do** zu entsprechen - und verdrehte Logik ist alles andere als angenehm.

<u>Literaturhinweise</u>

In der letzten Zeit erfreuten sich Fortran Vorübersetzer zunehmender Beliebtheit, vermutlich aufgrund des großen Nutzens, den man mit wenig Aufwand erzielt. Die meisten Vorübersetzer stellen verbesserte Kontrollflußstrukturen bereit, während einige wenige auf "kosmetische" Punkte ausgerichtet sind. (Wir meinen zwar, daß das äußere Bild einer Sprache auch wichtig ist, doch sind wir damit in der Minderheit.) Drei weitgehend verfügbare Vorübersetzer sind auf fast allen Fortran Systemen lauffähig: Flecs von T.Beyer (Univ. Oregon); Mortran von J. Cook und C. Zahn (Stanford Linear Accelerator) und Iftran von E. Miller (General Research). Mortran basiert auf einem Makroprozessor und ist somit leichter zu verändern und zu erweitern als auf

Compilern basierende Implementierungen. Ratfor selbst ist auch verfügbar; die mit dem maschinenlesbaren Code (erhältlich von Addison-Wesley, Reading, Mass., USA) dieses Buches verteilte Version enthält **for, repeat-until, include** und **define**.

Sollten Sie ernsthaft an Übersetzungstechniken und Compiler-Compilern interessiert sein, verweisen wir auf die umfangreiche einschlägige Literatur, wie z.B. A.V. Aho und S.C. Johnson, "LR parsing", <u>Computing Surveys</u>, Juni 1974, oder A.V. Aho und J.D. Ullman, <u>The Theory of Parsing, Translation, and Compiling</u>, (Prentice-Hall, 1972).

Natürlich braucht ein Vorübersetzer nicht auf die Verbesserung herkömmlicher Programmiersprachen beschränkt zu sein. Wir selbst haben einige für Sprachen zum Setzen von Büchern erstellt; einer der erfolgreichsten Vorübersetzer implementiert eine Sprache für den mathematischen Schriftsatz (B.W. Kernighan und L.L. Cherry, "A system for typesetting mathematics", CACM, März 1975).

Als faszinierende Studie über Profilierer und interessante Statistik über die realistische Anwendung von Fortran empfehlen wir "An empirical study of Fortran programs" von D.E. Knuth, <u>Software - Practice and Experience</u>, April 1971. (In diesem Artikel prägte Knuth den Begriff des "Profilierers", um die Häufigkeit von Anweisungen in einem Programm festzustellen.)

C.A.R. Hoare sagte einmal: "Eines sollte man beim Sprachentwurf nicht tun: eigene, ungeprüfte Ideen einzubauen." An diese Vorschrift haben wir uns gehalten. Die Steueranweisungen in Ratfor wurden kurzerhand der Sprache C entlehnt, die von D.M. Ritchie für das Betriebssystem UNIX entwickelt wurde. Unsere Messungen von Ratfor (und anderer Programme in diesem Buch) nahmen wir auf einer Honeywell 6070 mit Hilfe eines von A.D. Hall entwickelten Zeitprotokollierpaketes vor.

Nachwort

Wir haben einen langen Weg hinter uns - neun Kapitel,
vollgestopft mit Programmen, wollen erst einmal verdaut sein.
Sollten Sie beim ersten Durchgang nicht gleich alles aufgenommen
haben, seien Sie unbesorgt, denn das haben wir auch nicht
wirklich erwartet. Selbst um das beste Programm zu verstehen,
braucht man Zeit, und bevor Sie nicht ein Programm abändern
müssen, werden Sie in den seltensten Fällen alle seine
Implikationen erkennen. Der beste Weg, programmieren zu lernen,
besteht im geistigen Nachvollziehen des Codes: durch Lesen,
Überdenken und nochmals Lesen.

<u>Lesen</u> und <u>Überdenken</u> sind die Schlüsselworte. Kein Programm ist
gleich beim allerersten Entwurf ein perfektes Kunstwerk, ganz
gleich welcher Technik Sie sich bedienen. Jede der Routinen
dieses Buches wurde mehrmals umgeschrieben, dennoch wollen wir
immer noch nicht behaupten, sie seien alle makellos. Gründliche
Überarbeitung mag Ihnen als Luxus, aufwendig und zeitverschlin-
gend, erscheinen, wenn jedoch die Programme sauber und die
Module klein sind, trifft das nicht zu. Mit etwas Übung im Lesen
und Überdenken werden Ihre Erstversionen besser und besser. Sie
werden auch bald lernen, welche Konstrukte man verwenden sollte
und welche nicht, und zwischen gutem und schlechten Stil zu
unterscheiden. Trotzdem bleibt das Überarbeiten stets ein
wichtiger Bestandteil des Programmiervorgangs.

Der Zweck des Überarbeitens besteht meistens darin, das Programm
zu vereinfachen, es leichter verständlich zu machen und seine
Komplexität in handhabbaren Dimensionen zu halten. Die Essenz
des Programmierens liegt darin, die Komplexität in den Griff zu
bekommen. Eine Grenze wird uns schon dadurch gesetzt, daß wir
uns nur eine beschränkte Anzahl von Details gleichzeitig merken
können. Viel von dem, was wir in diesem Buch zu lehren versucht

haben, beschäftigt sich damit, wie man der Komplexität begegnet.

Auf der untersten Ebene zeigte sich dies in der Wahl der Kontrollstrukturen und darin, wie wir diese eingesetzt haben. So sahen wir zum Beispiel keine Notwendigkeit für eine **goto**-Anweisung oder für das **do**. Die **if**´s sind selten tiefer als zwei Stufen verschachtelt und sicher in der eingeschränkten Form des **else if** für Mehrfachverteiler. Schleifen werden im allgemeinen zu Beginn, bevor es zu spät ist, getestet. Die Länge der Unterprogramme und Funktionen überschreitet in den seltensten Fällen eine Seite, meist sind sie viel kürzer. Das Ergebnis sind lesbare Programme. Es ist leicht, sich die Korrektheit eines Moduls plausibel zu machen, denn er ist in Stücke unterteilt, die man zu einem Zeitpunkt vollständig überschauen und am Stück lesen kann.

Jeder Modul ist auch abgeschlossen: es gibt gute Gründe, ihn zu einer separaten Einheit zu machen. Er ist kein Wirrwar willkürlich zusammengewürfelter Funktionen und auch kein falsch plaziertes Fragment eines anderen Moduls. Das bedeutet, daß wir die Funktion jedes Moduls in ein oder zwei Zeilen beschreiben können. Darüberhinaus wird eine Routine so entworfen, daß diese Bechreibung <u>erfüllt</u> wird. Dies ist wesentlich besser als zuerst ein Programm zu schreiben und dann zu beschreiben, was es tut.

Mehrere Programme dieses Buches umfassen fünfhundert bis tausend Programmzeilen, dennoch ist keines vom Konzept her "groß". Jedes Programm ist stückweise zu verstehen - ein Modul oder ein Abschnitt zu einer Zeit. Das liegt daran, daß die Hierarchie der Subroutinen so gestaltet ist, daß ein Modul nur wenig über das Gesamtproblem wissen muß und nur immer mit nicht mehr als einer Handvoll unmittelbarer Nachbarn zu kommunizieren braucht. Die Befürchtung, daß Änderungen in einem Ast der Hierarchie unverhoffte Auswirkungen auf andere Äste haben, ist unbegründet, da die Module soweit als möglich entkoppelt sind; dort, wo Kopplungen auftreten müssen, sind sie sichtbar.

Wir haben versucht, die Programme änderungsfreundlich zu gestalten, indem wir Entwurfsentscheidungen und Datenstrukturen möglichst ins Modulinnere versteckten. Mit Prüfungen und Fehlerausgängen begegnen wir Fehlern und Inkonsistenzen. Einzelheiten des Zeichensatzes, Parameter und Markierungen werden durch symbolische Konstanten ausgedrückt. Dadurch genügt es, bei Änderungen des Wertes an einer einzigen Stelle im Programm den Austausch vorzunehmen. Wir haben uns außerdem bemüht, alle Betriebssystemspezifika in einer kleinen Menge von Grundfunktionen unterzubringen, so daß der Löwenanteil der Programme unabhängig von der lokalen Umgebung bleibt.

Selbst die oberste Programmebene wurde so eingerichtet, daß einzelne Programme zusammenarbeiten können und daß durch <u>Kombination</u> von existierenden Programmen sehr komplexe Vorgänge (ohne Neuimplementierungen) durchführbar werden. Jedes der Programme hat eine einfache Schnittstelle, was die Verbindung mit anderen leicht macht.

Das ist "strukturiertes Programmieren" im besten Sinn des Wortes. Es zeigt sich, daß die Methode funktioniert und auch für reale Programme sehr nutzbringend ist. Der Vorteil ist bedeutend: wir können verständliche, zuverlässige und robuste Programme schreiben und relativ unempfindlich gegenüber größeren Änderungen der Implementierungsstrategie bleiben und selbst Übertragungen von einem Rechner auf den anderen vornehmen. Klare Strukturen auf allen Ebenen sind nicht nur schön, sondern lebensnotwendig, wenn man ein komplexes Problem erfolgreich in den Griff bekommen will.

Neben den Überlegungen zur Struktur haben wir versucht, einige hilfreiche Richtlinien zur Durchführung von Programmieraufgaben zu geben. Wie alle Fragen der Beurteilung sind sie umstritten, wir meinen jedoch, daß sie sich bewährt haben.

Prinzip 1 ist am wichtigsten: <u>Einfachheit über alles</u>. Auf allen Ebenen sollte man stets so sauber wie möglich arbeiten und stets die einfachste und überschaubarste Lösung wählen. Sicherlich bedarf es aber auch eines gesunden Menschenverstands, um nicht zu naiv zu werden. Bei der Auswahl eines Algorithmus sollte wenigstens auf ein Mindestmaß an Wirtschaftlichkeit geachtet werden. Sind Implementierungsdetails und Strategien aber verborgen, so lassen sich ineffiziente Algorithmen ersetzen, ohne daß an der Umgebung viel geändert werden muß. Da Sie Werkzeuge entwickeln, dürfen Sie aber auch niemals die Benutzer Ihrer Programme vergessen, Sie müssen <u>ihnen</u> die Arbeit erleichtern, selbst wenn sich Ihre eigene dadurch erschwert. Zum

Glück geht meist aber ein einheitlicher und klarer Entwurf mit einer sauberen Benutzerschnittstelle einher.

Das Prinzip 2 ist ähnlich: <u>schrittweises Vorgehen</u>. Bewältigen Sie eine komplexe Aufgabe in handhabbaren Schritten. Konzentrieren Sie sich dabei zuerst auf die zentralen und wichtigsten Aspekte; verzetteln Sie sich nie zu früh in Nebensächlichkeiten. Wenn Ihr Grundkonzept gut ist, lassen sich auch spätere Erweiterungen problemlos bewerkstelligen. Zwischenzeitlich können die zentralen Teile schon von anderen benutzt werden. Sie können sich dann auf deren Rat und Erfahrung stützen und so leichter entscheiden, was die nächstwichtige Ergänzung ist. Es kann sich auch zeigen, daß das bereits Vorhandene genügt. Eine zu neunzig Prozent gut gelöste Aufgabe, die heute verfügbar ist, ziehen wir den für die nächsten Monate versprochenen fünfundneunzig Prozent vor.

Das Prinzip 3 ist sehr verlockend: <u>die schwere Arbeit anderen zu überlassen</u>. Bauen Sie auf der Arbeit anderer auf anstatt jedesmal die Welt aufs Neue zu erfinden. Wenn Sie für irgendein Problem eine Lösung entwerfen, gestalten Sie diese so allgemein, daß Sie damit auch gleich verwandte Aufgaben erledigen können. In einer größeren Umgebung bewirkt oft allein das Vorschalten von kleineren Programmen vor ein größeres eine erhebliche Erleichterung - der Ratfor Vorübersetzer ist das beste Beispiel dafür. Wo immer möglich, sollten Sie natürlich für Ihre Arbeit die Maschine verwenden, denn zu diesem Zweck entwickeln Sie ja Werkzeuge.

Auf eine Komplikation werden Sie wahrscheinlich keinen Einfluß haben, nämlich Ihre gegebene Maschinenumgebung. Aber selbst wenn diese furchtbar ist, was leider oft der Fall ist, müssen Sie nicht übermäßig leiden. Selbst eine bescheidene Verbesserung von häufig benutzten Teilen, wie Programmier- und Steuersprachen, lohnt sich, und es gibt keine Entschuldigung für den unterlassenen Versuch, die schlimmsten Aspekte zu verbergen.

Beachten Sie diese Überlegungen, wenn Sie sich jetzt noch einmal die Programme anschauen. Obwohl wir unsere Vorschläge während der Entwicklung spezieller Programme unterbreitet haben, erweisen sich die Lehren als allgemeingültig. Die hier zusammengefaßten Entwurfsprinzipien und Richtlinien weisen einen

erfolgreichen Weg zur Erzeugung einwandfrei arbeitender
Werkzeuge in Bezug auf ihre Benutzer und in der Zusammenarbeit
mit anderen Programmen. Dies sollte stets das Ziel bei der
Erstellung eines Programms sein.

Anhang: Grundfunktionen und symbolische Konstanten

Die Grundfunktionen sind die Schnittstelle der Programme dieses Buches zum Betriebssystem. Am häufigsten werden **getlin** und **putlin**, bzw. **getc** und **putc** verwendet, wobei jedes der Paare durch Verwendung des anderen implementiert werden kann. In die gleiche Kategorie fallen **getch** und **putch**. In ähnlicher Weise lassen sich auch **error** und **cant** auf **remark** zurückführen. **remark** ist nur deshalb eine Grundfunktion, weil es in Fortran keine standardisierte Möglichkeit gibt, das Ende einer an ein Unterprogramm übergebenen Zeichenkette festzustellen.

Viele Programme benötigen **getarg**; eine einfache Realisierung besteht darin, die Parameter schrittweise von einer sequentiellen Datei zu lesen, da die Programme, die **getarg** verwenden, auf die Parameter geordnet zugreifen und jeden Parameter genau einmal anfordern.

Die Funktionen des Dateiverwaltungssystems werden über **open**, **close**, **create** und **remove** aktiviert. Sie werden von den Programmen des Kapitels 3, von **sort** in Kapitel 4 und **edit** in Kapitel 6 verwendet. Darüberhinaus benötigt **edit** für den Umgang mit Arbeitsdateien noch **seek** und **readf**.

Die folgenden Funktionen, für die in diesem Buch kein Code angegeben ist, werden zur Vervollständigung einiger Progamme benötigt. Sie sind zum Teil in Fortran vorhanden, jedoch gewöhnlich unter anderer Bezeichnung, wie z.B. **abs (iabs)**, **max (max0)**, **min (min0)** und **modL**. Die logischen Operatoren **and**, **or** und **notL** finden nur in **xor** in **crypt** Anwendung. Die Funktionen **init** (für **format**) und **initkw** (für **ratforL**) initialisieren Parameter wie im Text angegeben.

Nachfolgend finden Sie ein Verzeichnis aller symbolischen Konstanten dieses Buches. Hier bezeichnet $\underline{n}$ einen beliebigen Zahlenwert, meistens ist es die Länge eines Feldes, in dem etwa

ein Keller oder eine Zeichenkette gespeichert ist. In der
Aufstellung fehlen Namen, die mit **MAX** beginnen, es sind
ebenfalls stets Zahlenwerte. Auch fehlen Konstanten der Form
LEXx und **DIGn**, diese bezeichnen die interne Darstellung des
entsprechenden Buchstaben $\underline{x}$ bzw. der Zahl $\underline{n}$. Wir gehen davon
aus, daß Zeichen intern durch kleine positive ganze Zahlen
dargestellt werden.

Zur besseren Lesbarkeit haben wir für die Parameterwerte nach
Möglichkeit Druckzeichen verwendet. Nicht abdruckbare Zeichen
sind in Kursivschrift dargestellt.

Code	Name	Value	Name	Value	Name	Value
0100	ALPHA	a	FI	1	NOT	¬
0200	AND	&	FO	13	OK	-2
0300	ANY	?	FOLD	$	PAGELEN	66
0400	APPENDCOM	a	FORWARD	1	PAGENUM	#
0500	ARB	n	GLOBAL	g	PAGEWIDTH	60
0600	ARGFLAG	$	HE	12	PERIOD	.
0610	ARGSIZE	n	HUGE	1000	PL	14
0700	BACKSCAN	\	IFTYPE	-5	PLUS	+
0800	BACKSPACE	Rückzeichen	IN	7	PREV	0
0900	BACKWARD	-1	INCTYPE	-6	PREVCL	2
1000	BLANK	Leerzeichen	INFILE1	1	PRINT	p
1200	BOL	%	INFILE2	2	PRINTCUR	=
1300	BOTTOM	62	INSERT	i	PRINTFIL	f
1400	BP	5	INSIZE	n	QUIT	q
1500	BR	3	LASTLINE	$	RBRACE	}
1600	BUFENT	5	LBRACE	{	RBRACK	]
1700	BUFSIZE	n	LBRBACK	[	RCODE	0
1800	CALLSIZE	n	LENG	4	READ	0
1900	CCL	[	LETTER	a	READCOM	r
2000	CCLEND	]	LEXBREAK	-8	READWRITE	2
2100	CE	10	LEXDIGITS	-9	RM	8
2200	CHANGE	c	LEXDO	-10	RPAREN	)
2300	CHAR	a	LEXELSE	-11	SCAN	/
2400	CLOSIZE	4	LEXIF	-12	SEEKADR	3
2500	CLOSURE	*	LEXNEXT	-13	SEMICOL	;
2600	COLON	:	LEXOTHER	-14	SHARP	#
2700	COMMA	,	LEXWHILE	-15	SKIP	Leerzeichen
2800	COMMAND	.	LINE0	0	SP	6
2900	COUNT	1	LOGPTR	n	SQUOTE	'
3000	CURLINE	.	LPAREN	(	STAR	*
3100	DASH	-	LS	4	START	3
3200	DEFTYPE	-4	MARGIN1	2	STDIN	5
3300	DEL	d	MARGIN2	2	STDOUT	6
3400	DELCOM	d	MARK	2	SUBSTITUTE	s
3500	DIGIT	0	MERGEORDER	7	SUBTYPE	7
3600	DITO	-3	MERGETEXT	n	TAB	Tabulator
3700	DOLLAR	$	MIDDLE	40	TBL	t
3800	DQUOTE	"	MINUS	-	TEXT	3
3900	ENTER	e	MOVECOM	m	THRESH	5
4000	EOF	-1	NAMESIZE	n	TI	9
4100	EOL	$	NCCL	n	UL	11
4200	EOS	-2	NEXT	1	UNDERLINE	_
4300	ERR	-3	NEWLINE	Vorschub	UNKNOWN	0
4400	ERROUT	7	NF	2	UPD	u
4500	ESCAPE	@	NFILES	n	WRITE	1
4600	EVALSIZE	n	NO	0	WRITECOM	w
4700	EXCLUDE	x	NOSKIP	+	YES	1
4800	EXTR	x	NOSTATUS	0		

Verzeichnis der Programmanfangszeilen

Dieses Verzeichnis enthält in alphabetischer Reihenfolge die
Kommentarzeilen, die jeder Funktion vorangehen. Die Seitenzahl
bezeichnet die Stelle, an der die endgültige Version steht.

Index

Informatik-Spektrum

Organ der Gesellschaft für Informatik e.V.

Hauptherausgeber: Prof. Dr. W. Brauer, Fachbereich Informatik der Universität Hamburg

Herausgeber: F. L. Bauer, C. Behrens, M. von Berg, A. Endres, H. Gabler, G. Goos, H. Görling, P. Mertens, H. Schappert, P. Schnupp

Redaktion: Dipl.-Inform. G. Rossbach, Hirschgasse 16, D-6900 Heidelberg

Die Informatik und ihre Anwendung sind heute aus Wissenschaft, Wirtschaft und Verwaltung nicht mehr wegzudenken. Die **Gesellschaft für Informatik** in Zusammenarbeit mit dem Springer-Verlag publiziert seit August 1978 die Zeitschrift **Informatik-Spektrum.** Diese Zeitschrift will mit ihren Beiträgen möglichst das gesamte Gebiet der Informatik abdecken, mit dem Ziel, den Informationsstand der Leser über das Fachgeschehen so umfassend und zeitgerecht wie nur möglich zu halten.

Die inhaltlichen Schwerpunkte sind:

Übersichtsartikel und einführende Darstellungen
für den ausgebildeten Informatikspezialisten und den Praktiker, der Anschluß an die Entwicklung der wissenschaftlichen Informatik sucht.

Berichte über Projekte und Fallstudien
die zukünftige Trends aufweisen.

„Das aktuelle Schlagwort"
erklärt Begriffe, die momentan im Gespräch sind.

Veranstaltungskalender
bietet eine möglichst vollständige Übersicht der europäischen und außereuropäischen Veranstaltungen auf dem Gebiet der Informatik.

GI Mitteilungen
die vom Präsidium der GI herausgegeben werden und einen gesonderten Teil bilden.

Mitglieder der Gesellschaft für Informatik erhalten die Zeitschrift im Rahmen der Mitgliedschaft.

Bestellungen und/oder Probeheftanforderungen entweder an Ihren Buchhändler oder direkt an
Springer-Verlag,
Wissenschaftliche Information Zeitschriften,
Postfach 105 280, D-6900 Heidelberg 1

Springer-Verlag
Berlin
Heidelberg
New York

W. E. Riddle, R. E. Fairley

Software Development Tools

1980. 26 figures. VIII, 280 pages
DM 39,50
ISBN 3-540-10326-0

Contents: Introduction. – Needs. – Experiences. –
Development Support Systems. – Procedural
Description Techniques. – Non-Procedural
Description Techniques. – Analysis Tools. –
Summary. – Bibliography and References. –
List of Attendees.

This book contains the papers presented at the
"Software Development Tools" workshop
held at Pingree Park, Colorado, in May, 1979.
Also included are reports on the discussions
generated by presentation of the papers.
Among the topics covered are: the need for
tools, experiences with tools, Integration of
tools to form homogeneous environments,
procedural and non-procedural notations, and
testing and verification tools.
The papers and discussions describe: problems facing toolsmiths; the need for experi-
mental evaluation of tools; the general problems of fitting tools together to provide
development support systems, and the general
applicability of analysis tools in the preimple-
mentation phases of software development.
The text provides a well-rounded picture of the
current state of software development tools.
Numerous short term and long term research
topics are suggested.

Springer-Verlag
Berlin
Heidelberg
New York